Frank G. C. Sauer

Migration und Versöhnung

Missionstheologische Ansätze
aus anglikanischer Perspektive

Studien zur Theologie und Praxis der Seelsorge

108

Herausgegeben von
Erich Garhammer und Hans Hobelsberger
in Verbindung mit
Martina Blasberg-Kuhnke und Johann Pock

Frank G. C. Sauer

Migration und Versöhnung

Missionstheologische Ansätze aus anglikanischer Perspektive

echter

Dieses Buch ist eine etwas gekürzte und für die Publikation überarbeitete Fassung meiner Dissertation mit dem Titel „Kommunikation der Versöhnung im Kontext anglofoner Kultur in Österreich. Missionarische Optionen im Bezugsrahmen globaler Migration am Beispiel der anglikanischen Kirchengemeinde Christ Church in Wien", die am Institut für Praktische Theologie der Katholisch-Theologischen Fakultät der Universität Wien bei Assoz.-Prof. MMag. Dr. Regina Polak, MAS im Jahr 2018 abgeschlossen wurde.

Der originale Text mit Anhang ist frei verfügbar unter:

http://othes.univie.ac.at/52382/1/53363.pdf

Die Abschlussphase des Dissertationsvorhabens wurde im Jahr 2017 durch ein sechsmonatiges Abschlussstipendium (Beihilfen für Zwecke der Wissenschaft) der Universität Wien gefördert.

Bibliografische Information der Deutschen Nationalbibliothek

Die Deutsche Nationalbibliothek verzeichnet diese Publikation
in der Deutschen Nationalbibliografie; detaillierte bibliografische Daten sind
im Internet über ‹http://dnb.d-nb.de› abrufbar.

1. Auflage 2021
© 2021 Echter Verlag GmbH, Würzburg
www.echter.de

Druck und Bindung: Friedrich Pustet, Regensburg

ISBN
978-3-429-05404-5
978-3-429-05047-4 (PDF)

Inhaltsverzeichnis

Abbildungsverzeichnis

Vorwort

Die vorliegende Publikation zu Migration und Versöhnung stellt einen wichtigen abschließenden Schritt meines mehrjährigen Forschungsvorhabens dar, welches 2013 mit ersten Ideensammlungen für mein Dissertationsprojekt begann. Im Jahr 2018 folgte dann die erfolgreiche Defensio, die Verteidigung meiner Dissertation vor dem Prüfungssenat an der Universität Wien. Nun setzt sich dieser Prozess mit der großen Freude fort, die Ergebnisse meiner Forschung in Form eines Buches der Öffentlichkeit zugänglich zu machen.

Die Veröffentlichung von Forschungsergebnissen ist mit vielen Vorüberlegungen und Fragen verbunden. Wer soll das Buch lesen? Sind die Inhalte des Manuskriptes verständlich? Müssen Inhalte entsprechend umformuliert werden? Sind alle Fehler ausgebessert? Ist eventuell eine Kürzung von Texten notwendig? Sind die gewählten Abbildungen für den Druck geeignet? Das ist ein Teil der Fragen, die ich mir gestellt habe.

Der Text meiner Dissertation wurde für die vorliegende Veröffentlichung entsprechend vor allem dort überarbeitet, präzisiert oder gekürzt, wo dies angebracht erschien. Konstruktive Anregungen und Vorschläge aus den Gutachten und der Defensio wurden eingearbeitet. Zum Teil wurden Abbildungen im Hinblick auf die Lesbarkeit für den Druck angepasst und neu gestaltet. Sehr lange Überschriften wurden von mir im Hinblick auf die bessere Lesbarkeit verkürzt und knapper formuliert. Einige wenige Teile des Textes wurden umgestellt oder ausgelassen, um Gedankengänge und Ergebnisse klarer sichtbar zu machen. In den Fußnoten wurden einige Internetverweise, deren Adresse oder Inhalt sich seit 2018 verändert hatte, entsprechend erneuert bzw. angepasst, sofern dies möglich war. Die kompletten Transkripte von den im Rahmen meines Forschungsprojektes geführten Interviews wurden aus Gründen der Anonymisierung nicht veröffentlicht, da die geringe Größe der anglikanischen Gemeinde Christ Church vermutlich trotz anonymisierter Transkripte Rückschlüsse auf die Interviewpartner(inn)en zuließe. Die Fußnoten für die Belegstellen der Interviews wurden im vorliegenden Band angepasst und auf die Angabe der Code-Namen der Interviewpartner(innen) sowie das Datum der Interviews beschränkt. Für die Gutachten zur Dissertation waren die Transkripte allerdings auf Anfrage in einem gesonderten Band einsehbar. Darüber hinaus wurde der Anhang gegenüber der eingereichten Dissertation etwas verkürzt.

Ein Dissertationsvorhaben ist insgesamt eine herausfordernde Aufgabe, die ohne die professionelle und emotionale Unterstützung vieler Menschen kaum möglich wäre. Gerade eine wissenschaftliche Arbeit wie die vorliegende, welche mit qualitativen Methoden arbeitet, ist auf Interviewpartner(inn)en angewiesen, die ihre Zeit und ihre Geduld zur Verfügung stellen. Deshalb möchte ich zu aller erst meinen Interviewpartner(inne)n in der anglikanischen Gemeinde in Wien danken. Ohne sie hätte ich nicht so einen wunderbaren Einblick in die anglikanische Gemeinde Christ Church in Wien gewonnen und die Bearbeitung meiner Forschungsfrage wäre nicht möglich gewesen. Ebenso gilt mein besonderer Dank Rev'd Canon Patrick Curran, dem Pfarrer der Gemeinde Christ Church, der mir auch ermöglicht hat, erste Ergebnisse meiner Forschung in der Gemeinde zu präsentieren.

Inspirierend war im Hinblick auf mein Dissertationsprojekt aber insbesondere auch meine Tätigkeit als Universitätsassistent am Institut für Praktische Theologie der Katholisch-Theologischen Fakultät der Universität Wien (2013–2017) und vor allem die äußerst fachkundige Betreuung meines Dissertationsprojekts durch Assoz.-Prof. MMag. Dr. Regina Polak, MAS. Insbesondere für den anregenden Dialog mit den Kolleg(inn)en am Institut für Praktische Theologie in dieser Zeit bin ich zutiefst dankbar. Nennen möchte ich hier vor allem Prof. Dr. Teresa Schweighofer, Dr. Judith Klaiber und Stefan Gmoser, die für mich als Schreibtischnachbar(inne)n unzählige Male mit einem offenen Ohr für die eine oder andere weiterführende Reflexion da waren. Wichtige Gedankenanstöße habe ich auch immer wieder in den Privatissima von Univ.-Prof. Mag. Lic. Dr. Johann Pock und in Diskussionen mit anderen Dissertant(inn)en der evangelischen und katholischen theologischen Fakultät der Universität Wien erhalten. Mein Dissertationsprojekt war entsprechend von Anfang an ökumenisch angelegt.

Danken möchte ich der geduldigen und kompetenten Unterstützung des Echterverlages durch Herrn Heribert Handwerk. Und schließlich gilt mein Dank meinen Eltern Johanna Lore und Klaus-Dieter Sauer sowie allen Freund(inn)en in Österreich, insbesondere Dr. Martin Löffler und Helga Löffler, die mich den langen Weg bis zur Abgabe meiner Dissertation begleitet haben. Leider hat mein Vater die feierliche akademische Abschlussfeier im Juli 2018 nicht mehr erleben dürfen, da er im Jänner 2018 verstarb. Meinen Wissensdurst und auch das Interesse für Bücher verdanke ich zu großen Teilen ihm. Ich bin mir sicher, dass er die Promotionsfeier im schönen Wien genossen hätte.

Wien, August 2021

Einleitung

Persönliche Motivation und Forschungsfrage

Dieses Buch reflektiert ein zeitgemäßes Missionsverständnis im Kontext von Migration aus anglikanischer Perspektive, unter Einbeziehung innerchristlich-ökumenischer Stimmen. Konkreter Ausgangspunkt dieser praktisch-theologischen Reflexion sind leitfadengestützte Interviews, die mit Mitgliedern der anglikanischen Gemeinde in Wien (einer hauptsächlich aus Migrant(inn)en bestehenden Gemeinschaft) im Jahr 2014 geführt worden sind. Wie aktuell das Thema Migration vor allem im Sommer des Jahres 2015 werden würde ahnte ich zu Beginn der ersten Vorarbeiten meines Forschungsvorhabens im Jahr 2012 noch nicht. Persönliche Ausgangspunkte waren allerdings die ersten Kontakte mit anglikanischen Gemeinden in Kontinentaleuropa während meines altkatholischen Theologiestudiums in Deutschland während der 1990er Jahre. Aufgrund der vollen kirchlichen Gemeinschaft zwischen den sich gleichermaßen zur einen, heiligen, katholischen und apostolischen Kirche bekennenden Kirchen der anglikanischen Gemeinschaft und den altkatholischen Kirchen der Utrechter Union gab es im Rahmen der universitären Ausbildung und auf der Ebene kirchlicher Veranstaltungen einen regelmäßigen Kontakt meinerseits, vor allem zu Gemeinden der Kirche von England und der Episkopalkirche.

Nach meiner Übersiedlung nach Wien 2004 stellte ich zu meinem Erstaunen fest, dass es wesentlich einfacher war, als Migrant mit deutscher Muttersprache Anschluss an das Gemeindeleben der anglofonen anglikanischen Gemeinde in Wien zu finden als an das der deutschsprachigen einheimischen altkatholischen Gemeinde. Diese Erfahrung sensibilisierte mich für das Thema Migration und ließ die Frage entstehen, welchen Einfluss ein globales Phänomen wie Migration auf das Kirche-Sein bzw. im Besonderen auf Mission als eines kirchlich zentralen Themas hat.

Diese Beobachtungen waren ein entscheidender Impuls für das vorliegende Forschungsprojekt, welches sich den Bereichen Mission, Migration und den Kirchen anglikanischer Tradition widmet. Insbesondere meine Neugier gegenüber dem, vor allem im Kontext der kolonialen Vergangenheit Europas, belasteten Begriff der Mission, welcher zugleich aber ein Terminus für ein zentrales Thema des christlichen Selbstverständnisses ist, half dabei, dass sich die folgende Forschungsfrage herauskristallisieren konnte: *Welches Verständnis und welche*

Praxis von Mission sind aus der Perspektive der anglikanischen Gemeinde Christ
Church in Wien im Kontext einer globalisierten Migrationsgesellschaft möglich?

Migration und Mission

Nicht erst durch die Europa herausfordernden Fluchtbewegungen des Jahres 2015 ist
Migration ein wichtiges Thema der Gegenwart geworden. Regelmäßig machen die
Berichte der *International Organization for Migration (IOM)* deutlich, dass
Migration ein globales Phänomen ist, welches die Gegenwart nachhaltig prägt.[1]
Migration ist aus anglikanischer Perspektive insofern auch bedeutsam, als es um
fundamentale Erfahrungen geht, welche gegenwärtig das Denken vieler
Gesellschaften und Kulturen global prägen, in welchen Kirchen anglikanischer
Tradition vertreten sind und in welchen das Evangelium verkündet wird.[2] Aus
europäischer Perspektive trug seit dem Zweiten Weltkrieg vor allem auch Migration
aus Indien, Afrika und Asien in Richtung der westlichen Gesellschaften zur
zunehmenden Pluralisierung der europäischen Gesellschaften bei. Die Diversität von
Kulturen, Sprachen und Religionen wurde in Folge größer. Nicht christliche
Religionen und verschiedene christliche Traditionen fanden ihren Platz in Europa.[3]
Gleichzeitig verloren die traditionellen Kirchen seit den 1970er bzw. 1980er Jahren
signifikant an Mitgliedern.[4] Der Rückgang der Mitgliederzahlen der traditionellen
europäischen Kirchen führte zu unterschiedlichen missionarischen Initiativen. Zu
nennen sind beispielhaft die Forderung nach Neuevangelisierung von Johannes Paul
II.[5] oder die anglikanisch-methodistische Initiative *Fresh Expressions*, welche sich

---

1   Vgl. International Organization for Migration (IOM): World Migration Report 2013. Migrant Well-
     Being and Development. Genf: International Organization for Migration 2013. Online unter: https://
     publications.iom.int/system/files/pdf/wmr2013_en.pdf (Abruf: 12.12.2017); vgl. International
     Organization for Migration (IOM): World Migration Report 2015. Migrants and Cities. New
     Partnerships to Manage Mobility. Geneva: International Organization for Migration 2015. Online
     unter: http://publications.iom.int/system/files/wmr2015_en.pdf   (Abruf: 12.12.2017);   vgl.
     International Organization for Migration (IOM) (Hg.): World Migration Report 2010. The Future of
     Migration. Building Capacities for Change. Genf: International Organization for Migration (IOM)
     2010. Online unter: https://publications.iom.int/system/files/pdf/wmr_2010_english.pdf (Abruf:
     12.12.2017).
2   Vgl. The Secretary General of the Anglican Consultative Council (Hg.): The Virginia Report. The
     Report of the Inter-Anglican Theological and Doctrinal Commission 1997. Online unter:
     http://www.anglicancommunion.org/media/150889/report-1.pdf (Abruf: 12.12.2017). Abschn. 3.5.
3   Vgl. Spencer, Stephen: SCM Studyguide. Christian Mission. London: SCM Press 2007. 163.
4   Vgl. Lück, Wolfgang: Die Zukunft der Kirche. Evangelische Gemeinden im 21. Jahrhundert.
     Darmstadt: WBG 2006. 7 ff; vgl. Polak, Regina: Mission im Kontext gesellschaftlicher
     Transformation. Blitzlichter einer pastoralen Kairologie. In: Martin Stowasser/Franz Helm (Hgg.):
     Mission im Kontext Europas. Wiener Forum für Theologie. Band 3. Göttingen: V & R Unipress
     2011. 93–112. 93.
5   Vgl. Polak: Mission im Kontext gesellschaftlicher Transformation. 93.

vornehmlich an Menschen außerhalb traditioneller christlicher Kirchen wendet.[6] Darüber hinaus bezeichnet der Begriff *reverse mission* missionarische Aktivitäten nicht einheimischer Kirchen in Europa aus Ländern, in welche europäische Kirchen ehemals den christlichen Glauben importiert hatten.[7] Migration und Mission gehören aber nicht nur aus einer gegenwärtigen Perspektive zusammen. Schon zu Beginn ging die missionarische Ausbreitung des Christentums Hand in Hand mit Migrationsbewegungen und stand auch im Zusammenhang einer den ganzen Erdkreis umfassenden Sendung. Vor allem deshalb spricht beispielsweise die Pastoraltheologin Regina Polak von Migration als einem wichtigen, Theologie generierenden, Ort für die christliche Missionstheologie.[8] Die globalen Migrationsbewegungen, welche gegenwärtig die Gesellschaften weltweit verändern, rücken folglich Mission und Migration wieder ins Blickfeld der theologischen Reflexion aller christlichen Kirchen in Europa und weltweit. Das gilt auch für die entlang der kolonialen Expansion des britischen Weltreiches entstandenen anglikanischen Kirchen[9], deren Gemeinden in vielen Ländern, wie auch in Österreich, oft aus Migrant(inn)en unterschiedlicher Kirchenprovinzen der anglikanischen Gemeinschaft bestehen. Als Ausgangspunkt stand am Beginn meines Forschungsprojektes, welches sich mit einem zeitgemäßen Missionsbegriff im Kontext von Migration am Beispiel der anglikanischen Gemeinde Christ Church in Wien auseinandersetzt, zunächst einmal eine ganz allgemeine Definition von Migration der IOM:

„The movement of a person or a group of persons, either across an international border, or within a State. It is a population movement, encompassing any kind of movement of people, whatever its length, composition and causes; it includes migration of refugees, displaced persons, economics migrants, and persons moving for other purposes, including family reunification."[10]

---

6   Vgl. Fresh Expressions: About us. Changing church for a changing world. Online unter: https://www.freshexpressions.org.uk/about (Abruf: 09.03.2016).
7   Vgl. Paas, Steven: Mission from Anywhere to Europe. Americans, Africans, and Australians coming to Amsterdam. In: Mission Studies. Band 32. Ausgabe 1. 2015. 4–31.
8   Vgl. Polak, Regina: Migration, Flucht und Religion. Praktisch-theologische Beiträge. Band 1. Grundlagen. Ostfildern: Matthias-Grünewald 2017. Auflage 1. 77.
9   Vgl. Doe, Michael: Saving Power. The Mission of God and the Anglican Communion. London: Spck 2011. 2 ff.
10 Vgl. International Organization for Migration (IOM): Glossary on migration. International Migration Law. Band 25. Geneva: International Organization for Migration 2011. Auflage 2. Online unter: http://www.corteidh.or.cr/sitios/Observaciones/11/Anexo5.pdf (Abruf: 12.12.2017). 63 f.

Migration meint dementsprechend ganz allgemein jede Bewegung von Menschen innerhalb von Staaten und über Staatsgrenzen hinweg. Das schließt auch das Phänomen Flucht mit ein und ist zunächst bewusst offen gehalten. Im Hinblick auf einen geeigneten Missionsbegriff waren die anglikanischen *Five Marks of Mission[11]*, die in Kapitel 2.5.2 näher erläutert werden, ein wichtiger Bezugspunkt zu Beginn meiner Überlegungen. Aus dieser von anglikanischer Seite allgemein akzeptierten Perspektive bedeutet Mission nicht nur, sich mit den Mitgliederzahlen von Kirchen zu beschäftigen, sondern ebenso neben der Sorge um neu Getaufte auch das Engagement für Menschen in Not, Gerechtigkeit und die Bewahrung der Schöpfung. Mission wird zuallererst als eine göttliche Mission betrachtet, nämlich die in Christus vollbrachte Versöhnung Gottes mit der Welt[12], an welcher der Mensch und die Kirche als Werkzeuge der Versöhnung Anteil haben.[13]

Abgrenzung des Forschungsbereiches

Der Forschungsfrage entsprechend stand im Zentrum meines praktisch-theologischen Forschungsprojektes die anglikanische Kirchengemeinde Christ Church in Wien. Zwar sind der Gemeinde in Wien auch Gottesdienststationen in Klagenfurt (Österreich), Ljubljana (Slowenien), Zagreb (Kroatien) und Bratislava (Slowakei) zugeordnet[14], meine Untersuchung beschränkt sich aber auf den Standort Wien. Unter Gemeinde verstehe ich all diejenigen Personen, d. h. Laien, welche in die Wahllisten (Electoral Roll) der anglikanischen Gemeinde in Wien eingetragen sind.[15] Das waren 2014 ca. 140 Personen.[16] Die Zahl schwankt aufgrund des Zu- und Wegzugs von Gemeindemitgliedern. Zu dieser Personengruppe kamen noch die Mitglieder des Klerus hinzu. Es gibt darüber hinaus noch Personen, welche im Gemeindeleben aktiv sind, ohne wahlberechtigt zu sein. Die Erfahrungen dieser Personengruppe sind allerdings schwierig zu operationalisieren und wurden deshalb nicht berücksichtigt.

---

11 Vgl. Anglican Consultative Council: Marks of Mission. Online unter: https://www.anglicancommunion.org/mission/marks-of-mission.aspx (Abruf: 07.04.2021).
12 Vgl. 2 Kor 5, 17–21.
13 Vgl. Anglican Consultative Council: Lambeth Indaba. Capturing Conversations and Reflections from the Lambeth Conference 2008. Equipping Bishops for Mission and Strengthening Anglican Identity. 2008. Online unter: http://www.anglicancommunion.org/media/72554/reflections_document_-final-.pdf (Abruf: 11.12.2017). Abschn. 21–23.
14 Vgl. Christ Church Vienna: About Christ Church. Christ Church Vienna, Austria. Online unter: http://www.christchurchvienna.at/?q=about-christ-church-vienna-austria (Abruf: 19.01.2016).
15 Vgl. Diocese in Europe: Diocesan Handbook. Constitution of the Diocese in Europe 1995. Online unter: http://europe.anglican.org/diocesan-handbook/constitution-of-the-diocese-in-europe-1995 (Abruf: 08.03.2016). Abschn. 27.
16 Schriftliche Auskunft des Pfarrers der Gemeinde über die derzeitigen Personen der Wählerliste.

Forschungshintergrund und Ziel der Arbeit

Der Übergang zum 21. Jahrhunderts markiert für die anglikanische Gemeinschaft, vor allem aufgrund tief greifender Meinungsverschiedenheiten, eine Phase intensiven Nachdenkens über die Identität und den Zusammenhalt der Gemeinschaft.[17] Der anglikanische Bischof Michael Doe weist darauf hin, dass insbesondere das Thema der Macht, vor allem im Zusammenhang der kolonialen bzw. imperialen Vergangenheit der anglikanischen Kirchen, intensiv mit den derzeitigen Differenzen verbunden ist. Die konservative Opposition der anglikanischen Kirchen des globalen Südens ist vermutlich auch als Opposition gegen die liberaleren theologischen Positionen der ehemaligen Kolonisatoren zu verstehen.[18] Paradoxerweise ist beispielsweise aber auch die liberale Theologie der Episkopalkirche vor dem Hintergrund der Loslösung der US-amerikanischen Kolonien vom britischen Mutterland zu verstehen. Die freie Wahl des Glaubens und der eigenen Lebensweise gehört zu den philosophischen Grundlagen der amerikanischen Unabhängigkeit.[19] Wenig verwunderlich ist, dass eine Verständigung angesichts der Gegensätze nicht nur ganz praktisch, sondern auch theologisch ein zentraler Aspekt im Kontext der derzeitigen Diskussion um das Wesen christlicher Berufung bzw. kirchlicher Mission innerhalb der anglikanischen Gemeinschaft ist. Christ Church in Wien partizipiert insofern an den inneranglikanischen Diskussionen, als sie überwiegend eine Gemeinschaft von Migrant(inn)en aus allen Teilen der weltweiten anglikanischen Gemeinschaft ist. Konkrete Leitlinien für die missionarische Praxis dieser Gemeinde von Migrant(inn)en im Kontext des gegenwärtigen Diskussionsprozesses um eine anglikanische Identität zu entwickeln war das Ziel meines Forschungsprojektes.

Überblick über wichtige grundlegende Literatur und Quellen

Das einzig verfügbare Buch über **die anglikanische Gemeinde Christ Church** in Wien von Barbara Brash aus dem Jahr 1978 trägt den Titel *By His Grace*[20] und stellt die Geschichte der Gemeinde von 1887 bis 1977 dar. Ein Beitrag meiner Arbeit ist deshalb unter anderem auch die Erschließung der gegenwärtigen Situation der Gemeinde im Hinblick auf Mission und Migration sein.

---

17 Vgl. Avis, Paul D. L: The Identity of Anglicanism. Essentials of Anglican Ecclesiology. London; New York: T & T Clark 2007. 58.
18 Vgl. Doe: Saving Power. x.
19 Vgl. ebd. 34 ff.
20 Vgl. Brash, Barbara: By His Grace. The History and Life of Christ Church Vienna 1887–1977. The Council of Christ Church Vienna 1978.

Quellen zur anglikanischen Gemeinschaft, deren Identität und Selbstverständnis sind weitaus zahlreicher vorhanden. Von der Reflexion der Identität und Lehre der anglikanischen Gemeinschaft zeugt unter anderem der letzte Entwurf des sogenannten *Anglican Communion Covenant*[21] als auch der *Virginia Report*[22] der *Inter-Anglican Theological and Doctrinal Commission* von 1997. Wichtiger Bezugspunkt spezifisch anglikanischer Identität und Theologie sind die historischen Formulare der Kirche von England. Das sind vor allem das *Book of Common Prayer* von 1662 (BCP 1662), die darin enthaltenen 39 Glaubensartikel, und die Ordnungen des dreifachen Amtes (Bischof, Priester, Diakon).[23] Brian Cummings, Professor für Englisch an der Universität von Sussex, hat 2011 eine kommentierte Ausgabe des *Book of Common Prayer* in den Versionen von 1549, 1559 und 1662 herausgegeben.[24]

Wichtige grundlegende **Quellen zur Reflexion einer anglikanischen Perspektive auf Mission** sind insbesondere offizielle Dokumente von Versammlungen und Gremien der anglikanischen Gemeinschaft,[25] welche vor allem in der Online-Bibliothek der anglikanischen Gemeinschaft zu finden sind.[26] Aufgrund der Diversität der anglikanischen Gemeinschaft, sowohl strukturell als auch in der Lehre, sind solche Dokumente allerdings nicht als allgemein verbindliche anglikanische Lehraussagen zu betrachten, sondern bezeichnen vielmehr einen weitestgehenden Konsens. Hervorzuheben aus den zahlreichen Dokumenten und Arbeitsberichten sind die bereits genannten *Five Marks of Mission*[27] von 1984 und 1990 als wichtige und breit akzeptierte Beschreibung des gegenwärtigen Missionsverständnisses der anglikanischen Gemeinschaft sowie die Abschlussdokumente der letzten Lambeth-Konferenzen 1998 (mit der Resolution II.1 *The Theological Foundation of Mission)*[28] und 2008 unter dem Motto *Equipping*

---

21 Vgl. Anglican Consultative Council: The Anglican Communion Covenant. Anglican Communion Office 2009. Online unter: http://www.anglicancommunion.org/media/99905/The_Anglican_Covenant.pdf (Abruf: 11.12.2017).
22 Vgl. The Secretary General of the Anglican Consultative Council (Hg.): The Virginia Report.
23 Vgl. Anglican Consultative Council: The Anglican Communion Covenant. Abschn. 1.1.2.
24 Vgl. Cummings, Brian: The Book of Common Prayer. The Texts of 1549, 1559, and 1662. New York: Oxford University Press 2011.
25 Bewusst ausgeklammert werden hier Kirchen, welche sich der anglikanischer Tradition verbunden fühlen, aber nicht Teil der anglikanischen Gemeinschaft sind. Da der Fokus dieser Arbeit auf einer Gemeinde der Kirche von England liegt, sind jene Kirchen zunächst einmal nicht relevant.
26 Vgl. Anglican Consultative Council: Document Library. Online unter: http://www.anglicancommunion.org/resources/document-library.aspx (Abruf: 22.03.2016).
27 Vgl. Anglican Consultative Council: Marks of Mission.
28 Vgl. Anglican Consultative Council: The Lambeth Conference. Resolutions Archive from 1998. 2005. Online unter: http://www.anglicancommunion.org/media/76650/1998.pdf (Abruf: 11.12.2017).

Bishops for Mission and Strengthening Anglican Identity[29]. Vor allem das Dokument von 2008 betont ausdrücklich Versöhnung als zentralen Aspekt von Mission und kirchlicher Identität sowie die Notwendigkeit der Einbeziehung des Themas Migration. Die Publikation *Living Reconciliation*[30] der anglikanischen Autoren Phil Groves und Angharad Parry Jones, mit einem Vorwort des Erzbischofs von Canterbury, Justin Welby, steht im Zusammenhang einer offiziellen Initiative der anglikanischen Gemeinschaft. Sie knüpft an die Differenzen der letzten Jahrzehnte innerhalb der anglikanischen Gemeinschaft an und versucht, Wege zu gelebter Versöhnung zu entwickeln. Speziell für die Kirche von England ist der Bericht *Mission-Shaped Church*[31] wichtig, der 2004 veröffentlicht wurde. Dieser widmet sich vor allem der Gemeindegründung und neuen Ausdrucksformen von Kirche in der Gegenwart.

Im Hinblick auf **Literatur zu missionarischen Perspektiven im ökumenischen Kontext** unterscheide ich drei Gruppen von Kirchen: (1.) Mitgliedskirchen des ökumenischen Rates der Kirchen, (2.) die römisch-katholische Kirche und (3.) unabhängige Kirchen. Das Dokument *Gemeinsam für das Leben: Mission und Evangelisation in sich wandelnden Kontexten*[32] ist eine wichtige Dokumentation der derzeitigen Diskussion zu Mission und Evangelisation innerhalb des ökumenischen Rates der Kirchen, das insbesondere auch Migration als die religiöse Landschaft veränderndes Phänomen einbezieht. Unumgängliche Dokumente zum römisch-katholischen Missionsverständnis sind das Dekret des zweiten Vatikanischen Konzils über die Missionstätigkeit der Kirche *Ad gentes (AG)*[33], die Erklärung über das Verhältnis der Kirche zu den nicht christlichen Religionen *Nostra aetate (NA)*[34], die Erklärung über die Religionsfreiheit *Dignitatis humanae (DH)*[35], das apostolische Schreiben an den Episkopat, den Klerus und alle

---

29 Vgl. Anglican Consultative Council: Lambeth Indaba.
30 Vgl. Groves, Phil: Living Reconciliation. London: Spck 2014.
31 Vgl. Williams, Rowan: Mission-Shaped Church. London: Church House Publishing 2004.
32 Vgl. Ökumenischer Rat der Kirchen: Gemeinsam für das Leben: Mission und Evangelisation in sich wandelnden Kontexten. Online unter: https://www.oikoumene.org/de/resources/documents/together-towards-life-mission-and-evangelism-in-changing-landscapes (Abruf: 07.04.2021).
33 Vgl. Paul VI., Papst: Dekret über die Missionstätigkeit der Kirche AD GENTES. Online unter: http://www.vatican.va/archive/hist_councils/ii_vatican_council/documents/vat-ii_decree_19651207_ad-gentes_ge.html (Abruf: 23.03.2016).
34 Vgl. Paul VI., Papst: Erklärung NOSTRA AETATE über das Verhältnis der Kirche zu den nicht christlichen Religionen. Online unter: http://www.vatican.va/archive/hist_councils/ii_vatican_council/documents/vat-ii_decl_19651028_nostra-aetate_ge.html (Abruf: 23.03.2016).
35 Vgl. Paul VI., Papst: Erklärung DIGNITATIS HUMANAE über die Religionsfreiheit. Das Recht der Person und der Gemeinschaft auf gesellschaftliche und bürgerliche Freiheit in religiösen Belangen. Online unter: http://www.vatican.va/archive/hist_councils/ii_vatican_council/documents/vat-ii_decl_19651207_dignitatis-humanae_ge.html (Abruf: 23.03.2016).

Gläubigen der katholischen Kirche über die Evangelisierung in der Welt von heute *Evangelii nuntiandi (EN)*[36], die Enzyklika über die fortdauernde Gültigkeit des missionarischen Auftrages *Redemptoris missio (RM)*[37], Überlegungen und Orientierungen zum Interreligiösen Dialog und zur Verkündigung des Evangeliums Jesu Christi *Dialog und Verkündigung (DV)*[38] und das apostolische Schreiben über die Verkündigung des Evangeliums in der Welt von heute *Evangelii gaudium (EG)*[39]. Die Instruktion *Erga migrantes caritas Christi (EMCC)*[40] nimmt insbesondere Stellung zur heilsgeschichtlichen Bedeutung von Migration und streicht deren Bedeutung für Evangelisation und Mission heraus. Missionsverständnisse der zahlreichen unabhängigen Kirchen, die oft der Pfingstbewegung oder dem evangelikalen kirchlichen Spektrum zuzurechnen sind, können hier aufgrund der Vielfalt dieser Kirchen und folglich auch der Literatur nicht bzw. nur begrenzt einbezogen werden, auch wenn z. B. evangelikale Bewegungen in den anglikanischen Kirchen, wie auch in vielen anderen Kirchen, vorhanden sind. Eine umfassende Einführung zur Mission aus einer konservativ-evangelikalen und US-amerikanischen Perspektive bieten beispielsweise die Autoren A. Scott Moreau, Gary R. Corwin und Gary B. McGee in ihrer Publikation *Introducing World Missions*[41].

Aktuelle Daten und Fakten zur weltweiten Migration liefern die regelmäßigen Berichte der *International Organization for Migration* (IOM).

---

36 Vgl. P. Paul VI.: Apostolisches Schreiben EVANGELII NUNTIANDI seiner Heiligkeit Papst Paul VI. an den Episkopat, den Klerus und an alle Gläubigen der katholischen Kirche über die Evangelisierung in der Welt von heute. Online unter: http://w2.vatican.va/content/paul-vi/de/apost_exhortations/documents/hf_p-vi_exh_19751208_evangelii-nuntiandi.html (Abruf: 23.03.2016).

37 Vgl. P. Johannes Paul II.: REDEMPTORIS MISSIO: Über die fortdauernde Gültigkeit des missionarischen Auftrages. Online unter. http://w2.vatican.va/content/john-paul-ii/de/encyclicals/documents/hf_jp-ii_enc_07121990_redemptoris-missio.html (Abruf: 23.03.2016).

38 Vgl. Katholische Kirche, Consilium pro Dialogo inter Religiones: Dialog und Verkündigung. Überlegungen und Orientierungen zum interreligiösen Dialog und zur Verkündigung des Evangeliums Jesu Christi. 19. Mai 1991, Bonn 1991.

39 Vgl. Franziskus, Papst: Die Freude des Evangeliums. Das Apostolische Schreiben „Evangelii gaudium" über die Verkündigung des Evangeliums in der Welt von heute. Die Programmschrift zur Kirchenreform. Freiburg im Breisgau; Wien u. a.: Herder 2013.

40 Vgl. Päpstlicher Rat der Seelsorge für Migranten und Menschen unterwegs: Instruktion Erga migrantes caritas Christi. Online unter: http://www.vatican.va/roman_curia/pontifical_councils/migrants/documents/rc_pc_migrants_doc_20040514_erga-migrantes-caritas-christi_ge.html (Abruf: 11.12.2017).

41 Vgl. Moreau, A. Scott: Introducing world missions. A biblical, historical, and practical survey. Grand Rapids, MI: Baker Academic 2004.

Insbesondere die Berichte von 2010[42], 2013[43] und 2015[44] vermitteln einen Eindruck über das Ausmaß der gegenwärtigen globalen Migrationsbewegungen. Der regelmäßige Bericht der Statistik Austria *Migration & Integration*[45] liefert Daten zur österreichischen Lage. Der Bericht *Faith on the Move*[46] des *Pew Research Centers* bietet einen Überblick über Religionszugehörigkeit der weltweiten Migrant(inn)en und lässt erahnen, dass Migration auch im Kontext sich verändernder religiöser Landschaften in den Zielländern der Migrant(inn)en betrachtet werden sollte. Über die aktuelle religiöse Landschaft in Wien geben die Daten des WIREL-Projektes Auskunft. Sie basieren zum Teil auf den Daten der Volkszählung von 2001.[47]

Methodische und hermeneutische Vorüberlegungen

Methodisch beziehe ich mich zur Bearbeitung der Forschungsfrage nach einem zeitgemäßen Missionsbegriff auf das Modell der praktisch-theologischen Interpretation von Richard R. Osmer. Die folgende Abbildung (Abb. 1) stellt das von mir für diese Arbeit adaptierte Modell dar.[48] Die praktisch-theologische Interpretation hat gemäß Osmer vier Aufgaben: eine deskriptiv-empirische, eine interpretierende, eine normative und eine pragmatische Aufgabe. Es ist ein Charakteristikum (nicht nur) der praktisch-theologischen Interpretation von Richard R Osmer, welche ich für meine Interpretation nutze, dass sie am menschlichen Handeln ansetzt und versucht, in einem dialogischen Prozess zwischen Theologie und nicht theologischen Wissensgebieten konkrete Ereignisse, Situationen und Kontexte zu verstehen, um anschließend normative Handlungsleitlinien zu entwickeln. Die Entwicklung dieser Leitlinien ist gleichfalls eingebunden in einen multidisziplinären Dialog.[49] Vor allem die Weisheitstradition Israels dient Osmer als Referenzrahmen seines Modells praktisch-theologischer Interpretation. In der durch Gott geschaffenen Welt lässt sich dementsprechend Ordnung und Weisheit erkennen. Das Verstehen dieser Ordnung im Kontext einer gläubigen Auseinandersetzung mit

---

42 Vgl. International Organization for Migration (IOM) (Hg.): World Migration Report 2010.
43 Vgl. International Organization for Migration (IOM): World Migration Report 2013.
44 Vgl. International Organization for Migration (IOM): World Migration Report 2015.
45 Vgl. Statistik Austria (Hg.): Migration & Integration. Zahlen. Daten. Indikatoren 2015. Wien: Statistik Austria 2015.
46 Vgl. Pew Reserch Center's Forum on Religion & Public Life: Faith on the Move. The Religious Affiliation of International Migrants. Washington DC: Pew Research Center 2012. Online unter: https://www.pewforum.org/wp-content/uploads/sites/7/2012/03/Faithonthemove.pdf (Abruf: 07.04.2021).
47 Vgl. Goujon, Anne/Bauer, Ramon: Religions in Vienna in the Past, Present and Future. Key Findings from the WIREL Project. Wien: Vienna Institute of Demography 2015.
48 Vgl. Osmer, Richard Robert: Practical theology. An introduction. Grand Rapids, MI: William B. Eerdmans Pub. Co. 2008.
49 Vgl. ebd. 4 ff.

den geistigen Quellen gegenwärtiger Kultur ist ein wesentlicher Aspekt von Osmers Modell. Das bedeutet für die Theologie insbesondere auch, von nicht theologischem Wissen beziehungsweise von den modernen Wissenschaften zu lernen.[50]

Abb. 1: *Die vier Aufgaben der praktischen Theologie*
Erstellt in Anlehnung an das Modell von Richard R. Osmer[51]

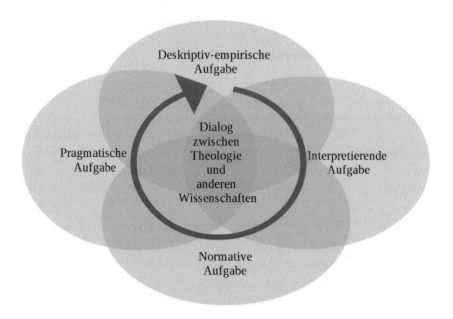

Folglich kann praktische Theologie als eine kritische Wahrnehmung und Antwort auf das verwandelnde Wirken Gottes verstanden werden, welches sich in menschliches Handeln einschreibt. Dementsprechend beschreibt die protestantische Theologin Sally A. Brown: „[P]ractical theology is that field of theological inquiry

---

50   Vgl. ebd. 93 f. Darüber hinausgehend ordnet Andreas Grandy die Weisheit Jesu in den jüdischen Kontext apokalyptischer und traditioneller Weisheitstradition ein. Das Besondere im Hinblick auf Jesus von Nazareth sei, aus der Wahrnehmung des bereits anbrechenden Gottesreiches die Gegenwart aktiv zu gestalten. Dementsprechend bezieht sich die Apokalyptik Jesu auch nicht primäre auf die Zukunft, sondern vor allem auf die Gegenwart. Vgl. Grandy, Andreas: Die Weisheit der Gottesherrschaft. Eine Untersuchung zur jesuanischen Synthese von traditioneller und apokalyptischer Weisheit. Göttingen: Vandenhoeck & Ruprecht 2012. Auflage 1.

51   Vgl. Osmer: Practical theology. 11.

and practice that seeks critically to discern and respond to the transforming activity of God within the living text of human action."[52]

Im Kontext der konkreten Interviews mit Gemeindemitgliedern heißt dies insbesondere, die im Hinblick auf Migration und Mission dargestellten Situationen, Ereignisse und Kontexte auf ihre immanenten Bedeutungen hin zu befragen und angesichts des Wirkens Gottes und einer von Gott geordneten Welt zu verstehen. Das geschieht einerseits im Rückgriff auf soziologische, historische, sozialpsychologische, pädagogische, oder auch ethische Perspektiven, andererseits mithilfe theologischer Gesichtspunkte. Diese Blickwinkel helfen, im Sinne einer qualitativen Forschung[53], sowohl die inneren Motive und Kontexte der Gesprächspartner zu verstehen als auch die Interviewergebnisse im Hinblick auf eine verallgemeinerbare Betrachtungsweise einzuordnen. Die gesprächsimmanenten subjektiven Bedeutungen sind insofern zentral, als sie Handlungsmotive sichtbar machen und so einen multiperspektivischen Dialog mit theologischen und nicht theologischen Perspektiven ermöglichen.

Mit Osmer nutze ich jenen multiperspektivischen beziehungsweise multidisziplinären Dialog im Rahmen eines Modells von kommunikativer Rationalität.[54] Rationalität bezeichnet eine Kommunikationsform, in welcher Menschen sachgerechte Begründungen für bestimmte Auffassungen austauschen. Ein solcher Austausch führt nicht notwendigerweise zur Übereinstimmung. Unterschiedliche Auffassungen können durchaus bestehen bleiben. Diesem Modell liegen drei Annahmen zugrunde: (1.) Eine Begründung (Englisch: reason) ist der Austausch von Argumenten im Hinblick auf eine Behauptung. (2.) Die Formulierung von Begründungen für Behauptungen ist immer im Kontext einer bestimmten Perspektive zu verstehen. (3.) Auffassungen sind fehlbar.[55] Die folgende Interpretation der Interviewergebnisse versucht dementsprechend, aus verschiedenen Perspektiven sachgerechte Erklärungen bzw. Begründungen für bestimmte Wahrnehmungen im Hinblick auf Migration und Mission zu ermitteln.

Der Dialog zwischen den unterschiedlichen Perspektiven innerhalb des geschilderten Modells kommunikativer Rationalität kann verschiedene Formen

---

52 Brown, Sally A.: Hermeneutical Theory. In: Miller-McLemore, Bonnie J. (Hg.) u. a.: The Wiley Blackwell Companion to Practical Theology. The Wiley-Blackwell Companions to Religion. Chichester, West Sussex, UK; Malden, MA: John Wiley & Sons 2014. 112–122. 112.

53 Vgl. Flick, Uwe: Qualitative Sozialforschung. Eine Einführung. Reinbeck bei Hamburg: rororo 2007. Auflage 5. 95 f.

54 Vgl. Osmer: Practical theology. 163 ff.

55 Vgl. ebd. 101 ff. Osmer bezieht sich unter anderem auf die Theorie des kommunikativen Handelns von Jürgen Habermas. Vgl. Habermas, Jürgen: Theorie des kommunikativen Handelns. 2 Bände. Frankfurt am Main: Suhrkamp Verlag 2011. Auflage 8.

annehmen. Ein *intradisziplinärer Dialog* bezeichnet die Kommunikation von Argumenten unterschiedlicher Fachgebiete innerhalb einer Disziplin. So fließen beispielsweise Aspekte systematischer, biblischer, kirchengeschichtlicher und praktischer Theologie in meine Interpretation der Interviewergebnisse ein. *Interdisziplinärer Dialog* bedeutet eine Kommunikation zwischen zwei unterschiedlichen Disziplinen. Vor allem der Dialog von sozialwissenschaftlichen und theologischen Perspektiven ist für die vorliegende Arbeit zentral. Mit *Multilog* benenne ich die In-Beziehung-Setzung von Argumenten von mehr als zwei Disziplinen. Der Rückgriff auf z. B.soziologische, historische, sozialpsychologische, ethische und theologische Perspektiven in meiner Deutung entspricht dieser Form. Schließlich sei auch der *metadisziplinäre Dialog* genannt, welcher eine Kommunikation auf der Ebene der Wissenschaftstheorie bezeichnet. Auf dieser Ebene liegt beispielsweise eine Diskussion, welche Voraussetzungen und Methoden von Disziplinen vergleicht.[56]

Osmer benennt drei Modelltypen innerhalb der zeitgenössischen Theologie, welche den Dialog zwischen theologischen und nicht theologischen Disziplinen beschreiben: (1.) *Korrelationsmodelle* setzen voraus, dass die Theologie von andern Wissensgebieten lernen kann. Nicht theologische Disziplinen erschließen neue Horizonte und können zu einer Reformulierung der Theologie in Bezug auf eine neue Perspektive führen. Als Beispiel nennt Osmer die Evolutionstheorie, die zu einer vertieften Reflexion der Schöpfungstheologie geführt habe. Vor allem die Theologie von Paul Tillich sei mit dem Korrelationsmodell verbunden. Hinsichtlich der vorliegenden Themen Mission und Migration leitet ein solches Modell über zur Herausforderung einer theologischen (Neu-)Interpretation unter Einbeziehung nicht theologischer Perspektiven. (2.) *Transformationsmodelle* thematisieren die Übersetzungsarbeit zwischen den Fachsprachen verschiedener Disziplinen. Die Formulierung der christologischen Dogmen auf dem Konzil von Chalcedon ist ein Beispiel solcher Übersetzungsarbeit theologischer Begriffe in philosophische Kategorien. Für die Deutung der Interviewergebnisse bedeutet dies z. B.die wechselseitige Übersetzung zwischen theologischen und soziologischen, historischen, sozialpsychologischen, oder ethischen Deutungen. (3.) *Transversale Modelle* behandeln Intersektionaliät und Divergenzen zwischen verschiedenen Disziplinen im Hinblick auf bestimmte Themen. Ansatzpunkt sind hier Überlappungen von Themenbereichen zwischen unterschiedlichen Disziplinen. Trotz thematischer Überlappung können Zugangswege und Arbeitsmethoden

---

56 Vgl. Osmer: Practical theology. 163–164.

allerdings jeweils sehr unterschiedlich sein. Im Hinblick auf die folgende Interpretation sei Migration als Thema genannt, welches beispielsweise zugleich einen bibeltheologischen und soziologischen Zugang haben kann.[57]

Osmer versteht sein Modell der Interpretation explizit als Dienst, welcher eine Teilhabe der christlichen Gemeinde am dreifachen Amt Christi als König, Priester und Prophet ermöglichen will. Der konkrete Sachverhalt, an welchem mein Forschungsprojekt, unter Zuhilfenahme des Modells von Osmer, anknüpft, ist die Praxis und das Verständnis von Mission der anglikanischen Gemeinde Christ Church in Wien im Kontext von Migration.

Aufbau der Arbeit

Meine praktisch-theologische Interpretation erfolgt, der Vorlage Osmers entsprechend, in vier bzw. drei Schritten, die sich auch im Aufbau bzw. den Kapiteln dieser Arbeit widerspiegeln:

- *Kapitel 1 – Die Darstellung und Beschreibung der Situation der Migrant(inn)engemeinde Christ Church insbesondere anhand der Transkripte der Interviews mit Gemeindemitgliedern:* Die aufmerksame Wahrnehmung des konkreten Kontextes, als deskriptive Aufgabe der praktisch-theologischen Interpretation, wird dabei mit Osmer als priesterlicher Dienst des achtsamen Zuhörens am Beispiel Jesu verstanden.

- *Kapitel 2 – Die Interpretation der Lage der Gemeinde Christ Church, vor allem im Kontext von Migration, vermittels der Ergebnisse der Interviews:* In diese interpretative Aufgabe der praktisch-theologischen Interpretation fließen, sowohl theologische als auch nicht theologische (z. B. sozialwissenschaftliche) Perspektiven ein. Theologische Perspektiven reflektieren ausdrücklich auch nicht anglikanische Positionen mit. Im Fokus dieses zweiten Kapitels steht das Verstehen und die Deutung der konkret wahrgenommenen Kontexte, Ereignisse und Geschichten.

- *Kapitel 3 – Die Entwicklung von maßgeblichen Leitlinien für die missionarische Praxis der Gemeinde Christ Church:* Die prophetische

---

57 Vgl. ebd. 164 ff. Vgl. Tillich, Paul: Systematic Theology. Band 1. London: SCM Press 2012; vgl. Neidhardt, W. Jim/Loder, James E.: The Knight's Move. The Relational Logic of the Spirit in Theology and Science. Colorado Springs: Helmers & Howard Pub 1992; vgl. Huyssteen, J. Wentzel Van: The Shaping of Rationality. Toward Interdisciplinarity in Theology and Science. Grand Rapids, MI: William B Eerdmans Publishing Co 1999.

Tradition, welche die Gegenwart vom Willen Gottes her deutet, ist der Hintergrund der dritten normativen Aufgabe praktisch-theologischer Interpretation. Die konkrete Gegenwart ist angesichts dieser Arbeit der anglofone und migrantische Kontext der anglikanischen Gemeinde Christ Church in Wien. Auch dieser dritte Schritt greift auf theologische und nicht theologische Betrachtungsweisen zurück, um im interdisziplinären Dialog Leitlinien bzw. Orientierungspunkte für eine zeitgemäße missionarische Praxis für Christ Church zu entwickeln.

- *Die Entwicklung konkreter Handlungsstrategien für Christ Church:* Die Teilhabe am königlichen Amt Christi ist der Kontext dieses vierten pragmatischen Schrittes. Osmer versteht dieses Amt, insbesondere als *Servant Leadership*[58], als dienendes Leitungsamt. Dieser vierte Schritt ist allerdings nicht mehr Teil meiner Dissertation, sondern wird die zukünftige Aufgabe der anglikanischen Gemeinde in Wien selbst sein. Ich werde lediglich im Schlusskapitel einen Ausblick auf eine mögliche Methode zur Strategiegewinnung bieten. Die in Schritt drei erarbeiteten Leitlinien können diesbezüglich als Grundlage für die Erarbeitung einer konkreten missionarischen Praxis durch die Gemeinde Christ Church dienen.

---

58   Vgl. Osmer: Practical theology. 175 ff.

1 Missionarische Perspektiven von Christ Church

Dieses Kapitel meiner Arbeit widmet sich der Beschreibung der anglikanischen Gemeinde Christ Church. Der Schwerpunkt dieses Kapitels liegt vor allem in der Wahrnehmung und Beschreibung der Gemeinde bzw. von Geschichten, Situationen und Kontexten, über die Gemeindemitglieder in Wien im Hinblick auf Mission und Migration berichtet haben. Das Herzstück bilden dementsprechend die Ergebnisse der qualitativen Interviews, welche mit Mitgliedern der anglikanischen Kirchengemeinde in Wien im Jahre 2014 geführt worden sind. Als eine strukturierte Form der Wahrnehmung sind die Interviews im Rahmen meiner praktisch-theologischen Interpretation die wesentliche Grundlage für das Gesamtziel dieser Arbeit, nämlich der Entwicklung von konkreten missionarischen Handlungsleitlinien für die anglikanische Gemeinde in Wien. Um zu ergründen, welche Eckpunkte eine dem Geist Christi entsprechende zeitgemäße missionarische Praxis in einem konkreten Kontext haben kann, bedarf es auch aus einer anglikanischen Perspektive der aufmerksamen Wahrnehmung des entsprechenden Kontextes. Im Bericht der *Inter-Anglican Theological and Doctrinal Commission von 1997* heißt es im Zusammenhang der Charakteristika anglikanischer Theologie: „Sometimes the lived experience of a particular community enables Christian truth to be perceived afresh for the whole community."[1]

1.1 Einführende Beschreibung der anglikanischen Gemeinde in Wien

1.1.1 Auf dem Weg zur internationalen Gemeinde

Die untersuchte Kirchengemeinde Christ Church ist gegenwärtig eine internationale, englischsprachige und anglikanische Kirchengemeinde, welche sich in einem kulturell stark römisch-katholisch geprägten österreichischen Kontext befindet, der aber vor allem in Wien zunehmend religiös pluraler wird.[2] Bestand die anglikanische Gemeinde in Wien Ende des 19. Jahrhunderts hauptsächlich aus Mitarbeiter(inne)n der britischen Botschaft sowie aus ortsansässigen Brit(inn)en, so hat sich die Zusammensetzung der Gemeinde insbesondere nach dem Zweiten Weltkrieg langsam in Richtung einer größeren Pluralität verändert. 1977 setzte sich die Gemeinde bereits aus Mitarbeiter(inne)n internationaler Organisationen,

---

1   Vgl. The Secretary General of the Anglican Consultative Council (Hg.): The Virginia Report. Abschn. 3.11.
2   Vgl. Magistrat der Stadt Wien: Daten und Fakten. Wiener Bevölkerung nach Migrationshintergrund. Online unter: https://www.wien.gv.at/menschen/integration/grundlagen/daten.html (Abruf: 08.02.2017).

Diplomat(inn)en, Student(inn)en und Au Pairs, aus zumindest 12 verschiedenen Nationalitäten, zusammen. Vor allem zahlreiche Studierende der Musik bereicherten die musikalische Gestaltung der Gottesdienste. Wien wurde insgesamt internationaler und folglich wurde auch Christ Church internationaler und konfessionsübergreifender.[3] Die gegenwärtige anglikanische Gemeinde in Wien ist eine hauptsächlich aus Migrant(inn)en verschiedenster Weltregionen bestehende internationale Gemeinschaft. Ihre Mitglieder kommen aus den unterschiedlichsten Provinzen der anglikanischen Kirchengemeinschaft. Daraus folgt eine hohe Diversität innerhalb der anglikanischen Gemeinde Christ Church in Wien. Die folgende Abbildung (Abb. 2) zeigt die Ergebnisse eines Fragebogens des Kirchvorstandes der Gemeinde Christ Church aus dem Jahr 2013.

Abb. 2: Herkunft der Mitglieder von Christ Church
Erstellt nach den Daten von CROSSWAYS (2013)[4]

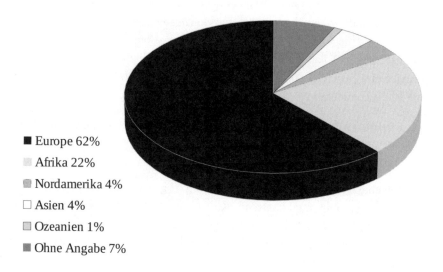

■ Europe 62%

▨ Afrika 22%

▨ Nordamerika 4%

☐ Asien 4%

▨ Ozeanien 1%

■ Ohne Angabe 7%

An der Befragung nahmen 89 Personen teil.[5] Demnach kamen 62 % der Befragungsteilnehmer(innen) aus einem europäischen Herkunftsland und 22 % aus einem afrikanischen Ursprungsland. Die restlichen 16 % verteilen sich auf Asien,

---

3   Vgl. Brash: By His Grace. 78 ff.
4   Vgl. Stanners, Elizabeth: Who are we. In: CROSSWAYS. News and views from Christ Church Vienna the Anglican/Episcopal Church in Austria. 74. 2013. 13. Online unter: https://pt-ktf.univie.ac.at/fileadmin/user_upload/i_pt_ktf/201311_crossways.pdf (Abruf: 07.04.2021).
5   Vgl. Stanners: Who are we. 13.

Ozeanien sowie Nordamerika, beziehungsweise wurden keine Angaben gemacht. Deutlicher wird das Bild, wenn man hinzufügt, dass ca. 33 % Prozent der Befragten einen britischen und 27 % einen österreichischen Pass[6] besitzen. Die restlichen 40 % verteilen sich auf mehr als 14 Nationalitäten. Zwar ist die Gruppe der britischen Staatsangehörigen immer noch die größte Gruppe, allerdings haben 67 % Prozent der Befragten eine andere Staatsbürgerschaft. Hinzu kommt, dass 47 % der Gemeinde eine andere Muttersprache als Englisch sprechen.[7] So hat sich die Gemeinde über eine ursprünglich britische Auslands- und Diplomatengemeinde[8] hinaus hin zu einer pluralen Gemeinschaft entwickelt. Zwar gibt es einerseits noch eine starke britische und anglofone Prägung der Gemeinde, aber Christ Church ist andererseits gegenwärtig über diese Tendenz hinaus in sprachlicher und nationaler Hinsicht plural. Christ Church ist also eine vielfältige Gemeinde von Migrant(inn)en.

1.1.2 Eine Gemeinde der Diocese (of Gibraltar) in Europe

Die Gemeinde Christ Church in Wien ist eingebunden in die *Diocese (of Gibraltar) in Europe*, einer Diözese der Kirche von England. *S*chon im 17. Jahrhundert gab es Gemeinden der Kirche von England in Kontinentaleuropa, die damals, wie alle anglikanischen Auslandsgemeinden, der Jurisdiktion des Bischofs von London unterstanden. Die heutige Diözese in Europa geht zurück auf die 1842 konstituierte Diocese *of Gibraltar,* welche dann 1980 um Nord- und Zentraleuropa erweitert sowie in *Diocese of Gibraltar in Europ*e umbenannt wurde. Meist wird als Bezeichnung jedoch die Kurzform *Diocese in Europe* verwendet.[9] Die besondere Aufgabe der Diözese besteht nach eigenen Angaben vor allem im Dienst an Anglikaner(inne)n und konfessionsübergreifend an englischsprachigen Christ(inn)en insgesamt in Kontinentaleuropa. Dies wird in den eigenen Satzungen explizit betont: „Although canonically part of the Church of England, the Diocese serves Anglicans either resident in or visiting mainland Europe from every part of the world, and also English-speaking Christians of other denominations."[10]

---

6   Dass Mitglieder einen österreichischen Pass besitzen, muss nicht unbedingt heißen, dass diese in Österreich geboren sind. Es ist vielmehr wahrscheinlich, dass Gemeindemitglieder beispielsweise aufgrund eines österreichischen Ehepartners oder einer österreichischen Ehepartnerin die entsprechende Staatsbürgerschaft angenommen haben.

7   Vgl. Stanners: Who are we. 13.

8   Vgl. Brash: By His Grace. 1 ff.

9   Diocese in Europe: Our History. On Anglican Churches in Europe. Online unter: http://europe.anglican.org/who-we-are/our-history (Abruf: 29.02.2016).

10   Vgl. Diocese in Europe: Diocesan Handbook. The Anglican Diocese in Europe. Online unter: https://europe.anglican.org/diocesan-policies-and-guidelines/the-anglican-diocese-in-europe (Abruf: 07.04.2021).

Die *Diocese in Europe* sieht ihre Aufgabe besonders im Kontext der gemeinsamen Mission der in Kontinentaleuropa bereits ansässigen historischen Kirchen, zu welchen oft enge ökumenische Beziehung bestehen. Mitglieder von Kirchen in voller Gemeinschaft mit der Kirche von England können beispielsweise gemäß den Statuten der *Diocese in Europe* bzw. der Kirche von England das passive und aktive Wahlrecht auf Gemeindeebene oder bei Synoden wahrnehmen, ohne in die Kirche von England aufgenommen werden zu müssen: „Baptized membership of these Churches satisfies the membership requirement of the *CRR* of the Church of England for enrolment on the electoral roll of a chaplaincy in this Diocese, and for other synodical qualifications, without the need to be received into the communion of the Church of England."[11] Ebenso können Bischöfe, Priester und Diakone der Kirchen in voller Gemeinschaft auf Anfrage wechselseitig zu Amtshandlungen zugelassen werden. Nach eigenem Verständnis biete die Diversität der anglikanischen Tradition vielfältige Anknüpfungsmöglichkeiten an die unterschiedlichen Kirchen in Europa, um gemeinsam an der sichtbaren Einheit der universalen Kirche zu arbeiten. Aufnahmen von Menschen als Mitglieder der Kirche von England dürfen nur freiwillig und mit Sensibilität dem ökumenischen Umfeld gegenüber erfolgen. Die Mitgliedschaft ist weder an sprachliche, ethnische oder soziale Voraussetzungen gebunden. Ausdrücklich lehnt man Proselytismus ab und betont die kooperative Arbeit.[12]

Mehr noch als für alle anderen Bistümer der Kirche von England ist Diversität charakteristisch für die *Diocese in Europe,* da sich der jeweilige lokale Kontext der Gemeinden dieses sich über mehrere Kontinente erstreckenden Bistums von Ort zu Ort stark unterscheidet. Die folgende Abbildung (Abb. 3) bietet einen Überblick über die derzeit 41 Länder in drei Kontinenten, in welchen sich Gemeinden und Gottesdienststationen befinden, oder die durch die europäische Diözese betreut werden. Die nachfolgende Abbildung demonstriert, dass Internationalität und das Passieren von Grenzen wortwörtlich zur Erfahrung vieler Anglikaner(innen) in Europa gehört und gleichzeitig eine große Herausforderung aufgrund der Unterschiedlichkeit der lokalen Kontexte ist.

---

11 Ebd. Abschn. A7(a). Die Abkürzung CRR steht für *Church Representation Rules.*
12 Vgl. ebd. A1(e).

Abb. 3: Durch die Diocese in Europe betreute Länder

Erstellt nach den Daten der Diocese in Europe (2016)[13]

Europa			Asien	Afrika
1. Andorra	13. Griechenland	25. Portugal	37. Mongolei	41. Marokko
2. Armenien	14. Italien	26. Rumänien	38. Türkei	
3. Aserbaidschan	15. Island	27. Russland	39. Turkmenistan	
4. Belgien	16. Kroatien	28. Serbien	40. Usbekistan	
5. Bulgarien	17. Lettland	29. Schweden		
6. Dänemark	18. Luxemburg	30. Schweiz		
7. Deutschland	19. Malta	31. Slowakei		
8. Estland	20. Monaco	32. Slowenien		
9. Finnland	21. Niederlande	33. Spanien		
10. Frankreich	22. Norwegen	34. Tschechien		
11. Georgien	23. Österreich	35. Ungarn		
12. Gibraltar	24. Polen	36. Ukraine		

1.1.3 Prägung durch die anglikanische Tradition

Christ Church in Wien steht als Kirchengemeinde der Church of England in der Tradition jener anglikanischen Kirchen, die in der weltweiten anglikanischen Kirchengemeinschaft verbunden sind. Diese Gemeinschaft ist eine Gemeinschaft von Kirchen, die angesichts der lokalen sowie kulturellen Kontexte zum Teil sehr verschiedene Kirchen sind. Die erste Lambeth-Konferenz, die am Morgen des 24. September 1867 mit einer Eucharistiefeier eröffnet wurde, bezeichnet den Beginn jener anglikanischen Kirchengemeinschaft.[14] Seitdem finden diese Konferenzen als weltweite Versammlung der Bischöfe der anglikanischen Kirchengemeinschaft ca. alle zehn Jahre, mit einigen Ausnahmen, statt. Die weltweite anglikanische Gemeinschaft versteht sich ganz bewusst als eine Gemeinschaft von autonomen Kirchen, die als Teil der einen katholischen und apostolischen Kirche in einer gemeinsamen anglikanischen Tradition stehen.[15] Der Text des *Anglican Communion*

---

13 Vgl. Diocese in Europe: Church Locations. Online unter: http://europe.anglican.org/where-we-are/church-locations (Abruf: 01.03.2016).
14 Vgl. Cameron, Gregory K.: Locating the Anglican Communion in the History of Anglicanism. In: IAN S. MARKHAM U. A. (Hgg.): The Wiley-Blackwell Companion to the Anglican Communion. The Wiley-Blackwell Companions to Religion. Chichester: John Wiley & Sons 2013. 3–14. 3.
15 Vgl. Avis: The Identity of Anglicanism. 58 ff.

Covenant von 2009 beschreibt, was das Spezifische anglikanischer Tradition aus der Perspektive der Mitgliedskirchen der anglikanischen Gemeinschaft in Relation zur universalen Kirche ausmacht:

„1.1 Each Church affirms:
(1.1.1) its communion in the one, holy, catholic, and apostolic Church, worshipping the true God, Father Son, and Holy Spirit.
(1.1.2) the catholic and apostolic faith uniquely revealed in the Holy Scriptures and set forth in the catholic creeds, which faith the Church is called upon to proclaim afresh in each generation. The historic formularies of the Church of England, forged in the context of the European Reformation and acknowledged and appropriated in various ways in the Anglican Communion, bear authentic witness to this faith."[16]

Die eigene spezifische anglikanische Tradition wird folglich verstanden als ein legitimer Ausdruck des Glaubens der einen universalen Kirche. Auch wenn die konkreten Formen der anglikanischen Kirchen jeweils unterschiedlich sind, bleiben als Orientierungspunkte die Dokumente der Kirche von England und der Kontext der europäischen Reformation. Innerhalb der anglikanischen Gemeinschaft lassen sich verschiedene Ausprägungen anglikanischer Kirchlichkeit identifizieren. Der anglikanische Theologe Stephen Spencer spricht von „Different Ways of Being Anglican"[17]. Diese unterschiedlichen anglikanischen Wege bzw. Ausprägungen leitet er von den drei wichtigen Autoritäten anglikanischer Theologie ab: *Schrift* bzw. die Bücher der Bibel, *Tradition* als Theologie und Praxis der alten Kirche sowie *Vernunft* als Rationalität, die menschliches Denken formt. Die konkrete Heilserfahrung werde als vierte Autorität ebenfalls diskutiert.[18] Verschiedene inneranglikanische Strömungen gewichten diese Autoritäten unterschiedlich und haben deshalb jeweils einen unterschiedlichen Charakter. Dementsprechend beschreibt Spencer drei Hauptströmungen innerhalb der anglikanischen Tradition: eine eher protestantische schriftzentrierte Richtung, eine eher katholische traditionsorientierte Richtung sowie eine an der Aufklärung des 18. Jahrhunderts orientierte Richtung.[19] Gleichzeitig ist die Liturgie allgemein ein identitätsstiftender

---

16 Anglican Consultative Council: The Anglican Communion Covenant. 2.
17 Spencer, Stephen: SCM Studyguide. Anglicanism. London: SCM Press 2010. 1.
18 Vgl. ebd. 4.
19 Vgl. ebd. f. Vor allem für evangelikale Richtungen innerhalb der anglikanischen Tradition hat die Heilserfahrung, verbunden mit einer emotionalen persönlichen Jesusbeziehung, eine zentrale Bedeutung.

Aspekt anglikanischer Kirchen und die Quelle des Glaubens, die alle anglikanischen Strömungen verbindet: „worship shapes belief"[20].

Strukturell konkretisiert sich die anglikanische Gemeinschaft global in den sogenannten vier *Instruments of the Communion*. Diese Instrumente sind die bereits genannte (1.) Lambeth-Konferenz, (2.) ein repräsentativer Rat aus Laien und Kleriker(inne)n, *Anglican Consultative Council* genannt, (3.) die Versammlung aller Primasse sowie (4.) der Erzbischof von Canterbury, mit welchem alle Mitgliedskirchen in Gemeinschaft stehen müssen. Die Aufgabe des Erzbischofs ist vor allem pastoraler Natur. Jurisdiktionelle Macht über die Mitgliedskirchen besitzt er keine. Die jeweiligen Provinzen der anglikanischen Gemeinschaft müssen nicht notwendigerweise dieselbe Lehrmeinung vertreten oder dieselben Strukturen haben. Trotz der Unterschiede beansprucht allerdings keine Mitgliedkirche grundsätzlich, der alleinige oder allgemeingültige Ausdruck anglikanischer Tradition zu sein. Gemeinsam ist allen Mitgliedskirchen, sowohl das Festhalten am historischen dreifachen Amt als auch die ausdrückliche Betonung des allgemeinen Priestertums aller Getauften, welches sich auch in diversen Laienämtern ausdrückt (Prediger(innen), Pastoralassistent(inn)en, Kirchenvorstände etc.). Die Aufsicht über alle Ämter obliegt dem zuständigen Bischof. Gegen Ende des 19. Jahrhunderts etablierten sich in den Provinzen der Gemeinschaft verstärkt bischöflich-synodale Strukturen, die sowohl Kleriker als auch Laien gleichermaßen an der Leitung der Kirche beteiligen.[21] Gemeinschaft in Verschiedenheit vor dem Hintergrund eines gemeinsamen anglikanischen Bezugspunktes in der englischen Mutterkirche, sowie das Bewusstsein, ein Teil der einen katholischen und apostolischen Kirche zu sein, ohne anderen christlichen Traditionen generell das Kirche-sein abzusprechen, gehört also wesentlich zur anglikanischen Identität. Dies ist der kirchliche Rahmen, in welchem sich auch das Leben der Gemeinde Christ Church bewegt.

1.2 Methodische Erläuterungen zu den qualitativen Interviews

1.2.1 Fallanalyse der Gemeinde Christ Church

Als Basisdesign der qualitativen Forschung zur Beschreibung der anglikanischen Gemeinde in Wien im Hinblick auf die Geschichten, Situationen und Kontexte von Mission und Migration wurde die Fallanalyse[22] gewählt. Die Gemeinde wird dabei als spezifischer Fall einer Migranten(inn)engemeinde in Wien verstanden, nämlich

---

20   Anglican Consultative Council: Lambeth Indaba. Abschn. 101.
21   Vgl. Avis: The identity of Anglicanism. 58 ff.
22   Vgl. Flick: Qualitative Sozialforschung. 177 f.

einer Gemeinde der Kirche von England in Kontinentaleuropa, welche überwiegend aus Migrant(inn)en besteht. Unter Gemeinde verstehe ich hier aus Gründen der Operationalisierbarkeit Menschen, die sich als aktiv und passiv wahlberechtigte Mitglieder auf der Wahlliste (*Electoral Roll*) der Gemeinde befinden, sowie zusätzlich die zu Amtshandlungen in der Gemeinde Christ Church zugelassenen und aktiven anglikanischen Kleriker. Dies waren im Befragungszeitraum 2014 insgesamt ca. 143 Personen.

1.2.2   Problemzentrierte Interviews

Als Methode der Datensammlung wurde das von Andreas Witzel eingeführte problemzentrierte Interview, eine Form leitfadengestützter Befragungen, als Orientierungspunkt gewählt. Charakteristisch für diese Befragungsmethode ist, dass vor allem biografische Informationen hinsichtlich einer vorher festgelegten Thematik behandelt werden.[23] Dementsprechend bedeutet dies angesichts meiner Forschungsfrage, dass insbesondere Migrationserfahrungen von Mitgliedern der anglikanischen Gemeinde Christ Church im Hinblick auf das Thema Mission im Zentrum der Interviews standen.

1.2.3   Deduktive Auswertungskategorien

Zur Bearbeitung der Forschungsfrage und zur Auswertung der Interviews habe ich sechs Auswertungskategorien gebildet. Die Konstruktion dieser Kategorien erfolgte entlang der drei in der Forschungsfrage implizierten zentralen Themenbereiche *Mission, Migration* und *die anglikanische Kirchengemeinschaft in Wien*. Die folgende Abbildung (Abb. 4) versucht, den Konstruktionsvorgang grafisch darzustellen. Ein Zusammenhang zwischen den drei zentralen Themenfeldern wird durch drei sich überlappenden Rechtecke dargestellt.

Die durch Überschneidung entstehenden neuen Felder stellen jeweils einen eigenen Themenbereich dar, welcher die Beziehung zwischen den angrenzenden zentralen Themenbereichen beschreibt. Durch diese Überlappung der drei Rechtecke bzw. zentralen Themenbereiche entstehen insgesamt sieben Felder. Das Feld, in welchem alle drei zentralen Themenbereiche sich überschneiden, markiert den Bereich, an welchem die Forschungsfrage ansetzt, nämlich an der vorausgesetzten Beziehung aller drei zentralen Themenbereiche zueinander. Alle um das mittlere Feld herum angeordneten sechs Felder markieren die für die Beantwortung der Forschungsfrage wichtigen sechs Themenbereiche bzw. Kategorien.

---

23   Vgl. ebd. 210 ff.

Abb. 4: Konstruktion der Auswertungskategorien

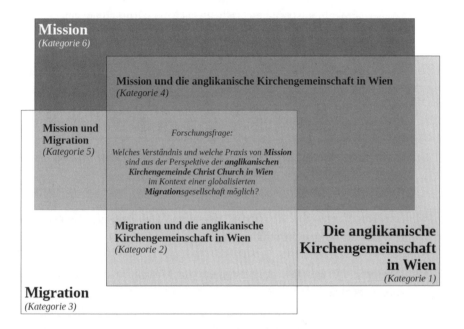

Inhaltlich wurden die sechs konstruierten Kategorien folgendermaßen abgegrenzt:

- *Kategorie 1 – Die anglikanische Kirchengemeinschaft in Wien:* Rolle und Bedeutung der anglikanischen Gemeinde Christ Church im Leben der Gemeindemitglieder, Bindungsmotive in Bezug auf die anglikanische Gemeinde in Wien, Wahrnehmung des Charakters der Gemeinde.

- *Kategorie 2 – Migration und die anglikanische Kirchengemeinschaft in Wien:* Wahrnehmung der Gemeinde im Hinblick auf Migration, konkrete Erfahrungen und Kontakte mit Christen anderer Konfessionen in Wien bzw. Österreich und Wahrnehmung der Unterschiede, Reflexion der eigenen Minderheitensituation als anglikanische Christ(inn)en in Wien bzw. Österreich.

- *Kategorie 3* – *Migration:* Wahrnehmung des Phänomens Migration, konkrete Migrationserfahrungen von Gemeindemitgliedern, Selbstwahrnehmung und -beschreibung als Migrant(in) allgemein.

- Kategorie 4 – *Mission und die anglikanische Kirchengemeinschaft in Wien:* Als missionarisch wahrgenommene Aktivitäten in der Gemeinde, Reflexion über Bedürfnisse potenzieller Zielgruppen der Gemeinde Christ Church, Verortung der Gemeinde und Gemeindemitglieder im kulturellen Kontext von Wien bzw. Österreich, die spezifischen Aufgaben der anglikanischen Gemeinde in Wien.

- *Kategorie 5* – *Mission und Migration:* Prägung des Handelns und des persönlichen Glaubens durch Migration, missionarische Aktivitäten vor dem Hintergrund des Gastlandes, Bedeutung und Rolle der Gemeinde im Hinblick auf Migrationserfahrungen.

- *Kategorie 6* – *Mission:* Auffassungen von Mission in der anglikanischen Kirchengemeinde in Wien.

Diese konstruierten sechs Auswertungskategorien waren einerseits die Grundlage zur Erstellung des Gesprächsleitfadens und stellten andererseits, im Sinne eines deduktiven Verfahrens, die Basis zur Auswertung der Interviews dar. Im Auswertungsprozess stellte sich heraus, dass sich die Kategorien nicht immer vollständig voneinander abgrenzen ließen. Eine Kategorie stellt vielmehr eine bestimmte Perspektive im Hinblick auf die Forschungsfrage dar, welche die anderen Themenfelder immer auch miteinbezieht.

1.2.4 Komponenten der Interviews im Gesprächsablauf

Für die Durchführung der Interviews wurde jeweils eine Einverständniserklärung, ein Kurzfragebogen, ein Leitfragebogen sowie ein Aufnahmegerät zur digitalen Aufzeichnung der Interviews benötigt. Da die Interviews nach Wunsch der Teilnehmer(inn)en entweder in Deutsch oder in Englisch durchgeführt werden konnten, gab es für die Formulare jeweils eine entsprechende Version in der passenden Sprache.

Vor jedem Interview wurde eine kurze Einführung zum Inhalt des Interviews gegeben sowie Raum für eventuelle Nachfragen der Gesprächspartner(innen) gelassen. Ebenso wurde das Einverständnis zur digitalen Aufnahme des Gesprächs zunächst mündlich eingeholt. Die Einverständniserklärung wurde dann von den Teilnehmer(inne)n im Laufe des Gesprächs unterzeichnet. Alle Interviews wurden mit dem Einverständnis der Befragten zunächst digital aufgenommen und danach komplett anhand eines einfachen Systems transkribiert.

Der Kurzfragebogen diente der Sammlung demografischer Daten in Bezug auf die Gruppe der Interviewten und sollte jeweils von den Interviewten zu Beginn der Interviews ausgefüllt werden. In der konkreten Durchführung der Befragungen stellte sich jedoch heraus, dass es aus Gründen der Gesprächsatmosphäre nicht immer günstig war, den Kurzfragebogen explizit zu Beginn oder am Ende gemeinsam mit den Befragten auszufüllen. Ich vermute, dass das Ausfüllen von Formularen im Rahmen eines Interviews für viele Befragte ungewohnt war und diese zum Teil verunsicherte, was einen lockeren Gesprächseinstieg erschwerte. Zum Teil war es deshalb angemessener, jene Daten im Vorgespräch zu besprechen und nachträglich im Anschluss an das Interview festzuhalten. Notizen zum Ablauf des Interviews, zu Besonderheiten im Gesprächsverlauf sowie zum Ort des jeweiligen Interviews wurden ebenfalls im Anschluss an die Interviews auf dem Kurzfragebogen in einem eigenen Feld vermerkt.

Der Leitfragebogen bestand, wie in der nachfolgenden Abbildung (Abb. 5) dargestellt, aus 25 Fragen, welche jeweils in Blöcken (Einleitung, Abschluss sowie die oben beschriebenen sechs Auswertungskategorien) angeordnet wurden. Die Fragen sprachen die Befragten in der 2. Person Singular an, was der Befragungssituation im Kontext der Gemeinde angemessen war.

Abb. 5: Fragen der deutschen Version des Leitfragebogens

Einleitung

1. Kannst Du mir kurz etwas über Dich erzählen, bitte?
2. Seit wann bist Du in Wien/Österreich?
3. Erinnerst Du Dich an die ersten Wochen in Wien/Österreich? Wie hast Du diese Zeit in Bezug auf die österreichische Gesellschaft erfahren?

Migration

4. Was fällt Dir spontan ein, wenn Du das Wort *Migration* hörst?
5. Wie würdest Du Deine Erfahrung mit Migration beschreiben?

6. Welche Gründe für Migration kannst Du aus der Perspektive Deiner Erfahrungen nennen?

Anglikanische Kirchengemeinschaft in Wien

7. Was fällt Dir spontan ein, wenn Du an *Christ Church* denkst?

8. Welche Rolle spielt *Christ Church* für Dich?

9. Welche Aktivitäten in der Gemeinde sind für Dich persönlich wichtig und warum?

10. Was war Deine Motivation gerade nach einer anglikanischen Kirche in Wien zu suchen?

11. In welcher Situation hast Du besonders die Notwendigkeit einer anglikanischen Kirche in Wien erfahren?

Migration und die anglikanische Kirchengemeinschaft in Wien

12. Welchen Herausforderungen bist Du als Mitglied von *Christ Church* in Wien/Österreich begegnet?

13. Welche Erfahrungen hast Du mit Christ(inn)en anderer Konfessionen in Wien gemacht?

14. Bei welchen Begebenheiten hast Du Unterschiede zwischen Dir und Christ(inn)en anderer Konfessionen in Wien wahrgenommen?

15. In welchen Situationen hast Du als Mitglied von *Christ Church* von den Menschen in Wien profitiert?

16. Was würden Menschen außerhalb der Gemeinde über *Christ Church* sagen? Was würde ihr Eindruck sein?

Mission

17. Was fällt Dir spontan ein, wenn Du das Wort *Mission* hörst?

18. Wie würdest Du Deine eigenen Erfahrungen mit Mission beschreiben?

Mission und die anglikanische Kirchengemeinschaft in Wien

19. Welche konkreten Aktivitäten in *Christ Church* würdest Du als erfolgreiche oder unwirksame Missionsaktivitäten beschreiben?

20. Für welche Gruppe von Menschen in Wien ist, Deiner Meinung nach, *Christ Church* da?

21. Was sind, Deiner Meinung nach, die Bedürfnisse dieser Gruppe?

22. Könntest Du bitte drei besondere Gaben und Fähigkeiten nennen, die *Christ Church* den Menschen in Wien anbieten könnte?

Mission und Migration

23. In welcher Weise beeinflussen Deine Erfahrungen mit Migration Dein Leben als Christ(in)?

24. Wie würdest Du *Mission* definieren?

Abschluss

25. Möchtest Du noch einen wichtigen Aspekt ergänzen, den ich vergessen habe?

Die Fragen dienten, entsprechend der Idee eines problemzentrierten Interviews, der Fokussierung und der Förderung eines grundsätzlich flexiblen und durch den Gesprächspartner bzw. die Gesprächspartnerin geprägten Gesprächsverlaufes.[24] Lediglich die Fragen des Gesprächseinstiegs bzw. -abschlusses waren für die meisten Interviews feststehend.

Die Dauer der Interviews betrug durchschnittlich ungefähr jeweils eine Stunde. Befragt wurden zehn Personen. Von diesen zehn Interviews sind acht in die Auswertung eingeflossen. Gründe für die Auswahl waren einerseits forschungsethische Aspekte und andererseits die Vermeidung von thematischen Wiederholungen.

1.2.5   Orte der Interviews

Die Wahl eines geeigneten Ortes für die Interviews wurde in Absprache mit den befragten Personen getroffen. Die Hälfte der Interviews fanden in den Räumlichkeiten des Instituts für Praktische Theologie der katholisch-theologischen Fakultät der Universität Wien statt. Alle anderen Gespräche wurde einerseits an den Arbeitsplätzen der Befragten oder im Gemeindezentrum der anglikanischen Gemeinde in Wien geführt. Bedingung für die Auswahl des Ortes war eine ruhige Atmosphäre, um einerseits eine digitale Aufnahme der Interviews zu realisieren und anderseits möglichst nicht durch andere Personen im Gesprächsfluss unterbrochen zu werden. Kaffeehäuser waren aus diesem Grund beispielsweise als Gesprächsorte ausgeschlossen. Das Gemeindezentrum von Christ Church stellte sich in Bezug auf

---

24   Vgl. ebd. 2010 f.

Störungen durch dritte Personen als eher ungünstiger Ort heraus. Obwohl hingegen die Räume des Instituts für Praktische Theologie für die meisten Befragten vermutlich ungewohnt waren, konnte sich hier die vergleichsweise konzentrierteste Gesprächsatmosphäre entwickeln.

1.2.6 Zusammenfassende Inhaltsanalyse

Die Methode zur Analyse der Interviews orientierte sich an der qualitativen Inhaltsanalyse nach Mayring.[25] Dabei stand vor allem die Technik der zusammenfassenden Inhaltsanalyse in Bezug auf die oben beschriebenen sechs Auswertungskategorien im Zentrum der Analyse. Die folgende Abbildung (Abb. 6) zeigt beispielhaft die verwendete Auswertungstabelle bzw. die Methodik der Zusammenfassung für den Interviewpartner IP2.

Abb. 6: Analysebeispiel zur Inhaltsanalyse

Anglikanische Kirchengemeinschaft in Wien					
Fall	Zeile	Nr.	Paraphrase	Kurzform	Reduktion
IP2	220-222	13	Ich kam sofort zur Gemeinde und hatte dem Pfarrer schon eine Email geschrieben. Schon während meines Urlaubs in Österreich hatte ich [mich] mit jemand von Christ Church getroffen.	Direkter Weg in die Gemeinde	Der Weg führte **direkt** vom Heimatland **zu Christ Church**. Auf den ersten Eindruck wirkte Christ Church **historisch**, **ernst** und **britisch**. Man schien hier großen Wert auf die **Liturgie** zu legen. Die Liturgie und die **soziale Gemeinschaft** bietet halt. Die Gemeinde wird als **multikulturell**, **freundlich** und **offen** erlebt. Die Gemeinde wird als **„zweites" Zuhause** gesehen, das auch die **Möglichkeit zur Reflexion** des eigenen Lebens bietet und wo man sich umeinander **kümmert**. Sie wird als Anlaufstelle für englischsprachige Anglikaner aus aller Welt wahrgenommen. Gerade
IP2	226-239	14	Mein erster Eindruck von Christ Church war: sehr historisch, sehr ernst, sehr britisch. Obwohl es eine große afrikanische Gruppe gab, und der Pfarrer Kanadier war, schien trotzdem sehr britisch zu sein. Mittlerweile fühle ich mich sehr wohl in der Gemeinde und schätze das Gemeinschaftsleben sehr. Besonders gefällt mir die Form der Liturgie. Wenn ich nicht eine besondere Affinität gehabt hätte, wäre ich aber vielleicht jetzt nicht bei Christ Church.	Anfänglicher Eindruck von Christ Church: historisch, ernst, britisch. Hohe Wertschätzung der Liturgie.	

---

25   Vgl. ebd. 409 ff.

| IP2 | 325-336 | 15 | Die anglikanische Gemeinde in Wien wird gebraucht, weil es hier viele Briten gibt. Auch für viele Nigerianer ist die Gemeinde eine Anlaufstelle. Die nigerianische anglikanische Kirche ist eine große Kirche innerhalb der anglikanischen Kirchengemeinschaft. Christ Church bietet eine englischsprachige liturgische Alternative für Nicht-Katholiken in Wien/Österreich | Christ Church als Anlaufstelle für englischsprachige Anglikaner aus aller Welt. | die Gemeinschaft von teilweise **gegensätzlichen Menschentypen** ist faszinierend. Christ Church wird als **Herausforderung für Menschen** unterschiedlichster Standpunkte gesehen. In der Kerngemeinde **tauscht man sich über den eigenen Glauben aus.** Christ Church ist **nicht charismatisch.** |
| ... | ... | ... | ... | ... | |

In einem ersten Schritt wurden zunächst per Interview passende Analyseeinheiten bestimmt und den adäquaten Auswertungskategorien zugeordnet. Jene Analyseeinheiten wurden dann in einem weiteren Schritt paraphrasiert und die Paraphrasen zu einer Kurzform gebündelt. Diese Kurzformen waren dann wiederum die Basis für eine zusammenfassende Reduktion in Bezug auf die jeweilige Auswertungskategorie. Innerhalb dieser kurzen Zusammenfassungen wurden dann schließlich wichtige Stichworte und Themen hervorgehoben.

1.2.7 Ziel der Befragungen

Die Erhebung subjektiver Erfahrungen von Gemeindemitgliedern diente vor allem der Ermittlung von in der Gemeinde vorhandenen Themen und Themenfeldern in Bezug auf Migration und Mission. Dementsprechend wurden die markierten Themen und Stichworte der Zusammenfassungen aller in die Auswertung einbezogenen Interviews pro Auswertungskategorie noch einmal mithilfe der Mind-Mapping-Methode zu Themenfeldern gebündelt. Die folgende Abbildung (Abb. 7) zeigt dies am Beispiel der Auswertungskategorie Mission.

Abb. 7: Beispiel zur Bündelung von Themen zu Themenfeldern

Mission (IP1-IP2)			
⇩	⇩	⇩	⇩
Definitionen von Mission	Methoden	Quellen von Mission	Spontane Assoziationen und Alltagsver-ständnis von Mission

* Gebot Jesu
- *(christlicher) Auftrag*
- *Sendung*
 	
* Weitergabe der Liebe Gottes
 	
* Mission ist an den Kontext gebunden
 	
* Mission ist sakramental und sozial
 	
* In Kontakt bleiben mit dem Reich Gottes
 	
* Erkennen und Fördern von Fähigkeiten
 	
* Einbeziehung der Umwelt
 	
* Sich-Einlassen auf Menschen
 	
* Das Evangelium leben in Wort und Tat
- glaubwürdige Präsenz
 	
* Weckung des Interesses für Fragen des Glaubens
 	
* sich seines Glaubens sicher sein und von anderen lernen
 	
* deutliches Zeugnis in Kontroversen
 	
* sehr weiter Begriff
 	
* Bilden von besonderen Beziehung zwischen Menschen
 	
* Mission Gottes
 	
* Mit Menschen anderen Glaubens interagieren
	* akzeptierte Methoden von Mission
	- persönlicher Kontakt
	- Gefangene besuchen
	  - Menschen informieren
	  - Öffentlichkeitsarbeit
	  - Kommunikation mit Nachbarn
	  - Reden
	  - Hinausgehen
	  - Gutes Beispiel
	  - Glaubwürdig gelebter Glaube in der Welt
	  - Predigt
	  - Taufen
	  - Angebote machen
	  - Menschen entlasten
	  - Zuhören
	- Mit Menschen beten
	- Bibeln verteilen
	- Organisation von Gedächtnisgottesdiensten für der Kirche fernstehende
	- Ökumene: Bemühen um eucharistische Gemeinschaft
	
	* verpönte Methoden von Mission
	- aggressives Anwerben
	  - Bekehren und Anwerben
	  - aggressive (evangelikale Straßen-)Mission
	  - evangelikale Straßenmission
	- missionarische Veranstaltungen
	- missionarische Instrumentalisierung
	  - Mission im eigenen Freundeskreis
	- Ökumene als Umgang mit dem Trennungsschmerz
		* Liturgie
		
		* Sakramente
			* Bahnhofs-mission
			
			* Unterstützung von Missions-gesellschaften nur ein Teil von Mission
			
			* In andere Länder gehen nur ein Teil von Mission
			
			* Heilsarmee

Jene Themen und Themenfelder sind eine wesentliche Basis, um dann in Kapitel 3 schließlich im Dialog mit der biblischen und kirchlichen Tradition Leitlinien einer der Gemeinde entsprechenden missionarischen Praxis bestimmen zu können.

1.2.8 Befragungsprozess und Auswahl der Befragten

Das den qualitativen Interviews zugrundeliegende Konzept ist ein zirkuläres Modell des qualitativen Forschungsprozesses, welches mit einer schrittweisen und gezielten Auswahl der zu befragenden Personen verbunden ist. Die folgende Abbildung (Abb. 8) zeichnet den idealtypischen Befragungsprozess nach.

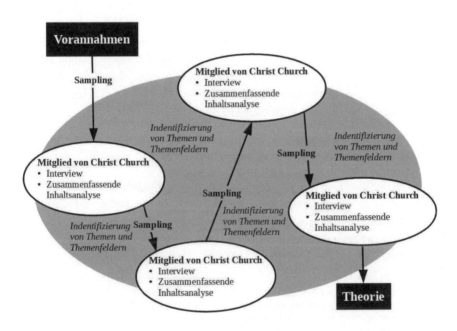

Abb. 8: Prozessmodell der Befragungen
Adaptiert nach dem Modell von Uwe Flick[26]

Der Ausgangspunkt der Interviews war die der Forschungsfrage entsprechende Vorannahme, dass die Migrationserfahrungen der Mitglieder der internationalen und multiethnischen anglikanischen Kirchengemeinde in Wien theologische Relevanz als

---

26 Vgl. ebd. 128.

Theologie entwickelnde Orte im Hinblick auf mögliche missionarische Leitlinien dieser Gemeinde haben. Zur Bestimmung solcher Eckpunkte war es deshalb unbedingt erforderlich, zunächst missionarische Perspektiven innerhalb der Migrant(inn)engemeinde Christ Church zu rekonstruieren. Als zentrale Methode zur Auswahl der Befragten ist das *Convenience Sampling* gewählt worden, d. h. eine Auswahl, angesichts der am einfachsten greifbaren Mitglieder.[27]

Obwohl die Grundgesamtheit 2014 nur aus ca. 143 Personen bestand, war die unmittelbare Erreichbarkeit von potenziellen Interviewpartner(inne)n aufgrund der Größe der territorialen Zuständigkeit der Gemeinde Christ Church und der durch Mobilität bedingten zeitweiligen Abwesenheit von Mitgliedern beschränkt. Als einfachste Form des Kontaktes stellte sich die Ansprache von Gemeindemitgliedern im Kontext des wöchentlichen Sonntagsgottesdienstes beziehungsweise anderer regelmäßiger Veranstaltungen heraus, die allerdings auch nicht unbedingt von allen Mitgliedern regelmäßig besucht wurden. Der Vorteil dieser Methode war vor allem das Erreichen der besonders aktiven und vermutlich meinungsbildenden Mitglieder der Gemeinde. Aus diesem Personenkreis wurden die Befragten sukzessive ausgewählt. Jedem Interview folgte zunächst eine zusammenfassende Inhaltsanalyse anhand der oben beschrieben Auswertungstabelle und dann die allmähliche Identifizierung und Bündelung von spezifischen Themen zu Themenfeldern im Hinblick auf die beschriebenen Auswertungskategorien.

1.2.9   Ethische Grundsätze

Die Durchführung und die Verwendung von qualitativen Interviews ist verbunden mit einer Auseinandersetzung wissenschaftsethischer Fragen.[28] Im Zusammenhang meiner durchgeführten Interviews betraf dies insbesondere die inhaltliche Information der Interviewpartner(innen) über das Forschungsprojekt, die freiwillige Zustimmung zur Teilnahme an den Befragungen, die Vermeidung von Gefährdungen der Befragten durch die Veröffentlichung von Daten, die strenge Vertraulichkeit

---

27   Neben dem Convenience Sampling gab es während des schrittweisen Auswahlprozesses auch die Überlegung, einen möglichst breiten Überblick über die Gemeinde zu gewinnen. Es wurde versucht, die Interviewpartner(innen) nach Herkunft (Vereinigtes Königreich, Österreich, andere Länder der EU, Nordamerika, Afrika, Asien), nach Geschlecht (männlich, weiblich) und nach kirchlichem Stand (Laie, Kleriker) auszuwählen. Nachdem es aber in den Interviews eher um eine qualitative Tiefenanalyse und weniger um eine repräsentante Analyse ging, wurden diese Überlegungen zur Auswahl der Interviewpartner(innen) nicht weiterverfolgt. Das wäre aber durchaus ein Ansatz für ein vertiefendes Folgeprojekt. Vgl. Sauer, Frank: Mission, Migration, and Christ Church in Vienna. Forms of Mission in a Multi-ethnic and International Anglican Church in Vienna. In: Danielson, Robert A./Selvidge, William L.: Third Wave Missions/Migrations. Working Papers of The American Society Of Missiology. Volume 2. Wilmore, KY: First Fruits Press 2016. 91–115 .

28   Vgl. ebd. 63 ff.

beim Gebrauch der Daten sowie eine nicht diskreditierende Wiedergabe von Befragungsinhalten in Publikationen.

Die Klärung der thematischen Inhalte der Interviews im Zusammenhang meines Forschungsprojektes erfolgte im Vorfeld der Interviews und nochmals unmittelbar vor der jeweiligen Befragung. Für eventuelle Nachfragen war, sowohl im Vorfeld als auch direkt vor jeder Befragung ausreichend Zeit. Um die Freiwilligkeit und Information zur weiteren Verwendung des Befragungsmaterials abzusichern, ist eine Einverständniserklärung entwickelt worden, welche von den Interviewpartner(inne)n im Verlauf der Interviews unterschieben wurde. In einem Fall wurde, im Rahmen der Freiwilligkeit, von der Möglichkeit, ein Interview nicht durchzuführen, Gebrauch gemacht. Einzelne Befragungsabschnitte wurden in Einzelfällen auf Wunsch der Interviewpartner(inne)n von der Verwendung ausgenommen. Aufgrund der schwierigen persönlichen bzw. politisch problematischen Situation im Heimatland eines Interviewpartners wurde ein Interview meinerseits von der Verwendung ausgenommen, um diese Person nicht in irgendeiner Weise zu gefährden. Auch eine Anonymisierung war in diesem Fall aufgrund der geringen Größe des Forschungsfeldes nicht hinreichend möglich. Grundsätzlich wurden alle Interviews bzw. deren Transkripte anonymisiert. Aufgrund der geringen Größe der Gemeinde Christ Church wurde dabei für jedes Interview separat entschieden, wie weit eine Anonymisierung möglich beziehungsweise nötig war, um eine hohe Vertraulichkeit zu gewährleisten. Personenbezogene Daten, welche direkte Rückschlüsse auf die interviewte Person ermöglichen, wurden dabei durch Platzhalter, wie in der folgenden Abbildung (Abb. 9) dargestellt, ersetzt (**[Land C]**, **[Stadtteil A]** etc.). Der Name der interviewten Personen wurde jeweils durch einen Code-Namen ersetzt (IP 1, IP2, IP3 etc.)[29].

Die Verwendung von Auszügen der Befragungen in dieser Dissertation erfolgt in geglätteter Weise, um eine Diskreditierung der Interviewpartner(innen) durch eventuelle sprachliche Unebenheiten oder Fehler in der Transkription zu umgehen. Allfällige Auslassungen bzw. Einfügungen in Zitaten aus den Transkripten werden folglich durch eckige Klammern angezeigt (z. B. [...] oder [n]).

---

29 Verweise auf die anonymisierten Interviews werden im Folgenden jeweils mit Code-Name und Datum des Interviews angegeben (z. B. Vgl. IP4 (16.07.2014)).

Abb. 9: Anonymisierungsbeispiel des Transkriptes IP4

217	ähnlichen Familie wie ich, aber nicht so extrem distanziert aufgewachsen. Und, wenn es eine
218	Beziehung gab, dann zur anglikanischen Kirche und nach dem Tod ihres Vaters war ihre Mutter
219	dann auch noch, sozusagen stärker, in der, in ihrer Kirche in **[Land C]** engagiert und wir haben
220	dann ziemlich selbstverständlich dort geheiratet, ja. Und, dann kamen, das war noch ohne
221	Folgen eigentlich, dann kamen die Kinder. Man reifte heran. Freunde von uns in Wien waren
222	sehr engagiert in der römisch-katholischen Gemeinde in **[Stadtteil A]** und [**] wir haben, ja,
223	begonnen zu überlegen, ob es nicht so …, sich eigentlich als Christ bezeichnen kann ohne einer
224	Gemeinde anzugehören, in irgendeiner Weise. Man kann das ja nicht nur für sich oder mit dem
225	Radio sein. So ein Verständnis von Christentum hatten wir schon. [lacht] Und, für mich kam

1.3 Darstellung der Interview-Resultate

Die nachfolgende Beschreibung der Interview-Resultate setzt sich aus zwei Teilen zusammen. Zunächst werden in Kapitel 1.3.1 die Ergebnisse des Kurzfragebogens in Bezug auf die demografischen Daten der für die weitere Analyse ausgewählten Befragungen zusammenfassend dargestellt. Die Kapitel 1.3.2 bis 1.3.7 beschreiben Themen und Themenfelder der Interviews hinsichtlich der sechs Auswertungskategorien.

1.3.1 Demografische Daten in Bezug auf die ausgewählten Interviews

Es wurden insgesamt acht Interviews, d. h. drei männliche und fünf weibliche Befragte, in die folgende Analyse einbezogen. 7 Personen waren zum Zeitpunkt der Befragungen Laien und eine Person gehörte dem geistlichen Stand an. Da der überwiegende Teil dieser ausgewählten Befragten keine Altersangabe gemacht hat, lässt sich in Bezug auf das Alter der Interviewten keine verlässliche Aussage tätigen. Abgesehen von einer Person, sind alle anderen nicht in Österreich geboren. Drei Personen wurden in einem nordamerikanischen Land geboren. Vier Personen stammen aus Europa (zwei aus dem Vereinigten Königreich und zwei aus Kontinentaleuropa) und eine Person wurde in Afrika geboren. Der Wohnsitz aller acht Befragten befand sich zum Zeitpunkt der Interviews in Wien. Fragen nach dem ethnischen Hintergrund wurden zum Teil nicht eindeutig beantwortet, d. h. die Befragten fühlten sich mehr als einer Ethnie zugehörig. Identifiziert wurden britische, kontinentaleuropäische, andere „weiße" sowie afrikanische und karibische Ethnien. Fünf Personen gaben als Muttersprache Englisch, drei Deutsch und eine Person eine afrikanische Sprache an. Über die Muttersprachen hinaus verfügen die

Befragten noch, auf unterschiedlichem Niveau, über Kenntnisse in Sprachen wie Französisch, Russisch, Schwedisch, Spanisch und anderen afrikanischen Sprachen. Die gegenwärtigen und vergangenen beruflichen Tätigkeiten aller acht Interviewten sind dem hoch qualifizierten Bereich zuzuordnen. Bezüglich des Familienstandes wurden mehrere Angaben gemacht. Jemand kann beispielsweise geschieden und wieder neu verheiratet sein. Genannte Familienstände waren: ledig, in einer Lebensgemeinschaft lebend, verheiratet, geschieden sowie verwitwet. Der überwiegende Teil der Interviewten hat eigene Kinder. Hinsichtlich der Herkunftskirchen der Befragten zeigt sich ein plurales Bild. Der Weg in die anglikanische Gemeinde Christ Church führte, abgesehen von den diversen unabhängigen Mitgliedskirchen der weltweiten anglikanischen Kirchengemeinschaft, zum Teil über mehrere nicht anglikanische Zwischenstufen unterschiedlicher katholischer, protestantischer und orthodoxer Traditionen.

1.3.2   Christ Church Vienna

1.3.2.1   Allgemeine Wahrnehmungen von Gemeindemitgliedern

Die Gesprächspartner(innen) charakterisierten die anglikanische Gemeinde in Wien allgemein einerseits als liturgisch und traditionell, aber andererseits auch als modern in Bezug auf zeitgemäße Gottesdienstformen: „There's a tremendous variety of services at the moment. You can have the BCP, which is between God and me and nobody else. You can have the very lively service. There's six o'clock with dinner afterwards."[30] Kennzeichen der Gemeinde sei vor allem auch eine offene und herzliche Atmosphäre.[31] Bewusst versteht man sich als anglikanische Gemeinschaft bzw. als Repräsentant anglikanischen Glaubens in Wien.[32] Allerdings wird in den Interviews auch immer wieder betont, dass dies eine grundsätzliche Offenheit für andere Traditionen und Glaubenshaltungen einschließt.[33] Christ Church sei eine internationale und anglofone Gemeinde, in der englische beziehungsweise britische Traditionen eine große Rolle spielten: „It was also very British. That was my feeling. May I did recognize there are lot of Africans there. But I felt that the culture

---

30   IP1 (05.02.2014). Mit *BCP* sind die Liturgien des *Book of Common Prayer* in der Version von 1662 gemeint. Vgl. Cummings: The Book of Common Prayer. 183 ff. Der *six o'clock service* ist ein Gottesdienst, der jeweils sonntags um 18:00 Uhr in Christ Church besucht werden kann. Er hat einen eher informellen und zeitgemäßen Charakter. Vgl. Christ Church Vienna: The Six O'Clock Service.   Online   unter: http://ccv-web.org/ccv/index.php?option=com_content&view=article&id=76&Itemid=317 (Abruf: 07.04.2021).
31   Vgl. IP2 (04.06.2014); vgl. IP7 (27.08.2014).
32   Vgl. IP5 (05.08.2014).
33   Vgl. IP3 (25.06.2018).

is still very British, ...“[34] Die Beobachtung, dass viele Gemeindemitglieder in internationalen Organisationen in Wien arbeiten, entspricht der Beschreibung von Christ Church als internationaler Gemeinschaft.[35] Ebenso wird Diversität als charakteristisches Merkmal der Gemeinde verstanden. Die Befragten beschrieben die anglikanische Gemeinde als plural, multikulturell und ethnisch vielfältig.[36] Diese Vielfalt wird ausdrücklich als Bereicherung empfunden, vor allem aus der Perspektive eines österreichischen Mitgliedes: „Also, ich finde das wahnsinnig bereichernd, plötzlich Bekanntschaften und Freundschaften zu knüpfen mit Menschen aus so vielen verschiedenen Ländern, und das im eigenen Heimatland.“[37] Ausdrücklich geschätzt wird das lebendige Gemeindeleben mit einem vielfältigen Angebot an Veranstaltungen. Diese Pluralität habe sich mit dem Wachstum der Gemeinde bis in die Gegenwart hinein aber erst allmählich entwickelt. Ein Mitglied der Gemeinde erinnerte sich in Bezug auf den eigenen Eintritt in das Gemeindeleben, dass zunächst hauptsächlich Botschaftsangehörige an den Veranstaltungen von Christ Church teilnahmen: „And one must be very honest, there were mostly people from the embassy.“[38] In den Gesprächen gab es auch immer wieder kritische Stimmen, welche sich mit problematischen Aspekten der Gemeinde auseinandersetzten. Es wurde bedauert, dass es zu viele passive Mitglieder gebe und der Kreis der Engagierten relativ klein sein: „Also, der Anteil derjenigen, die einfach nur hinkommen und dann wieder verschwinden und sich an sonst am Gemeindeleben nicht weiter beteiligen, der ist sehr groß, und es sind verhältnismäßig wenige, die sich dort einbringen.“[39] Eine befragte Person erzählte davon, wie sie durch ihr Engagement in der Gemeinde viele Mitglieder kennengelernt habe.[40] Obwohl Engagement als wichtig erlebt wird, sei gerade das auf der anderen Seite schwierig. Außerhalb des Gemeindelebens gebe es wenig persönlichen Kontakt zu anderen Mitgliedern und man könne auch eine große Reserviertheit erfahren: „Because people can sit in the same pew [...] we shake hands, but as soon as we come outside of the church, we are not the community any more, which I find a bit strange.“[41] Für eine befragte Person sind Kontaktaufnahmen zu anderen Gemeindemitgliedern auch durch eine intensive berufliche Tätigkeit schwierig gewesen. Der Sonntagsgottesdienst war hier die einzige Verbindung zu

---

34 IP2 (04.06.2014).
35 Vgl. IP7 (27.08.2014).
36 Vgl. IP3 (25.06.2014).
37 IP3 (25.06.2014).
38 IP6 (14.08.2014).
39 IP3 (25.06.2014).
40 Vgl. IP8 (16.10.2014).
41 IP8 (16.10.2014).

48

Christ Church, was zu einem geringen Kontakt zu anderen Mitglieder der Gemeinde führte.[42] Folglich kann Christ Church zunächst auch als abstoßend empfunden werden für Neuankömmlinge. Illustriert wurden in den Interviews auch starke Spannungen in der anglikanischen Gemeinde in Wien in Bezug auf eine Reform der Liturgie im Kontext der Einführung des *Alternative Service Book (ASB)*[43] Ende der 1970er bzw. in den 1980er Jahren in der Kirche von England: „Because I seem to remember that when we moved from the *Book of Common Prayer* to the *ASB* that almost split the church."[44] Das deckt sich auch mit der eingangs erwähnten Selbsteinschätzung, welche in Christ Church ein starke liturgisch-traditionelle Strömung wahrnimmt.

1.3.2.2 Bedeutung der anglikanischen Kirchengemeinschaft in Wien

Zentrale Begriffe, welche sich, mit verschiedenen korrespondierenden Ausdrücken, in vielen Interviews zur Beschreibung der Bedeutung der anglikanischen Gemeinde in Wien im Leben der Befragten finden, sind *Heimat* und *Zuhause:* „Es ist ein Stück Zuhause."[45] Spirituelle Heimat und zweites Zuhause sind weitere korrespondierende Beschreibungen: „I say it's my spiritual home."[46] Christ Church sei der Ort, wo man soziale Kontakte pflegen kann. Für einige Personen ist es ein Anker und ein Ort, der Kontakt zu Menschen ermöglicht, mit denen man sonst nicht unmittelbar zu tun hat: „Das ist ein ganz wichtiger Anker. Es ist auch der Zugang zu einer anderen Welt, einer anderen Personengruppe als der unmittelbare Kollegenkreis [...]"[47] Christ Church kann so auch zu einem Ort des Ausgleichs werden, der aus dem gewöhnlichen Arbeitsalltag herausgehoben ist: „[...] because after work [...] we need something else and for me that something else is Christ Church. It's very important."[48] Eine Person spricht von einem tiefen Verbundeinheitsgefühl bzw. Affinität zur anglikanischen Gemeinde in Wien, die „sofort sehr stark gewesen"[49] sei. An den Begriff der Heimat erinnert auch eine Skizzierung der Gemeinde als Familie. Vor allem, wenn die eigene Familie nicht in Wien sei, könne Christ Church

---

42 Vgl. IP1 (05.02.2014).
43 Vgl. Church of England (Hg.): The Alternative Service Book 1980. Services authorized for use in the Church of England in conjunction with The Book of Common Prayer. Together with the Liturgical Psalter. Oxford: Oxford University Press 1980. 1. Auflage.
44 IP1 (05.02.2014).
45 IP4 (16.07.2014).
46 IP5 (05.08.2014).
47 IP7 (27.08.2014).
48 IP8 (16.10.2014).
49 IP4 (16.07.2014).

ein Ort sein, wo es Menschen gebe, welche man als seine Familie bezeichnen könne.[50]

1.3.2.3 Als wichtig empfundene Angebote von Christ Church

Der Gottesdienst und das soziale Leben sind zwei Bereiche, welche den befragten Personen in Bezug auf das Gemeindeleben überaus wichtig sind. Zunächst ist die liturgische Prägung der Gemeinde beziehungsweise die Liturgie, vor allem die Art, in welcher die sonntägliche Eucharistiefeier in der Gemeinde gefeiert wird[51], nicht nur eine Beschreibung des Charakters der Gemeinde, sondern wird auch zu den hochgeschätzten Angeboten der Gemeinde Christ Church gezählt. Herausgehoben wurde in den Interviews insbesondere auch die Ästhetik sowie der emotionale Aspekt der Eucharistiefeier: „Eine Messe hat […] für mich einen gewissen Zauber, der mich emotional berührt, ohne [...][,] dass ich das dort irgendwie nach außen kehren muss."[52] Zwar hätten die Gottesdienste eine eher traditionelle Form in Wien, werden aber nicht als verstaubt oder verkrampft empfunden, sondern, sowohl als ehrfürchtig als auch als lebensfördernd. Der Sonntagsgottesdienst sei eine wichtige wöchentliche Auszeit und ein „Baterrieaufladen"[53]. Von anderen wird an der sonntäglichen Eucharistiefeier, im Vergleich mit Erfahrungen in anderen Denominationen, auch explizit das als hoch empfundene hohe Niveau der Predigten geschätzt.[54] In diesen liturgischen Bereich gehört im weitesten Sinn auch das Angebot *prayer ministry,* welches explizit als wichtiges Angebot der Gemeinde genannt wurde: „We have the prayer ministry. And I always think of the disciple[s], when they say, 'Lord, teach us how to pray.'"[55] Mit *prayer ministry* wird eine Gruppe in Christ Church bezeichnet, die regelmäßig zum Gebet für sich selbst und andere zusammenkommt. Dieses Gebet schließt oft Fürbittengebete oder auch Dankgebete ein.

Das soziale Leben der Gemeinde ist der zweite zentrale Bereich, in welchem die Befragten wichtige Angebote der Gemeinde identifiziert haben. Die sozialen Angebote der Gemeinde ermöglichen zunächst einmal soziale Gemeinschaft und Kontakte auch über die Grenzen der Gemeinde hinaus im ökumenischen Bereich.[56] In diesem Zusammenhang sei auch das ökumenische Engagement des Pfarrers in

---

50 Vgl. IP8 (16.08.2014).
51 Vgl. IP2 (04.06.2014).
52 IP3 (25.062014).
53 IP4 (16.07.2014).
54 Vgl. IP3 (25.06.2014).
55 IP6 (16.07.2014).
56 Vgl. IP1 (05.02.2014).

Osteuropa als Teil seines Zuständigkeitsbereiches bemerkenswert.[57] Das soziale Gemeindeleben ermögliche die Reflexion des eigenen Lebens[58] und unterstütze die persönliche Entfaltung: „[…] Christ Church […] has given even me a wonderful opportunity to develop my talents."[59] Christ Church wird dementsprechend als helfende Gemeinschaft wahrgenommen.[60] Als herausfordernd und gleichfalls faszinierend an der sozialen Gemeinschaft in Christ Church wird das Zusammenleben von unterschiedlichen und zum Teil gegensätzlichen Menschentypen in Christ Church erlebt: „And we find a way to accept each other. And, I think, […] that's what's really amazing about Christ Church. You can have liberal views, conservative views, fundamentalist views, people questioning, and they're all there."[61] Explizit wurden der jährliche Adventbazar, die Einkehrtage der Gemeinde und der Secondhandshop der Gemeinde als konkrete und wichtige soziale Angebote der Gemeinde genannt.[62]

Neben den beschriebenen beliebten Angeboten der Gemeinde wurden in den Interviews ebenso Wünsche und Verbesserungsvorschläge geäußert. Mehr Anleitung zum Bibelstudium und Hinführung zum Gebet waren zwei Wünsche für zusätzliche Angebote in Christ Church: „Yeah, I would welcome more bible reading guidance and more coaching in how to pray."[63] Zusätzlich wurde vorgeschlagen, die Predigten in Zukunft eher kurz und knackig zu gestalten.[64]

Dass es aber überhaupt das Angebot einer anglikanischen Gemeinde in Wien gibt, kann auch helfen, sich für Wien als Wohn- und Arbeitsort zu entscheiden. In einem Gespräch wurde genau dies explizit formuliert: „Und auch nach dem Lesen der Webseite und der vielen verschiedenen Aktivitäten der Gemeinde dachte ich: '[…] this is good. Hier gibt es auch ein spirituelles Zuhause für mich.' Und das war eine Komponente bei meinen Überlegungen wie ich mir mein Leben in Wien vorstellen würde."[65]

---

57   Vgl. IP7 (27.08.2014).
58   Vgl. IP2 (04.06.2014).
59   IP6 (14.08.2014).
60   Vgl. IP5 (05.08.2014).
61   IP2 (04.06.2014).
62   Der Adventbazar ist eine der größten Fundraising-Aktivitäten der anglikanischen Gemeinde in Wien. Ebenso sorgt auch der Secondhandshop für Einnahmen. Beide Angebote sind bedeutende soziale Kontaktpunkte innerhalb der Gemeinde, aber auch zu Menschen außerhalb von Christ Church.
63   IP6 (14.08.2014).
64   Vgl. IP6 (14.08.2014).
65   IP7 (27.08.2014).

1.3.2.4   Der Weg in die Gemeinde

Bereits die Ergebnisse des Kurzfragebogens haben gezeigt, dass der Weg in die Gemeinde für die verschiedenen Mitglieder unterschiedlich gewesen ist. Das spiegelt sich ergo auch in den Gesprächen wider. Da gibt es zunächst erwartungsgemäß Mitglieder, die aus anderen Mitgliedskirchen der anglikanischen Gemeinschaft zur Gemeinde dazugestoßen sind.[66] Andere sind außerhalb von Österreich Mitglied einer anglikanischen Kirche geworden und wollten ihre positiven Erfahrungen mit der anglikanischen Tradition in Wien weiterführen: „[I]ch möchte das, was ich in **[Stadt A]** kennengelernt habe, […] Mir ist wichtig, dass das weiterhin ein Bestandteil meines Lebens bleibt und ich habe die Chance dazu gefunden und deshalb fühle ich mich dort wohl."[67] Wieder andere sind über ihre anglikanischen bzw. britischen Ehepartner(innen) zur Gemeinde Christ Church gekommen und die Hochzeit fand dementsprechend in einer anglikanischen Kirche statt. In der Vergangenheit wurde man im weitesten Sinne in einer anglikanischen Umgebung sozialisiert.[68] Nach einer Zeit des Suchens aus dem Gefühl der Notwendigkeit einer Kirchenzugehörigkeit zog man die anglikanische Tradition anderen christlichen Denominationen vor: „Ich war allein in Wien und hab' beschlossen, ich nutze diese Zeit, um ein bisschen *Church shopping* zu machen und habe in der *short list* gehabt die evangelische Kirche neben der evangelischen Schule, wo meine Kinder waren, die örtliche römisch-katholische Kirche […] und Christ Church. Ja, und Christ Church hat gewonnen."[69] Im Hintergrund standen auch Kindheitserfahrungen mit den Angeboten der anglikanischen Gemeinde in Wien.[70] Und schließlich berichteten einige Befragte von mehreren Zwischenstationen in verschiedenen und mehreren anderen Denominationen auf dem Weg in die anglikanische Gemeinde in Wien.[71] In diesem Zusammenhang gab es Erfahrungen mit einer katholischen Laienbewegungen, einem protestantischen Pfarrhaus[72] und dem Ausprobieren verschiedener anderen Kirchen in Wien: „I tried the Baptist church […]. And also I thought, no […] I was sort of looking, you know."[73] Die Vielfältigkeit der Zugangswege zur Gemeinde Christ Church spiegelt noch einmal die Pluralität der Gemeinde.

---

66   Vgl. IP6 (14.08.2014).
67   IP3 (25.06.2014).
68   Vgl. IP4 (16.07.2014).
69   IP4 (16.07.2014).
70   Vgl. IP4 (16.07.2014).
71   Vgl. IP2 (04.06.2014).
72   Vgl. IP7 (27.08.2014).
73   IP6 (14.08.2014).

1.3.2.5 Bindungsmotive

Als wichtiges Motiv, sich schließlich an die anglikanische Gemeinde in Wien zu binden, ist in den Interviews immer wieder die englische Sprache und Kultur genannt worden. Eine befragte Person vermutete, dass Christ Church für viele Menschen eine bedeutende Möglichkeit sei, Englisch zu sprechen und Gleichgesinnte in einer ähnlichen Migrationssituation zu treffen. Das diene der Stabilisierung und böte Heimat.[74] Eine tiefe Verwurzelung in der anglikanischen Tradition[75], manchmal im Besonderen in der Kirche von England[76] und die Tatsache, dass Christ Church die einzige anglikanische Gemeinschaft in Wien ist, sind weitere wichtige Bindungsmotive: „At least, you don't have two Anglican churches to choose which branch you wanna to go."[77] Das Bewusstsein, eine Minderheitenkirche zu sein, wurde als prägend in Bezug auf die Bindung an die Gemeinde erlebt. In diesem Zusammenhang wurde der starke Wunsch nach Zugehörigkeit beschrieben. Ebenso wurde als Bindungsmotiv auch die in Christ Church gepflegte musikalische Tradition hervorgehoben, welche an die gewohnte Musik der Herkunftsländer erinnere. Das bietet Anknüpfungspunkte, gerade auch dann, wenn die gelebte musikalische Gottesdiensttradition des Gastlandes Befremden auslöst: „These sort of hymns that were, I found, terrible dirges."[78] Als positiv hinsichtlich der Verbindung zur Gemeinde wird auch die große Offenheit gegenüber Christ(inn)en anderer Denominationen[79] und gegenüber kritischen Fragen beurteilt: „Also, […] man darf alles hinterfragen und hat nicht das Gefühl, dass es einem für sein Seelenheil gefährlich wird, eher im Gegenteil."[80] Die breite Beteiligung von Frauen in der Kirche, vor allem auch als Priesterinnen, wurde von einer interviewten Person als äußerst attraktiv bewertet.[81] Und schließlich trug vermutlich auch das lebendige Gemeindeleben[82] mit seinen vielen Angeboten[83] dazu bei, dass eine Entscheidung für Christ Church getroffen wurde: „[…] die Gemeinde war irgendwie lebhaft und die Kirchenlieder waren schön zu singen und das Ganze schien mir so zu sein wie eine Kirche sein soll."[84]

---

74 Vgl. IP4 (16.07.2014).
75 Vgl. IP5 (05.08.2014).
76 Vgl. IP6 (14.08.2014).
77 IP8 (16.10.2014).
78 IP6 (14.08.2014).
79 Vgl. IP3 (25.06.2014).
80 IP4 (16.07.2014).
81 Vgl. IP6 (14.08.2014).
82 Vgl. IP1 (05.02.2014).
83 Vgl. IP7 (27.08.2014).
84 IP4 (16.07.2014).

1.3.3 Migration und Christ Church

1.3.3.1 Migration als explizites Thema in der Gemeinde?

Obwohl die Befragungen vermuten lassen, dass man sich in Christ Church bewusst ist, eine Gemeinschaft von Migrant(inn)en zu sein[85], wird eher keine explizite Thematisierung von Migration innerhalb der Gemeinde konstatiert.[86] Allerdings wurde von einem Ereignis im Zusammenhang der Einrichtung eines Gefängnisbesuchsdienstes[87] berichtet, wo insbesondere afrikanische Mitglieder der Gemeinde ihre Sorgen angesichts dieses Dienstes geäußert hätten. Viele der besuchten anglofonen Gefängnisinsassen seien Heranwachsende aus afrikanischen Ländern gewesen. Vor allem die afrikanischen Mitglieder der Gemeinde seien der Meinung gewesen, dass es sich hinsichtlich der Gefängnisinsassen hauptsächlich um Drogendealer handeln würde. Man hätte eine Rufschädigung jener afrikanischen Mitglieder befürchtet, welche in Wien arbeiteten. Deshalb wollte man nicht mit jenen Gefängnisinsassen in Verbindung gebracht werden und hätte eine seelsorgliche Begleitung abgelehnt.[88] Von einer anderen Begebenheit erzählte eine interviewte Person im Kontext der Gewinnung von Mitgliedern für ein neues Projekt in der Gemeinde. Es wurde darauf hingewiesen, dass Mitglieder aus unterschiedlichen Länder auf verschiedene Weise angesprochen werden müssten, um sie für ein Projekt zu begeistern. Es gäbe entsprechend der unterschiedlichen Herkunftsländer der Gemeindemitglieder unterschiedliche Kommunikationsgewohnheiten, die man berücksichtigen müsse.[89] Eine Gesprächspartnerin wünschte sich ausdrücklich mehr Engagement im Bereich Migration, vor allem im Einsatz für Geflüchtete.[90]

1.3.3.2 Die Stellung der Gemeinde innerhalb von Österreich bzw. Wien

Die fehlende Anerkennung der anglikanischen Kirche als gesetzlich anerkannter Religionsgemeinschaft in Österreich war ein in den Interviews immer wiederkehrendes Thema.[91] Eine Person berichtete von Gesprächen mit dem Kultusministerium, welche eine eventuelle Veränderung des Religionsgesetzes im Sinne der anglikanischen Gemeinde in Wien zum Inhalt gehabt hätten: „Es gab dann

---

85 Vgl. ebd.
86 Vgl. IP5 (05.08.2014).
87 In Kooperation mit zwei Gefängnissen in Wien stehen Mitglieder der Gemeinde auf Anfrage von anglofonen Insassen für seelsorgliche Gespräche zur Verfügung.
88 Vgl. IP5 (05.08.2014).
89 Vgl. IP8 (16.10.2014).
90 Vgl. IP6 (14.08.2014).
91 Vgl. IP3 (25.06.2014); vgl. IP4 (16.07.2014); vgl. IP8 (16.10.2014).

ein paar mal Gespräche, so explorative Gespräche, [...] ob das Religionsgesetz eventuell in unserem Sinne liberalisiert werden könnte. Aber, das Gegenteil ist ja passiert [...]"[92]. Für eine offizielle Anerkennung habe man allerdings gegenwärtig, gemäß dem Religionsgesetz, zu wenig Mitglieder. Aus diesem Grund bleibe Christ Church als Verein organisiert.[93] Eine andere Befragte nahm zwar die fehlende Anerkennung wahr, sah dies gleichzeitig aber nicht als problematisch an: „So, whether you are recognized or not, as long as you have your freedom to worship it's enough."[94] Im Allgemeinen habe man in Österreich einerseits sehr wenig Wissen über die anglikanische Kirche, aber andererseits ebenso wenig über die Entstehung der eigenen kirchlichen Regelungen, wie beispielsweise der Kirchensteuer.[95]

1.3.3.3 Die Wahrnehmung der Gemeinde im Kontext von Migration

Dass Mitglieder die anglikanische Gemeinde in Wien als internationale Gemeinschaft von Migrant(inn)en wahrnehmen, ist bereits angeklungen. In den Interviews lassen sich diesbezüglich zwei Wahrnehmungsbereiche rekonstruieren. Einerseits gibt es Wahrnehmungen nach innen, welche die Identität der Gemeinde und die Herausforderungen innerhalb der Gemeinde beschreiben, als auch andererseits Wahrnehmungen nach außen, welche auf Differenzerfahrungen im Vergleich zum Herkunftsland fokussieren.

Die Innenwahrnehmung beschreibt Christ Church nicht nur als anglikanische Gemeinde in Wien. Auch die Verbindung zu einer englischsprachigen und britischen Prägung der Gemeinschaft wird als maßgeblich erlebt.[96] Viele afrikanische Mitglieder kämen aus ehemaligen britischen Kolonien und man ziehe das damit verbundene kirchliche Erbe anderen, vermeintlich einheimischen Traditionen, vor.[97] Zu jenem kolonialen Erbe gehöre die Selbstverständlichkeit des sonntäglichen Kirchgangs[98] sowie die anglikanische Kirchenmusik, welche Kindheitserinnerungen wecke.[99] Jenes Erbe und christliche Ideale an die eigenen Kinder weiterzugeben, war vor allem einer interviewten Person sehr wichtig.[100] Ein Grund für das Gewicht der englischen Sprache in Christ Church sei oft die Unsicherheit vieler

---

92 IP4 (16.07.2014).
93 Vgl. IP4 (16.07.2014).
94 IP8 (16.10.2014).
95 Vgl. IP6 (14.08.2014).
96 Vgl. IP2 (04.06.2014). Eine kulturell britische Prägung ist nicht unbedingt selbstverständlich. Die Mitgliedskirchen der anglikanischen Gemeinschaft gehen historisch zwar zurück auf die Kirche von England, sind aber gegenwärtig nicht mit dieser identisch.
97 Vgl. IP5 (05.08.2014).
98 Vgl. ebd.
99 Vgl. ebd.
100 Vgl. ebd.

Gemeindemitglieder gegenüber der deutschen Sprache. Darüber hinaus sei Englisch für viele die Muttersprache oder die Sprache ihrer Ausbildung.[101] Einer Befragten war insbesondere der Klang des Englischen in der Liturgie unverzichtbar und nicht durch eine andere Sprache zu ersetzen, auch wenn man diese verstehe.[102] Die wahrgenommene kulturell-britische Prägung der Gemeinde war allerdings in der Vergangenheit nicht immer unproblematisch für manche nicht britische Mitglieder der Gemeinde. Ein Interviewpartner beschrieb die Herausforderung, sich an die österreichische Kultur zu gewöhnen und darüber hinaus außerdem an die britisch geprägte anglikanische Gemeinde in Wien: „There was moving to Austria and then there was like the culture shock of Christ Church community."[103] Darüber hinaus wurden auch andere Hürden zwischen kulturell unterschiedlichen Gruppen wahrgenommen. So werden die nigerianischen bzw. die afrikanischen Mitglieder der Gemeinde insgesamt öfter als eigenständige beziehungsweise separierte Gruppe erlebt.[104] Es wurde von einem Gespräch berichtet, in welchem die geringe Teilnahme der afrikanischen Mitglieder an sozialen Gemeindeveranstaltungen thematisiert wurde:

„Da hat sie mich angesprochen und gesagt, ich soll ganz gezielt auf die [...] ganzen Afrikaner zugehen und mit ihnen reden, weil [...] sie den Eindruck hat, dass viel zu viele von denen diese Dinge zwar hören, aber gar nicht auf die Idee kommen, dass sie daran teilnehmen könnten, weil sie das Gefühl haben, das ist nicht für sie. Sie gehen dorthin nur, um die Messe zu besuchen, aber [...] was an [...] sozialen Aktivitäten passiert, das sei eigentlich gar nicht für sie gedacht."[105]

Ebenso wurde von kulturellen Missverständnissen gegenüber dem afrikanischen Teil der Gemeinde in Bezug auf die musikalische Gestaltung der Gottesdienste berichtet. Hier habe es den Vorschlag gegeben, afrikanische Rhythmen in die Feier der Gottesdienste zu integrieren, weil man der Meinung gewesen sei, dass dies dem afrikanischen Teil der Gemeinde entgegenkommen würde.[106] Im Gegenteil sei man dort allerdings über einen solchen Vorschlag sehr verärgert gewesen: „And in fact I remember one lady of being very angry when they thought, 'well, they should maybe have some more clapping in the church because of the Africans'. And she said, 'I am

---

101 Vgl. IP6 (14.08.2014).
102 Vgl. IP6 (14.08.2014).
103 IP2 (04.06.2014).
104 Vgl. ebd.; vgl. IP3 (25.06.2014).
105 IP3 (25.06.2014).
106 Vgl. IP4 (16.07.2014).

so upset of that. They don't understand that I grew up on Palestrina.'"[107] Im afrikanischen Teil der Gemeinde scheine man viel eher einen traditionell-viktorianischen Stil zu bevorzugen. Man habe auch im Gegensatz zum nicht afrikanischen Teil der Gemeinde ein viel traditionelleres Kirchenverständnis.[108] Kulturelle Missverständnisse scheint es aber auch zwischen dem britischen Teil der Gemeinde und andern Mitgliedern aus verschiedenen anglikanischen Herkunftskirchen zu geben. Hier seien die Kontexte und die sozialen Umgangsformen zum Teil sehr verschieden.[109] Die Hintergründe der jeweiligen anglikanischen Mitgliedskirchen seien in mancher Hinsicht so verschieden, dass man von völlig divergenten Kirchen sprechen könne.[110] Es wurden noch weitere Problematiken und Aufgaben der von Migration geprägten anglikanischen Gemeinde in Wien benannt. So sei das Schließen von Freundschaften wichtig, aber nicht immer einfach in einer Gemeinde, in welcher es eine starke Fluktuation von Menschen gäbe.[111] Auch der Empfang von Neuankömmlingen sei wichtig. Gerade am Anfang, wenn man noch niemand in der Gemeinde kenne, sei es bedeutsam, Neue zu begrüßen und das Gefühl des Willkommenseins zu vermitteln.[112] Es würde allerdings zu wenig reflektiert, wie man auf Menschen zugeht und sie zur Teilnahme am Gemeindeleben ermuntert.[113]

Über die Wahrnehmung der inneranglikanischen und innergemeindlichen Differenzen hinaus sind auch Unterschiede zwischen dem Herkunftsland und dem Gastland bzw. der anglikanischen Gemeinde in Wien hinsichtlich des kirchlichen Engagements beschrieben worden. Erstaunt berichtete eine Befragte, dass in Österreich ein Austausch über den eigenen Glauben unter Kolleg(inn)en im Gegensatz zum Heimatland unüblich und eher unerwünscht sei: „But being in Austria I realize that people don't even share faith."[114] Ebenso beschrieb sie einen von ihr als gering wahrgenommenen Stellenwert kirchlichen Engagements in Österreich. Man werde beispielsweise belächelt, wenn man sonntags keinen Termin wahrnehmen könne, weil man an einem Sonntagsgottesdienst teilnehme:

„I said, '[…] I can't do it on Sunday. Cos Sunday I go [to] church.' And one goes, 'What? You go to church every Sunday?' I said, 'Yes.' She said, 'You must be out

---

107 IP5 (05.08.2014).
108 Vgl. IP5 (05.08.2014).
109 Vgl. IP2 (04.06.2014).
110 Vgl. IP3 (25.06.2014).
111 Vgl. IP4 (16.07.2014).
112 Vgl. IP5 (05.08.2014).
113 Vgl. IP8 (16.10.2014).
114 Ebd.

of your mind. This is the only time you can relax. You can have your day and you are telling me you go [...] to church. What's wrong with you?' And I was shocked[, b]ecause, you wouldn't hear anybody say that in my neighbourhood in **[Land A]**."[115]

Desgleichen unterstrich dieselbe Befragte einen Unterschied zwischen dem Herkunftsland und der Gemeinde Christ Church in Wien betreffend des ehrenamtlichen Engagements in einer Kirchengemeinde. Im Heimatland sei es viel üblicher anstatt von Geld vielmehr Zeit einzubringen, da die Menschen dort eher über wenig finanzielle Mittel verfügten. Es gebe dort klare Verantwortungsbereiche in der Kirchengemeinde, wo Menschen ihre Fähigkeiten einbrächten und sich auch verantwortlich fühlten. In Christ Church hingegen zahle man dagegen für Aufgaben, wie unter anderem die Reinigung des Kirchengebäudes, da die Gemeindemitglieder beruflich sehr eingebunden seien.[116]

1.3.3.4 Vermutete Außenwirkung der Gemeinde

Teil der Interviews war es auch, dass die Befragten sich hinsichtlich der Gemeinde Christ Church in die Situation einer außenstehenden Person versetzen sollten. Hintergrund war eine nochmals kritische Reflexion der Wahrnehmungen und Beschreibungen der anglikanischen Gemeinde.

Einige Befragte konnten von Situationen erzählen, wo Menschen eine positive oder negative Außensicht auf die Gemeinde offenlegten. Da wurde von Personen berichtet, die an einer Gemeindeveranstaltung teilgenommen hatten und sich über die fromme Atmosphäre beklagten: „Apparently they complained backward after, *'But you prayed all the time.'*"[117] Andere Außenstehende wiederum erinnerten sich positiv an die Weihnachtsveranstaltungen der anglikanischen Gemeinde.[118] Insbesondere im Zusammenhang des Weihnachtsbazars und des Secondhandshops der Gemeinde gäbe es viele Menschen, die zwar nie zu den Gottesdiensten kämen, aber die Gemeinde im Hintergrund unterstützten.[119] Ein Interviewpartner berichtete von einer Person, welche beim Weihnachtsbazar spontan 5.000 Euro spendete, weil sie so beeindruckt vom Engagement der Gemeinde gewesen sei.[120] Weiterhin wurde von einem Gerücht erzählt, nach welchem der Pfarrer versucht hätte, die Kirche in

---

115 IP8 (16.10.2014).
116 Vgl. ebd.
117 IP1 (05.02.2014).
118 Vgl. ebd.
119 Vgl. ebd.
120 Vgl. IP4 (16.07.2014).

Brand zu setzen. In Wirklichkeit handelte es sich um die liturgische Endzündung des Osterfeuers vor der Kirche. Ferner wurde von einer Frau aus Neuseeland berichtet, die mit ihrer Familie nach Wien zog und der die Gemeinde aus undefinierten Gründen nicht zusagte.[121] Eine andere Befragte berichtete erstaunt von der streng katholischen Cousine ihrer Schwägerin, die zur Kommunion in der anglikanischen Gemeinde in Wien ging, weil sie begeistert ihre eigentlich ausschließlich katholisch geglaubte Liturgie in der Feier wiedererkannt hätte. Ebenso wurde von einer Frau berichtet, die ausdrücklich wegen der Liturgie zu Christ Church gekommen sei. Ihr habe vor allem die liturgische Gestaltung der Gottesdienste gefallen.[122] Dementsprechend wurde auch positiv berichtet, dass eine Gottesdienstbesucherin die andere Atmosphäre in den Gottesdiensten angemerkt hätte, in der es sogar erlaubt sei zu lachen.[123] Manchmal werde unter Arbeitskolleg(inn)en auch die Zugehörigkeit zu einer anglikanischen Kirchengemeinde als Kuriosität wahrgenommen, obwohl man selbst multiple Identitäten und globale Lebensläufe als völlig normal empfinde.[124] Eine Person erzählte von ihrer eigenen negativen Erfahrung als Neuankömmling in der Gemeinde. Vor allem der Ton der ersten Gespräche habe ihr nicht gefallen und sie habe sich schlecht behandelt gefühlt. Trotzdem sei sie bei der Gemeinde geblieben. Sie wollte sich die anglikanische Gemeinde in Wien nicht durch das Verhalten einer einzigen Person vermiesen lassen. Wahrscheinlich wird aus diesem Grund angenommen, dass gerade Neuankömmlinge häufiger einen negativen ersten Eindruck von der Gemeinde bekämen und es diesbezüglich zu wenig Reflexion gäbe.[125]

Über jene konkreten Situationen und Ereignisse hinaus äußerten die Interviewpartner(innen) noch Vermutungen über die Außenwirkung der Gemeinde, welche teilweise mit den bereits dargelegten allgemeinen Wahrnehmungen und Beschreibungen der Gemeinde übereinstimmen. Es wird positiv vermutet, dass Außenstehende die Gemeinde als offene und einladende[126] Auslandsgemeinde[127] wahrnehmen würden. Ein Befragter konjizierte, dass insbesondere die finanzielle Unabhängigkeit ohne Kirchensteuer, erfolgreiches Fundraising und Themen wie das Frauenpriestertum andere beeindruckten.[128] Als gegebenenfalls ungünstige Außenwahrnehmungen wurden Innenausstattung bzw. ein kleines und enges

---

121 Vgl. IP1 (05.02.2014).
122 Vgl. IP5 (05.08.2014).
123 Vgl. IP6 (14.08.2014).
124 Vgl. IP7 (27.08.2014).
125 Vgl. IP8 (16.10.2014).
126 Vgl. IP6 (14.08.2014).
127 Vgl. IP3 (25.06.2014).
128 Vgl. IP4 (16.07.2014).

Kirchengebäude mit fest installierten Kirchenbänken angenommen.[129] Dies könne den Eindruck von (vielleicht auch geistiger) Inflexibilität hervorrufen: „… to me the space is like, it communicates a lack of flexibility [...]"[130]. Als problematisch wurde auch die begrenzende englische beziehungsweise britische Prägung der Gemeinde angemerkt, die Außenstehenden einen Zugang erschweren könne.[131] Eine interviewte Person bezeichnete die Gemeinde demgemäß sogar als *expatriates club:*

> „Also gelegentlich hab ich das Gefühl, das ist so eine Art *expatriates club,* [...] mit Anflügen, jetzt werde ich ein bisschen gemein, an [...] die Kolonialzeit, wo die Engländer, überall wo sie hinkamen, anfingen Cricket zu spielen und Tee zu trinken. Es gibt Anflüge davon, aber die werden aufgehoben in der Beteiligung auch anderer kultureller Gruppe[n]."[132]

Es zeigt sich, dass es neben vermuteten Außenwahrnehmungen der Gemeinde durchaus auch mit konkreten Beispielen begründete Vorstellungen von einer Außensicht gibt.

1.3.3.5 Innerchristliche Ökumene und interreligiöse Beziehungen

Angesichts der Interviewfragen in Bezug auf die Beziehungen zu Christ(inn)en anderer Konfessionen in Wien wurden auch ökumenische Kontakte der anglikanischen Gemeinde bzw. allgemein Kontakte zwischen der anglikanischen Gemeinschaft und anderen Kirchen im weitesten Sinne thematisiert. Ökumene wurde dabei innerhalb von drei Themenfeldern angesprochen: die Bewertung und Benennung konkreter Kontakte zu anderen Kirchen, der Charakter ökumenischer Kontakte in der Gemeinde generell sowie die Beschreibung ökumenischer Aktivitäten in Christ Church allgemein.

Konkrete Kontakte wurden von den Befragten zu vier Kirchen wahrgenommen: zur römisch-katholischen Kirche, zur altkatholischen Kirche[133], zur lutherischen Kirche von Schweden[134] und zur methodistischen Kirche[135]. Sehr gute und enge Kontakte wurden zur altkatholischen Kirche festgestellt, auch wenn die Kontakte nicht immer sehr intensiv seien.[136] Auch schienen hier in der Vergangenheit

---

129 Vgl. IP2 (04.06.2014); vgl. IP7 (27.08.2014).
130 IP2 (04.06.2014).
131 Vgl. ebd.
132 IP7 (27.08.2014).
133 Gemeint ist die altkatholische Kirche Österreichs.
134 Gemeint ist die evangelisch-lutherische Kirche von Schweden.
135 Gemeint ist die evangelisch-methodistische Kirche in Österreich.
136 Vgl. IP2 (04.06.2014).

die Sprache und die unvertrauten Kirchenlieder in Bezug auf die altkatholische Kirche für zumindest eine Interviewpartnerin eine Barriere dargestellt zu haben: „And I went once. And it was a very cold chapel. I didn't speak the language. […] I didn't know the hymns. […] I used to listen to the services on the radio but I never really went back after that […]."[137] In Bezug auf den Kontakt zur schwedischen Kirche gab es in den Interviews verschiedene Einschätzungen. Einerseits wurde deutlich wahrgenommen, dass die Pfarrerin der schwedischen Kirche in Wien durch Predigten an Gottesdiensten in der anglikanischen Gemeinde beteiligt gewesen sei.[138] Anderseits wurde dieser Kontakt als nicht sehr intensiv eingeschätzt.[139] Kontakte zur methodischen Kirche wurden angesprochen, allerdings nicht näher erläutert.[140] Darüber hinaus gab es auch eine bewusste Wahrnehmung anderer englischsprachiger Kirchen in Wien, wie beispielsweise der Vienna Community Church.[141] Im Vergleich wurden aber die ambivalenten Beziehungen zur römisch-katholischen Kirche am umfangreichsten angesprochen. Im Gegensatz zur eher als positiv, wenn auch nicht reibungsfrei, wahrgenommenen Gegenwart sei das Verhältnis in der Vergangenheit nicht immer unproblematisch gewesen. Eine Interviewpartnerin erinnerte sich, dass in der anglikanischen Kirche in der Vergangenheit eine Broschüre aufgelegen sei, die unerwünschte interkonfessionelle Ehen zwischen Katholik(inn)en und Anglikaner(inne)n thematisierte: „Because I still remember there was a booklet in the back of the church […] why an Anglican should not marry a Roman Catholic."[142] Dieselbe Person erzählte auch von der Hochzeit mit ihrem römisch-katholischen Mann. Obwohl sie damals nicht mehr hätte konvertieren müssen für ihre Hochzeit, sei ein gemeinsamer Kommunionempfang trotzdem nicht möglich gewesen. Das Versprechen, ihre eigenen Kinder katholisch zu taufen, sei jedoch in jedem Fall erforderlich gewesen.[143] Die Konfessionsverschiedenheit der Eltern habe dann allerdings bei den Kindern zu einer gewissen kirchlichen Heimatlosigkeit[144] und Irritationen hinsichtlich der unterschiedlichen Gottesdienstsprachen geführt. Erheitert erzählte die Befragte von einem Ausflug mit ihren Kindern zum Stephansdom in Wien: „Growing between two churches I took them to Saint Stephens. And [….] I said,

---

137 IP1 (05.02.2014).
138 Vgl. IP3 (25.06.2014); vgl. IP8 (16.10.2014).
139 Vgl. IP8 (16.10.2014).
140 Vgl. IP2 (04.06.2014).
141 Vgl. IP5 (05.08.2014). Die Vienna Community Church (VCC) ist eine konfessionsübergreifende englischsprachige Gemeinde in Wien.
142 IP1 (05.02.2014).
143 Vgl. ebd.
144 Vgl. ebd.

'Ah, we are in Saint Stephens. It's so beautiful. Maybe we should say the Lord's Prayer. Whilst we are here we should say it in German.' [...] And they looked at me and said, *'Oh, does God speak German?'*"[145] Eine andere Befragte erzählte vom Besuch eines römisch-katholischen Gottesdienstes gemeinsam mit ihrem Mann und berichtete von der Engstirnigkeit des dortigen Pfarrers gegenüber anderen Konfessionen:

> „Because, he said *'When it comes to the creed, you can say, I believe ...'* obviously in German, *'I believe in the holy, and then just leave out the word Catholic and Apostolic church.'* I thought, *'You ignoramus.'* Catholic here means universal. It doesn't mean <u>Roman</u> Catholic. [...] This was a man with a PhD[,] and he just had that much theology. I'm afraid I lost a bit of respect for him then."[146]

Weitere kritische Wahrnehmungen der römisch-katholischen Kirche unter den Interviewpartner(inn)n betrafen die Themen Fixierung auf Angst und Tod sowie Umgang mit Reichtum. Es wurde eine depressive Stimmungslage bei römischen Katholik(inn)en in Österreich, vor allem bei älteren Katholik(inn)en, identifiziert. Eine besondere Betonung von Tod beziehungsweise der Angst vor dem Tod sei hier anzutreffen. Die jüngeren Österreicher und Österreicherinnen würde dies aber nicht mehr beunruhigen. Stattdessen sei hier eher eine Abkehr von der Kirche zu beobachten. Fernerhin führe eine als reich empfundene Kirche zu einer Abkehr vom Glauben.[147] Grundsätzlich habe sich allerdings das Verhältnis zwischen den anglikanischen Kirchen und der römisch-katholischen Kirchen mit dem II. Vatikanischen Konzil[148] zum Positiven gewandelt, bis hin zur damaligen Hoffnung auf eine mögliche Wiedervereinigung der getrennten Kirchen, die dann allerdings nicht erfüllt worden sei.[149] In der Gegenwart herrsche eine offene Haltung gegenüber der römisch-katholischen Kirche vor.[150] Es gäbe gute Kontakte und man stehe vermutlich den Katholik(inn)en konfessionell sehr nah.[151] Auch die Liturgie würde manchmal von römischen Katholik(inn)en als äußerst ähnlich erlebt.[152]

---

145 IP1 (05.02.2014).
146 IP6 (14.08.2014).
147 Vgl. IP6 (14.08.2014).
148 Das Zweite Vatikanische Konzil fand 1962–1965 statt.
149 Vgl. IP1 (05.02.2014).
150 Vgl. IP6 (14.08.2014).
151 Vgl. IP7 27.08.2014); vgl. IP5 (05.08.2014).
152 Vgl. IP5 (05.08.2014).

Ökumenische Kontakte in den Interviews wurden oft nicht als die erste Priorität der Gemeinde Christ Church erlebt[153]. Andere beschrieben ökumenische Kontakte zu anderen Konfessionen als eng bis positiv.[154] Die Offenheit gegenüber anderen Denominationen, nicht allein gegenüber der römisch-katholischen Kirche, sei ganz allgemein ein Charakteristikum anglikanischer Identität in Bezug auf ökumenische Kontakte. Dementsprechend pflege die anglikanische Gemeinde in Wien gute ökumenische Kontakte und jede Art von Proselytismus werde, auch vonseiten der Diözese[155], abgelehnt. Man bemühe sich im Allgemeinen sehr um eine friedliche Koexistenz mit den jeweiligen heimischen Kirchen der Gastländer:[156] „Aber meine Beobachtung ist, dass wir in all diesen Ländern es geschafft haben, sehr gute tragfähige Beziehungen zu der lokalen Kirche zu haben und die sind auch nie durch irgendwie Übereifer, oder Skandale oder sonst etwas gefährdet gewesen, soweit ich mich erinnern kann."[157] Insofern sei es auch wichtig, wie eine Befragte betonte, als Christ(inn)en eine gemeinsame Basis zu suchen. Dies entspräche auch dem Anspruch Elisabeth I.: „'There is one Lord Jesus Christ, one God the Father, one Holy Spirit and all the rest is dogma.'"[158] Um so etwas wie eine gemeinsame Basis ging es wohl auch, wenn eine Befragte davon berichtete, wie sie sich manchmal gegen allgemeine, gegen alle Kirchen gerichtete, Kirchenkritik zu Wort gemeldet hätte: „Es ist ab und zu der Fall, […] dass ich […] als aktiv einer Kirchengemeinde zugehörig fühlend vor der Herausforderung stehe, […] im Gespräch deutlich zu machen. Ja, also, wenn zu viel Leute sich zu kritisch über Kirchen äußern, dass ich dann sagen muss: 'Halt mal. Mir ist das wichtig.'"[159] Ein anderer Befragter machte darauf aufmerksam, dass der soziale Kontext der Herkunftskirchen von Mitgliedern der anglikanischen Gemeinde in Wien sehr unterschiedlich im Vergleich mit der Situation in Österreich sein könne. Das führe zwangsläufig auch zu unterschiedlichen Antworten in den Kirchen auf Fragen wie beispielsweise sozialer Gerechtigkeit und habe auch Einfluss auf das, was Kirchen als ihre Aufgabe betrachten würden.[160]

Einige Interviewpartner(innen) konnten konkrete ökumenische Aktivitäten der Gemeinde Christ Church bzw. des Pfarrers der Gemeinde benennen. Genannt wurde

---

153 Vgl. IP2 (04.06.2014); vgl. IP8 (16.10.2014).
154 Vgl. IP1 (05.02.2014); vgl. IP4 (16.07.2014); vgl. IP5 (05.08.2014).
155 Gemeint ist die *Diocese (of Gibraltar) in Europe*, eine Diözese der Kirche von England.
156 Vgl. IP4 (16.07.2014).
157 Ebd.
158 IP6 (14.08.2014). Gemeint ist Elisabeth Tudor, Königin von England (1533–1603).
159 IP7 (27.08.2014).
160 Vgl. IP2 (04.06.2014).

ein Treffen englischsprachiger Pastoren in Wien[161], das Engagement in der Seelsorge am Flughafen Wien[162], die Teilnahme an interreligiösen Gesprächen von Mitgliedern der anglikanischen Gemeinde[163] und der Austausch von Geistlichen zwischen Christ Church und befreundeten Kirchen.[164] Das Spektrum der Wahrnehmung beziehungsweise Bewertung von ökumenischen Aktivitäten in den Interviews reichte von einem als hoch wahrgenommenen Engagement des Pfarrers[165] bis hin zu marginalem Einsatz der anglikanischen Gemeinde: „Christ Church spielt hier nicht wirklich mit."[166]

1.3.4 Allgemeine Migrationserfahrungen

1.3.4.1 Erste Eindrücke von Österreich

In den Interviews wurden die Teilnehmer(innen) nach ihren ersten Eindrücken von Österreich gefragt. Diese Impressionen lagen unterschiedlich weit in der Vergangenheit, sodass sich ein Bild zeigt, welches Eindrücke von Österreich zu unterschiedlichen Zeiten beschreibt. Eine Befragte beschrieb den niedrigen Lebensstandard Ende der 1960er bzw. Anfang der 1970er Jahre in Wien:

> „That wasn't much traffic then. Lot of flats were by today's standard very substandard. You had *Bassena-Wohnungen*. I lived in the *Bassena-Wohnung mit Klo am Gang*, in a not very good heating. [...] And, yes, I mean, at nine o'clock everything stopped. There were no more people on the streets. A few trams climbing along, but I don't even think there was an underground then."[167]

Damals habe sich das Leben in Wien hauptsächlich in den Kaffeehäusern und bei den Heurigen abgespielt und niemand hätte jemand Fremden zu sich nach Hause eingeladen. Daran habe sich prinzipiell auch in der Gegenwart in Wien wenig verändert.[168] In dieser Zeit hätten sich außerdem langsam eine Reihe von Organisationen im Zentrum der Stadt angesiedelt und den ersten Bezirk in Wien

---

161 Vgl. IP6 (14.08.2014).
162 Vgl. IP6 (14.08.2014).
163 Vgl. ebd.
164 Vgl. IP3 (25.06.2014).
165 Vgl. IP7 (27.08.2014).
166 Vgl. IP3 (25.06.2014); vgl. IP8 (16.10.2014).
167 IP6 (14.08.2014). *Bassena* bezeichnet kleine Wasserbecken außerhalb eines spezifisch wienerischen Typs von Altbauwohnungen mit der Möglichkeit zur Wasserentnahme nur außerhalb der Wohnung. Auch die Toiletten befanden sich bei diesem Wohnungstyp außerhalb am Gang.
168 Vgl. IP6 (14.08.2014).

belebt.[169] Andere Befragte, welche bei weitem seit einer kürzeren Zeit in Wien sind, berichteten von anderen Eindrücken. So sei der erste Eindruck fast unwirklich idyllisch gewesen, eine saubere und perfekte Stadt.[170] Wieder andere waren beeindruckt vom als gut erlebten öffentlichen Nahverkehr[171] beziehungsweise der guten sozialen Infrastruktur angesichts der geringen Größe des Landes Österreich.[172] Hervorgehoben wurde auch die Erfahrung eines anderen und ungewohnten kalten Klimas in Österreich:

„Even on the plane before I landed it was simply too cold. And I thought, *'Well, I can't live in [a] place like this. It's simply too cold, much too cold[.]'* I had been warned about this. Oh, people talked about, *'how cold, how cold.'* But you never reali[s]e it unless you feel it yourself. And, I was in a **[Herkunft A]** clothing when I arrived and it was a mistake. I had a pullover but still was too cold on this day that I arrived."[173]

1.3.4.2 Hinderliches und Hilfreiches im Prozess der Migration

Im Hinblick auf die Migrationserfahrungen der Befragten, zum Teil auch in mehreren Ländern, wurde in den Interviews allgemein über Probleme und Hilfreiches im Prozess der Einwanderung bzw. Migration reflektiert. Job, Unterkunft, Sprachkenntnisse und soziale Kontakte zu Kollegen, Freunden sowie Familienangehörigen wurden als zentrale und hilfreiche Aspekte im Hinblick auf Migration immer wieder genannt.[174] Insbesondere eine Befragte fasste all diese vier Aspekte für sich zusammen: „I had a job. I had a place to stay. I had a lovely *Hausfrau* who spoke some English and was interested in […] helping me learn German. I had Colleagues who were pleasant."[175] Als hilfreich in Bezug auf Immigration dargestellt wurde auch, wenn der Zielort der Migration bereits vorher bekannt war, beispielsweise durch einen vorausgehenden Besuch oder Urlaub am Zielort.[176] Binnenmigration wurde durch einen Interviewpartner als wenig problematisch beschrieben. Hier gäbe es aber einen qualitativen Unterschied zu

---

169 Vgl. ebd.
170 Vgl. IP2 (04.06.2014); vgl. IP8 (16.10.2014).
171 Vgl. IP8 (16.10.2014).
172 Vgl. IP7 (27.08.2014).
173 IP8 (16.10.2014).
174 Vgl. IP1 (05.02.2014); vgl. IP2 (04.06.2014); vgl. IP3 (25.06.2014); vgl. IP4 (16.07.2014); vgl. IP5 (05.08.2014); vgl. IP6 (14.08.2014); vgl. IP8 (16.10.2014).
175 IP1 (05.02.2014).
176 Vgl. IP5 (05.08.2014); vgl. IP6 (14.08.2014); vgl. IP7 (27.08.2014).

jemandem, der aus einem ganz andern Land komme.[177] Ein Befragter, der Ende der 1990er im Bereich der Universität Wien tätig war, berichtete positiv von der gegenüber Problemen von Migrant(inn)en offenen und sensiblen Atmosphäre. Da habe es vor allem auch rechtliche Beratungsmöglichkeiten gegeben.[178] Eine andere Interviewpartnerin berichtete von den positiven Erfahrungen, welche sie bereits in einem anderen Land in der Vergangenheit gemacht hatte. Dort habe sie den Mann, welcher ein Staatsbürger jenes Landes gewesen sei, geheiratet und dann selbst die Staatsbürgerschaft beantragt.[179] Jenes Land hätte sich besonders durch ein gutes Sozialsystem und den Willen zur Integration von Immigrant(inn)en ausgezeichnet. Die Integrationspolitik dort wurde von der Befragten als sehr engagiert und positiv eingeschätzt.[180] Großer Aufwand wurde dort auch betrieben in Bezug auf die Anerkennung von Ausbildungszertifikaten von Ausländern, sofern diese Zertifikate mit sich geführt hätten.[181] Besonders herausgehoben wurde ebenfalls die Unterstützung von religiösen Migrant(inn)enorganisationen. Dies würde man dort als Schlüssel zur Integration betrachten und entsprechend mit finanziellen Mitteln ausstatten, eine entsprechende Größe der Organisation vorausgesetzt. Für viele Immigrant(inn)en seien diese Gruppen stabilisierende Orte.[182]

1.3.4.3   Differenzerfahrungen

Von den Befragten wurden, im Kontext ihres Migrationsprozesses, auch immer wieder Differenzerfahrungen genannt. Angesprochen wurden Erfahrungen des Andersseins, der konfessionellen Unterschiedlichkeit, des kulturellen Kontrastes bis hin zum Kulturschock, sprachlicher Verschiedenheit und subtiler oder bewusster Abgrenzungen sowie Erfahrungen der Fremdheit.

Das Anderssein wurde in den Interviews nicht ausschließlich negativ (beziehungsweise als etwas Außerordentliches) erlebt. Ein Befragter war sich zwar im Rückblick auf seine Kindheit in Wien des besonderen Status seiner Familie bewusst, obwohl er diese Zeit als Zustand ohne außergewöhnliche Umstände erlebt hat: „Ich mein['], für mich war es halt die Normalität. Wir […] waren natürlich nicht normale Wiener […]. Wir waren privilegierte Ausländer[…]. Wir […] hatten Status als internationale Beamte."[183] Der Befragte wies darauf hin, dass Menschen in

---

177 Vgl. IP3 (25.06.2014).
178 Vgl. ebd.
179 Vgl. IP5 (05.08.2014).
180 Vgl. ebd.
181 Vgl. ebd.
182 Vgl. ebd.
183 IP4 (16.07.2014).

Österreich im Alltagssprachgebrauch mit dem Begriff Migration vermutlich eher einen „unterprivilegierten Migrationshintergrund"[184] verbinden. Ein solches Verständnis beschreibe aber seine Situation nicht. Demgegenüber berichtete eine andere Interviewpartnerin, welche mit einem römisch-katholischen Mann verheiratet ist, hinsichtlich des Andersseins, dass das Hin- und Hergerissensein zwischen der römisch-katholische Kirche des Vaters und der englischsprachigen Gemeinde der Mutter bzw. die Unterschiedlichkeit der dortigen Menschen bei ihren Kindern zu einer Heimatlosigkeit in Bezug auf die Kirche insgesamt geführt habe.[185]

Andere Erfahrungen mit konfessioneller Unterschiedlichkeit, auch im Sinne eines eher nichtreligiösen Hintergrundes bzw. einer eher losen Verbindung zur anglikanischen Tradition[186] und der damit oft verbundenen Problematik, sprach ein befragtes Gemeindemitglied an. Im Rahmen einer Kindheitserinnerung wurde von der Notwendigkeit berichtet, sich für eine Konfession bzw. für einen konfessionellen Religionsunterricht zu entscheiden:

> „Da kam ich in den englischen Kindergarten. Das war etwas freier dort. Dann kam ich in die englische Volksschule, dann in die österreichische Mittelschule, zwölf Jahre lang. Dort hat sich auch das Thema Religion zum ersten Mal gestellt. Zu Hause gab's das praktisch nicht […]. Und, in der […] Mittelschule wurde ich in den evangelischen Religionsunterricht eingeteilt […]."[187]

Die konfessionelle Entscheidung sei auch durch die väterliche Abneigung gegenüber der römisch-katholischen Kirche geprägt gewesen: „Und, man hat die Gelegenheit genutzt, nachdem wir schon da waren (sic!), eben die Taufe zu machen. Und die Alternative dort war römisch-katholisch oder evangelisch[…]. Und mein Vater wollte unbedingt nicht, dass ich römisch-katholisch werde, also evangelisch A. B."[188] Eine andere Befragte klagte, dass der römisch-katholische Exmann ihr nicht ermöglichte, an den Gottesdiensten der anglikanischen Gemeinde in Wien teilzunehmen. Dies sei dann ein Grund des Scheiterns der Ehe gewesen: „I mean that was one […] of the nails in the coffin of our marriage […]."[189] Darüber hinaus habe sie den Pfarrer der römisch-katholischen Gemeinde ihres Mannes als äußerst unwissend gegenüber anderen christlichen Traditionen erlebt. Er sei vielmehr vor

---

184 IP4 (16.07.2014).
185 Vgl. IP1 (05.02.2014).
186 Vgl. IP4 (16.07.2014).
187 Ebd.
188 Ebd.
189 IP6 (14.08.2014).

allem an der Anzahl seiner Gemeindemitglieder interessiert gewesen.[190] Wiederum ein anderer Interviewpartner äußerte die Vermutung, dass ein Konfessionswechsel in seinem Heimatland einfacher sei als in Österreich. Anders als in Österreich seien hier allein die Kirchen für einen Religionsbeitritt zuständig, ohne dass staatliche Organe daran beteiligt wären.[191]

Im Zusammenhang von Differenzerfahrungen in Österreich bzw. Wien tauchte in den Interviews auch der Begriff des *Kulturschocks*[192] auf. Diesbezüglich wurde die wahrnehmbare Verschiedenheit der Menschen in Österreich im Gegensatz zum Heimatland betont.[193] In Österreich seien die Menschen eher distanziert.[194] Auch beschrieb ein Befragter, dass Freundschaften eine viel intensivere Rolle spielten, als er es aus seinem Heimatland gewohnt sei: „Like, if you met somebody and were going to do something with that person, it's usually a sign that it's a very significant move. In [...] the **[Land A]**, I don't think there is that sense. We kind of circulate more and have a lot[...] of relationships. That all we will call friendship, but I think a friendship in Austrian terms is very intense."[195] Ferner führte er weiter aus, dass Beständigkeit im Gastland sehr viel wichtiger sei als im Heimatland. Dieses sei demgegenüber stärker auf Veränderung und Flexibilität ausgerichtet: „So, to give an example, you can apply for many types of different jobs. You can kind of always have this vision of improving yourself for, changing your life at any point. And, that kind of mentality doesn't really exist here. I think people have a very kind of defined tracks."[196] Generell würde man strukturelle Vorgaben in Österreich weniger infrage stellen, sondern diese eher akzeptieren und sich an diese gebunden fühlen.[197] Dezidiert wurde in anderen Befragungen darauf aufmerksam gemacht, dass Österreich nicht so multikulturell, multiethnisch und polyglott sei wie man dies aus dem Heimatland beziehungsweise in Bezug auf die bisherigen Migrationserfahrungen gewohnt sei.[198] Eine Interviewpartnerin erlebte dies ausdrücklich als Mangel: „Es ist nicht so *multicultural* wie ich das gewöhnt bin. Und das fehlt mir."[199]

---

190 Vgl. ebd.
191 Vgl. IP2 (04.06.2014).
192 Vgl. IP2 (04.06.2014); vgl. IP8 (16.10.2014).
193 Vgl. IP2 (04.06.2014); vgl. IP8 (16.10.2014).
194 Vgl. IP2 (04.06.2014); vgl. IP8 (16.10.2014).
195 IP2 (04.06.2014).
196 Ebd.
197 Vgl. ebd.
198 Vgl. IP7 (27.08.2014); vgl. IP8 (16.10.2014)
199 Vgl. IP7 (27.08.2014).

In einem Interview wurde von Ausgrenzung im Hinblick auf die ethnische Zugehörigkeit berichtet.[200] Ebenso berichtete eine Befragte, dass negative Assoziationen mit Mentalitäten und Sprachen von manchen Nationalitäten zu subtilen Abgrenzungen in Österreich führten. Sie berichtete davon explizit im beruflichen Kontext.[201] Eine andere Person erzählte von der Schwierigkeit von *Insider-Sprachen*. Trotz deutscher Sprachkenntnisse sei es in Österreich manchmal schwierig, die Bedeutung von Gesprächen zu erfassen, da es oft etliche Bezüge gebe, welche von nicht Einheimischen kaum zu erfassen seien. Dies grenze Menschen gewissermaßen aus.[202] Ein Gemeindemitglied sprach von der Rolle der englischen Sprache allgemein hinsichtlich ihres Heimatlands. Hier sei Englisch für viele nicht die Muttersprache, wie für sie selbst auch nicht, sondern vielmehr eine Verkehrssprache oder offizielle Sprache, die man nutze, weil es zahlreiche Bevölkerungsgruppen mit verschieden Sprachen gäbe.[203] Hinsichtlich der unterschiedlichen Behandlung von Menschen in Österreich sprach ein Interviewpartner über seine Erfahrungen mit Behörden: „Das kommt immer drauf […] an[,] an wen man gerät […]. Also, manchmal wird man umschmeichelt und manchmal wird man besonders schroff behandelt und die meiste Zeit wird man ganz normal behandelt […]. Als, sagen wir mal, Mitglied des, ich nenn's einmal […], Bildungsbürgertums wird man tendenziell besser behandelt."[204] Sprachliche Verschiedenheit zum Gastland, die Bedeutung der Sprache allgemein sowie (manchmal auch damit zusammenhängende) Abgrenzungen, sowie die Erfahrung von unterschiedlicher Behandlung sind oft genannte Aspekte in Bezug auf Differenzerfahrungen.[205]

Ferner wurden in den Befragungen auch Erfahrungen des Fremdseins geschildert. Ein Befragter beschreibt den Prozess der Entfremdung gegenüber der eigenen Heimat. Anschaulich wird zwischen Heimat und Zuhause unterschieden: „Ich betrachte auch **[Bundesland A]** als Heimat, aber nicht mehr als Zuhause. […] Da hat auch eine gewisse Entfremdung stattgefunden, bei aller emotionaler Verbundenheit, die wahrscheinlich immer bleiben wird."[206] Heimat habe mit einer geschichtlichen Verbindung zu einem bestimmten Ort zu tun, die auch über den Ortswechsel hinaus bestehen bleibe. Dagegen beschreibe Zuhause vielmehr ein

200 Vgl. IP8 (16.10.2014)
201 Vgl. IP7 (27.08.2014).
202 Vgl. IP2 (04.06.2014).
203 Vgl. IP8 (16.10.2014).
204 IP4 (16.07.2014).
205 Vgl. IP1 (05.02.2014); vgl. IP2 (04.06.2014); vgl. IP4 (16.07.2014); vgl. IP8 (16.10.2014).
206 IP3 (25.06.2014).

momentanes Zugehörigkeitsgefühl.[207] Auf die Frage nach der Heimat äußerte ein Befragter klar, dass Österreich sich nicht wie Heimat anfühlt. Die Kirchengemeinde sei eher der Ort, welcher mit dem Gefühl von einer zweiten Heimat verbunden sein. Entscheidend sei, dass man sich in der Kirche umeinander sorge.[208]

1.3.4.4 Migrationsbezogene Selbstbeschreibungen der Befragten

Zur Darstellung der allgemeinen Migrationserfahrungen gehörte auch die Ermittlung der Selbstbeschreibung der Interviewten im Kontext von Migration. In den Gesprächen ließ sich zum Teil ein Unbehagen hinsichtlich des Begriffes Migration feststellen. Eine Person äußerte, dass sie den Begriff des *expatriate* bevorzuge. Zwar seien ihre Erfahrungen mit einem Migrationshintergrund in Verbindung zu bringen, allerdings halte sie *expatriate* für eine neutralere Bezeichnung.[209] Sie selbst würde sich als ein Mensch mit einer bestimmten Staatsbürgerschaft, der seine Heimat in Wien hat, bezeichnen: „Und ich sag immer: *'Ich bin [Staatsbürgerschaft B] aus Wien.'* Also meine Nationalität ist [Land C] und meine Heimat ist Wien."[210] Sie selbst sei in Wien aufgewachsen.[211] Ebenso sei ihr Wohnsitz immer Wien gewesen: „Und das hatte ich, abgesehen von ein paar längeren Aufträgen für die [Auftraggeber B] in [Stadt C] und einmal in [Kontinent A], aber mein Wohnsitz war immer Wien."[212] Weiterhin wurde sie doppelt, deutsch-englisch, sozialisiert, sodass sie eine österreichische Kinderfrau hatte und in österreichische Schulen ging.[213] Obwohl sie Englisch als ihre Hauptsprache[214] bezeichnete, seien ihre Muttersprachen Deutsch und Englisch: „Beides! [...] Mein erstes gesprochenes Wort war Deutsch, bzw. Wienerisch. *'Aber geh'* hat meine Kinderfrau immer zu mir gesagt. Und ich hab['] das wiederholt: *'Aber geh.'*"[215] Ferner merkte sie in Bezug auf das Thema Migration an, dass auch die eigenen Großeltern im Zweiten Weltkrieg die Erfahrung der Flucht gemacht hatten und sich eine Unterkunft bei Verwandten suchen mussten.[216] Gleichermaßen fühlte eine andere Befragte ein Unwohlsein mit dem Begriff der Migration. Für sie sei der Begriff der Mobilität und der Offenheit für sich bietende Möglichkeiten und Aufgaben viel passender.[217] Sie empfinde einen

---

207 Vgl. ebd.
208 Vgl. IP2 (04.06.2014).
209 Vgl. IP4 (16.07.2014).
210 Ebd.
211 Ebd.
212 Ebd.
213 Vgl. ebd.
214 Vgl. ebd.
215 Ebd..
216 Vgl. ebd.
217 Vgl. IP7 (27.08.2014).

häufigen Ortswechsel als völlig normal.[218] Sie verstehe sich selbst vielmehr als Weltbürgerin, die ihre Chancen genutzt habe: „*A global citizen who has been able to make choices.*"[219] Zuhause versteht sie nicht als ortsgebundene Kategorie: „Zuhause ist, wo man satt wird und das wirklich in allen Bereichen, […] ob emotional oder spirituell. […] Und das wechselt. […] Also insofern ist Christ Church mein Zuhause in spiritueller Hinsicht. Doch sonst ist es nicht unbedingt ortsgebunden."[220] Auch sie erzählt von Migrationserfahrungen in der Familie. Ihre Eltern seien Geflüchtete nach dem Zweiten Weltkrieg gewesen, was auch für sie einen häufigen Ortswechsel zur Folge gehabt habe. Dementsprechend sei auch der Begriff der Herkunft eher verbunden mit einem Ort, an dem man sich wohlgefühlt habe.[221] Eine weitere Interviewte identifizierte sich auf Nachfrage explizit als Migrantin. Zunächst sei sie jedoch einfach eine Besucherin gewesen. Sie habe ursprünglich gar nicht vorgehabt, ihr Herkunftsland zu verlassen.[222]

1.3.4.5 *Veränderungen in Österreich im Hinblick auf Migration*

Einige Befragte schilderten Veränderungen in Österreich im Hinblick auf Migration. Dabei handelt es sich um Beobachtungen von Divergenzen in Bezug zur Gegenwart. Aus der Perspektive einer Befragten war ein erstes großes Ereignis, welches viele Geflüchtete aus Nigeria nach Österreich brachte, der Biafra-Krieg. Seitdem lebten viele Nigerianer(innen) in Österreich. Dies habe sich allerdings nicht auf das Gemeindeleben der anglikanischen Kirche in Wien ausgewirkt, da unter den Geflüchteten kaum Anglikaner(innen) waren.[223] Eine Befragte, die schon seit Mitte der 1960er[224] Jahre in Österreich ist, erzählte, dass damals noch kaum jemand Englisch gesprochen habe[225] und die Bürokratie in Österreich sei erdrückend gewesen. Das habe sich aber etwas gebessert und es gebe mittlerweile auch Formulare in verschiedenen Sprachen.[226] Allerdings habe es, so berichtete ein anderer Interviewpartner, in den Jahren 2000–2007 eine Verschärfung des Fremdenrechtes gegeben. Die damalige ÖVP/FPÖ- beziehungsweise ÖPV/BZÖ-Regierung habe diese Veränderungen mit Unterstützung der SPÖ durchgesetzt. Man

218 Vgl. ebd.
219 Ebd.
220 IP7 (27.08.2014).
221 Vgl. ebd.
222 Vgl. IP8 (16.10.2014).
223 Vgl. IP5 (05.08.2014). Gemeint ist der nigerianische Bürgerkrieg bzw. Biafra-Krieg (1967-1970). Vgl. Baxter, Peter: Biafra. The Nigerian Civil War. 1967–1970. Solihull, West Midlands, England: Helion & Company Limited; Pinetown, South Africa: South Publishers 2014.
224 Vgl. IP1 (05.02.2014).
225 Vgl. ebd..
226 Vgl. ebd.

habe die Hürden für Ausländer bewusst hoch angesetzt.[227] Insgesamt scheint das Überschreiten von Staatsgrenzen bzw. Migration sowie die damit verbundene Arbeitsuche, aus der Perspektive einer Interviewpartnerin, schwieriger geworden zu sein.[228]

1.3.4.6 Allgemeine Aspekte von Migration

In den Interviews wurden die Befragten vor dem Hintergrund ihrer eigenen Erfahrungen gebeten, über Gründe für und Aspekte von Migration nachzudenken. Dadurch entstand die folgende vielfältige Sammlung von Assoziationen und Vorstellungen. Eine Befragte definierte Migration allgemein als Verlassen des Heimatlandes.[229] Eine andere Person beschrieb die leidvollen Fluchterfahrungen, mit denen sie Migration in Verbindung brachte.[230] Wiederum ein weiterer Interviewpartner erinnerte sich an die Fluchtsituation seiner Großeltern nach dem Zweiten Weltkrieg und zählte dann verschiedene Migrationsarten und -gründe auf, wobei ökonomische Gründe und der Wunsch nach der Verbesserung der eigenen Lebensbedingungen oft Hauptgründe für Migration seien:

„[…] Arbeitsmigration, […] das ist in meiner Erfahrung mit Abstand die häufigste. […] Studium im Ausland würd' ich thematisch fast da da[...]zuzählen[…]. Also, […]es ist eine freiwillige Migration. Und dann gibt es halt die verschiedenen Fluchtgründe […]. Man flieht vor Verfolgung durch den Staat, durch die Familie […]. Man flieht […]vor der Verfolgung durch das Gesetzt. Das sind Verbrecher, die migrieren. […] Ja, die Hoffnung auf ein, im weitesten Sinne die Hoffnung auf ein besseres Leben […]."[231]

Der Wunsch, näher bei den Eltern zu sein, sei sein primärer Migrationsgrund gewesen.[232] Bereits die Eltern hatten sich in der Vergangenheit für Österreich

---

227 Vgl. IP3 (25.06.2014). Gemeint sind die Regierungskoalitionen der Österreichischen Volkspartei (ÖVP) mit der Freiheitlichen Partei Österreichs (FPÖ) bzw. des Bündnis Zukunft Österreich (BZÖ) von 2000–2003 und 2003–2007. Vor allem gegen die Regierungskoalition von 2003 wurden Sanktionen vonseiten der restlichen 14 Staaten der Europäischen Union verhängt, da man unter anderem das Wiedererstarken rechtspopulistischer Kräfte in Österreich befürchtete. Beanstandet wurde auch der Umgang mit Asylwerbern in Österreich. Vgl. Hummer, Waldemar/Pelinka, Anton: Österreich unter „EU-Quarantäne". Die „Maßnahmen der 14" gegen die österreichische Bundesregierung aus politikwissenschaftlicher und juristischer Sicht. Chronologie. Kommentar. Dokumentation. Wien: Linde 2002.
228 Vgl. IP1 (05.02.2014).
229 Vgl. IP8 (16.10.2014).
230 Vgl. IP6 (14.08.2014).
231 IP4 (16.07.2014).
232 Vgl. ebd.

entschieden, da die entsprechenden Sprachkenntnisse vorhanden waren.[233] Der Grund war in diesem Fall also die Sprache. Wirtschaftliche Überlegungen und die Sorge der österreichischen Ehefrau um die finanzielle Zukunft nach der Wirtschaftskrise waren der Grund eines anderen Befragten, sich in Österreich niederzulassen.[234] Das bedeutete für ihn auch einen kompletten professionellen Neustart.[235] Eine Heirat mit einem Partner einer anderen Nationalität und die Annahme der Staatsbürgerschaft des Partners wurden von einer Person als weitere Aspekte von Migration genannt. Das sei für sie persönlich verbunden gewesen mit der Frage der Aufenthaltsgenehmigung, auch über den Tod des Partners hinaus.[236] Die Frage nach der Versorgung im Alter gab eine Gesprächspartnerin als Grund für den Ortswechsel an. In dem Land, in dem sie vorher lebte, habe sie sich nur schwer ein Leben im Alter vorstellen können.[237] Sie stellte auch heraus, das Migration in ihrer Erfahrung viel mit Identität zu tun habe, da ihre Eltern bereits Geflüchtete gewesen seien und ihr Leben mit einer ständigen Ortsveränderung verbunden gewesen sei.[238] Erinnerungen an den ersten Aufenthalt in Wien im Jahr 1970 wurden von einer anderen Person geschildert. Damals habe sie als ehrenamtliche Mitarbeiterin für die methodistische Kirche in einem Waisenhaus gearbeitet.[239] In dieser Zeit seien viele osteuropäische Geflüchtete, Tschech(inn)en und Ungar(inne)n in Wien gewesen.[240] Fluchterfahrungen, wie beispielsweise in Lampedusa, seinen ambivalent. Einerseits könne man nicht einfach die Grenzen öffnen,[241] andererseits sollte man helfen, vor allem auch als Kirche. Wie so eine Hilfe aussehen könnte, sei eine schwierige Frage.[242] Korruption, Armut, Gewalt und Verteilungsungerechtigkeit in den Heimatländern sowie die Schwierigkeit, die eigenen Lebensbedingungen zu verbessern, stellten in den Heimatländern große Probleme dar.[243]

1.3.4.7   Wünsche und Anregungen im Kontext von Migration

Die Interviewten äußerten in den Befragungen zum Teil Wünsche und Anregungen angesichts ihrer Migrationserfahrungen. Da wurde die Erfahrung beschrieben, in Österreich nicht bedingungslos angenommen zu sein. Das sei aber wichtig, um einen

---

233 Vgl. ebd.
234 Vgl. IP2 (04.06.2014). Gemeint ist vermutlich die weltweite Finanzkrise des Jahres 2008.
235 Vgl. ebd.
236 Vgl. IP5 (05.08.2014).
237 Vgl. IP7 (27.08.2014).
238 Vgl. ebd.
239 Vgl. IP6 (14.08.2014).
240 Vgl. ebd.
241 Vgl. ebd.
242 Vgl. ebd.
243 Vgl. ebd.

Ort als Zuhause beschreiben zu können.[244] Eine Befragte erzählte aber auch von ihren Erfahrungen in Bezug darauf, dass Ansprüche von Migrant(inn)en nicht grenzenlos erfüllt werden könnten:

> „And then, there was this new man, Muslim, and he started in his feature. He was making demands. They wanted their own school. They wanted their own this and [...] I got so angry. And you know me. I am very outspoken. And I said, *'Excuse [me], but I think, when you are making all these demands you should go home and make those demands of your own government. You've been taking in. You've fled. You've been accepted and then you want [...] [to] make your demands so that you have it exactly as you have it at home. It cannot work.'*"[245]

Wichtig sei ihr auch, dass Zuwanderer Respekt vor der Kultur des Gastlandes hätten. Das Gastland dürfe sich aus Rücksicht auf Zuwanderer nicht der eigenen Kultur schämen: „But now [...] we must take down crucifixes from schools, and hospitals and I am think[ing], '*No.*' This is wrong, because, if you go to a Muslim country, you have to abide by their rules."[246]

1.3.5 Mission und Christ Church

1.3.5.1 Mission in Christ Church

Als missionarisch wahrgenommene Aktivitäten bzw. die Dimensionen von Mission im Hinblick auf die Gemeinde Christ Church waren weitere wichtige Bereiche in den geführten Interviews. Die weitestgehende Auffassung in Bezug auf die Aktivitäten der Gemeinde vertrat ein Gesprächspartner: „All of those things, the concerts, they're all part of mission. I would also say, at most of the things that you go [...] you hear some sense of the gospel being communicated."[247] Demnach seien grundsätzlich alle Unternehmungen in Christ Church als Mission zu verstehen. Es gebe fast immer einen Bezug zum Evangelium. In den Interviews sind von den Gesprächspartner(inne)n zum Teil unterschiedliche konkrete Aktivitäten benannt worden: Konzerte bzw. Kirchenmusik in Christ Church, traditionelle sowie moderne Gottesdienste, Gemeindeausflüge, Gespräche beim Kirchenkaffee, der Secondhandshop der Gemeinde, der Adventsbazar, die Gefängnisseelsorge sowie

---

244 Vgl. IP2 (04.06.2014).
245 IP5 (05.08.2014).
246 Ebd.
247 IP2 (04.06.2014).

Haftentlassenenseelsorge, Theologie vom Fass, Unterstützung karitativer Projekte allgemein, Hochzeiten, Beerdigungen, *Soundings, Pancake Evenings,* die Vermietung der Wohnung der Gemeinde und Öffentlichkeitsarbeit wie beispielsweise der Gemeindebrief *CROSSWAYS.*[248] Mission für Christ Church bedeutet im Sinne einer Interviewpartnerin insbesondere, über den eigenen Tellerrand der Gemeinde hinauszuschauen. Initiativen wie die Haftentlassenenseelsorge seien Beispiele dafür.[249] Ein Befragter berichtete, dass unter all den Veranstaltungen von Christ Church allerdings der Adventsbazar die größte Außenwirkung habe: „[…] vor allem den Bazar, ja, das ist eigentlich die Hauptaktivität, die bewirkt[,] das[s] Menschen wissen, dass es uns gibt […] und das[s] wir für sie offen sind. Und, dass sie dort vielleicht auf Menschen treffen, die ihnen in einer Lebenssituation wertvoll sein können."[250] Eine andere Person sprach davon, dass die Eucharistiefeier das Zentrum aller Aktivitäten sei.[251] Mission in Christ Church bedeute das Bilden von Gemeinschaft und das Gestalten von Beziehungen. Es gehe weniger darum, Menschen zu gewinnen, als vielmehr darum, Menschen zusammenzuhalten.[252] Die Gemeinde Christ Church sorge sich zwar zunächst einmal um die Auslandsanglikaner(innen), allerdings fänden auch manchmal Nichtanglikaner(innen) zum Glauben in der Gemeinde: „I think, it's the care for Anglicans that are away from home, primarily. I think, it's also […] an evangelical presence within Austria. There are people that ob[v]iously come to faith that are not initially Anglicans. I think, that's another aspect of mission."[253] Evangelisierung sei dementsprechend ein Aspekt der Mission der Gemeinde Christ Church. Es gehe vor allem um die Kommunikation des Evangeliums im Kontext anglofoner Kultur.[254] Eine andere Befragte sieht in der Präsenz der anglikanischen Kirche in Wien ein wichtiges Zeugnis einer weiteren christlichen Tradition.[255]

---

248 Vgl. IP1 (05.02.2014); vgl. IP4 (16.07.2014); vgl. IP5 (05.08.2014); vgl. IP6 (14.08.2014); vgl. IP7 (27.08.2014). Die Veranstaltung *Theologie vom Fass* ist ein Gesprächsabend, der jeweils in einem Café oder einem Gasthaus stattfindet und die Möglichkeit bietet, ungezwungen über theologische Themen zu sprechen. *Soundings* bezeichnet einen Vortragsabend zu wechselnden Themen in der anglikanischen Gemeinde in Wien. Zum *Pancake Evening* am Karnevalsdienstag werden vor der österlichen Fastenzeit nach britischer Tradition in der Gemeinde Pfandkuchen gegessen. Zu diesem Abend sind Gemeindemitglieder und Außenstehende eingeladen.
249 Vgl. IP6 (14.08.2014).
250 IP4 (16.07.2014).
251 Vgl. IP2 (04.06.2014).
252 Vgl. ebd.
253 Ebd.
254 Vgl. ebd.
255 Vgl. IP6 (14.08.2014).

1.3.5.2 Zielgruppe von Christ Church

Einige Befragte beschrieben Christ Church in Wien primär als anglikanische Auslandsgemeinde.[256] Andere kämen dann dazu, wenn es beispielsweise österreichische Ehepartner(innen) gäbe bzw. ein Teil der Familie römisch-katholisch sei.[257]

Neben den Anglikaner(inne)n gäbe es aber auch andere grundsätzlich interessierte Menschen, die zur Gemeinde stießen.[258] Ein Interviewpartner sieht, vor allem in Hinblick auf den Adventsbazar von Christ Church, an englischer Sprache und britischer Kultur interessierte als mögliche Zielgruppe der anglikanischen Gemeinde in Wien: „Because, I mean, the most people that are going to the baz[a]ar […] are interested in connecting somehow with either English as a language or to British culture."[259] Generell sei die Gemeinde in den Augen vieler Befragter grundsätzlich offen für alle.[260]

Die zentrale Rolle, welche die englische Sprache in der Gemeinde habe, wird auch von anderen Befragten herausgehoben.[261] Eine Befragte beschrieb die Zielgruppe der Gemeinde Christ Church folglich als „[i]m Prinzip alle liberal gesinnten Anglo[f]onen in Wien."[262] Diese Interviewpartnerin vermutete auch, dass die sprachliche Prägung der Gemeinde dazu führe, dass die Mitglieder von Christ Church, mit einigen Ausnahmen, ökonomisch eher besser gestellt seien.[263] Dies korrespondiert auch mit den Ergebnissen des Kurzfragebogens, nachdem die Interviewteilnehmer(innen) eher höher qualifizierte Berufe ausüben bzw. ausgeübt haben.

1.3.5.3 Bedürfnisse potenzieller Zielgruppen

Nach der Bestimmung der vermutlichen Zielgruppe der anglikanischen Gemeinde in Wien wurden die Interviewpartner(innen) gebeten, sich Gedanken zu den Bedürfnissen dieser potenziellen Zielgruppen zu machen. In diesen vermuteten Bedürfnissen spiegeln sich viele Überlegungen zu den möglichen Zielgruppen. Die genannten Überlegungen lassen sich zu drei Themenfeldern zusammenfassen: (1.) Englische Sprache und Kultur, (2.) soziale und (3.) spirituelle Bedürfnisse. Der

---

256 Vgl. IP2 (04.06.2014); vgl. IP3 (25.06.2014).
257 Vgl. IP5 (05.08.2014).
258 Vgl. IP3 (25.06.2014).
259 IP2 (04.06.2014).
260 Vgl. IP1 (05.02.2014); vgl. IP4 (16.07.2014); vgl. IP6 (14.08.2014); vgl. IP8 (16.10.2014).
261 Vgl. IP4 (16.07.2014); vgl. IP6 (14.08.2014).
262 IP7 (27.08.2014).
263 Vgl. IP7 (27.08.2014).

Kontakt zur englischen Sprache und Kultur, so wird vermutet, sei ein zentrales Bedürfnis der Menschen, welche die Gemeinde anspricht. Da gebe es gemäß einem Interviewpartner die Anglikaner(innen), welche die kirchliche Kultur suchen, in der sie aufgewachsen sind: „[B]ei weitem nicht alle sind anglikanisch aufgewachsen. Aber die, die es sind, suchen diese Kontinuität [...]. [...] [U]nter anderem aus dem Grund gibt es ja [...] hundertdreißig Kirchengemeinden in Europa [...]."[264] Eine sehr starke Anbindung an englische bzw. britische Kultur könne allerdings für Außenstehende auch Befremden auslösen, da die Gemeinde dann als britischer Auswandererklub wahrgenommen würde.[265] Das Gegenteil wurde allerdings in den Interviews auch vermutet. Die Andersartigkeit und Exotik anglikanischer Tradition und die Liebe zur englischen Sprache könne auch gerade Menschen anziehen, welche beispielsweise eine anglikanische Kirche bei einem Auslandsaufenthalt kennengelernt hätten. Manche würden auch eine Alternative zu den einheimischen Kirchen bzw. ihrer eigenen Kultur zu entfliehen suchen. Zum Teil würden auch Mentalitäten der die Gemeinde umgebenden österreichischen Gesellschaft reflektiert, was Anknüpfungspunkte schaffe. Österreicher(innen) würden nicht ausgegrenzt innerhalb der Gemeinde, sondern fänden hier ihren Platz in der Weltkirche, ohne Cliquen zu bilden.[266] Eine Befragte berichtete im Hinblick auf die Liebe zur englischen Sprache: „Some people just need a place to hear English. There was an older Austrian woman who said, she loved the services at Christ Church cos the English is so beautiful."[267] Die Beobachtung, dass es auch Frauen als Priesterinnen in den anglikanischen Kirchen gibt, wurde auch als Erfahrung geschildert, die dem Bedürfnis nach Alternativen entspräche.[268]

Weiter wurde vermutet, dass Menschen, die zu Christ Church kommen, diverse soziale Bedürfnisse hätten bzw. nach sozialer Gemeinschaft und Identität suchten.[269] Eine interviewte Person schätzte, dass die Gemeinde für viele eine Möglichkeit sei, schnell Kontakte in einem fremden Land zu knüpfen.[270] Eine andere Befragte spekulierte, dass Menschen einen Ort suchten, wo ihre Familie einen Platz fände, wo sie ihre Talente entfalten könnten und auch noch im Alter einen Platz hätten:

---

264 IP4 (16.07.2014).
265 Vgl. IP7 (27.08.2014).
266 Vgl. (04.06.2014)
267 IP1 (05.02.2014).
268 Vgl. IP5 (05.08.2014).
269 Vgl. IP4 (16.07.2014).
270 Vgl. IP3 (25.06.2014).

„Some of them again want to develop things like musical talents […]. People could feel that they fit in somewhere. I mean, not too dogmatic, but in the same time these are the lines we're going along. But they feel[,] they can bring their small children. That they feel, if they are getting old […], they can totter up the aisle and […] that's ok. Or, if they're in the need of a visiting that there's somebody who come, visit them, take Communion to them or whatever."[271]

Ein Befragter berichtete allgemein von Menschen, die mit dem Bedürfnis zum Engagement zur anglikanischen Gemeinde in Wien kommen: „Und, es gibt ja diesen Typus, die kommen, beginnen bei irgendeiner Botschaft oder irgendeiner internationalen Firma zu arbeiten und am zweiten Sonntag melden sie sich zur Stelle und sagen: *'Hier bin ich. Was kann ich tun?'*"[272]

Und schließlich schilderten Interviewpartner(innen) spirituelle Bedürfnisse. Eine Befragte sah in Gott selbst, von dem sich Menschen Frieden und Hoffnung ersehnen, das wichtigste Bedürfnis: „I suppose, the big need is God. We want from God […] peace, hope."[273] Ein anderer Interviewpartner spricht von dem Bedürfnis nach spiritueller Begleitung und Stärkung, welches Menschen haben, die sich für Christ Church in Wien interessieren: „Und, sie suchen in gewissen Stadien ihres Lebens unterschiedlich halt auch eine seelsorgerliche Unterstützung […]. Vielleicht auch eine Stärkung im Glauben, […] eine Bestätigung [...]."[274]

1.3.5.4   *Spezifische Aufgaben von Christ Church*

In den Interviews wurden die Teilnehmer(innen) der Interviews angesichts besonderer Gaben und Fähigkeiten befragt, die Christ Church Menschen anbieten könnte. Hinter dieser Frage stand die Überlegung, besondere zukünftige oder gegenwärtige Aufgaben der anglikanischen Gemeinde in Wien herauszufiltern, welche nur sie, im Hinblick auf die oben beschriebenen Bedürfnisse, erfüllen kann. Eine häufig genannte Besonderheit war die englische Liturgie- und Musiktradition, welche in der Gemeinde gepflegt werde. Begeistert erklärte eine Befragte: „I think our Anglican liturgy is very beautiful. Once a month there is choral evensong, if you are into music, if you are into church music at all. The Roman Catholics have kind of lost this tradition completely, I believe[,] [w]hereas we have preserved it. And there's an excellent choir, excellent organist and this is something very special."[275]

---

271 IP6 (14.08.2014).
272 IP4 (16.07.2014).
273 IP1 (05.02.2014).
274 IP4 (16.07.2014).
275 IP1 (05.02.2014).

Vor allem die englische Sprache und die sehr liturgische Prägung sei in Bezug auf die Liturgie eine Besonderheit der Gemeinde Christ Church, die auch römisch-katholische Christ(inn)en anspreche.[276] Ein Interviewpartner betonte ausdrücklich, dass es die hohe Qualität der Musik sei, die Christ Church auszeichne:

> „[D]as scheint ein wichtiges Thema zu sein, das[...] viele bewegt. Was nicht verwunderlich ist, weil ja eben im Vergleich [...] zu vielen anderen Gottesdiensten, die man außerhalb von der Augustinerkirche [...] besuchen kann, wir sehr sehr viel mehr Musik haben, auf einem relativ hohen Niveau, mit fünf Kirchenliedern, dann gesungenem Psalm und einem Vor- und Nachspiel auf der Or[gel]. Ja, [...] die Musik ist sehr präsent."[277]

Diese Musik sei traditionell und eher hoch-kulturell geprägt, was nicht bei allen Gemeindemitglieder auf Gegenliebe stieße.[278] Christ Church käme mit seiner Orgel manchmal auch auf das Programm der Wiener Orgelkonzerte.[279]

Die kulturelle Vielfalt wurde von einem Befragten als besonderes Kennzeichen der Gemeinde herausgestellt, welches die Gemeinde von anderen unterscheide.[280] Zur Gemeinde merkte er diesbezüglich an, „dass, wenn man es gerne international und kulturell bunt und vielfältig mag und dann glaubt, dass das jemanden bereichern kann [...], diese Menschen aus verschiedenen kulturellen Hintergründen kennenzulernen, dann ist dort der Ort dafür."[281] Das bestätigte auch eine andere Interviewpartnerin. Die Mischung der verschiedenen Menschen und deren kulturelle Unterschiedlichkeit mache das Besondere der anglikanischen Gemeinde in Wien aus: „I think, what makes it special is also [...] the mixture of people, different cultures. I think, that makes it quite special."[282] Auch wenn Christ Church manchmal den Anschein eines britischen Klubs habe, so beteiligten sich doch, laut einer Befragten, verschiedene kulturelle Gruppen an den Aktivitäten der Gemeinde.[283] Die Chance für die Gemeinde bestehe darin, ein kulturelles Zentrum zu sein:

---

276 Vgl. ebd.
277 IP4 (16.07.2014).
278 Vgl. ebd.
279 Vgl. ebd.; vgl. Verein Wiener Orgelkonzerte: Herzlich Willkommen auf der Homepage der Wiener Orgelkonzerte! Online unter: http://www.wiener-orgelkonzerte.at/ (Abruf: 24.08.2016).
280 Vgl. IP3 (25.06.2014).
281 Ebd.
282 IP8 (16.10.2014).
283 Vgl. IP7 (27.08.2014).

„Und da zeigt sich die Möglichkeit von Christ Church, auch als eine Art kulturelles […] Zentrum, wenn man das so nennen will, […] aktiv zu sein und auch einen […] offenen Kanal sozusagen darzustellen, ein Auffangbecken für Leute, die sich in dieser Weise engagieren wollen und die dann vielleicht auf diesem Weg […] zur Kirchengemeinde finden."[284]

Das Bedürfnis nach Gemeinschaft, vor allem nach gegenseitiger Unterstützung in einer Gemeinschaft von Migrant(inn)en[285], war ein weiterer zentraler Punkt in den Interviews. Eine Person merkte an, dass die Aktivitäten in Christ Church eine Möglichkeit für Ausländer sei, in Österreich Menschen zu treffen und sich als Teil einer Gruppe zu fühlen.[286] Das besondere an Christ Church sei, laut einer anderen Befragten, dass es im Vergleich zu anderen Gemeinden eine große Vielfalt verschiedener Aktivitäten in Christ Church gäbe. Eigeninitiativen seien gewünscht und Menschen dürften ihre Fähigkeiten einbringen und machten dies auch.[287] Von einer Befragten wurde die Gemeinschaft in Christ Church mit einer Familie verglichen, wo Vater und Mutter sich um all ihre unterschiedlichen Kinder kümmern. Manchmal gäbe es, ganz menschlich, Eifersucht zwischen den verschiedenen Kindern beziehungsweise Menschen und ethnischen Gruppen. Die Aufgabe sei es, alle Gruppen gleich zu behandeln, weil alle Kinder Christi seien.[288]

Ein Befragter erklärte, dass Menschen Christ Church neben den Aspekten der anglikanischen Tradition und der englischen Sprache ganz wesentlich auch als christliche Gemeinschaft verstünden.[289] Er wies kritisch darauf hin, dass es bereits ein vielfältiges religiöses Angebot in Wien gäbe und, dass die anglikanische Gemeinde in Wien dieses Angebot lediglich ergänze. Zwar habe es beim derzeitigen Pfarrer von Christ Church vermutlich die Idee gegeben, mehr anglikanische Theologie in Österreich einzubringen. Die Wahrnehmung anglikanischer Kirche sei aber, trotz ökumenischer Kooperationen wie dem ökumenischen Rat oder der Bibelgesellschaft, wohl eher gering geblieben. Mission könne man das eher nicht nennen. Einfluss habe Christ Church in Wien nicht. Eigentlich bringe man sich in Wien nicht mehr ein als jede andere Pfarre.[290] Das aktuelle Profil der Gemeinde sei,

---

284 Ebd.
285 Vgl. IP7 (27.08.2014).
286 Vgl. IP8 (16.10.2014).
287 Vgl. IP7 (27.08.2014).
288 Vgl. IP8 (16.10.2014).
289 Vgl. IP4 (16.07.2014)
290 Vgl. ebd.

so eine Interviewpartnerin, wesentlich durch den gegenwärtigen Pfarrer von Christ Church geprägt.[291]

1.3.5.5 Abgrenzungen

Gegen bestimmte Formen von Mission grenzte sich eine Gesprächspartnerin im Hinblick auf die Gemeinde in Wien deutlich ab. Christ Church betreibe keine Mission im Sinne mancher Pfingstkirchen: „[W]e're not the sort of, maybe [p]entecostal church, that is supporting through mission […].“[292] Es gäbe vermutliche unterschiedliche Begriffe von Mission, aber neue missionarische Gemeindegründungen seien keine Priorität der anglikanischen Gemeinde in Wien:

> „I mean, there are churches that really plant things[,] like the Church Missionary Society or United Society for Propagation … We are not that kind of a church. So, we don't make it a priority. But […] for years we support [m]ission […] in South America cos we knew somebody there. We tend to support people and institutions we know. At the moment we're supporting the Salvation Army.“[293]

Die Heilsarmee sei überdies auch missionarisch tätig, nicht nur in Wien, sondern auch in der Welt.[294]

1.3.5.6 Anregungen, Schwierigkeiten und Verbesserungsmöglichkeiten

Die Befragten wiesen teilweise auf Schwierigkeiten hin und brachten Anregungen und Verbesserungsvorschläge ein, auch im Hinblick auf Mission in der anglikanischen Gemeinde in Wien. So sei die Diversität der Gemeinde nicht immer einfach. Da es nur eine anglikanische Gemeinde in Wien gäbe, bedeute Pluralität vor allem die Schwierigkeit, einen Ausgleich zwischen den unterschiedlichen Ideen zu finden. Ein einheitliches Profil der Gemeinde erschwere dies: „Well, it's kind of difficult when there is one church and people have different ideas and different expectations[,] [b]ecause they're coming from different cultures. So, it's not that there is a one church here and in the next district there's another Anglican church. This is a one that's serving it.“[295] Eine Interviewpartnerin verstand Mission als

---

291 Vgl. IP7 (27.08.2014).
292 IP1 (05.02.2014).
293 Ebd. Gemeint sind vermutlich die anglikanisch assoziierten Missionsgesellschaften *Christian Mission Society* und *United Society Partners in the Gospel*. Vgl. Church Mission Society: Who we are. Online unter: http://www.churchmissionsociety.org/who-we-are (Abruf: 25.08.2016); Vgl. USPG: Find about about USPG. Online unter: http://www.uspg.org.uk/about/ (Abruf: 25.08.2016).
294 Vgl. ebd.
295 IP5 (05.08.2014). Seit kurzem gibt es die Initiative von Christian Hofreiter, einem anglikanischen

Zielformulierung. Die Mission von Christ Church im Hinblick auf die Pluralität der Gemeinde sei dementsprechend, unterschiedliche Menschen zusammenzubringen.[296] Es wurde vom Wunsch berichtet, vor allem den afrikanischen Teil von Christ Church mehr in die Gemeindeaktivitäten einzubeziehen.[297] Eine andere Person erzählte von der Erfahrung, dass der soziale Kontext im Heimatland sehr unterschiedlich von der Situation in Österreich sein könne.[298] Das habe auch Auswirkungen auf die konkrete missionarische Aufgabe am jeweiligen Ort.[299]

Ein Befragter merkte kritisch an, dass zu speziellen Gottesdiensten die Kirche sehr voll sei.[300] Das könnte Menschen abschrecken: „I mean, in the **[Land A]** an amount of studies […] saying […] that churches that are seventy percent full are most likely to grow. Because, if a church looks too full, people feel there's no room for them. If it looks too empty, people feel, there's nothing going on. And, I think, we're like eighty to ninety percent."[301] Er war allerdings auch der Meinung, dass Christ Church grundsätzlich die Möglichkeit zum Wachstum hätte. Einmal habe es in der anglikanischen Gemeinde Überlegungen gegeben, so etwas wie eine Missionsgemeinde in einem anderen Bezirk in Wien zu beginnen. Es gäbe ja viele englischsprachige Menschen in Wien. Eine solche Gemeinde, in einem anderen Kontext, könne vielleicht einen anderen Charakter haben als die bestehende anglikanische Gemeinde, allerdings eher keine evangelikale freikirchliche Prägung. Derartige Angebote gäbe es bereits genug. Die Gefahr eines solchen Projektes sei aber vielleicht, dass man dadurch der bestehenden Gemeinde Mitglieder entziehe.[302]

Mehr Angebote für die Altersgruppe 20–40 Jahre wünschte sich ein weiterer Interviewpartner. Gerade mit der Einbindung dieser Zielgruppe hätten ja alle Kirchen Schwierigkeiten.[303] Er regte an, gezielt Öffentlichkeitsarbeit für ausländische Studierende und Anglikaner(inn)en in Wien zu machen. Diese Gruppen würden oft gar nicht wissen, dass es eine anglikanische Gemeinde in Wien gäbe.[304]

Geistlichen, der sich um den Aufbau einer deutschsprachigen anglikanischen Gemeinde in Wien bemüht: Vgl. Hofreiter, Christian: Citykirche Wien. Predigten aus einer neu entstehenden anglikanischen Kirche in Wien. 2021. Online unter: https://anchor.fm/citykirche (Aufruf: 14.05.2021).

296 Vgl. ebd.
297 Vgl. IP3 (25.06.2014).
298 Vgl. IP2 (04.06.2014).
299 Vgl. ebd.
300 Vgl. ebd.
301 Ebd.
302 Vgl. ebd.
303 Vgl. IP3 (25.06.2014).
304 Vgl. ebd.

1.3.6   Mission und Migration

1.3.6.1   Prägung des Handelns und Glaubens durch Migration

Im Hinblick auf die Auswertungskategorie 5 (Mission und Migration) war der Einfluss von Migration auf das Handeln und den Glauben der Befragten ein wichtiger Aspekt. Ein Befragter berichtete davon, dass ihn die Migrationserfahrungen aufgeschlossen gemacht hätten für verschiedene Formen von Religion: „[D]ie internationale und kosmopolitische Umgebung, in der ich aufgewachsen bin, hat mir sicherlich relativ viel *awareness* zumindest gegeben von anderen Religionen, von verschiedensten Formen [...] des Christseins. Also, insofern eine gewisse Toleranz.“[305] Auch Erweiterung von Perspektiven und Offenheit für andere Länder wurde in den Interviews als Folge von Migrationserfahrungen genannt: „[I]t's certain broad in my mind and made me broad in my perspectives enormously. And it helped me to understand better what's going on in the world. And, it's probably to speak other languages as well [...] [a]nd also [...] made me more curious, and made me more open to the needs of the people [...].“[306]

Andererseits beschreibt ein Interviewpartner auch eine Art von Entwurzelung und das Verlangen nach einer eindeutigen Heimat.[307] Seine Identität bestehe aus verschiedenen ausbalancierten Teilen: „Und [...] meine klare Heimat ist halt eben, dass ich ein anglikanischer **[Staatsbürger B]** in Wien bin und beides ist ein gleichgewichtiger Teil meiner Identität.“[308] Es werden hier also drei Aspekte der Identität genannt: eine spezifische christliche Tradition, die Staatsbürgerschaft sowie der aktuelle Aufenthaltsort.

Eine andere Befragte machte darauf Aufmerksam, wie wichtig interkulturelle Kommunikation in einem internationalen Umfeld sei. In der Interaktion könne man lernen, das Verhalten anderer Menschen einzuschätzen, auch um diese möglicherweise nicht zu verletzen: „If we get to know each other we interact more. We would learn a bit more and not offend others. Because somebody may be offended and not come.“[309] Eine Person schilderte, dass sich ihr typisches und kulturell geprägtes Verhalten durch die intensive interkulturelle Interaktion verändert

---

305 IP4 (16.07.2014).
306 IP6 (14.08.2014).
307 Vgl. IP4 (16.07.2014).
308 Ebd.
309 IP8 (16.10.2014).

hätte. So würde dies jedenfalls manchmal von ihren Kolleg(inn)en wahrgenommen.[310]

Überdies wurde in den Interviews davon berichtet, inwieweit Migrationserfahrungen zum Nachdenken über den persönlichen Glauben angeregt hätten. Eine Befragte sah in den eigenen Migrationserfahrungen einen Anklang an den Begriff der Pilgerschaft: „Und ich sagte: *'Nö, ist schon ganz in Ordnung, denn das ist das Grunderlebnis des Christseins, diese Peregrinatio. Das[s] man angewiesen ist on the kindness of strangers und auf Zufälle, die vielleicht doch keine Zufälle sind.'*"[311] Sich an einfache christliche Grundsätze zu halten, die in der Kindheit gelernt worden seien, erlebte eine andere Person als hilfreich im Kontext von Migrationserfahrungen.[312] Eines dieser einfachen Gewissheiten sei, dass Gott immer ansprechbar sei: „But […] this thing that God is available twenty four seven, and you call him whenever, and you get an answer. That's that kind of basic […] which is what I would like to sort of pass on to everybody."[313] Außerdem sei es wichtig sich immer wieder zu Fragen, was Jesus gelehrt habe.[314] Vor allem habe sie gelernt, dass man Gott durch den Dienst an anderen diene.[315]

1.3.6.2   Migration als Weg in eine multikulturelle Gemeinde

Kontakte mit anglikanischen Kirchen im Ausland waren für einen Interviewpartner eine wesentliche Erfahrung, sich die multikulturelle anglikanische Gemeinde in Wien näher anzuschauen:

„Ich hatte ja, wie Du weißt, vorhin dieses halbe Jahr in **[Land A]** verbracht und das hat sich dort ergeben, dass ich eben in die **[Anglikanische Provinz A]** aufgenommen wurde, weil ich dort eine spirituelle Heimat gefunden habe für mich, die ich schon vorher lange vermisst hatte. Und, als ich zurückgekommen bin nach Wien, war für mich klar, dass ich das, was ich da neu entdeckt habe, […] dass das auch weiterhin für mich eine Rolle spielen sollte. Und da war es nur naheliegend, dass ich, nach dem die **[Anglikanische Provinz A]** […] Teil der *Anglican Communion* ist, zu schauen, ob es eine anglikanische Gemeinde gibt in Wien und da ist Christ Church die einzige."[316]

---

310   Vgl. IP6 (14.08.2014).
311   IP7 (27.08.2014).
312   Vgl. IP5 (05.08.2014).
313   Vgl. ebd.
314   Vgl. ebd.
315   Vgl. ebd.
316   IP3 (25.06.2014).

An der anglikanischen Gemeinde, die er im Ausland kennengelernt habe, sei ihm vor allem die feierliche und stilvolle Liturgie positiv aufgefallen. Dann sei das Niveau der Predigten viel höher als gewohnt gewesen und es habe ein ausgeprägtes soziales Leben gegeben. Gegenüber vielen in der Kirche strittigen Themen, wie beispielsweise dem Frauenpriestertum, habe man eher liberale und moderne Ansichten vertreten. Man habe Diversität gegenüber einen offenen und progressiven Zugang gehabt. Das habe Eindruck gemacht.[317] Die Gemeinde habe den Ruf gehabt, Menschen anzuziehen, die auf der Suche nach einer spirituellen Heimat sind. Insofern sei die Gemeinde sehr vielfältig gewesen.[318] Die Diversität in der anglikanischen Gemeinde in Wien beziehe sich dagegen auf eine ethnisch-kulturelle Vielfalt.[319] Er habe in der anglikanischen Gemeinde im Ausland entdeckt, dass ihm das soziale Leben sehr wichtig sei. Das sei für ihn auch in Bezug auf die Gemeinde Christ Church in Wien bedeutend.[320] Die kulturelle Vielfalt in der anglikanischen Gemeinde in Wien könne so etwas wie ein Lernraum für Nächstenliebe sein. Man werde daran erinnert, dass der Nachbar, der neben einem sitzt, der Nächste ist: „Eigentlich sollten alle christlichen Gemeinden weltweit kulturell bunt sein. [...] [W]eil dann über Nächstenliebe gepredigt wird, dann brauchen sie wirklich nur den Nächsten anzuschauen und werden daran erinnert, dass das absolut ist und nicht halt macht an irgendwelchen Unterschieden, die es halt geben kann."[321]

1.3.6.3 Mission im Gastland

Mission im Sinne eines aktiven Abwerbens von Gläubigen anderer Konfessionen und Religionen wird im Hinblick auf gute Beziehungen im Gastland vor allem von einem Interviewpartner explizit negativ bewertet. Ein friedliches Miteinander dürfe durch solche Aktivitäten nicht gefährdet werden. Nicht alle Gastländer seien religiös so liberal wie Österreich. Bisher habe es auch keine Skandale oder irgendeinen missionarischen Übereifer in den diversen Ländern, in denen die anglikanische Kirche vertreten sei, gegeben. Man fische nicht im Trüben bei den anderen Religionsgemeinschaften. Ganz im Gegenteil gäbe es eigentlich überall tragfähige Beziehungen zu den lokalen Kirchen.[322] Die Ablehnung von Proselytismus sei auch die offizielle Haltung der europäischen Diözese der Kirche von England: „Wir haben offiziell von unserer Diözese aus [...] den Grundsatz, dass wir nicht aktiv [...] in

---

317 Vgl. IP3 (25.06.2014).
318 Vgl. ebd.
319 Vgl. ebd.
320 Vgl. ebd.
321 Ebd.
322 Vgl. IP4 (16.07.2014)

dem Sinn [...] missionieren, eben Katholiken abwerben [...] oder andere, oder Orthodoxe oder Evangelische [...] und auch nicht Juden oder Moslems."[323] Eine andere Befragte bestätigte, dass die Aufgabe von Christ Church nicht irgendeine Form von Kirchengründung sei.[324] Im Hinblick auf Migration unterstützen Gemeindemitglieder manchmal Menschen im Heimatland, aber dabei gehe es nicht um Finanzierung von Mission wie beispielsweise in manchen Pfingstkirchen.[325]

1.3.6.4 Funktion von Gemeinde im Kontext von Migration

Eine Befragte hat die Frage nach der Prägung des eigenen Glauben durch Migration vor allem als eine Frage nach der Funktion von Gemeinde im Kontext von Migration verstanden. Als Migrant(in) sei man im Gastland zuerst auf der Suche nach einer Familie. Die Kirche sei solch eine Familie. Die Kirche helfe, sich in einer manchmal unfreundlichen Umgebung zurechtzufinden, welche Österreich zum Teil sein könne. Sie könne eine Heimat für Migrant(inn)en sein.[326] Manchmal sei Kirche auch regelrecht eine Zuflucht in Zeit von Krieg und Not:

„I mean, when we went on the synod and I tried to talk to people, coming from different congregations, and [...] those ones from Turkey, where they give reports, and talked to the guy after that, and he told me how many people are flooding into their church, because of the present war going on. People trying to cross and come for their safety. And people are coming to church, even if they are Christians or not. This is tough."[327]

Kirche habe hier die herausfordernde Aufgabe, offen gegenüber der Situation von Menschen zu sein, auch wenn man vielleicht im Hinblick auf materielle Not nicht unmittelbar helfen könne. Allerdings könne man gemeinsam nach Lösungsstrategien suchen. Wichtig sei eine Haltung der Akzeptanz gegenüber allen Menschen. Kirche sei ein Ort des Glaubens, wo alle Menschen willkommen seien und miteinander zu Gott beten könnten.[328]

---

323 IP4 (16.07.2014).
324 Vgl. IP1 (05.02.2014).
325 Vgl. ebd.
326 Vgl. IP8 (16.10.2014).
327 Ebd.
328 Vgl. ebd.

1.3.7 Auffassungen von Mission

1.3.7.1 Spontane Assoziationen und Alltagsverständnis von Mission

In den Interviews äußerten einige Befragte spontane Assoziationen zum Begriff Mission. Bahnhofsmission war eine der spontanen Äußerungen: „Ich glaub' das ist der erste Kontext, in dem ich das Wort je gehört hab' […] als Kind […]. Ich war häufig mit meiner Großmutter in einem Zug unterwegs und damals gab's an jedem […] größeren Bahnhof eine Bahnhofsmission."[329] Auch für eine andere Befragte war Bahnhofsmission, aber auch die Heilsarmee, eine spontane Verknüpfung mit dem Begriff Mission.[330] In andere Länder, wie Afrika oder China, zu gehen oder auch die finanzielle Unterstützung von Missionsgesellschaften waren weitere Vorstellungen von Mission, die in Interviews genannt wurden. Gleichzeitig war damit aber ebenso die Überlegung verbunden, dass man Mission eigentlich in einem weitergehenden Sinn verstehen müsse.[331]

1.3.7.2 Definitionen von Mission

Zusätzlich wurden die Befragten auch gebeten eine kurze Definition und eine Beschreibung von Mission zu formulieren. Eine Interviewpartnerin definierte Mission vorrangig als Mission Gottes, in welche man versucht, sich einzubinden: „Basically I think it's God's mission. […] … trying to get involved and not getting his way."[332] Eine zentrale Botschaft von Mission sei, dass Gott Liebe ist.[333] Mission sei auch ein Gebot Jesu.[334] Andere Interviewpartner(innen) charakterisierten Mission sehr ähnlich als christlichen Auftrag und Sendung.[335] Wieder ein anderer Interviewpartner definierte Mission als das In-Kontakt-Bleiben mit dem Reich Gottes. Es gehe um das Bilden von Beziehungen zwischen Menschen[336] sowie um das Erkennen und Fördern von Fähigkeiten von Menschen:

> „I do think part of mission is cultivating the talents of people, and trying to identify them. I think, that's actually [a] huge mission of the church, reali[s]ing that all talents aren't the same, and [...] all vocations for Christians within the

---

329 IP4 (16.07.2014).
330 Vgl. IP7 (27.08.2014).
331 Vgl. IP1 (05.02.2014); vgl. IP6 (14.08.2014).
332 IP1 (05.02.2014).
333 Vgl. ebd.
334 Vgl. ebd.
335 Vgl. IP4 (16.07.2014); vgl. IP7 (27.08.2014).
336 Vgl. IP2 (04.06.2014).

church are not the same. And [...] to me that's based on the New Testament, that's scriptural. You know, the body of Christ, not everybody is the eye or the hand or the foot."[337]

Mission sei immer an den jeweiligen konkreten Kontext eines Ortes gebunden.[338] Sie sei zugleich sakramental und sozial: „But [...] to me the sacraments are part of mission. The conducting of a community and church life of fellowship is a part of mission."[339] Ebenfalls um Beziehung zu Menschen ging es einer anderen Person, die Mission als sich auf Menschen einlassen beschrieb: „Mein Zugang ist, dass man an den Menschen andockt [...] [u]nd [...] wenn sich dabei ergibt, dass er sich dann einlä[ss]t [...] auf ein Gespräch, umso besser [...]."[340] Es gehe darum, die Umgebung einzubeziehen in das eigene geistliche Leben.[341] Glaubwürdig gelebtes christliches Leben beziehungsweise eine wahrnehmbare Präsenz war ein anderer Aspekt, den einige Befragte mit Mission in Verbindung brachten.[342] Dazu gehöre manchmal auch eine aufrichtige Bekundung seines christlichen Glaubens: „Aber [...] zumindest, was mir schon schwer genug fällt, im täglichen Leben, in kontroversen Situationen ein deutliches, vielleicht nicht al[l]zu ausführliches, aber ein deutliches Bekenntnis dazu, dass ich praktizierender Christ bin."[343] In der Weckung des Interesses für Fragen des Glaubens sah eine andere Befragte einen wichtigen Inhalt von Mission. Auch wenn Menschen nicht zu Christ Church kämen, gingen sie dadurch vielleicht in eine andere Kirche vor Ort.[344] Darüber hinaus sei es einerseits wichtig, über die grundlegenden Glaubensinhalte Bescheid zu wissen und anderseits bereit dafür zu sein, dass andere Menschen abweichende Vorstellungen haben könnten. In der Tat könne man von den Perspektiven anderer Menschen sehr viel lernen. Demut und Ehrlichkeit seien dementsprechend wichtige Tugenden.[345] Eine Befragte merkte an, dass der Begriff Mission sehr umfassend und weitgefasst sei:

„It's so broad. It's a big thing. It's like a direction to something. There's a whole lot I can think about mission. It's [a] big thing in there and you're walking towards. And what's that big thing? What is the expectation of that big thing?

---

337 Ebd.
338 Vgl. ebd.
339 Ebd.
340 IP4 (16.07.2014).
341 Vgl. ebd.
342 Vgl. IP5 (05.08.2014); vgl. IP6 (14.08.2014); vgl. IP7 (27.08.2014).
343 IP7 (27.08.2014).
344 Vgl. IP6 (14.08.2014).
345 Vgl. ebd.

How do you walk towards that? How do you achieve that? So, it's quite big. […]
[M]ission in which sense? It depends, the mission of the church, the mission of
what exactly?"[346]

Der Begriff Mission könne also auch Missionen außerhalb des kirchlichen
Kontextes meinen.

1.3.7.3   Methoden von Mission

Angesichts der Reflexionen zum Missionsbegriff haben die Befragten
missionarische Methoden benannt, welche akzeptiert oder abgelehnt werden. Als
akzeptierte beziehungsweise praktizierte missionarische Aktivitäten wurden
benannt: predigen, taufen, Bibeln verteilen, mit Menschen beten bzw. Menschen
Angebote machen.[347] Sehr wichtig sei auch, ein gutes Beispiel zu leben.[348] Eine
Interviewpartnerin bezeichnete dies als „living the faith and trying to touch some of
the people around you"[349]. Es gehe also um einen glaubwürdig gelebten Glauben.
Teilhabe an der Mission Gottes habe gemäß einer Befragten eher mit dem
aufmerksamen Hören auf die Sorgen und Nöte von Menschen zu tun als mit
Sprechen.[350] Eine andere Person bemerkte, in eine ähnliche Richtung weisend, dass
es darum gehe, Menschen im Gespräch zu entlasten: „It's just talking to people and
getting them stood unburdened. Because a lot of people, there's a lot of people,
there's a lot of things going on in their head."[351] Aktivitäten, die mit persönlichem
Kontakt zu tun haben, wurden von vielen Interviewpartnern benannt. Kontakt zu
Menschen herstellen und die Botschaft von der Liebe Gottes weiterzugeben, auch
wenn das nicht direkt thematisiert werde, sei ein Teil von Mission.[352] Gefangene zu
besuchen, Menschen zu informieren, Öffentlichkeitsarbeit betreiben oder mit
Menschen bzw. Nachbarn reden sind weitere genannte Beispiele, in denen es um
Kontaktaufnahme geht.[353] Eine Befragte betonte, dass Mission nicht nur bedeute in
andere Länder zu gehen, sondern auch das Hinausgehen vor Ort einschließe: „The
minute you, we walk out the doors of Christ Church. Maybe I am to open with that. I
don't think mission is going out to Africa and trying to convert the poor black people
and tell them that God loves them. I think, mission is when I go to the bus stop and

---

346 IP8 (16.10.2014).
347 Vgl. IP1 (05.02.2014); vgl. IP4 (16.07.2014); vgl. IP5 (05.08.2014).
348 Vgl. IP4 (16.07.2014).
349 IP6 (14.08.2014).
350 Vgl. IP1 (05.02.2014).
351 IP8 (16.10.2014).
352 Vgl. IP1 (05.02.2014).
353 Vgl. IP3 (25.06.2018); vgl. IP5 (05.08.2014); vgl. IP6 (14.08.2014).

there's somebody there, whatever."[354] Von der Organisation eines Gedächtnisgottesdienstes innerhalb eines Vereins erzählte ein anderes Gemeindemitglied. Sie erinnerte sich an den Tod eines wichtigen Mitgliedes ihres Vereins. Ihre Aufgabe sei es gewesen, einen Gedenkgottesdienst zu organisieren, an welchem viele kirchenferne Mitglieder teilgenommen hätten. Das hätte für sie einen missionarischen Anklang gehabt, mit Atheisten, Agnostikern und Nichtchristen in Interaktion zu treten.[355] Im Zusammenhang dieses Gottesdienstes, der eine römisch-katholische Eucharistiefeier gewesen sei, ging es auch um die Frage der Teilnahme an der Kommunion von Nicht-Katholiken. Sie habe den zuständigen Priester danach gefragt.[356] Seine Zustimmung habe sie sehr beeindruckt: „And I was very touched by that, because [...] he didn't care weather he's gonna be flogged or not for this, for this not hearing to the party line, but it was very moving and I think it meant a lot [...]. We could all go up to Communion."[357] Letztlich wurde hier das ökumenische Bemühen um eucharistischer Gastfreundschaft angesprochen.

Weitestgehend abgelehnt wurden von den befragten Gemeindemitgliedern Formen des aggressiven Anwerbens im Dienste von Mission. Es sei zwar notwendig, den Glauben weiterzugeben, aggressiver Proselytismus sei aber nicht die logische Folge.[358] Ein Interviewpartner assoziierte Mission generell mit Bekehren und Abwerben, weshalb er Mission insgesamt für äußerst fragwürdig hielt: „[I]ch verbinde sehr ablehnende und negative Gefühle mit diesem Begriff. Ich [...] finde[,] das macht man einfach nicht [...]. Man geht nicht auf Menschen zu und versucht[,] sie anzuwerben. [...] Das hat vielleicht ein bisschen damit zu tun, dass die Geschichte der Mission halt auch ein bisschen heikel ist, [...]"[359]. Insbesondere Formen evangelikaler Straßenmission stehen manche Gemeindemitglieder sehr kritisch gegenüber: „Und [...] ich muss sagen, immer [...] wenn ich Gitarre spielende, singende Evangelikale auf der Straße am Schottentor sehe, habe ich gemischte Gefühle, ganz offen gestanden. Und [...] ich erinnere mich auch daran, wie abgestoßen ich [...] an der Universität war von diesem ganzen Milieu. Ich nenne es einmal so."[360] Auch eine andere Interviewpartnerin berichtete von ihren Erfahrungen mit Flugzettel verteilenden Evangelikalen. Sie habe für sich entschieden, dass ihr solche Aktivitäten nicht entsprächen.[361] Ein weiteres

---

354 IP1 (05.02.2014).
355 Vgl. IP6 (14.08.2014).
356 Vgl. ebd.
357 Ebd.
358 Vgl. IP2 (04.06.2014).
359 IP3 (25.06.2018).
360 IP4 (16.07.2014).
361 Vgl. IP6 (14.08.2014).

Gemeindemitglied erzählte, dass sie in einer katholischen Laienbewegung Mission im Rahmen missionarischer Veranstaltungen kennengelernt habe: „Da gab es Veranstaltungen, zu denen man dann Leute einladen konnte. Wo oft persönliche Erlebnisse aus dem eigenen Glaubensleben dann von der Bühne mit Mikrophon erzählt wurden, Musik, Gebet, Gottesdienste, Vorträge, solche Kombinationen."[362] Ein Grund auf Distanz zu dieser Bewegung zu gehen sei gewesen, dass man im eigenen Freundeskreis hätte missionieren oder werben sollen. Das hätte sie als eine Instrumentalisierung und einen Missbrauch von Freundschaften empfunden.[363] Allerdings sei sie nie gedrängt worden zum Katholizismus zu konvertieren, vielmehr sei Ökumene dort als Umgang mit Trennungsschmerz gelebt worden.[364]

1.3.7.4 Quellen von Mission

Liturgie und soziale Aktivitäten gehören für ein Gemeindemitglied untrennbar zusammen. Beide Bereiche sind Teil von Mission: „I don't see like, mission is divided between what goes on on Sunday mornings and the other activities in the church."[365] Christ Church würde es genau richtig machen, dass das Zentrum aller Aktivitäten der Gemeinde mehr oder weniger der Gottesdienst um zehn Uhr am Sonntag sei. Dieser Gottesdienst sei immer sakramental geprägt. Die Gemeinschaft sei, gemäß einem traditionellen Kirchenverständnis, im Sakrament verankert. Mission habe folglich sehr viel mit dem Bleiben in der Gegenwart des Gottesreiches und dem Bleiben in Gemeinschaft zu tun.[366]

1.4 Zusammenfassung der Befragungsergebnisse

Die Interviewergebnisse stelle ich nachfolgend im Hinblick auf Geschichten, Situationen und Kontexte der anglikanischen Gemeinde Christ Church in Wien in sechzehn Bereichen dar, welche die Hauptergebnisse angesichts der Auswertungskategorien zusammenfassen. Die Zuteilung zu den Auswertungskategorien ist aufgrund der beschriebenen fließenden Übergänge zwischen den Kategorien nur grob.

Kategorie 1 – Die anglikanische Kirchengemeinschaft in Wien
* **Interviewpartner(inn)en:** Die Gruppe der ausgewählten Befragten setzt sich hauptsächlich aus beruflich eher hoch qualifizierten Menschen

---

362 IP7 (27.08.2014).
363 Vgl. IP7 (27.08.2014).
364 Vgl. ebd.
365 IP2 (04.06.2014).
366 Vgl. ebd. Sakramentale Prägung meint hier vermutlich vor allem die Eucharistiefeier.

zusammen. In den Interviews werden die Mitglieder der Gemeinde zum größten Teil als sozial eher besser gestellt wahrgenommen. Englisch ist entweder die Muttersprache bzw. Zweit- oder Fremdsprache aller Befragten. Darüber hinaus sind Sprachkenntnisse in weiteren Muttersprachen und diversen anderen Fremdsprachen vorhanden. Die Personenstände der Interviewgruppe sind vielfältig und Kinder fast immer vorhanden.

- **Sprache und Kultur:** In der anglikanischen Gemeinde in Wien kommt der englischen Sprache eine herausgehobene und (in den Erzählungen der Befragten) emotionale Rolle zu. Christ Church sei ein kulturelles Zentrum, wo englische Liturgie- und Musiktraditionen auf hohem Niveau gepflegt würden, wo das Bedürfnis nach kultureller Kontinuität befriedigt sowie an anglofoner Kultur interessierte zusammenfänden. Genau das sei der Fokus der Gemeinde, in welcher sowohl liberal, konservativ oder fundamentalistisch eingestellte Menschen als auch einfach Suchende anzutreffen seien. Sprache und Kultur sind neben Offenheit und Lebendigkeit des Gemeindelebens wichtige Bindungsmotive der Befragten

- **Heimat:** Häufig wiederkehrende Themenbereiche sind Heimat und spirituelle Heimat, Herkunft, Zugehörigkeitsgefühl sowie Zuhause. Befragte sprachen von Gefühlen der Entwurzelung und der Sehnsucht nach Heimat. Kirche und konkret Christ Church sei eine Art Familie im Gastland, welche Halt, Heimat und gegenseitige Unterstützung von Migrant(inn)en biete sowie Erfahrungen außerhalb des (beruflichen) Alltags ermögliche.

- **Soziales Gemeindeleben:** Die Interviews zeigen, dass das soziale Leben in der Gemeinde neben dem spirituellen Aspekt äußerst wichtig ist. Geschätzt wird von den Gesprächspartner(inne)n vor allem die Möglichkeit, die eigenen Talente einzubringen, seine eigenen Fähigkeiten weiter zu entwickeln und die Möglichkeit zu persönlichem Engagement. Beklagt wurde allerdings, dass sich nur ein kleiner Teil der Gemeinde engagiere. Mehr Engagement, auch im Hinblick auf Flucht und Migration, sei durchaus gewünscht.

- **Konfessionelle Offenheit:** Als bedeutendes Merkmal anglikanischer Identität wurde häufig Offenheit oder spezifisch konfessionelle Offenheit genannt. Auch wenn Christ Church zunächst die anglikanische Tradition pflege, seien Christen aller Konfessionen grundsätzlich eingeladen. Kirche solle generell ein Ort sein, an dem Menschen, die nach seelsorgerlicher Unterstützung und Stärkung im Glauben suchten, sich in ihrer jeweiligen Situation und in ihren spirituellen Bedürfnissen angenommen fühlen. Neben anglikanisch aufgewachsenen Mitgliedern gäbe es auch Mitglieder aus katholischen, protestantischen und orthodoxen Herkunftskirchen.

Kategorie 2 – Migration und die anglikanische Kirchengemeinschaft in Wien

- **Interkonfessionelle Kontakte:** In den Interviews wurde von guten ökumenischen Kontakten zu diversen Kirchen berichtet, auch wenn diese Beziehungen nicht immer im Vordergrund stünden. Auch zur römisch-katholischen Kirche, der man sich eng verwandt fühle, seien die Beziehungen, vor allem nach dem II. Vatikanischen Konzil, spürbar besser geworden. Man bemühe sich insgesamt in den jeweiligen Gastländern um eine friedliche Koexistenz zu den lokalen Kirchen. Proselytismus werde dementsprechend abgelehnt.

- **Differenzerfahrungen nach außen und nach innen:** Differenz ist ein bedeutender Aspekt im Kontext der anglikanischen Gemeinde in Wien. Erfahrungen von Unterschiedlichkeit beziehungsweise kultureller Differenz machten die Befragten, sowohl angesichts der österreichischen bzw. wiener Bevölkerung als auch innerhalb der anglikanischen Gemeinde. Manches in Bezug auf die Bevölkerung unterscheide sich signifikant vom Herkunftsland, wie die Bedeutungen von Freundschaft, das Verhältnis zu strukturellen gesellschaftlichen Vorgaben, der soziale Kontext, Einstellungen zum ehrenamtlichen Engagement, Auffassungen zum Thema Geld, die multikulturelle Zusammensetzung, die Religionszugehörigkeit, die Verbundenheit mit der eigenen religiösen Tradition, das Wissen über andere Religionsgemeinschaften sowie unterschiedliche Formen der Frömmigkeit. Verschiedenheit führte auch bereits zu gegenseitigen Irritationen und Verwunderung. Differenz wird allerdings nicht ausschließlich als heikel betrachtet, sondern auch zum Teil einfach neutral als Gegebenheit. Ebenso spielte das Klima in der Wahrnehmung von

Verschiedenheit eine Rolle. Bezüglich der Außenwahrnehmung vermuteten die Befragten, dass die Gemeinde als internationale und anglofone Gemeinde mit ausgeprägter britischer Prägung wahrgenommen werde. Von außen werde positiv die besondere musikalische Tradition, die Liturgie, die Offenheit der Gemeinde, das Fehlen einer Kirchensteuer und die Gleichberechtigung der Geschlechter im Priesteramt geschätzt. Allerdings könne die Gemeinde nach außen auch negativ als konfessionelle Kuriosität und exklusiver Klub erscheinen. Die Andersartigkeit der Gemeinde ziehe aber vermutlich ebenso Menschen an. Innerhalb der religiösen Landschaft in Wien sei Christ Church ein Angebot unter vielen. Auch innerhalb der anglikanischen Gemeinde sind die kulturellen Hintergründe der Mitglieder sehr verschieden. Das führt manchmal zu Befremdung, sowohl gegenüber der österreichischen Kultur als auch gegenüber den kulturellen Hintergründen innerhalb der Gemeinde sowie der wahrgenommenen britischen Prägung. Manche sprachen sogar von einem doppelten Kulturschock. Vor allem der afrikanische Teil der Gemeinde sei erstaunlicherweise dem kolonialen kirchlichen Erbe sehr verbunden. Die Pluralität in der Gemeinde sei, sowohl Herausforderung als auch ein Lernraum für Nächstenliebe.

Kategorie 3 – Migration

- **Einbeziehung von Migrant(inn)en:** Wohn- und Arbeitsmöglichkeiten, Sprachkenntnisse, Kontakte zu Freund(inn)en, Kolleg(inn)en und Familienangehörigen, Anerkennung von Ausbildungszertifikaten, Unterstützung religiöser Migrant(inn)enorganisationen, Kenntnisse in Bezug auf das Gastland, Respekt vor der Kultur des Gastlandes und eine für Migration offene Atmosphäre wurden als wichtige Faktoren einer Einbeziehung von Migrant(inn)en in eine Gesellschaft benannt. Betont wurde die für Migrant(inn)en stabilisierende Funktion von Religionsgemeinschaften. Obwohl die allgemeine Religionsfreiheit in Österreich grundsätzlich sehr geschätzt wird, wurde die rechtliche Anerkennung der Gemeinde häufig thematisiert. Ebenso wurde der Wunsch nach bedingungsloser menschlicher Anerkennung geäußert.

- **Allgemeine Migrationserfahrungen:** Als allgemeine Gründe für Migration werden aus den Erfahrungen der Befragten heraus

Arbeitsmigration, Studium im Ausland, Verbesserung und Sicherung der eigenen Lebensbedingungen sowie auch Flucht genannt. Die Darstellungen der Befragten lassen Veränderungen in Österreich, auch im Hinblick auf Migration, erkennen. Sei Österreich in den 1960er und 1970er Jahren noch von einem niedrigen Lebensstandard und von einem geringen Verkehrsaufkommen geprägt gewesen, so sei die jüngere Gegenwart, vor allem in Wien, von einem ausgezeichneten öffentlichen Nahverkehr und einer verbesserten Infrastruktur sowie einer sauberen Stadt geprägt. In Bezug auf Migration sei die Bürokratie überschaubarer geworden, Sprachkenntnisse hätten sich beidseitig verbessert und es gäbe mittlerweile bei Behörden Formulare in verschiedenen Sprachen. Allerdings habe sich das Fremdenrecht seit dem Jahr 2000 deutlich verschärft. Migrationsbewegungen hätten deutlich zugenommen. Angesichts der Gemeinde Christ Church bedeute Migration oft, dass durch häufigen Wechsel von Gemeindemitgliedern dauerhafte Freundschaften nur schwer entstehen könnten.

- **Ausgrenzungen:** Die Interviewpartner(innen) thematisierten Erfahrungen positiver und negativer unterschiedlicher Behandlung aufgrund des gesellschaftlichen Milieus, der Konfession, der ethnischen Herkunft, der Nationalität, der Sprachfärbung sowie der Unkenntnis von Insidersprachen. Von solchen Ausgrenzungen und Abgrenzungen wurde nicht nur im Hinblick auf die österreichische Gesellschaft, sondern auch angesichts der Gemeinde berichtet. Das Gefühl, durch das Verhalten anderer Migrant(inn)en selbst diskreditiert zu werden, wurde benannt.

- **Migration und Identität:** Migration wird in Christ Church in der Wahrnehmung der Interview kaum direkt thematisiert, ist aber implizit Thema. Als Begriff wurde Migration in den Interviews nicht immer positiv erlebt. Der Begriff Migrant(in) hätte oft Anklänge an einen unterprivilegierten Status. Alternative Umschreibungen waren Mobilität, Offenheit für sich bietende Möglichkeiten oder Weltbürger, der seine Chancen nutzt. Migration als freiwilliger, normaler und legitimer Ortswechsel wurde betont. Die Formung von Identitäten bzw. Teilidentitäten würde durch Migration geprägt.

- **Ethik der Migration:** Befragte benannten auch ethische Dilemmata Angesicht von Migration. Einerseits sollten Kirchen ein Ort der Zuflucht für Menschen in Not und auf der Flucht sein. Staaten und Kirchen seien angehalten, sich um Bedürftige zu sorgen. Anderseits sei auch Grenzsicherung eine wichtige Aufgabe, insbesondere des Staates.

Kategorie 4 – Mission und die anglikanische Kirchengemeinschaft in Wien

- **Methoden von Mission:** Ebenso vielfältig wie die genannten Missionsbegriffe sind die genannten akzeptieren und abgelehnten Methoden von Mission. Abgelehnt wurden, vor allem im Hinblick auf eine heikle Geschichte christlicher Mission, alle Formen eines aggressiven und aktiven Abwerbens von Menschen im Stil evangelikaler und pfingstkirchlicher Missionskonzepte. Gemeindegründungen seien nicht das Ziel der anglikanischen Gemeinde in Wien, auch wenn in den Interviews Überlegungen zu einer Missionsgemeinde in einem anderen Wiener Bezirk getätigt wurden. Die genannten akzeptierten und gewünschten Aktivitäten waren uneinheitlich und mannigfach. Der konkrete soziale Kontext vor Ort müsse immer beachtet werden.

- **Einbeziehung von Gemeindemitgliedern:** Die Aufnahme und Einbeziehung von Gemeindemitglieder war für viele Gesprächspartner(innen) ein bedeutendes Thema. Da wurde einerseits von Mitgliedern berichtet, die während eines Auslandsaufenthaltes in Kontakt mit einer anglikanischen Kirche kamen, oder von Menschen, welche nach einer religiösen Alternative zu den lokalen Kirchen suchten. Anderseits wurde mehrmals der Eindruck geschildert, dass der afrikanische Teil der Gemeinde eine separate Gruppe bilde. Es gab den Wunsch nach mehr Sensibilität im Hinblick auf den Umgang mit Neuankömmlingen.

Kategorie 5 – Mission und Migration

- **Prägung des eigenen Glaubens durch Migration:** Migrationserfahrungen waren für den Einzelnen oder die Einzelne auch mit Erkenntnissen und Lernprozessen verbunden. Sensibilität für unterschiedliche Formen von Religion, Sprachen und Ländern, das Bewusstsein eines immer ansprechbaren Gottes, der Rückbezug zur Lehre Jesu und zum Bild der Pilgerschaft, die Vorstellung vom Dienst an den Menschen als Gottesdienst sowie das Wertschätzen einfacher christlicher Grundsätze wurden als Ergebnisse jener Erfahrungen benannt.

Kategorie 6 – Mission

- **Missionsbegriffe:** Die Vorstellungen von Mission unter den Interviewpartner(inne)n sind vielfältig. Alltagsauffassungen und Assoziationen wie Bahnhofsmission, Heilarmee, in andere Länder gehen und Missionsgesellschaften zu unterstützen wurden genannt. Weitere Reflexionen beschrieben die Perspektive des Gottesreiches und des Sozialen als zwei zusammenhängende Aspekte von Mission. Spezifisch für Christ Church, im Hinblick auf Mission, sei die Kommunikation des Evangeliums im Kontext englischer Sprache und Kultur. Eigentlich könnten alle Aktivitäten in der Gemeinde als missionarisch betrachtet werden, insofern sie ja zumeist einen Bezug zum Evangeliums hätten. Die vorrangige Aufgabe von Christ Church sei es, gemeinschaftsbildend und gemeinschaftserhaltend im Hinblick auf die Diversität der Gemeinde zu sein. Traditionell stifte das eucharistische Sakrament die christliche Gemeinschaft. Als Schnittpunkt aller Aktivitäten in Christ Church könne die Eucharistiefeier bezeichnet werden. Außerdem sei Mission zuerst die Initiative Gottes, Sendung und Auftrag Jesu. Zentrale Botschaft sei der liebende Gott selbst. Mission sei zugleich sakramental und sozial, indem sich das Wirken Gottes mit dem Handeln der Menschen verbinde.

2 Christ Church und Kommunikation der Versöhnung

Im zweiten Kapitel geht es mir darum, in einer disziplinübergreifenden multiperspektivischen Diskussion, welche verschiedene christliche Traditionen sowie Theologien und nicht theologische Wissensgebiete einbezieht, die missionarischen Perspektiven der Migrant(inn)engemeinde Christ Church aus dem vorausgegangenen ersten Kapitel zu interpretieren. Ausgangspunkt sind diesbezüglich implizite Deutungen der Interviews.

2.1 Implizite Deutungen der Interviews

Insbesondere die Ablehnung bestimmter Methoden von Mission und die Vielfalt der Assoziationen und Vorstellungen innerhalb der Interviews deuten darauf hin, dass Mission in der anglikanischen Gemeinde Christ Church kein einfacher, sondern ein problematischer Begriff ist. Das Unwohlsein gegenüber dem Missionsbegriff findet sich auch über die Gemeinde hinaus in der Theologie allgemein. Der südafrikanische Missionar und protestantische Theologe David Bosch stellt in seinem missionswissenschaftlichen Standardwerk *Mission im Wandel* fest, dass im Kontext einer gegenwärtigen Krise des Missionsbegriffes zunehmend kritisch nach dem Ausgangspunkt, dem Beweggrund und dem Endpunkt sowie der Essenz von Mission gefragt wird.[1] Die akademischen Antworten sind plural, widersprüchlich und nicht mehr nur ein Thema der relativ jungen Missionswissenschaft, sondern auch beispielsweise der Religionswissenschaft oder der Ökumenewissenschaft.[2] Ein einheitlicher Missionsbegriff scheint im Hinblick auf die Fülle der Perspektiven nicht in Sicht. Der anglikanische Theologe Stephen Spencer sieht derzeit vor allem drei kontrastierende Gruppen von Auffassungen: Mission verstanden als soziales Handeln, Mission als kirchliche Mitgliederzunahme und Mission als öffentliches Glaubenszeugnis. Vor der Antwort auf die Frage, welches Verständnis von Mission angemessen sei und wie eine entsprechende Praxis aussehen könne, stehe allerdings eine gründliche Reflexion des Grundgedankens von Mission.[3] Mir geht es im Folgenden darum, aus den Interviews im Dialog mit verschiedenen Perspektiven

---

1   Vgl. Bosch, David J.: Mission im Wandel. Paradigmenwechsel in der Missionstheologie. Giessen; Basel: Brunnen 2012. Auflage 1. 5 ff. Die englischsprachige Originalausgabe erschien bereits im Jahr 1991. Vgl. Bosch, David J.: Transforming Mission. Paradigm Shifts in Theology of Mission. Maryknoll, NY: Orbis Books 1991. Neuauflage.

2   Vgl. Bünker, Arnd: Welche Mission(en)? Welche Missionswissensschaft(en)? In: Martin Stowasser/ Franz Helm (Hgg.): Mission im Kontext Europas. Interdisziplinäre Beiträge zu einem zeitgemäßen Missionsverständnis. Wiener Forum für Theologie. Band 3. Göttingen: V&R Unipress 2011. 32–55. 44 ff.

3   Vgl. Spencer: Christian Mission. 3 ff.

einen Missionsbegriff herauszuschälen, der geeignet ist, die empirischen Ergebnisse zu interpretieren. *Kommunikation des Evangeliums* und die *Mission Gottes* sind diesbezüglich zwei zentrale gesprächsimmanente Deutungen, welche meines Erachtens konstruktive Anknüpfungsmöglichkeiten bieten.[4]

2.1.1 Kommunikation des Evangeliums

Eine Deutung aus den Interviews beschreibt die meisten Aktivitäten der anglikanischen Gemeinde in Wien mehr oder weniger als eine Form der Kommunikation des Evangeliums im Kontext englischer Sprache und Kultur in Österreich. Diese Beschreibung innerhalb der Interviews ist insofern interessant, als sie anschlussfähig an den im protestantischen Bereich entstandenen Begriff der Kommunikation des Evangeliums ist und darüber hinaus aber auch katholischerseits, beispielsweise von Nobert Mette, als Leitbegriff praktischer Theologie diskutiert wird. Nach Mette hat der Begriff verschiedene Perspektiven. Er beschreibt das Handeln der Kirche und ist zugleich auch normativ. Der Begriff benennt das Bemühen um eine zeitgerechte Sprache und kann ebenso im Kontext von Verkündigung verstanden werden. Er inkludiert als Kommunikation auch möglichen Widerspruch. Schließlich kann er auch als Kommunikation im Hinblick auf die Selbstmitteilung Gottes verstanden werden.[5] Ausgehend von diesem Begriff können die Kontexte, Ereignisse und Geschichten in Christ Church entsprechend der Praxis der Gemeinde, als mögliche Leitlinie für zukünftiges Handeln, als zeitgerechte Verkündigung, als Raum für Rede und Gegenrede sowie als Kommunikation angesichts der Selbstmitteilung Gottes im konkreten Kontext englischer Sprache und Kultur in Österreich gedeutet werden. Mit Kommunikation des Evangeliums sind alle sprachlichen und nichtsprachlichen Formen der Mitteilung in Bezug auf das Gottesreich gemeint. Das inkludiert dann im Hinblick auf die Gemeinde Christ Church im konkreten anglofonen Kontext alle Formen der Predigt, der Liturgie, des sozialen Engagements, der Kirchenmusik, der Freizeitaktivitäten, der Seelsorge und vieles mehr. Das Charakteristische an dieser Kommunikation ist, dass sie auf die Bildung von Gemeinschaft zwischen Gott und Mensch, der Menschen untereinander sowie auf die Teilhabe am Reich Gottes zielt.[6] Das wird, wie das erste Kapitel gezeigt hat, deutlich auch in den Interviews artikuliert. Gemeinschaftsbildung und das in den Interviews herausgehobene soziale Leben im Kontext der von Pluralität

---

4   Vgl. IP1 (05.02.2014); vgl. IP2 (04.06.2014).
5   Vgl. Mette, Norbert: Einführung in die katholische Praktische Theologie. Darmstadt: Wissenschaftliche Buchgesellschaft 2005. Auflage 1. 14 ff.
6   Vgl. ebd. 21.

geprägten Gemeinde wird als zentraler Aspekt verstanden, welcher sich wesenhaft auch in der Feier der Eucharistie ausdrückt.[7]

2.1.2 *Mission als Initiative Gottes*

Eine weitere Deutung aus den Interviews weist darauf hin, dass Mission zuerst die Initiative Gottes ist, in welche man sich hineingenommen fühlt. Gott ist angesichts seiner Mission der erste Handelnde. Zentrale Botschaft dieser Mission ist der liebende Gott selbst. Das erinnert vor allem an das Konzept der Missio Dei (Mission Gottes). Dieses im protestantischen Bereich entstandene Konzept der Missio Dei[8] meint die Zuwendung des dreifaltigen Gottes zu den Menschen aus überfließender Liebe heraus, um die von ihm getrennte Menschheit und Schöpfung, welche aus eigener Kraft die gestörte Beziehung zu ihm nicht heilen kann, wieder mit sich zu versöhnen. Gott, der Vater, sandte den Sohn, um in ihm den ganzen Kosmos mit sich zu versöhnen. Der Ursprung dieser eigentlichen Mission, die Wiederherstellung der Beziehung zwischen Gott und dem Kosmos, liegt beim trinitarischen Gott selbst und die Kirche hat als Werkzeug Anteil an dieser liebenden Zuneigung Gottes zu seiner Schöpfung. Das ist Anknüpfungspunkt und Beurteilungskriterium kirchlich-missionarischen Handelns.[9] Der Missionswissenschaftler David Bosch unterscheidet ausdrücklich zwischen Mission und Missionen. Mission im Singular meint die Missio Dei selbst, d. h. die versöhnende Zuwendung Gottes zu den Menschen. Missionen im Plural sind die unterschiedlichen konkreten Formen, in denen die Kirche Anteil hat an der Mission Gottes.[10] Diese konkreten Formen missionarischen Handelns sind nicht Selbstzweck, sondern sie sind in der Missio Dei verankert.

Das Verständnis von der Mission Gottes wurde im Anschluss an die Weltmissionskonferenz 1952 in Willingen, wohl auch beeinflusst durch die Ideen des reformierten Theologen Karl Barth, formuliert.[11] Mission wurde auf der Konferenz thematisiert im Hinblick auf ihr heilsgeschichtlich-eschatologisches Gewicht sowie ihren trinitarisch-heilgeschichtlichen Stellenwert. Missio Dei beschreibt einerseits in besonderer Weise das Handeln Gottes in der Gegenwart,

---

7   Vgl. IP2 (04.06.2014).
8   Vgl. Spencer: Christian Mission. 9 ff.
9   Die Auffassung von einem Gott, der das Heil aller Menschen will bzw. in Beziehung mit seiner ganzen Schöpfung tritt, tangiert u. a. im Kontext von Mission auch die Frage nach der Heilsbedeutung nicht christlicher Religionen. Ebenso ergibt sich die Folgefrage nach der Praxis im Umgang mit nicht christlichen Religionen. Besonders in einem Kontext, der durch Migration immer pluraler wird, werden diese Fragen dringender. Vgl. Schmidt-Leukel, Perry: Gott ohne Grenzen. Eine christliche und pluralistische Theologie der Religionen. Gütersloh: Gütersloher Verlagshaus 2013.
10 Vgl. Bosch: Mission im Wandel. 12.
11 Vgl. Spencer: Christian Mission. 10 ff.

betont aber auch die endgültige Versöhnung im Eschaton. Die Auswirkungen jenes Konzeptes waren über die Konfessionsgrenzen hinweg groß, auch wenn es unterschiedliche Interpretationen der Missio Dei gab und gibt.[12]

2.1.3 Gemeinschaft, Gerechtigkeit und Versöhnung

Gemeinschaft als hervorgehobener Aspekt in den Interviews, auch angesichts einer Kommunikation des Evangeliums, kann als Verweis auf Versöhnung als zentralen soteriologischen Begriff der Missio Dei und als Ausgangspunkt aller missionarischen Aktivität bzw. alles kirchlichen Handelns verstanden werden. Der anglikanische Erzbischof von Canterbury, Justin Welby, hat pointiert folgendermaßen formuliert: „Reconciliation is God's mission to the world in Christ; therefore it is our mission."[13] Der anglikanische Theologe Miroslav Volf beschreibt versöhnendes Handeln sogar als ein Kennzeichen christlicher Identität. Ihm geht es diesbezüglich ausdrücklich um die Entwicklung einer spezifisch christlichen Identität, welche es Christ(inn)en ermöglichen soll, versöhnend in dieser Welt zu wirken.[14]

Mit Versöhnung ist aber weit mehr gemeint als sich bloß wieder zu vertragen, wie dies herkömmlich oft verstanden wird. Insbesondere nach kriegerischen Handlungen und Gewaltakten stellt sich oft die Frage, wie man je wieder zusammenleben kann nach all den Grausamkeiten, die Menschen sich gegenseitig angetan haben.[15] An diese Frage schließt ein Bericht des Friedensnobelpreisträgers Desmond Tutu in Bezug auf seine Erfahrung in Südafrika an:

„Als Vorsitzender der Wahrheits- und Versöhnungskommission wurde ich oft gefragt, wie die Menschen in Südafrika es schafften, die Grausamkeit und Ungerechtigkeit zu vergeben, die sie erdulden mussten. Damals wussten wir, dass diese Vergebung der einzige Weg war, unser Land vor der sicheren Zerstörung zu bewahren, aber wir wussten nicht, wohin Wahrheitsfindung und Versöhnung uns führen würden. Wie immer, wenn wirkliches Wachstum

---

12 Vgl. Bünker, Arnd: Missionarisch Kirche sein? eine missionswissenschaftliche Analyse von Konzepten zur Sendung der Kirche in Deutschland. Münster: Verl.-Haus Monsenstein und Vannerdat 2010. 95 f.
13 Groves: Living Reconciliation. ix.
14 Vgl. Volf, Miroslav: Von der Ausgrenzung zur Umarmung. Versöhnendes Handeln als Ausdruck christlicher Identität. Übersetzt von Peter Aschoff. Marburg an der Lahn: Francke-Buchhandlung 2012. Auflage 1.
15 Vgl. Presler, Titus Leonard: Going Global With God. Reconciling Mission in a World of Difference. Harrisburg, PA; New York, NY: Morehouse Publishing 2010. Auflage 1. 79 f.

stattfindet, erwies sich der Prozess als zutiefst schmerzhaft und wunderschön zugleich."[16]

Versöhnung zielt also auf wirkliche und endgültige Heilung im Hinblick auf ein Zusammenleben, nachdem Gewalt, Krieg und Unrecht beim Namen genannt worden sind und Gerechtigkeit hergestellt ist. Vergebung ist ein wichtiger und notwendiger Teil eines solchen Versöhnungsprozesses, auch wenn Vergebung oft unerreichbar scheint und die Möglichkeiten der Lebensspanne eines Menschen vielmals übersteigt.[17] Eine solche Versöhnung hat universale und eschatologische Dimensionen.[18] Der zweite Korintherbrief entwirft ein Gesamtmodell, in welchem Versöhnung quasi zum zentralen Aspekt des christlichen Glaubens und christlicher Verkündigung wird:

„Darum: Ist jemand in Christus, so ist er eine neue Kreatur; das Alte ist vergangen, siehe, Neues ist geworden. Aber das alles ist von Gott, der uns mit sich selber versöhnt hat durch Christus und uns das Amt gegeben, das die Versöhnung predigt. Denn Gott war in Christus und versöhnte die Welt mit ihm selber und rechnete ihnen ihre Sünden nicht zu und hat unter uns aufgerichtet das Wort von der Versöhnung.

So sind wir nun Botschafter an Christi statt, denn Gott ermahnt durch uns; so bitten wir nun an Christi statt: Lasst euch versöhnen mit Gott! Denn er hat den, der von keiner Sünde wusste, für uns zur Sünde gemacht, auf dass wir in ihm die Gerechtigkeit würden, die vor Gott gilt."[19]

Das griechische Verb für *versöhnen*, welches sich im zweiten Korintherbrief findet, ist καταλλάσσω (katallasso) und meint die Wiederherstellung freundlicher

---

16 Vgl. Tutu, Desmond/Tutu, Mpho: Das Buch des Vergebens. Vier Schritte zu mehr Menschlichkeit. Übersetzt von Thomas Görden. Berlin: Ullstein 2015. Neuausgabe. 1. Auflage. 9 f.

17 Wichtig ist es, darauf hinzuweisen, dass man weder Vergebung noch Versöhnung, die nicht dasselbe bezeichnen, einfordern kann und schon gar nicht von Opfern von Gewalt und Ungerechtigkeit. Darauf weist auch der Alttestamentler Jürgen Ebach hin. Er ordnet die biblischen Motive von Versöhnung zwischen den zwei Polen Liebe und Gerechtigkeit ein. Es gehe bei Versöhnung dementsprechend eben nicht darum, Schuld einfach wegzuwischen. Vgl. Ebach, Jürgen: Versöhnung. Biblische Erinnerungen und Intuitionen. In: Evangelische Theologie 74. 2014. 337–349.

18 Ebenso betont der Ökumenische Rat der Kirchen, dass Mission bzw. Erlösung in einem kosmischen Sinne zu verstehen ist, welcher die ganze „oikoumene" umfängt. Vgl. Ökumenischer Rat der Kirchen: Gemeinsam für das Leben. Mission und Evangelisation in sich wandelnden Kontexten. Abschn. 4.

19 Vgl. Luther, Martin: Die Bibel nach Martin Luthers Übersetzung. Lutherbibel revidiert 2017. Standardausgabe. Mit Apokryphen. Stuttgart: Deutsche Bibelgesellschaft 2016.

zwischenmenschlicher Beziehungen, nachdem sie zerrissen oder unterbrochen wurden.[20] Versöhnung bedeutet entsprechend das Entfernen aller (Beziehungs-)Hindernisse, die zwischen Gott und seiner Schöpfung stehen, sowie auch zwischen Menschen.[21] Im Zentrum eines Missionsverständnisses, welches an das versöhnende Handeln Gottes anknüpft, steht also vor allem ein Beziehungsaspekt, welcher Gott, die ganze Schöpfung und die Menschen in ihrem Verhältnis zueinander betrachtet.[22] Der anglikanische Theologe N. T. Wright weist in seinem Kommentar zum Römerbrief darauf hin, dass Versöhnung mit Gott im paulinischen Sinne bedeute, nicht mehr der Feind Gottes zu sein.[23] Die Feindschaft drücke sich vor allem in der Rebellion des Menschen gegen Gott aus, welcher den Menschen dazu bestimmt habe, eine wesentliche Rolle in der Schöpfung innezuhaben, Gott in Liebe zu dienen und insbesondere den Vorrang Gottes anzuerkennen. Eine Welt, die in Ungerechtigkeit versinkt, verstehe Paulus als Folge einer Menschheit, die ihre Aufgabe im Plan Gottes nicht wahrnimmt, sich Götzenbilder erschafft und so die Welt in Unordnung bringt. Vergewaltigung, Mord, Folter, Krieg, ökonomische Ausbeutung, Unwahrheit, Vergötterung von Macht und Geld etc. können entsprechend als Merkmale einer Menschheit als ganzer verstanden werden, welche ihre eigenen Wege geht und nicht mit Gott versöhnt lebt.[24]

Der römisch-katholische Theologe Norbert Mette erklärt entsprechend, dass Gerechtigkeit (hebräisch: zedaqa) im alttestamentlichen Sinn vor allem im Hinblick auf Handeln zu verstehen sei, welches Ordnung wiederherstellt. Dabei ist das Gemeinwohl das Entscheidungskriterium für Falsches oder Richtiges. Begründet sei gerechtes Handel vor allem in der Treue Gottes zu seinem Volk Israel, die sich vor allem in der Befreiung aus Ägypten ausdrücke. Gott werde erkannt als der, welcher sich in besonderer Weise für die Schwachen und Unterdrückten einsetze. Weil Gott durch sein Handeln Gerechtigkeit schaffe, seien auch die Menschen zum gerechten Handeln untereinander befähigt. Paulus betone vor allem, dass der Mensch durch das Handeln Gottes und nicht durch sich selbst gerecht werde. Dieses gerecht

---

20 Vgl. Presler: Going Global With God. 73 f.
21 Vgl. Groves: Living Reconciliation. 9.
22 Der protestantische Theologe Matthias Petzoldt weist im Kontext von christlichen Wahrheitsansprüchen im Missionsauftrag darauf hin, dass aus biblischer Perspektive auch Wahrheit (hebr. Ämät; griech. aletheia) ein Begriff ist, der auf ein Beziehungsgeschehen hindeutet. Vgl. Petzoldt, Matthias: Christlicher Wahrheitsanspruch im Missionsauftrag und im Dialog der Religionen. In: Michael Böhme u. a. (Hgg.): Mission im Dialog. Zur Kommunikation des Evangeliums heute. Leipzig: Evangelische Verlagsanstalt GmbH 2013. 61–89. 63.
23 Vgl. Wright, N. T.: Paulus für heute. Der Römerbrief. Band 1. Giessen: Brunnen Verlag 2014. Auflage 1. 117.
24 Vgl. ebd. 33 ff.

machende Handeln Gottes ist aber gleichzeitig auch eine Aufforderung zur gerechten Gestaltung der Welt[25], als Heiligung des Lebenswandels.[26]

Die Theologen Groves und Jones machen deutlich, dass Versöhnung nicht einfach nur eine Handlung oder ein Ziel ist, die es zu tun oder dass es zu erreichen gilt. Es bezeichnet vielmehr eine Daseinsform. Das werde vor allem in der sonntäglichen Eucharistiefeier deutlich, in welcher sich die Geschichte von der Versöhnung in Brot und Wein, im Leib und Blut Jesu, vergegenwärtige.[27] Insbesondere im Taufversprechen, das in der Taufliturgie der Kirche von England gesprochen wird, verdeutlicht sich entsprechend, was es heißt als Christ(in) aus der Versöhnung zu leben:

„Will you continue in the apostles' teaching and fellowship, in the breaking of bread, and in the prayers?
With the help of God, I will.

Will you persevere in resisting evil, and, whenever you fall into sin, repent and return to the Lord?
With the help of God, I will.

Will you proclaim by word and example the good news of God in Christ?
With the help of God, I will.

Will you seek and serve Christ in all people, loving your neighbour as yourself?
With the help of God, I will.

Will you acknowledge Christ's authority over human society, by prayer for the world and its leaders, by defending the weak, and by seeking peace and justice?
With the help of God, I will."[28]

Im Verständnis der anglikanischen Lambeth-Konferenz 2008 liegt der Grund für einen christlichen Einsatz für Gerechtigkeit vor allem in der Botschaft von der

---

25 Vgl. Mette, Norbert: Gerechtigkeit. Online unter: https://www.bibelwissenschaft.de/stichwort/100209/ (Abruf: 15.11.2017).
26 Vgl. Röm 6, 1–23.
27 Vgl. Groves: Living Reconciliation. 10 f.
28 Church of England (Hg.): Common Worship Main Volume. London: Church House Publishing 2000. 359.

Versöhnung begründet, die sich im Kreuz Christi gründet.[29] Die anglikanischen 39 Glaubensartikel sprechen von „Christ, very God and very man, suffered, was crucified, dead and buried, to reconcile his Father to us, and to be a sacrifice, not only for original guilt, but also for actual sins of men."[30] Versöhnung bedeutet dementsprechend die Wiederherstellung der zerbrochenen Gemeinschaft mit Gott, nachdem Gerechtigkeit wiederhergestellt ist. Das schließt zwischenmenschliche Beziehungen und das Verhältnis des Menschen zur ganzen Schöpfung ein. Sie bezeichnet, sowohl ein unverdientes Geschenk Gottes als auch einen Auftrag zum Handeln, der diesem Geschenk entspricht.

Im konkreten Kontext der anglikanischen Migrant(inn)engemeinde Christ Church, der sich in den Interviews darstellt, nach Anzeichen von Ungerechtigkeit aber auch freundlichen zwischenmenschlichen Beziehungen zu suchen, soll nachfolgend helfen, die Situation der Gemeinde angesichts der Kommunikation des Evangeliums und der versöhnenden Mission Gottes zu interpretieren.

2.2 Christ Church und Versöhnung im anglofonen Kontext

2.2.1 Anglofone Kultur als Referenzrahmen

Die Darstellung der empirischen Ergebnisse hat gezeigt, dass der englischen Sprache und Kultur in den Interviews eine wichtige Bedeutung zukommt. Dies findet seine Entsprechung auch im anfangs beschriebenen Selbstverständnis der europäischen Diözese, die sich vor allem für Anglikaner(innen) und Anglofone in Kontinentaleuropa pastoral zuständig sieht. Das impliziert einen speziellen konfessionellen, kulturellen und sprachlichen Kontext, der Auswirkungen auf eine versöhnte bzw. nicht versöhnte Gemeinschaft mit Gott hat, die sich auch im zwischenmenschlichen Bereich ausdrückt.

2.2.1.1 Die anglikanische Gemeinde und anglofone Kultur

These: Anglofone Kultur ist ein Referenzrahmen für die Gemeinde Christ Church, der einerseits Gemeinschaft fördert und die Identität der anglikanischen Gemeinde bestimmt als auch durch sprachliche und kulturelle Grenzen Gemeinschaft mit Außenstehenden behindern kann.

---

29 Vgl. Anglican Consultative Council: Lambeth Indaba. Abschn. 54.
30 Cummings: The Book of Common Prayer. 674.

Eine Interviewpartnerin sprach von Christ Church als einer Art kulturellem Zentrum.[31] Sowohl im Hinblick auf die zentrale Bedeutung der englischen Sprache in Christ Church, welche vermutlich weder für alle Mitmitglieder der internationalen und multiethnischen Gemeinde dieselbe Sprachvariante des Englischen, noch die Erst- bzw. Muttersprache ist, als auch in Bezug auf den Kulturbegriff der befragten Gemeindemitglieder, stellt sich die Frage, wie sich eine anglofone Kultur, auch angesichts zu entwickelnder missionarischer Optionen, bestimmen lässt. Es geht um die Frage, wie sich das, was die anglikanische Gemeinde in Wien ausmacht bzw. was dort geschieht, fassen lässt. Das erste Kapitel hat gezeigt, dass die Gesprächspartner(innen), neben der englischen Sprache, Aspekte wie die englische Liturgie- und Musiktradition, die anglikanische Tradition, eine britische Prägung, koloniales Erbe, gleichzeitig eine grundsätzliche Offenheit gegenüber Christen anderer Traditionen, die Gleichberechtigung der Geschlechter, kulturelle Unterschiedlichkeit, Pluralität, das Fehlen einer Kirchensteuer oder generell die Differenz nach innen und außen, beispielsweise im Hinblick auf Frömmigkeitsformen, mit der Gemeinde Christ Church assoziieren. Dies ist ein vielfältiges Spektrum von Bezugspunkten, welches die anglikanische Gemeinde in ihrer inneren und äußern Differenz und Besonderheit zu beschreiben versucht.

Im Hinblick auf die in den Interviews thematisieren Differenzerfahrungen sowie die ebenfalls häufig thematisierte Einbeziehung von Gemeindemitgliedern bietet sich die Konzeption des Kulturbegriffes des Sozialpsychologen Andreas Zick als Verstehenshorizont an. Dieser schlägt vor, Kultur im Kontext eines Referenzrahmens zu verstehen, welcher vor allem Einbindungsmöglichkeiten und Differenz erzeugt. Seiner Meinung nach sei genau dies ein wesentlicher Faktor von Kultur: „Kultur bietet einen Referenzrahmen durch einen Satz an bindenden Werten, Normen, Verhaltensweisen, Statusbeziehungen und Symbolen, der Kollektive einbindet und sie von anderen differenziert.“[32]

Die in den Befragungen genannten Bezugspunkte und Besonderheiten der Gemeinde lassen sich folglich als Hinweise auf bedeutende Orientierungspunkte verstehen, die einerseits eine Differenzierung nach außen und nach innen ermöglichen sowie gleichzeitig Gemeinsamkeit herstellen und integrierend wirken. Vorstellungen von Internationalität, Pluralität, Verschiedenheit, Offenheit ermöglichen die Einbeziehung unterschiedlicher Gruppen und Individuen. Die englische Sprache als symbolisches System ist das vermutlich am stärksten

---

31 Vgl. IP7 (27.08.2014).
32 Zick, Andreas: Psychologie Der Akkulturation. Neufassung eines Forschungsbereiches. Wiesbaden: VS Verlag für Sozialwissenschaften 2009. 85.

verbindende Element nach innen und ist zugleich auch ein exklusiver Differenzierungsaspekt nach außen. Denn wer nicht die notwendigen Sprachkenntnisse besitzt, wird sich in der Gemeinde kaum zurechtfinden. Die Vielfältigkeit englischer Sprache ist insofern eingegrenzt als die genutzten liturgischen Texte und Gottesdienstformen der Kirche von England, die auch online zur Verfügung gestellt werden, einen gewissen britischen Sprachstandard vorgeben.[33] Der konfessionelle Bezug zur anglikanischen Tradition, vor allem der Kirche von England, schließt die volle Beteiligung von Christ(inn)en anderen Traditionen unter der praktischen Voraussetzung englischer Sprachkenntnisse grundsätzlich nicht aus. Ebenso ist die britische Prägung der Gemeinde ein Orientierungspunkt, welcher Menschen mit nicht britischen Staatsbürgerschaften ebenso nicht grundsätzlich ausschließt, auch wenn die Prägung der Gemeinde zu Irritationen führen kann. *Anglofone Kultur* angesichts der Gemeinde Christ Church aus der Perspektive der Interviewpartner(innen) lässt sich also zunächst einmal als ein bestimmter *sprachlich begrenzter Referenzrahmen* bestimmen, der vor allem durch die *englische Sprache*[34] geprägt ist.

Versöhnung wird insbesondere dann sichtbar, wenn der anglofone Referenzrahmen der Gemeinschaftsbildung über konfessionelle, internationale oder kulturelle Grenzen hinweg dient. Wird anglofone Kultur zum exklusiven Mittelpunkt, rückt sie in die Nähe eines „Götzen" und wird zum Ausdruck von Unversöhntheit.

2.2.1.2 Kulturelles Erbe des britischen Empire

These: Das koloniale Erbe des britischen Empire ist in der Gemeinde Christ Church wahrnehmbar und erzeugt, sowohl interkulturell gemeinschaftsbildende Identifikationsmöglichkeiten als auch Formen von Ausgrenzung und Unterordnung.

---

33 Vgl. Archbishops' Council: Common Worship. Online unter: https://www.churchofengland.org/prayer-worship/worship/texts.aspx (Abruf: 27.09.2016).

34 In der Schweiz wurden 2012–2015 durch das Pastoralsoziologische Institut (SPI) christliche Migrationsgemeinden beforscht. Religion und Sprache stellten sich als zwei wichtige Aspekte im Migrationsprozess heraus, vor allem im Hinblick auf die Identität von Migrant(inn)en. Das ist etwas, dass sich auch in der anglikanischen Gemeinde in Wien beobachten lässt. Vgl. Baumann-Neuhaus, Eva: „... in meiner Sprache ..." Von Grenzen und Brücken zwischen christlichen (Migrations-)Gemeinschaften. In: Judith Albisser (Hg.): Kirchen in Bewegung. Christliche Migrationsgemeinden in der Schweiz. St. Gallen: Verlag des Schweizerischen Pastoralsoziologischen Instituts SPI 2016. 141–151.

Themen wie das koloniale Erbe und die britische Prägung[35], aber auch englische Musik- und Liturgietraditionen sowie die anglikanische Tradition an sich, welche in den Interviews benannt wurden, verdeutlichen, dass das kulturelle Erbe des britischen Imperiums *(Empire)* bzw. Weltreiches und des *Commonwealth* für Christ Church, zumindest teilweise und gemäß der Interviews, nicht immer ohne Schwierigkeiten, zum Referenzrahmen anglofoner Kultur gehört. Begrifflich bezeichnet *Empire* die Herrschaft über eine Gruppe von Völkern beziehungsweise Staaten.[36]

Imperialismus in seiner britischen Ausprägung ist vermutlich ein Referenzrahmen, der in der anglikanischen Gemeinde in Wien anklingt. Die Historiker Jürgen Osterhammel und Jan C. Jansen beschreiben Imperialismus im Kontext einer globalen Politik als einem über Kolonialismus hinausgehenden Begriff:

> „'Imperialismus' ist der Begriff, unter dem alle Kräfte und Aktivitäten zusammengefasst werden, die zum Aufbau und zur Erhaltung solch *transkolonialer Imperien* beitrugen. Zum Imperialismus gehören auch der Wille und das Vermögen eines imperialen Zentrums, die eigenen nationalstaatlichen Interessen immer wieder als imperiale zu *definieren* und sie in der Anarchie des internationalen Systems weltweit geltend zu machen. Imperialismus impliziert nicht bloß Kolonialpolitik, sondern 'Weltpolitik', für welche Kolonien nicht allein Zwecke in sich selbst, sondern auch Pfänder in globalen Machtspielen sind."[37]

Kolonialismus kann dementsprechend als eine besondere Form des Imperialismus betrachtet werden. Umgekehrt zeigt das Beispiel der USA auch, dass Imperialismus wirtschaftlich ohne spezifische Kolonialimperien möglich ist.[38] Die Geschichte des britischen *Empire* ist im weiteren Kontext der gesamteuropäischen Expansion seit dem 15. Jahrhundert zu betrachten.[39] Das britische Weltreich hat dabei die Weltgeschichte in besonderer Weise geprägt. Allerdings sind die Auswirkungen des

---

35 Hans-Christoph Schröder, ehemaliger Professor für neuere Geschichte an der TH Darmstadt stellt fest, dass für das Verstehen der englischen Geschichte das britische Empire und das Commonwealth unverzichtbare Dimensionen seien. Vgl. Schröder, Hans-Christoph: Englische Geschichte. München: C.H.Beck 2010. Auflage 6. 78 ff.
36 Vgl. Jackson, Ashley: The British Empire. A Very Short Introduction. Oxford: Oxford University Press 2013. Auflage 1. 5.
37 Osterhammel, Jürgen: Kolonialismus. Geschichte. Formen. Folgen. München: 2012. Auflage 7. 26 f.
38 Vgl. ebd. 28.
39 Vgl. Reinhard, Wolfgang: Die Unterwerfung der Welt. Globalgeschichte der europäischen Expansion 1415–2015. München: C.H.Beck 2016. Auflage 2.

Empire laut dem Historiker Ashley Jacksen wahrscheinlich bedeutsamer als seine Geschichte selbst: „For now, the impact of the British Empire still lies heavily about us, and it might be argued that the British Empire's history per se is less important than the British Empire's *impact on world history.*"[40] Zwar existierten die europäischen territorialen Imperien nicht mehr, die von ökonomischen Zwängen geprägten Beziehungen seien allerdings geblieben.[41] Das britische *Empire* war insgesamt von einer großen Pluralität zahlreicher Bevölkerungsgruppen geprägt. Der Schwerpunkt der wirtschaftlichen und politischen Macht lag allerdings überwiegend in den Händen von Briten und anderen Europäern. Jackson beschreibt dies folgendermaßen:

"The British Empire comprised diverse peoples as one would expect its global range. Afrikaner, Arab, Australian, Chinese, Cypriot, Dayak, Igbo, Inuit, Irish, Maasai, Maltese, Pathan, San, Shona, Sikh, Somali, Tongan, Yoruba, Zulu; this incredible kaleidoscope of peoples and cultures shone within the British Empire. Its most powerful people were on the whole white Britons and other Europeans."[42]

Ungefähr ein Viertel der gegenwärtig existierenden Staaten unterstanden einmal britischer Souveränität.[43] Der Einflussbereich des von London aus regierten britischen Imperiums entstand allmählich innerhalb eines 400-jährigen Prozesses vom 17. bis zum 20. Jahrhundert. Die einzelnen Gebiete des *Empire* wurden auf unterschiedlichem Niveau direkt oder indirekt durch britisch ernannte Beamte, Soldaten oder partiell durch Angestellte britischer Firmen verwaltet.[44] Durch die Balfour Erklärung 1926 wurde den *dominions*, nämlich den zunehmend unabhängiger werdenden, durch weiße Siedler dominierten, britischen Kolonien, der Status von gleichen Mitgliedern innerhalb des britischen *Commonwealth* zugesprochen. Daraus entstand dann 1946 das *Commonwealth of Nations*.[45] Heute ist das *Commonwealth* ein Zusammenschluss von 53 unabhängigen und gleichermaßen souveränen Staaten. In seinem Bereich leben nach eigenen Angaben 2.2 Milliarden Menschen, von denen 60 % jünger als 30 Jahre alt sind. Innerhalb des

---

40 Jackson: The British Empire. 129.
41 Vgl. ebd. 130.
42 Ebd. 16 f.
43 Vgl. Darwin, John: Das unvollendete Weltreich. Frankfurt am Main: Campus Verlag GmbH 2013. 15.
44 Vgl. ebd. 5; vgl. Darwin: Das unvollendete Weltreich. 49 ff.; vgl. ebd. 359 ff.
45 Vgl. Jackson: The British Empire. 20 f.

Commonwealth sind, zur Unterstützung der Mitgliedsländer, zahlreiche internationale, bürgerliche, kulturelle und professionelle Organisationen vernetzt. Die selbst gestellte Aufgabe des Commonwealth ist unter anderem die Verbesserung der Lebensbedingungen der Bürger seiner Mitgliedsstaaten. Mitglieder sind, sowohl einige der ärmsten als auch der reichsten Länder der Erde.[46]

Jackson bezeichnet das britische Weltreich als kulturelle Schnittstelle. Hier hätten sich die westlichen Kulturen mit den jeweiligen einheimischen Kulturen verbunden, wenn auch innerhalb der kolonialen Strukturen.[47] Das Weltreich und die britische Kultur beeinflussten sich gegenseitig. So gab es innerhalb der britischen Populärkultur zahlreiche Verweise zum *Empire*:

„British popular culture contained many references to the Empire and the non-European world and many British institutions had distinctly imperial dimensions, such as the monarchy, the military, and the church, clubs, societies, and schools, innumerable associations and leagues, missionary societies, museums, theatres, and businesses."[48]

Ähnlich erklärt der Historiker John Darwin, dass man das britische Imperium nicht ausschließlich auf die Herrschaft von britischen Beamten und die Unterdrückung der einheimischen Bevölkerung reduzieren dürfe. Ein weiterer Aspekt sei, dass oft die Beziehungen zwischen den Machthabern auf imperialer und lokaler Ebene auch, d. h. für Profiteure, von nützlichen Vereinbarungen geprägt gewesen seien. Darüber hinaus sei auch der wirtschaftliche Aspekt von Bedeutung gewesen. Das Erwirtschaften von Gewinn gehörte dementsprechend zu den zentralen Dimensionen des *Empire*, erzeugte allerdings auch Gewinner und Verlierer.[49] Das britische Imperium sei schließlich auch so etwas wie ein Orientierungspunkt gewesen, der sich allerdings freilich an britischen Vorstellungen ausrichtete:

„Es projizierte eine moralische und kulturelle Autorität, die zugleich implizierte, dass britische Werte, Überzeugungen, Institutionen und Gewohnheiten die Norm seien, an der alle anderen gemessen werden mussten – und in der Regel Defizite aufwiesen. Darüber hinaus erschien die Kolonialherrschaft oder die Verbindung zu Großbritannien auf diese Weise alles andere als repressiv oder gar als

---

46 Vgl. The Commonwealth: About us. Online unter: http://thecommonwealth.org/about-us (Abruf: 10.04.2016).
47 Vgl. Jackson: The British Empire. 32.
48 Ebd. 37.
49 Vgl. Darwin: Das unvollendete Weltreich. 284.

Unterdrückerin der Freiheit, vielmehr galt sie als befreiend, Macht verleihend und fortschrittlich (ein Wort, das in der Viktorianischen Ära in aller Munde war). Wer sich ihr widersetzte, war nicht nur eine lästige Plage, sondern rückständig und ignorant."[50]

Ein solcher Referenzrahmen spiegelt sich vermutlich, wenn einige nicht-britische Interviewpartner(innen) vom Gemeindeleben der anglikanischen Gemeinde in Wien irritiert sind, weil dieses sehr britisch wirke oder etwas von einem exklusiven Auswandererklub habe, welcher an die Kolonialzeit erinnere.[51] Die Problematik besteht vor allem darin, dass im Kontext europäischer Kolonialgeschichte Narrative kultureller Höhenwertigkeit beziehungsweise Minderwertigkeit mitschwingen.[52]

Im Hinblick auf Versöhnung wird die Ambivalenz der britischen Kolonialgeschichte als Referenzrahmen deutlich. Einerseits entstanden im Kontext des britischen *Empire* beispielsweise ungerechte ökonomische Strukturen und Vorstellungen der Höherrangigkeit europäischer Kultur, die gegenwärtig noch als Anzeichen von Unversöhntheit nachwirken, auch in der anglikanischen Gemeinde angesichts z. B. einer tendenziell separierten afrikanischen Gruppe. Andererseits war die Folge des britischen Weltreiches auch ein kultureller Austausch, der identitätsstiftend und gemeinschaftsbildend wirkte und in Christ Church ebenso als positives Erbe anglofoner Kultur wahrgenommen wird, das es zu schützen gelte.[53]

2.2.1.3   Das britische Empire und die anglikanische Missionsgeschichte

These: Die ambivalenten Einstellungen in den Interviews zu einem als problematisch empfundenen Missionsbegriff sind angesichts der Missionsgeschichte der britischen Kolonialzeit zu verstehen.

Das religiöse Erbe des Christentums in seiner britischen Ausprägung ist mit der kulturellen Geschichte des britischen Weltreiches verbunden, auch wenn es nicht mit ihm identisch ist. Vor allem auf dem Höhepunkt der Kolonialzeit, zwischen 1880 und 1960, standen sich die anglikanische Tradition und das britische Empire sehr nah. Allerdings waren die kolonialen Behörden der Religion gegenüber offiziell neutral und die anglikanischen Gemeinden außerhalb Großbritanniens hatten keinen

---

50   Ebd. 285.
51   Vgl. IP2 (04.06.2014); vgl. IP7 (27.08.2014).
52   Vgl. Osterhammel: Kolonialismus. 20.
53   Vgl. IP5 (05.08.2014).

staatskirchlichen Status.[54] Wie für andere europäische Kirchen auch, ist die Verbindung von Mission und Kolonialismus im 20. Jahrhundert infolgedessen für die anglikanischen Kirchen eine ambivalente Geschichte. Mission als heikles Vermächtnis einer imperialistischen und nationalistischen Vergangenheit, als Rechtfertigung psychologischer Unterdrückung verletzbarer Menschen, verbunden mit ethnozentrische Arroganz, sind Aspekte, die Menschen mit den missionarischen Aktivitäten vor allem des 20. Jahrhunderts verbinden. Derzeit fordern gegenwärtige Missionsbewegungen des globalen Südens, welche die Länder der ehemaligen Kolonialmächte als Missionsgebiet entdecken, das subtile kulturelle Überlegenheitsgefühl dieser Länder heraus.[55] Zu bedenken ist insbesondere, dass Mission für die anglikanische Gemeinschaft kein Randthema ist, sondern vielmehr der zentrale Grund für die Entstehung der weltweiten anglikanischen Gemeinschaft.[56] Der missionarische Tatendrand vom 18. Jahrhundert bis zum Beginn des 20. Jahrhunderts sei laut John Darwin ein charakteristischer Aspekt des britischen Weltreiches (vor allem in der viktorianischen Periode) gewesen. Getragen worden sei dieser Eifer durch ein Gefühl der Pflicht zu missionarischer Aktivität, vor allem von weniger gebildeten Schichten. Im Kontext evangelikaler Erweckungsbewegungen entstanden viele allgemein christliche Missionsgesellschaften wie beispielsweise die *Baptist Missionary Society* (1792), die *London Missionary Society* (1795) oder die *Anglican Church Missionary Society* (1799). Ein sittliches Leben und eine gefühlsbetonte persönliche Beziehung zu Gott bildeten die zentralen Elemente jener evangelikalen Bewegungen, welche vor allem eine Gegenreaktion zu den mechanistischen Vorstellungen der Industrialisierung in England darstellten. Insbesondere die begüterte Oberschicht sei den evangelikalen Bewegungen und missionarischen Initiativen gegenüber aber eher ablehnend gewesen. Mission habe im Kontext des *Empire* nicht nur, aber vermutlich auch, bedeutet, Erfüllungsgehilfe kolonialer Macht zu sein. Oft seien Missionare allerdings, sowohl mit der Ablehnung der Einheimischen als auch der britischen Siedler konfrontiert gewesen. Missionsstationen, die eine Kirche, eine Schule, eine Werkstatt, Wohnhäuser und Gärten umfassten, waren eine gängige Form, Mission in den britischen Kolonien zu organisieren.[57] Das verdeutlicht auch die Erzählung einer

---

54 Vgl. Ward, Kevin: Mission in the Anglican Communion. In: Mark D. Chapman/Sathianathan Clarke/Martyn Percy (Hgg.): The Oxford Handbock of Anglican Studies. Oxford: Oxford University Press 2015. 60–76. 67.

55 Vgl. ebd. 60.

56 Vgl. Presler, Titus: The History of Mission in the Anglican Communion. In: The Wiley-Blackwell Companion to the Anglican Communion. The Wiley-Blackwell Companions to Religion. Chichester, West Sussex, UK; Malden, MA: John Wiley & Sons 2013. 15–32. 16.

57 Vgl. Darwin: Das unvollendete Weltreich. 298 ff.

Interviewpartnerin, welche in solch eine anglikanische Missionsschule gegangen ist.[58]

Für das *Empire* (wie für die anderen europäischen Expansionen auch) gelte, gemäß dem ehemaligen Generalsekretär einer anglikanischen Missionsgesellschaft, Bischof Michael Doe, dass die Kirche den Siedler(innen) und Invasor(inn)en rasch gefolgt sei.[59] Ein spezifisch britisches Medium christlicher Tradition in ihrer anglikanischen Ausprägung war diesbezüglich das *Book of Common Prayer*: „Moving beyond England, the Book of Common Prayer is almost as commonplace: it has travelled around the world wherever there have been English colonists, traders, or missionaries."[60] Vor allem die Tagzeitenliturgie und die Eucharistiefeier der 1662er Version dieses Gebetbuches sind immer noch ein wichtiger Bestandteil der gegenwärtigen Agenden der Kirche von England.[61] Die spezielle Bedeutung des *Book of Common Prayer* von 1662 (BCP 1662) wird in den Interviews deutlich, wenn sich Gesprächspartner(innen) beispielsweise an Konflikte in der Gemeinde Christ Church angesichts der Einführung zeitgemäßer Gottesdienstformen in den 1980er Jahren erinnern.[62] Dementsprechend ist es insgesamt wenig verwunderlich, dass die englischsprachige Liturgie, wenn auch nicht mehr nur auf das BCP 1662 beschränkt, als wichtiges Merkmal der anglikanischen Gemeinde in Wien in den Interviews immer wieder hervorgehoben wurde.[63] Die Liturgie (gerade auch die des BCP 1662) ist identitäts- und einheitsstiftend innerhalb der anglikanischen Tradition, vor allem insofern diese immer noch ein theologischer Bezugspunkt für die Lehre ist. Der anglikanische Theologe Robert Wright bezeichnet dies als „unity based more upon worship than upon doctrinal statements"[64].

Im Hinblick auf Mission kann man in den Interviews, wie das erste Kapitel gezeigt hat, sowohl eine Art Pflichtgefühl oder Bewusstsein gegenüber einem empfundenen Gebot Jesu wahrnehmen als auch andererseits ein grundsätzliches Unbehagen gegenüber Mission, vor allem gegenüber jeder Form eines evangelikalen Proselytismus, was auch als Hinweis auf die gesellschaftliche Verortung der Gemeinde verstanden werden kann und sich mit der Wahrnehmung einer eher wohlhabenden und gebildeten Gemeinde deckt. Verständnisse von Mission unter den

---

58   Vgl. IP8 (16.10.2014).
59   Vgl. Doe: Saving Power. 2 f.
60   Cummings: The Book of Common Prayer. ix.
61   Vgl. Church of England (Hg.): Common Worship. 59 ff.; vgl. ebd. 228 ff.
62   Vgl. Kapitel 1.3.2.1.
63   Vgl. Kapitel 1.3.2.3.
64   Vgl. Wright, J. Robert: The Book of Common Prayer. In: Ian S. Markham u. a. (Hgg.): The Wiley-Blackwell Companion to the Anglican Communion. The Wiley-Blackwell Companions to Religion. Chichester, West Sussex, UK; Malden, MA: John Wiley & Sons 2013. 81–90. 81.

Befragten im Hinblick auf das Hinausgehen in andere Länder oder auf die Unterstützung von Missionsgesellschaften sind Nachwirkungen einer missionarischen Geschichte im Kontext des *Empire*. Angesichts der geschilderten Aspekte verwundert es nicht, dass die eher wohlhabenden Interviewpartner(innen), missionarischen und evangelikalen Aktivitäten gegenüber misstrauisch sind.

Es lässt sich ein Muster in der Geschichte anglikanischer Mission im 19. Jahrhundert beschreiben, welches hilft, die anglikanische Gemeinde in Wien im Hinblick auf ihr Missionsverständnis einzuordnen. Innerhalb der anglikanischen Gemeinschaft gib es zwei Typen von Missionsansätzen, nämlich jenen Typ der bereits beschriebenen evangelikalen Bewegungen und den der hochkirchlichen (*Anglo-Catholic*) Bewegungen. Diese verfolgten unterschiedliche Strategien in Bezug auf die Missionierung von Überseegebieten. Charakteristisch für den Typus evangelikaler Mission war diesbezüglich, dass die konkrete Form möglicher kirchlicher Strukturen in den Zielländern zunächst keine entscheidende Rolle gespielt hat. Fragen kirchlicher Ordnung sollten tendenziell eher den zukünftigen selbstständigen einheimischen Kirchen jener Länder überlassen werden. Henry Venn, ein Stratege der *Church Missionary Society*, einer eher evangelikalen Missionsgesellschaft, sah in der strukturellen Ordnung der Kirche vielmehr den Schlusspunkt eines missionarischen Prozesses. Der Typus der hochkirchlichen bzw. staatskirchlich (*established church*) orientierten Mission hingegen setzte eine bischöfliche Ordnung der Kirche voraus. Die amerikanische Episkopalkirche beispielsweise machte sich für das Modell von Missionsbischöfen stark, welche quasi die bischöfliche Struktur der Kirche in ihrer Person in die Zielländer einbrachten. Die Beschreibungen dieser Strategiemodelle sind allerdings als Tendenzen zu verstehen und lassen sich nicht immer trennscharf voneinander abgrenzen.[65] Die Gemeinde Christ Church stellt sich in den Interviews tendenziell eher angesichts eines hochkirchlicher Typus von Mission dar. Dafür spricht auch die Ablehnung missionarischer Aktivitäten evangelikaler Prägung in den Interviews.

Als ein Verweis auf die britische Missionsgeschichte kann auch die Benennung verschiedener zum Teil auch heute noch bestehender anglikanischer Missionsgesellschaften in den Interviews, wie der *Church Missionary Society (CMS)* oder der *United Society for the Propagation of the Gospel (USPG)*[66] verstanden werden. Die 1799 gegründete CMS geht auf eine evangelikale Initiative zurück.[67] Gegenwärtig ist die CMS in 40 Ländern weltweit tätig. Dass die Teilhabe

---

65 Vgl. Ward: Mission in the Anglican Communion. 64 ff.
66 Vgl. IP1 (05.02.2014); vgl. IP6 (14.08.2014).
67 Vgl. Presler: The History of Mission in the Anglican Communion. 18.

an der Mission Gottes die Aufgabe eines jeden Christen bzw. jeder Christin und eigentlich jeder Person ist, wird von der CMS besonders betont: „We believe every Christian – and ultimately every person – is called to join in God's mission and has the potential to bring challenge, change, hope and freedom to the world."[68] Die USPG hingegen geht zurück auf eine Vereinigung der 1701 gegründeten *Society for Propagation of the Gospel in Foreign Parts* und der 1857 durch David Livingstone initiierten *Universities Mission to Central Africa*. USPG ist eher durch hochkirchliche Kreise beeinflusst.[69] Gegenwärtig seien die Projektpartner der Gesellschaft vor allem Anglikaner(innen). Man sei jedoch in der Durchführung ökumenisch offen und arbeite auch mit anderen Glaubenstraditionen zusammen.[70] In der Selbstbeschreibung auf der Homepage der USPG wird besonders darauf hingewiesen, dass alle Hilfsprojekte durch lokale Kirchen selbst geleitet würden: „Our programmes have a deep impact because they are run by local churches that are embedded in the communities they serve – communities that have often been overlooked."[71] Eine weitere dritte wichtige Gesellschaft ist die 1698 gegründete *Society for Promoting Christian Knowledge* (SPCK), die vor allem durch den Druck und Herausgabe des *Book of Common Prayer* in verschiedenen Sprachen bekannt ist.[72] Die Herausgabe von Büchern und Publikationen über den christlichen Glauben gehört auch heutigentags noch zu den zentralen Merkmalen der SPCK: „Our mission is to promote Christian ideas and values; we do this by publishing, and supporting the publishing of, books and resources for people of all denominational and faith backgrounds."[73] Vor allem in einem Interview hat sich eher Skepsis gegenüber den Missionsgesellschaften gezeigt: "I don't think mission is going to Africa and trying to convert the poor black people and tell them that God loves them."[74] Das zeigt noch einmal wie skeptisch einige Interviewpartner(innen) gegenüber bestimmten Ausdrucksformen von Mission sind. Eine Reaktion auf diese vermutlich nicht nur in Christ Church zu findende berechtigte Kritik ist der Begriff

---

68 Vgl. Church Mission Society: Church Mission Society. Who? Online unter: http://churchmissionsociety.org/church-mission-society-big-picture (Abruf: 21.02.2017).
69 Vgl. Presler: The History of Mission in the Anglican Communion. 19 ff.
70 Vgl. USPG: USPG works with churches in the Anglican Communion to live out the good news among those whose need is greatest. Online unter: http://www.uspg.org.uk/about/aboutuspg/ (Abruf: 29.12.2017).
71 Vgl. GREENBELT FESTIVALS: USPG. Online unter: http://www.greenbelt.org.uk/organisations/us-uspg/ (Abruf: 29.12.2017).
72 Vgl. Presler: The History of Mission in the Anglican Communion.18.
73 Vgl. SPCK – Society for Promoting Christian Knowledge: About SPCK. Online unter: http://spckpublishing.co.uk/about-spck/ (Abruf: 21.02.2017).
74 IP1 (05.02.2014).

der *holistic mission*, welcher in der Diskussion um die *Five Marks of Mission*[75] eine Rolle spielt. Mission wird dementsprechend als etwas das ganze Leben transformierende verstanden. Mission bedeutet eben nicht nur Evangelisierung, sondern ganz wesentlich auch diakonales Handeln, den Einsatz für Gerechtigkeit sowie die Bewahrung der Schöpfung.[76] Aus diesem Grund sind, wie oben beschrieben, viele der noch bestehenden Missionsgesellschaften in diverse humanitäre Hilfsprojekte eingebunden.

Die Geschichte der Mission im Kontext des *Empire* ist ambivalent, weil sich einerseits christlicher Glaube zum Teil für ein britisches zivilisatorisches Sendungsbewusstsein hat instrumentalisieren lassen. Andererseits benennt Michael Doe auch positive Bewertungen im Hinblick auf das britische missionarische Erbe: „Around the Anglican Communion today it is more usual to hear positive than negative responses to the missionary inheritance."[77] Der afrikanische Missionswissenschaftler Lamin Sanneh argumentiert sogar, dass das Christentum oft einheimische Kulturen durch den Gebrauch lokaler Sprachen bewahrt habe.[78] Die Analyse der Interviews hat erstaunlicherweise ebenso gezeigt, dass (neben dem häufig geäußerten Misstrauen gegenüber bestimmten Formen von Mission) das britische Erbe in der Form viktorianischer Kirchenlieder und Traditionen, vor allem im afrikanischen Teil der Gemeinde, hochgehalten wird.[79] Das ist insofern erstaunlich, als diese Bewertung von Menschen aus ehemaligen britischen Kolonien geäußert wurde.

Bezugnehmend darauf scheint mir das Konzept Postkolonialismustheoretikers Homi K. Bhabha interessant. Er beschreibt *Mimikry* als Imitation der Kultur der Kolonisatoren durch eine kolonisierte Gesellschaft. Dabei entwickeln die Kolonisierten eine umfassende Ähnlichkeit zur Kultur der Kolonisatoren, ohne jedoch die Differenz vollständig aufzulösen.[80] Es eröffnet sich ein Spannungsfeld zwischen Identität und Differenz, welches kulturelle Hybridität ermöglicht.[81] Ein vergleichbares Phänomen beschreibt die protestantische Theologin Marion Grau

---

75 Vgl. Kapitel 2.5.2; vgl. Kapitel 3.1.1.
76 Vgl. Doe: Saving Power. 86 f.
77 Ebd. 13.
78 Vgl. ebd.; vgl. Sanneh, Lamin: Encountering the West. Christianity and the Global Cultural Process. The African Dimension. Maryknoll, NY: Orbis Books 1993.
79 Vgl. IP4 (16.07.2014); vgl. IP5 (05.08.2014); vgl. IP8 (16.10.2014).
80 Vgl. Bhabha, Homi K./Bronfen, Elisabeth: Die Verortung der Kultur. Deutsche Übersetzung von Michael Schiffmann und Jürgen Freudl. Mit einem Vorwort von Elisabeth Bronfen. Übersetzt von Jürgen Freudl und Michael Schiffmann. Tübingen: Stauffenburg 2000. 125 ff.
81 Vgl. Babka, Anna/Posselt, Gerald/Bhabha, Homi K.: Über kulturelle Hybridität. Übertragung und Übersetzung. Übersetzt von Kathrina Menke. Wien: Turia und Kant 2012. 7 ff.

angesichts der römischen Kultur in Deutschland.[82] Bemerkenswert erscheint diesbezüglich vor allem, dass die Kultur des römischen Reiches derart Eingang in das Bewusstsein der ehemals Kolonisierten, nicht nur in Deutschland, gefunden zu haben scheint, dass sie als eher positiver und bewunderter Teil der eigenen Kultur betrachtet wird. Das römische Reich trat quasi mit zivilisatorischem Impetus und als Eroberer auf.[83] Auch die enge Verbindung religiöser und weltlicher Macht im Kontext des Christentums kann diesbezüglich als römisches Erbe betrachtet werden.[84] Grau zeigt angesichts des Limes, dass gerade an den Grenzen des römischen Reiches, wo verschiedene Kulturen aufeinandertrafen, ein Austausch stattfand und sich hybride Identitäten bildeten, die Elemente aus verschiedenen Kulturen in sich vereinten, auch wenn der Austausch durch ein Machtgefälle geprägt war. Einheitliche Identitäten sind dementsprechend eine Illusion.[85] Die Wertschätzung viktorianischer Hymnen im afrikanischen Teil der Gemeinde Christ Church kann als ein Hinweis auf jenes Phänomen kultureller Hybridität begriffen werden, welche durch diskriminierende Praxis[86] innerhalb des britischen Empire entstanden ist. Hybridisierung kann gemäß Bhabha folglich verstanden werden als Strategie zur Wiedererlangung von Freiheit und Handlungsfähigkeit, indem sie aus der Kultur der Kolonisatoren etwas Eigenes entwickelt.[87]

Zusammenfassend zeigt sich eine fundamentale Unversöhntheit in den Interviews vor allem im Hinblick auf den Missionsbegriff selbst. Die Spannung zwischen einem Gefühl der Verpflichtung zur Mission und einem Unbehagen dem Begriff Mission gegenüber, die auch in den Interviews durchscheint, ist stark vom Eindruck zivilisatorischer Bestrebungen des britischen *Empire,* ungerechter Machtstrukturen und kolonialer Missionsgeschichte geprägt, wo Kolonisatoren und christliche Gesellschaften eng verbunden waren. Die Ablehnung vor allem evangelikaler missionarischer Aktivitäten ist auch verbunden mit der Skepsis einer eher hochkirchlichen und wohlhabenden Oberschicht gegenüber den religiösen Aktivitäten unterer zumeist eher evangelikaler Schichten. Das bedeutet, es werden Spannungen zwischen unterschiedlichen gesellschaftlichen Schichten und zwischen verschiedenen Strömungen innerhalb der anglikanischen Gemeinschaft deutlich. Diese Tendenzen lassen sich auch in den Interviews angesichts der Ablehnung

---

82 Vgl. Grau, Marion: Rethinking Mission in the Postcolony. Salvation, Society and Subversion. London; New York: T & T Clark International 2011. 1 ff.

83 Vgl. Bringmann, Klaus: Römische Geschichte. Von den Anfängen bis zur Spätantike. München: C.H.Beck 2008. Auflage 10. 70 ff.

84 Vgl. ebd. 118 f.

85 Vgl. Grau: Rethinking Mission in the Postcolony. 1 ff.

86 Vgl. Babka/Posselt/Bhabha: Über kulturelle Hybridität. 14.

87 Vgl. ebd. 13.

evangelikaler Mission beobachten.[88] Kritik in den Interviews richtet sich auch gegen einen territorialen Missionsbegriff, welcher allerdings in anglikanischen Missionsgesellschaften eher nicht mehr vertreten wird. Im Zentrum missionarischen Handelns steht vielmehr das Verständnis einer ganzheitlichen Mission, welche vor allem auch um die Herstellung von Gerechtigkeit bemüht ist. Durch die koloniale Geschichte bleibt der Begriff der Mission aber trotzdem ambivalent im Erleben der Interviewpartner(innen), auch wenn positive Bewertungen des Erbes des britischen Empire in den Interviews durchscheinen und sich der Inhalt des Missionsbegriffes gewandelt hat.

2.2.1.4 Christ Church und die englische Sprache als Weltsprache

These: In der herausgehobenen Bedeutung der englischen Sprache in der anglikanischen Gemeinde in Wien wirken problematische koloniale Machtgefälle nach, die sich auch in der guten sozioökonomischen Situation der Gemeindemitglieder ausdrücken.

Die herausgehobene Deutung der englischen Sprache in der anglikanischen Gemeinde Christ Church kann auch im Hinblick auf die Bedeutung des Englischen als Weltsprache betrachtet werden. Mit dem Begriff der Weltsprache thematisiere ich die Bedeutung der englischen Sprache für Christ Church im Kontext von Macht und Identität. Einerseits nehmen Befragte die anglikanische Gemeinde in Wien als Migrant(inn)engemeinde in einer Minderheitenposition mit wenig Einfluss wahr,[89] andererseits wird in den Interviews auch ein Zusammenhang zwischen der englischen Sprache und dem sehr guten ökonomischen Status der meisten Gemeindemitglieder vermutet.[90] Ausgrenzungserfahrungen und spezielle Behandlung aufgrund des besonderen Status von Gemeindemitgliedern spiegeln diese Ambivalenz der anglikanischen Gemeinde in Wien. Der Linguist David Crystal beschreibt einen engen Zusammenhang von ökonomischer, technologischer und kultureller Macht im Hinblick auf die Geschichte der englischen Sprache:

> „There is the closest of links between language dominance and economic, technological, and cultural power, too, and this relationship will become increasingly clear as the history of English is told. Without a strong power base,

---

88 Vgl. IP4 (16.07.2014).
89 Vgl. IP4 (16.07.2014).
90 Vgl. IP7 (27.08.2014).

of whatever kind, no language can make progress as an international medium of communication."[91]

Die Expansion des britischen Weltreiches im 19. Jahrhundert und die ökonomische Vorherrschaft der Vereinigten Staaten von Amerika[92] seit dem 20. Jahrhundert nennt Crystal als wesentliche Aspekte angesichts der derzeitigen herausragenden globalen Rolle der englischen Sprache:

„By the beginning of the nineteenth century, Britain had become the world's leading industrial and trading country, By the end of the century, the population of the USA (then approaching 100 million) was larger than that of any of the countries of western Europe, and its economy was the most productive and the fastest growing in the world. British political imperialism had sent English around the globe, during the nineteenth century, so that it was a language 'on which the sun never sets'. During the twentieth century, this world presence was maintained and promoted almost single-handedly through the economic supremacy of the new American superpower. Economics replaced politics as the chief driving force. And the language behind the US dollar was English."[93]

Englisch ist derzeit die meistgenutzte Sprache der Welt. Wahrscheinlich spricht und versteht mittlerweile mehr als ein Viertel der Weltbevölkerung mehr oder weniger fließend Englisch. Vor allem deshalb bezeichnet Crystal diese Sprache als Weltsprache.[94] Die gegenwärtige Situation der englischen Sprache lässt sich nach Crystal in einem Modell von drei konzentrischen Kreisen beschreiben. Es gibt demnach einen innersten Kreis mit 320–380 Millionen Sprecher(inne)n. Zu diesem Kreis gehören Menschen aus Ländern wie den USA, dem Vereinigten Königreich, Irland, Kanada, Australien und Neuseeland. Englisch hat hier den Status einer hauptsächlich gesprochenen Sprache. In einem nächsten mittleren Kreis befinden sich 300–500 Millionen Sprecher(innen) aus Ländern mit mehr als einer

---

91 Crystal, David: English as a Global Language. Second Edition. Cambridge, UK; New York: Cambridge University Press 2012. Auflage 2. 7.
92 Die ökonomische Vorherrschaft der Vereinigten Staaten von Amerika nach dem Zweiten Weltkrieg wurde insbesondere durch die im Juli 1944 stattfindende Versammlung von 44 Nationen in Bretton Woods, New Hampshire, grundgelegt. Beseitigung von Diskriminierungen im Welthandel, freier Zugang zu Märkten und Rohstoffen, stabile Wechselkurse, die Konvertierbarkeit der Währungen angesichts der Leitwährung Dollar waren Aspekte der maßgeblich von den USA konzipierten Nachkriegsordnung. Vgl. Dippel, Horst: Geschichte der USA. München: C.H.Beck 2015. Auflage 10. 98 f.
93 Crystal: English as a Global Language. 10.
94 Vgl. ebd. 6.

hauptsächlichen gesprochenen Sprache. Englisch ist in diesem Kontext oft Zweitsprache und hat die Funktion einer offiziellen Sprache, welche Verständigung in einer multilingualen Umgebung möglich macht. Singapur, Indien oder Malawi sind Bespiele solcher Länder. Der äußerste dritte Kreis enthält eine wachsende Anzahl von 500–1.000 Millionen Sprecher(innen) aus China, Polen und einer zunehmende Anzahl weiterer Staaten, die Englisch als internationale Sprache anerkennen, aber nie durch jene Länder des innersten Kreises kolonisiert worden sind.[95] Das weist darauf hin, dass die Bedeutung der englischen Sprache zunimmt.

In der anglikanischen Gemeinde in Wien ist Englisch die Sprache, in welcher sich alle Mitglieder mehr oder weniger verständigen können, auch wenn sie nicht für alle die erste Sprache ist. Englisch ist hier eine *lingua franca*, eine Verkehrssprache. In der Gemeinde sind Menschen aus allen der drei beschriebenen konzentrischen Kreise anzutreffen.[96] Für Muttersprachler ist dies unter Umständen zwiespältig. David Crystal gibt dementsprechend aus der Perspektive eines Muttersprachlers zu bedenken: „You feel pride, that your language is the one which has been so successful; but your pride may be tinged with concern, when you realize that people in other countries may not want to use the language in the way that you do, and are changing it to suit themselves."[97] Die eigene Sprache ist ein sensibler Bereich, insbesondere, wenn Fremdsprachler diesen betreten. Die Vermutung einer Interviewpartnerin, dass Menschen in die Gemeinde kommen, um ihre Sprachkenntnisse zu verbessern, ist ein Hinweis auf eine solche Sensibilität.[98] Crystal weist darauf hin, das Sprache auch Zugehörigkeit und Abgrenzung aufzeigt und Identität bestimmt: „Language is a major means (some would say the chief means) of showing where we belong, and of distinguishing one social group from another [...]."[99] Das ist wohl ein Grund dafür, dass die Sprache des Gastlandes bisher wenig Eingang in das gottesdienstliche Leben der Gemeinde Christ Church gefunden hat. Englisch ist in der Gemeinde ein Aspekt von Identität, welcher diese auch nach außen abgrenzt. Einige Interviewpartner(innen) hatten den Eindruck, dass viele Mitglieder kaum bis wenig Deutsch sprechen, was allerdings eine Kooperation mit Kirchen anderer Traditionen auf lokaler Ebene schwierig macht.[100] Die Motivation oder die Möglichkeit zum Erlernen der Landessprache kann für Migrant(inn)en generell gering sein, wenn sie selbst eine Weltsprache sprechen,

---

95   Vgl. ebd. 60 f.
96   Vgl. Kapitel 1.3.1.
97   Crystal: English as a Global Language. 2.
98   Vgl. IP6 (14.08.2014).
99   Crystal: English as a Global Language. 22.
100 Vgl. IP4 (16.07.2014); vgl. IP6 (14.08.2014).

welche von vielen oder sogar den meisten Menschen im Gastland verstanden bzw. gesprochen wird. Crystal weist in diesem Zusammenhang auf ein Klischee hin, welches britische und US-amerikanische Touristen in der Erwartung beschreibt, dass überall Englisch gesprochen werde: „Clear signs of linguistic complacency, common observation suggests, are already present in the archetypal British or American tourist who travels the world assuming that everyone speaks English, and that it is somehow the fault of the local people if they do not."[101] Auch wenn es ein Stereotyp ist, weist dies doch auf die problematischen Aspekte der Weltsprache Englisch hin. Jedoch haben die Interviews gezeigt, dass es in der anglikanischen Gemeinde in Wien durchaus ein Bewusstsein für die Wichtigkeit von lokalen Sprachkenntnissen angesichts von Migrationserfahrungen gibt.[102] Dies haben vor allem auch die vielfältigen Sprachkenntnisse der Gruppe der Interviewten bestätigt.[103]

Auch wenn zusammenfassend in der zumeist guten sozioökonomischen Situation der Mitglieder von Christ Church vermutlich die Vorteile des Englischen als Weltsprache entlang ungerechter kolonialer Machtverteilung nachwirken, so ist englische Sprache gleichzeitig auch ein Verständigungsmittel, welches die internationale und multiethnische Gemeinschaft in der anglikanischen Gemeinde in Wien in besonderer Weise ermöglicht und fördert. Darüber hinaus kann die Bedeutung der Weltsprache Englisch und deren ökonomische Bedeutung aber auch dazu führen, dass keine Notwendigkeit mehr für die Mitglieder der Migrant(inn)engemeinde Christ Church besteht, sich auf Sprache und Kultur des Gastlandes einzulassen, was zur Separierung führt und als Ausdruck von Unversöhnheit verstanden werden kann, weil die separierenden Aspekte imperialer Macht bestehen bleiben.

2.2.2 Anglikanische Gemeinschaft in Miniatur

Die Darstellung der empirischen Ergebnisse im ersten Kapitel hat gezeigt, dass es in den Interviews zahlreiche Verweise auf die anglikanische Kirchengemeinschaft und deren Diversität sowie Beziehungen zu anderen Glaubenstraditionen gibt. Das deutet darauf hin, dass Kontexte, Situationen und Ereignisse der anglikanischen Kirchengemeinschaft auf die anglikanische Gemeinde zurückstrahlen und diese globale Perspektive in der Interpretation der Interviews nicht ausgelassen werden darf.

---

101 Crystal: English as a Global Language. 17.
102 Vgl. IP1 (05.02.2014).
103 Vgl. Kapitel 1.3.1.

2.2.2.1   Gemeinschaft in Verschiedenheit

These: In der Pluralität der Kirchengemeinde Christ Church spiegelt sich die Diversität der globalen anglikanischen Kirchengemeinschaft auf lokaler Ebene, vor allem auch im Hinblick auf postkoloniale Konfliktfelder.

Die Unterschiedlichkeit der jeweiligen anglikanischen Herkunftskirchen der Gemeindemitglieder wurde in den Interviews hervorgehoben.[104] Die Mitglieder kommen aus vielen verschiedenen Mitgliedskirchen[105] der weltweiten Gemeinschaft und gleichzeitig gab es zur Zeitpunkt der Interviews nur diese eine anglikanische Gemeinde in Wien beziehungsweise Österreich.[106] Das heißt folglich, dass im Hinblick auf unterschiedliche Positionen und Ansichten, die in der Gemeinde vorhanden sind, Ausgleich und Balance gefragt ist.[107]

Die Diversität innerhalb der weltweiten anglikanischen Gemeinschaft ist oft eine Quelle von Meinungsverschiedenheiten. Vor allem auch im Kontext der Lambeth-Konferenzen werden inneranglikanische Kontroversen immer wieder sichtbar. Diese Konferenzen sind ein zentraler Ort, wo Konsens oder auch Dissens festgestellt werden kann.[108] Der anglikanische Theologe Paul Avis merkt an, dass Meinungsverschiedenheiten innerhalb der anglikanischen Gemeinschaft nachdrücklich zu einer Reflexion über die Identität der Gemeinschaft und deren inneren Zusammenhalt auffordern: „Dissension among Anglicans appears to call into question the cohesion of the Communion."[109] In der Tat gab es immer wieder Meinungsverschiedenheiten, welche harte Zerreißproben darstellten. Kontrovers diskutiert wurden Fragen der Ehescheidung, Polygamie oder auch der Empfängnisverhütung. In jeder dieser Fragen wurden Kompromisse gefunden, mit denen jede Mitgliedkirche leben konnte, auch wenn es bei unterschiedlichen Bewertungen der strittigen Themen blieb. In Bezug auf die Empfängnisverhütung änderte sich die Meinung der Mitgliedsgliedkirchen sogar von einem generellen Verbot hin zu einer empfohlenen Methode verantwortungsvoller Elternschaft. Diskussionen um die Frauenordination in den 1970er Jahren stellten bereits eine

---

104   Vgl. Kapitel 1.3.3.3.
105   Vgl. IP3 (25.06.2018).
106   Vgl. IP8 (16.10.2014).
107   Vgl. IP2 (04.06.2014).
108   Vgl. Prichard, Robert W.: The Lambeth Conferences. In: Ian S. Markham u. a. (Hgg.): The Wiley-Blackwell Companion to the Anglican Communion. The Wiley-Blackwell Companions to Religion. Chichester: John Wiley & Sons 2013. 91–104. 91 ff.
109   Vgl. Avis: The Identity of Anglicanism. 58.

größere Herausforderung dar.[110] Fand man zunächst einen pragmatischen Ausgleich zwischen Gegnern und Befürworten der Weihe von Frauen zu Priesterinnen, so waren die Differenzen um die Weihe von Bischöfinnen durch die Episkopalkirche der Vereinigten Staaten von Amerika in den 1980er Jahren eine große Gefahr für die Stabilität der anglikanischen Gemeinschaft. Die gegenwärtig größte Aufgabe ist jedoch der seit der Lambeth-Konferenz 1998 offenbar gewordene Dissens im Verständnis menschlicher Sexualität, insbesondere in Bezug auf Homosexualität.[111] Vor allem die Reaktionen auf die Resolution I.10[112] der 1998er Konferenz ließen die Divergenzen innerhalb der Gemeinschaft erkennen und zeigten deutlich, dass die notwendige Auseinandersetzung im Hinblick auf menschliche Sexualität, welche schon auf der Lambeth-Konferenz 1978 angeregt und 1988 nochmals bekräftigt worden war, nur ungenügend stattgefunden hatte.[113] Die Bischofsweihe von Gene Robinson, eines geschiedenen und in einer gleichgeschlechtlichen Partnerschaft lebenden Mannes, durch die Episkopalkirche der Vereinigten Staaten von Amerika

---

110 In Macao wurde bereits 1944 mit Florence Tim Oi Li die erste anglikanische Priesterin geweiht. In der Notsituation des Zweiten Weltkrieges war dies die einzige Möglichkeit, die Seelsorge für die isolierte anglikanische Gemeinde in Macao zu gewährleisten. Nachdem es heftige Diskussionen mit dem damaligen Erzbischof von Canterbury gegeben hatte, trat Florence allerdings von ihrem Amt zurück. Vgl. Kaye, Bruce Norman: An introduction to world Anglicanism. Cambridge, England; New York: Cambridge University Press 2008. 158.

111 Vgl. Doe: Saving Power. 26 ff.

112 Resolution I.10: „This Conference:
    a.   commends to the Church the subsection report on human sexuality;
    b.   in view of the teaching of Scripture, upholds faithfulness in marriage between a man and a woman in lifelong union, and believes that abstinence is right for those who are not called to marriage;
    c.   recognises that there are among us persons who experience themselves as having a homosexual orientation. Many of these are members of the Church and are seeking the pastoral care, moral direction of the Church, and God's transforming power for the living of their lives and the ordering of relationships. We commit ourselves to listen to the experience of homosexual persons and we wish to assure them that they are loved by God and that all baptised, believing and faithful persons, regardless of sexual orientation, are full members of the Body of Christ;
    d.   while rejecting homosexual practice as incompatible with Scripture, calls on all our people to minister pastorally and sensitively to all irrespective of sexual orientation and to condemn irrational fear of homosexuals, violence within marriage and any trivialisation and commercialisation of sex;
    e.   cannot advise the legitimising or blessing of same sex unions nor ordaining those involved in same gender unions;
    f.   requests the Primates and the ACC to establish a means of monitoring the work done on the subject of human sexuality in the Communion and to share statements and resources among us;
    g.   notes the significance of the Kuala Lumpur Statement on Human Sexuality and the concerns expressed in resolutions IV.26, V.1, V.10, V.23 and V.35 on the authority of Scripture in matters of marriage and sexuality and asks the Primates and the ACC to include them in their monitoring process." Vgl. Anglican Consultative Council: The Lambeth Conference. Resolutions Archive from 1998. 9.

113 Vgl. Groves, Phil: Anglican Communion and Homosexuality. The Official Study Guide to Enable Listening and Dialogue. London: Spck 2008. 3.

2003 war der Auslöser heftiger Auseinandersetzungen von Befürworten und Gegnern jener Weihe innerhalb der anglikanischen Gemeinschaft. Einerseits ist aus einer globalen Perspektive für die Mehrheit der Mitgliedskirchen Homosexualität unvereinbar mit der Heiligen Schrift und, anderseits sind andere Mitgliedskirchen äußerst tolerant und akzeptierend mit dem Verweis auf die Menschenrechte.[114] Auf die Rückkehr der Gemeinschaft zu einem traditionellen Verständnis menschlicher Sexualität zielend, organisierten insbesondere Mitgliedskirchen der südlichen Halbkugel 2008 eine Konferenz zur Zukunft der anglikanischen Gemeinschaft (Global Anglican Future Conference: GAFCON).[115] Konflikt gehört insgesamt zu einem wesentlichen Merkmal anglikanischer Tradition.

Wenn man die Kontroverse um menschliche Sexualität auf die Mehrheitsverhältnisse innerhalb der anglikanischen Gemeinschaft bezieht, fällt ein weiterer Aspekt auf, der postkolonial verstanden werden kann: die Mehrheit der Anglikaner(innen) lebt mittlerweile in der südlichen Hemisphäre bzw. den ehemaligen britischen Kolonien in Afrika. Waren um 1900 noch 82 % der Anglikaner(innen) Briten, so sind es 2005 nur noch 33 %. Im Gegenzug dazu ist die Anzahl der Anglikaner(innen) aus Subsahara-Afrika von 1 % im Jahr 1900 auf 55 % im Jahr 2005 gestiegen. Die afrikanischen Länder mit der größten anglikanischen Bevölkerung waren 2005 Nigeria (18 Millionen) und Uganda (10,1 Millionen). Zusammen waren dies 2005 bereits 55 % der Anglikaner(innen) in Afrika. Die Anglikaner(innen) aller anderen Regionen, mit Ausnahme von Australien und Neuseeland, sind prozentual weniger geworden. D. h. die Mehrheitsverhältnisse haben sich in den letzten 100 Jahren tief greifend verändert.[116] Die Frontlinie der Meinungsverschiedenheiten verläuft vor allem zwischen den ehemaligen Kolonien und den anglofonen Kolonisatoren. Es geht folgerichtig in der Diskussion um menschliche Sexualität also nicht allein um inhaltliche Meinungsverschiedenheiten, sondern ebenso um Machtfragen in der Folge der kolonialen Vergangenheit der anglikanischen Kirchen.[117] Zwar gehört Konflikt und Diversität zu den Charaktermerkmalen anglikanischer Tradition, trotzdem kann vor allem im Hinblick auf die Diskussion um die menschliche Sexualität massive Unversöhntheit wahrgenommen werden, die auch in die Geschichte des britischen Imperialismus

---

114 Vgl. Mhogolo, Dodfrey Mdimi: Human Sexuality in the Anglican Communion. In: Ian S. Markham u. a. (Hgg.): The Wiley-Blackwell Companion to the Anglican Communion. The Wiley-Blackwell Companions to Religion. Chichester: John Wiley & Sons 2013. 627–642. 641.
115 Vgl. Doe: Saving Power. 28 f.
116 Vgl. Pew Research Center: Global Anglicanism at a Crossroads. Online unter: http://www.pewforum.org/2008/06/19/global-anglicanism-at-a-crossroads/ (Abruf: 29.02.2016).
117 Vgl. Kaye: An introduction to world Anglicanism. 196 f.

zurückreicht und auf einen Konflikt zwischen Kolonisatoren und ehemals Kolonisierten verweist. Dass Mitglieder von Christ Church eine deutlich wahrnehmbare eigenständige Gemeinschaft von Afrikaner(inne)n innerhalb der anglikanischen Gemeinde in Wien wahrnehmen, kann ebenfalls als Spiegel dieser globalen kolonialen Vergangenheit betrachtet werden.[118]

2.2.2.2   Brückenschläge zu anderen Glaubenstraditionen

These: Das Engagement der Gemeinde Christ Church im innerchristlichen und interreligiösen Dialog und das Bemühen um gute Beziehungen zu den lokalen Glaubensgemeinschaften liegt im anglikanischen Selbstverständnis der eigenen Partikularität und der gegenseitigen Bezogenheit aufeinander begründet.

Innerchristliche und interreligiöse Kontakte waren ein maßgebliches Thema der Interviews. Der ökumenische Dialog, vor allem mit anderen christlichen Traditionen, inklusive des Bemühens um die sichtbare Einheit der universalen Kirche ist ein wichtiges Merkmal anglikanischer Identität und ist verbunden mit dem Verständnis der eigenen Partikularität. Schon einige Jahre nach der Gründung der anglikanischen Kirchengemeinschaft setzte sich die Lambeth-Konferenz 1888 mit der Frage auseinander, auf welcher Grundlage eine sichtbare Einheit mit den Kirchen der anglikanischen Gemeinschaft hergestellt werden könnte, bzw. eigentlich wie Kirchen anderer Traditionen Mitglieder der anglikanische Gemeinschaft werden könnten. Die als *Lambeth Quadrilateral* bekannte Resolution 11 beschrieb vier grundlegende Eckpunkte als Basis einer solchen sichtbaren Reunion[119]:

„That, in the opinion of this Conference, the following articles supply a basis on which approach may be by God's blessing made towards home reunion:

a. The Holy Scriptures of the Old and New Testaments, as 'containing all things necessary to salvation,' and as being the rule and ultimate standard of faith.

b. The Apostles' Creed, as the baptismal symbol; and the Nicene Creed, as the sufficient statement of the Christian faith.

c. The two sacraments ordained by Christ himself – Baptism and the Supper of

---

118 Vgl. IP3 (25.06.2018). Avis weist in Bezug auf die Klüfte innerhalb der anglikanischen Gemeinschaft darauf hin, dass es aber ein Missverständnis wäre, diesbezüglich auf der Ebene der anglikanischen Kirchengemeinschaft von Spaltungen zu sprechen. Der Grund liegt darin, dass die Gemeinschaft an sich keine formal konzipierte Weltkirche ist, obwohl sie kirchliche Merkmale hat, welche insbesondere auch den Austausch von Geistlichen zwischen den Mitgliedskirchen einschließt. Vgl. Avis: The identity of Anglicanism. 58 ff.
119 Vgl. Chapman, Mark: Anglican Theology. London; New York; Bloomsbury: T&T Clark 2012. Auflage 1. 193.

the Lord ministered with unfailing use of Christ's words of institution, and of the elements ordained by him.

d. The historic episcopate, locally adapted in the methods of its administration to the varying needs of the nations and peoples called of God into the unity of his Church."[120]

Diese Resolution diente im Rückblick jedoch weniger einer Einigung der verschiedenen christlichen Traditionen als vielmehr der Beschreibung eines spezifisch anglikanischen Selbstverständnisses und wirkte identitätsstiftend.[121] Die Mitgliedskirchen der anglikanischen Gemeinschaft gründen sich dementsprechend vor allem auf der heiligen Schrift des alten und neuen Bundes, die alles heilsnotwendige enthält, dem Glauben, welcher seinen Ausdruck im apostolischen und nicänischen Glaubensbekenntnis findet, den beiden Herrensakramenten, Taufe und Eucharistie, sowie auf dem historischen Bischofsamt in seiner jeweiligen lokalen Ausformung. Es wäre jedoch ein Missverständnis, aus den Diskussionen der Lambeth-Konferenz 1888 entweder einen anglikanischen Universalitätsanspruch herauszulesen, oder gar das *Lambeth Quadrilateral* als umfassende Beschreibung anglikanischer Identität zu verstehen.[122] Vielmehr verstehen sich die Kirchen der anglikanischen Gemeinschaft bewusst, wie schon angedeutet, als Teile der einen Kirche: „The Anglican Communion has never seen its life as a family of Churches as self-sufficient, nor does it claim any universal identity other than as part of the one Holy Catholic and Apostolic Church."[123] Daraus folgt die Erkenntnis der gegenseitigen Abhängigkeit verschiedener christlicher Traditionen. D. h. das Leben der eigenen Tradition hat Einfluss auf das Leben der anderen Traditionen und umgekehrt: „At this stage of the ecumenical movement, we have to recognise that what affects one affects all, and that it behoves each Church to live in accountability to the rest of the *oikumene*."[124]

Die Kirchen anglikanischr Tradition, wie andere Kirchen auch, unterhalten vielfältige Beziehungen zu Kirchen anderer christlicher Traditionen auf unterschiedlichem Niveau. Bereits im 19. Jahrhundert gab es im Hinblick auf missionarische Aktivitäten ein großes Interesse an der Zusammenarbeit mit lokalen

---

120 Vgl. Anglican Consultative Council: The Lambeth Conference. Resolutions Archive from 1888. 2005. Online unter: http://www.anglicancommunion.org/media/127722/1888.pdf (Abruf: 11.12.2017). 4.
121 Vgl. Chapman: Anglican Theology. 193.
122 Vgl. Kaye: An introduction to world Anglicanism. 103.
123 Anglican Consultative Council: Lambeth Indaba. Abschn. 71.
124 Vgl. ebd. Abschn. 73.

Kirchen und anderen Konfessionen, neben Lutheranern und Reformierten vor allem auch mit den altorientalischen Kirchen.[125] Dass man als fremde Kirche auf gute Kontakte zu den lokalen Kirchen angewiesen ist, ist ein Grundsatz, der sich auch in den Interviews wiederentdecken lässt und der vermutlich auf die Jahrhunderte lange Erfahrung anglikanischer Tradition zurückgeht. Zumindest wird in den Interviews angemerkt, dass man sich die guten Beziehungen nicht durch Proselytismus verscherzen dürfe.[126] Die engste Beziehung besteht zu jenen Kirchen und Kirchenfamilien, die in voller Gemeinschaft (full communion) mit den Kirchen der anglikanischen Gemeinschaft stehen. Zwischen den anglikanischen Mitgliedskirchen und diesen Kirchen ist ein wechselseitiger Austausch bischöflich ordinierter Amtsträger möglich. Volle Gemeinschaft mit der anglikanischen Gemeinschaft besteht mit den altkatholischen Kirchen der Utrechter Union durch das *Bonn Agreement* 1930–1931, der Mar-Thoma-Kirche in Südindien sowie der unabhängigen philippinischen Kirche. Darüber hinaus gibt es auch lokale gemeinsame Erklärungen der vollen Kirchengemeinschaft von einzelnen Mitgliedskirchen mit anderen Kirchen, welche nicht notwendigerweise für die ganze anglikanischen Gemeinschaft gelten. Zu nennen sind hier insbesondere die Porvoo-Gemeinschaft, welche die vier Mitgliedskirchen der anglikanischen Gemeinschaft in Großbritannien und Irland mit lutherischen Kirchen in Skandinavien verbindet. Ferner haben die Episkopalkirche der Vereinigten Staaten von Amerika und einige lutherische Kirchen in den USA und Kanada die volle Kirchengemeinschaft festgestellt.[127] Die Erklärung der vollen Gemeinschaft kann zu Folge haben, dass sich Jurisdiktionen lokal überschneiden. Im lokalen Wiener Kontext trifft dies zu auf die Kirche von England, die Episkopalkirche und die altkatholische Kirche Österreichs. Außerdem existiert in Wien jeweils eine Gemeinde der schwedischen Kirche und der evangelisch-lutherischen Kirche Finnlands, welche über die Porvoo-Gemeinschaft mit der Kirche von England verbunden sind. In der anglikanischen Gemeinde in Wien werden ökumenische Kontakte auf lokaler Ebene von den Interviewpartner(inne)n durchaus wahrgenommen. Zur altkatholischen Kirche gebe es sehr gute Kontakte, auch wenn es hier manchmal eine Sprachbarriere gebe.[128] Ebenso gebe es Kontakte zur methodistischen Kirche[129] und die Pfarrerin der schwedischen Kirche habe schon in der anglikanischen Gemeinde gepredigt.[130] In

---

125 Vgl. Ward: Mission in the Anglican Communion. 66.
126 Vgl. Kapitel 1.3.6.3.
127 Vgl. Avis: The Identity of Anglicanism. 63.
128 Vgl. IP1 (05.02.2014).
129 Vgl. IP2 (04.06.2014).
130 Vgl. IP3 (25.06.2018).

Bezug auf sich überlappende Jurisdiktionen von Kirchen in voller Gemeinschaft merkte die Lambeth-Konferenz 1998 in der Resolution IV.6 an, dass an diesem Punkt noch Diskussionsbedarf bestehe, um die sichtbare Einheit deutlicher zu machen.[131] Der Versuch, eine sichtbare kirchliche Einheit zu erreichen, mit der bewussten Wahrung der jeweiligen kirchlichen Verschiedenheit, ist Charakteristikum anglikanischer Ekklesiologie, sowohl innerhalb der eigenen Tradition als auch im Gespräch mit anderen christlichen Traditionen. Auch wenn eine volle sichtbare Gemeinschaft mit anderen christlichen Traditionen aus anglikanischer Perspektive oft noch nicht möglich ist, weil beispielsweise kein historisches Bischofsamt beim Dialogpartner existiert, bedeutet dies jedoch nicht, solchen Traditionen ihr Sein als Kirche abzusprechen. Zumal man sich im ökumenischen Dialog selbst in der Mitte zwischen den bischöflichen und nicht bischöflichen christlichen Traditionen lokalisiert.[132] Die offizielle Verantwortung zur Herstellung einer vollen sichtbaren kirchlichen Gemeinschaft liegt jedoch, aufgrund des Konzeption der anglikanischen Gemeinschaft als Gemeinschaft von autonomen Kirchen, generell auf der Ebene der einzelnen Mitgliedskirchen selbst. Trotzdem stehen einige Gruppen von Kirchen auch auf der Ebene der anglikanischen Kirchengemeinschaft in einem globalen Dialog: der baptistische Weltbund, lutherische Kirchen, methodistische Kirchen, reformierte Kirchen, die Utrechter Union altkatholischer Kirchen, orientalisch-orthodoxe Kirchen, byzantinisch-orthodoxe Kirchen sowie die römisch-katholische Kirche.[133] Vor allem der Dialog mit den lutherischen und den altkatholischen Kirchen führte in der jüngeren Vergangenheit zu einer Reihe von Erklärungen und Zusammenschlüssen, die auf der lokalen Ebene in Wien insofern von Bedeutung sind, weil es hier zum Teil lockere bis enge Kontakte gibt, die auch in den Interviews benannt worden sind.[134] Neben den bereits erwähnten Vereinbarungen von Porvoo und Bonn ist auch die Meißener Erklärung von 1988, als lokale Vereinbarung zwischen der Kirche von England und der evangelischen Kirche in Deutschland (EKD), eine wichtige Frucht des ökumenischen Dialogs.[135] Auch wenn mit der Erklärung von Meißen noch keine volle kirchliche Gemeinschaft verbunden ist.[136] Gemeinhin verstehen sich Anglikaner(innen) in ihrem Sein als Kirche trotz

---

131 Vgl. Anglican Consultative Council: The Lambeth Conference. Resolutions Archive from 1998. 29.
132 Vgl. Kaye: An introduction to world Anglicanism. 104.
133 Vgl. Anglican Consultative Council: Ecumenical Dialogues. Online unter: http://www.anglicancommunion.org/relationships/ecumenical-dialogues.aspx (Abruf: 25.02.2016).
134 Vgl. Kapitel 1.3.3.5.
135 Vgl. Kaye: An introduction to world Anglicanism. 106 ff.
136 Vgl. Die Evangelische Kirche in Deutschland (EKD): Die Meißener Gemeinsame Festellung. Auf dem Weg zu sichtbarer Einheit. Eine Gemeinsame Festellung. Online unter: https://www.ekd.de/die-meissener-erklaerung-23807.html (Abruf: 12.04.2021).

Verschiedenheit zu anderen christlichen Traditionen besonders in der Taufe verbunden im einen Leib Christi:[137] „... that we are very members incorporate in the mystical body of thy Son, which is the blessed company of all faithful people ..." (BCP 1662).[138]

Die Bischöfe der anglikanischen Gemeinschaft sehen über den innerchristlichen Dialog hinaus ebenso den interreligiösen Dialog mit anderen Religionen als notwendige Aufgabe der Gegenwart an. Die Lambeth-Konferenz 2008 stellte in Bezug auf das Verhältnis zu anderen Religionen fest: „We recognise that we live today in a world where many faiths live side by side. We encounter each other on a daily basis and as neighbours are drawn into dialogue together. Such dialogue, in truth, arises from our love and concern for all humanity, who like us are created in the image and likeness of God."[139] Der Kontakt zu anderen Weltanschauungen ist eine faktische Gegebenheit der Gegenwart. Die liebende Sorge um alle Menschen, die gleicherweise als Ebenbilder Gottes geschaffen sind, ist die Grundlage, auf welcher der interreligiöse Dialog aus anglikanischer Perspektive beruht. Die Aufgabe eines solchen Dialogs hat vor allem Vertrauensbildung und das Verstehen der anderen Tradition zu sein. Christliches Leben und Verkündigung bedeutet in diesem Zusammenhang insbesondere glaubwürdig gelebtes Tun und weniger eine Sammlung von Glaubenssätzen.[140]

Im Kontext des interreligiösen Dialogs wird die Beziehung zwischen Christen und Juden in besonderer Weise herausgehoben.[141] Obwohl es in der Kirche von England eine lange Tradition des jüdisch-christlichen Dialogs gibt, ist allerdings der globale Dialog zwischen der anglikanischen Gemeinschaft und dem Judentum aus der Sicht des ehemaligen Generalsekretärs der anglikanischen Kirche von Australien Bruce Kaye kaum wahrzunehmen.[142]

In der Beziehung der anglikanischen Gemeinschaft zum Islam hat es seit den Kontakten am Ende des 19. Jahrhunderts bis zur Gegenwart eine stetige Entwicklung gegeben, welche vor allem im Kontext der durch Migration bedingten Pluralisierung der westlichen Gesellschaften seit der zweiten Hälfte des 20. Jahrhunderts steht. Ging es anfangs insbesondere um die Frage der Missionierung unter Muslimen, so steht in der Gegenwart der interreligiöse Dialog im Zentrum.[143]

---

137 Vgl. Avis: The Identity of Anglicanism. 165 ff.
138 Vgl. Cummings: The Book of Common Prayer. 404.
139 Anglican Consultative Council: Lambeth Indaba. Abschn. 85.
140 Vgl. ebd. Abschn. 91.
141 Vgl. ebd.
142 Vgl. Kaye: An introduction to world Anglicanism. 118.
143 Vgl. ebd. 119.

Der Dialog mit dem Islam, aber auch mit anderen Religionen, ist allerdings sowohl geprägt von Verfolgungserfahrungen der Christen in Ländern wie Nigeria, Sudan und Pakistan als auch durch terroristische Anschläge von extremistischen Gruppen. Gerade deswegen ist man sich bewusst, dass interreligiöser Dialog unverzichtbar notwendig ist. Aus diesem Grund wurde 1993 das Netzwerk NIFCON (Network for Inter Faith Concerns) ins Leben gerufen, welches interreligiöse Initiativen in unterschiedlichen Ländern miteinander verbindet und den Austausch von Informationen fördern soll.[144]

Die bereits genannte Kontroverse um das Verständnis der menschlichen Sexualität hat in Bezug auf den Dialog zu anderen Traditionen einerseits die Frage nach der Identität der anglikanischen Gemeinschaft aufgeworfen und anderseits die Wechselbeziehung zwischen der eigenen und anderen Traditionen deutlich gemacht.[145] Innerhalb der christlichen Ökumene war und ist die anglikanischer Seite in diesem konkreten Fall bemüht, trotz Meinungsverschiedenheiten mit einer Stimme zu sprechen. Gleichzeitig werden auch Spannungen mit Dialogpartner(inne)n wahrgenommen, welche auch in der eigenen Positionierung begründet sind. Die Lambeth-Konferenz 2008 stellte fest, dass die Bischofsweihe von Gene Robinson und die Segnung von gleichgeschlechtlichen Partnerschaften dem ökumenischen und interreligiösen Dialog einerseits geschadet haben, als auch andererseits positive Auswirkungen in einigen Ländern hatten.[146]

Deutlich wird, dass die Wahrnehmung der faktischen Unterschiedlichkeit von Weltanschauungen und Traditionen das Bewusstsein der wechselseitigen Abhängigkeit und das Bemühen um ein ausgleichendes gutes Miteinander ein kennzeichnender und herausfordernder Anspruch anglikanischer Tradition war und ist. Das Bemühen um gute freundschaftliche Beziehungen zu anderen Glaubenstraditionen ist ein versöhnender Aspekt anglikanischer Tradition, der auch in den Interviews angesichts der Situation der Gemeinde Christ Church deutlich hervortritt.[147] Trotzdem gibt es auch Stimmen, die insbesondere das innerchristlich ökumenische Engagement im Bewusstsein der Gemeinde als eher sekundär wahrnimmt.[148] Hier deutet sich eine mögliche Gefahr für die Gemeinde an, indem sie Blick über den eigenen Tellerhand tendenziell verliert und nur noch auf sich

---

144 Vgl. Anglican Consultative Council: Interfaith Dialogues. Online unter: http://www.anglicancommunion.org/relationships/interfaith-dialogues.aspx (Abruf: 11.12.2017).

145 Vgl. Nazir-Ali, Michael: The Anglican Communion and Ecumenical Relations. In: Ian S. Markham u. a. (Hgg.): The Wiley-Blackwell Companion to the Anglican Communion. The Wiley_Blackwell Companions to Religion. Chichester: John Wiley & Sons 2013. 569–584. 582.

146 Vgl. Anglican Consultative Council: Lambeth Indaba. Abschn. 118–119.

147 Vgl. IP4 (16.07.2014).

148 Vgl. IP2 (04.06.2014); vgl. IP8 (16.10.2014).

selbst konzentriert ist. Ein solcher Außenblick ist aber im Sinne einer die ganze Welt umfassenden versöhnenden Mission Gottes konstitutiv.

2.3 Christ Church und Versöhnung im Kontext von Migration

2.3.1 Charakter der Migrant(inn)engemeinde Christ Church

Versöhnung verstanden als das Wiederherstellen der Beziehung zu Gott, die sich vor allem auch in der Beziehung der Menschen untereinander und erkennen lässt, hat auch im Kontext von Migration Relevanz. Insbesondere Ungerechtigkeit kann diesbezüglich als ein Hinweis auf Unversöhntheit mit Gott verstanden werden. Migration als das Überschreiten von Grenzen führt zum Kontakt mit anderen Menschen und zur Auseinandersetzung mit Differenz. Das ist auch interessant im Hinblick auf Versöhnung. Der anglikanische Theologe Titus L. Presler formuliert insbesondere angesichts der versöhnenden Mission Gottes einen Differenzbegriff, welcher sich in der Erfahrung der Überschreitung bedeutender sozialer Grenzen beschreiben lässt. Solche Grenzen können religiös, kulturell, sprachlich, ethnisch, sexuell, wirtschaftlich, politisch, national, beruflich, geografisch etc. sein.[149] Christ Church ist als multiethnische und multikulturelle Migrant(inn)engemeinde konfrontiert mit Differenz und Prozessen der Entstehung zwischenmenschlicher Beziehungen bzw. der Bildung von Gemeinschaft, auch im österreichischen Kontext.

2.3.1.1 Akkulturative Verortungsprozesse

These: Angesichts der anglikanischen Gemeinde in Wien finden, sowohl innerhalb der Gemeinde als auch im Hinblick auf das Gastland Österreich akkulturative Verortungsprozesse statt, welche auf die Gemeinde, die Gemeindemitglieder als auch auf die Gastgesellschaft in Österreich gemeinschaftsbildende und -hindernde Auswirkungen haben.

Verortung ist ein Begriff, den der Psychologe und Theologe Andreas Zick im Zusammenhang einer Konzeptionierung der Akkulturationsforschung vorschlägt, auch wenn dieser kein in der Akkulturationsforschung üblicher Begriff ist. Zick versteht den Begriff, sowohl psychologisch als auch sozialwissenschaftlich. Mit Verortung ist dementsprechend der Versuch eines Individuums bzw. einer Gruppe gemeint, „einen Ort in der Entität Kultur zu finden".[150] Ich möchte den Begriff vor

---

149 Vgl. Presler: Going Global With God. 58.
150 Zick: Psychologie der Akkulturation. 553.

allem nutzen, um diverse in den Interviews im Kontext der Migrationserfahrungen angedeutete Orts- und Raumbestimmungen angesichts der anglikanischen Gemeinde in Wien zu interpretieren. Das Phänomen Migration wird oft im Kontext von Akkulturation reflektiert. Das liegt Nahe, da es in der Akkulturationsforschung um die Frage geht, wie Menschen in einem ihnen fremden bzw. ungewohnten kulturellen Kontext leben und welche Prozesse in diesem Zusammenhang ablaufen.[151] Akkulturation ist aber ein Phänomen, dass nicht nur auf Migrationsprozesse beschränkt ist, sondern überall dort anzutreffen ist, wo Menschen in Gruppen eingebunden sind. Migration ist diesbezüglich ein bedeutendes Phänomen unter anderen, in dessen Kontext Akkulturationsprozesse beobachtet werden können. Es handelt sich dabei sowohl um psychologische als auch um soziale Prozesse. Zick beschreibt dementsprechend eine sozialpsychologische Theorie der akkulturativen Verortung,[152] die er aus der Synopse bisheriger Theorien im Bereich der Akkulturationsforschung entwickelt. Er stellt seine Theorie anhand der folgenden fünf Grundannahmen dar, welche vor allem „die Wechselwirkung von Individuum, Gruppe und Kultur mit einem besonderen Fokus auf interkulturelle Beziehungen"[153] beschreiben:

„1. Akkulturation ist ein Prozess der Veränderung von Individuen, Gruppen, und/ oder kulturellen Systemen, die dadurch zustande kommt, dass Mitglieder einer Gruppe versuchen, sich in der kulturellen Umwelt einer anderen Gruppe zu verorten, indem sie versuchen, diese anzueignen.
2. Der (sozialpsychologische) Prozess ist geprägt durch interkulturelle Beziehungen, das heißt Gruppenwahrnehmungen, Kontakte zwischen Gruppen, Interaktionen und Kommunikation. In dem Prozess kommen kulturell differente Gruppen beziehungsweise deren Mitglieder in Kontakt und es werden Prozesse der Aneignung und Ablehnung kultureller Systeme in Gang gesetzt.
3. Der Akkulturationsprozess ist dadurch geprägt, dass in der Regel Mitglieder einer kulturell neuen (fremden) Gruppe versuchen, den kulturellen Kontext einer etablierten Gruppe anzueignen beziehungsweise zu adaptieren, wobei die Mitglieder etablierter Gruppen darauf reagieren.
4. Akkulturation ist ein Prozess, der durch Balancierung von Beziehungen, Differenz und Verortung geprägt ist.

---

151 Vgl. ebd. 19.
152 Vgl. ebd. 531 ff.
153 Ebd. 533.

5. Phänomene, die den Prozess der Akkulturation beobachtbar prägen, sind aus der Interaktion individueller und Umweltfaktoren zu erklären."[154]

Das Bemühen von Individuen oder Gruppen um Verortung in einem anderen kulturellen Kontext ist der Ausgangspunkt der Theorie und der Kerngedanke der ersten Annahme. Durch einen solchen Verortungsversuch wird ein Prozess in Gang gesetzt, welcher Individuen, Gruppen und kulturelle Systeme verändert. Der Prozess der Akkulturation als Veränderung wird oft entweder synchron als Verlauf von Ursache und Folge verstanden oder diachron als zeitliches Nacheinander verschiedener Phasen.[155] Zick entwickelt auch eine idealtypische Abfolge von Akkulturationsphasen. Die folgende Abbildung (Abb. 10) zeigt den Versuch, die von Zick beschriebenen Phasen in einem der durchgeführten Interviews beispielhaft zu identifizieren.

Abb. 10: Rekonstruierter Akkulturationsprozess des Interviewpartners IP2

Erstellt nach dem Modell von Andreas Zick[156]

Phase	Interviewzitate
1. Un-/freiwillige Entscheidung zu Gehen	„And, she had expressed interest in moving to Austria at some point, because her parents were getting older." IP2 (04.06.2014)
2. Prozess der Auswanderung	„So, […] she ended up getting a job, and we decided it was good time to make that move. So, we did. That was basically it." IP2 (04.06.2014)
3. Erstkontakt	„The vacation was kind of ideal, like an idyllic kind of picture. Everybody was very friendly. They're definitely a bit different." IP2 (04.06.2014)
4. Intensiver interkultureller Kontakt	„I think there was a bit of cultural shock at first. […] The people here are much more reserved […]. The way they devote relationships […] is different. […] I found it to be more complicated." IP2 (04.06.2014)
5. Adaption (Verortung)	„To me the church is a bit of a, like a second home in a way." IP2 (04.06.2014)
6. Adaption (Differenzierung)	„Austria does not feel like home to me, if that makes sense. And, even my job is not feel like home. It's not a place where I feel like, kind of unconditionally accepted." IP2 (04.06.2014)

154 Ebd. 534–535.
155 Vgl. ebd. 541 ff.
156 Vgl. ebd. 543.

7. Integration/Separation	„People speak for little bit when you go out, but at a certain point they shift back into *Deutsch*. And, […] even if you speak very well, if you are an outsider it's still very hard." IP2 (04.06.2014)
[8. Auswanderung, 9. Re-Akkulturation]	…

Rekonstruiert wird die Situation eines Interviewpartners, der sich freiwillig mit seiner Partnerin, deren Eltern in Österreich leben, zu einer Immigration nach Österreich entscheidet. Die Annahme einer Anstellung in Österreich durch die Partnerin ist der Startpunkt für die Auswanderung. Erste Eindrücke aus einem Urlaub in Österreich vermittelten einen idyllischen Eindruck vom Land und führten zu ersten Differenzerfahrungen. Der beschriebene Urlaub liegt wahrscheinlich noch vor der eigentlichen Entscheidung zur Migration. Der Begriff des *cultural shock* beziehungsweise die Erfahrungen von Unterschiedlichkeit angesichts des Themas Freundschaften in Österreich sind vermutlich Ausdruck eines intensiven interkulturellen Kontaktes. Die durch den Interviewpartner betonte Beheimatung in der anglikanische Gemeinde in Wien und die fehlende Beheimatung in Österreich lassen den Schluss zu, dass die Aneignung der kulturellen Umwelt in Österreich noch nicht vollständig gelungen ist oder vielleicht auch nicht mehr angestrebt wird. Verstärkt wird dieser Eindruck noch durch die Beschreibung von der beidseitig mangelnden Sprachfähigkeit oder -bereitschaft. Hier findet Ausschluss und Abgrenzung statt. Auswanderung im Sinne einer Rückwanderung und Re-Akkulturation war übrigens in keinem der geführten Interviews relevant.

Interkulturelle Differenzierung, interkulturelle Kontakte sowie Aneignung und Ablehnung von Kultur sind wichtige Aspekte im Zusammenhang der zweiten Annahme der Theorie akkulturativer Verortung. Die Differenzannahme besagt insbesondere, dass kulturelle Unterschiedlichkeit vor allem Anspannung erzeugt, die einen Prozess der Auseinandersetzung anstößt. Aber auch wahrgenommene fehlende kulturelle Differenz kann als für die eigene kulturelle Identität bedrohlich empfunden werden.

Differenz oder fehlende Differenz führt also zum Hinterfragen und zur Konstruktion von Identität.[157] Interkulturelle Kontakte setzen Lernprozesse in Gang, indem z. B. Informationen über bestimmte kulturelle Codes ausgetauscht werden.[158] Der Psychologe John Berry beschreibt in seinem Modell der Akkulturation vier Formen möglicher Interaktionen, die auch gleichzeitig das Ergebnis von

---

157 Vgl. ebd. 556 ff.
158 Vgl. ebd. 555 ff.

Akkulturationsprozessen bezeichnen: Integration, Assimilation, Separation und Marginalisierung.[159] Vollkommene Aneignung beziehungsweise Ablehnung der jeweils anderen Kultur sind extreme Ergebnisse von Akkulturationsprozessen, die zu Konflikten führen. Stress, Vorurteile und Diskriminierungen können die Folgen solcher Extreme sein, die sich auch als Akkulturationsindikatoren nutzen lassen.[160] Die folgende Abbildung (Abb. 11) zeigt exemplarisch interkulturelle Beziehungen von Interviewten.

Abb. 11: Beispiele interkultureller Beziehungen aus den Interviews

Interkulturelle Differenzierung *Interkulturelle Kontakte* *Aneignung und Ablehnung von Kultur*	(A) „But also with the time I realized [,] people are not the same[,] like where I come from. Cos, where I come from people are quite warm, people are quite inviting. This is one thing that I thought about and I thought I couldn't live in a place like this. I lived there for a couple of weeks and still had not met anybody as a neighbour and that was quite tough for me." IP8 (16.10.2014)
(B) „[...] and I said, 'Oh, oh. I can't do it on Sunday. Cos Sunday I go to church.' And one goes, 'What? You go to church every Sunday?' I said, 'Yes.' She said, 'You must be out of your mind. This is the only time you can relax. You can have your day and you are telling me you go to church. What's wrong with you?' And I was shocked." IP8 (16.10.2014)	(C) „Einmal gab es den Versuch, uns mehr so für afrikanische Rhythmen [...] zu entwickeln, in der irrigen Annahme, dass unsere Afrikaner das besonders wollten. Das Gegenteil ist der Fall. Die Afrikaner sind besonders konservativ in ihrem Geschmack und sind besonders darauf bedacht, die alten viktorianischen Kirchenlieder zu singen." IP4 (16.07.2014)

Beispiel (A) beschreibt die Erfahrung der Wahrnehmung von Unterschiedlichkeit zwischen den Menschen des Herkunftslandes und Österreichs. Der Beschreibung der Wahrnehmung folgt eine Einschätzung der Situation. Wenn auch keine direkte Ablehnung erkannt werden kann, beschreibt das Beispiel doch eine deutliche Irritation. Beispiel (B) thematisiert die Erfahrung von Unterschiedlichkeit im Glaubensleben zwischen Einheimischen und Migrant(inn)en. Die Erfahrung von Ablehnung migrantischer Glaubenspraxis durch die Mehrheitskultur wird hier deutlich beschrieben. Beispiel (C) beschreibt interkulturelle Beziehungen innerhalb

---

159 Vgl. Aigner, Petra: Von der Assimilationtheorie zur Pluralismustheorie. Nathan Glazer und Daniel P. Moynihan: „Beyond the Melting Pot: The Negroes, Puerto Ricans, Jews, Italian, and Irish of New York City". In: Julia Reuter/Paul Mecheril (Hgg.): Schlüsselwerke der Migrationsforschung. Pionierstudien und Referenztheorien. Wiesbaden: Springer VS 2015. 149–166. 161.

160 Vgl. Zick: Psychologie der Akkulturation. 555 ff.

der anglikanischen Gemeinde in Wien. Es geht um ein kulturelles Vorurteil gegenüber den afrikanischen Mitgliedern der Gemeinde. Der interkulturelle Kontakt innerhalb der Gemeinde stieß einen Lernprozess angesichts der kirchlichen Identität der afrikanischen Mitglieder an.

Das Beibehalten beziehungsweise das Betonen der eigenen Identität ist in allen genannten Beispielen wie auch in den Interviews insgesamt ein zentraler Aspekt. Identität drückt sich in den Interviews durch Adjektive wie anglikanisch, britisch, anglofon, afrikanisch etc. aus. Das kann als ein Hinweis verstanden werden, dass Akkulturationsprozesse in Bezug auf die anglikanische Gemeinde nicht unter den Vorzeichen von Assimilation oder Marginalisierung stattfinden. Das Identifizieren und Bewerten von Unterschieden allerdings hat eine wichtige Bedeutung. Ablehnung von kulturellen Aspekten durch die Mehrheitskultur deutet sich im Beispiel (B) an. Zu einem generellen Abbruch der Beziehungen zu anderen kulturellen Gruppen oder Individuen kam es aber aus der Perspektive der Interviews nicht. Ablehnung findet nur punktuell beziehungsweise graduell statt. Das sichert die eigene Identität und Beibehaltung interkultureller Beziehungen.

Lassen die ersten beiden Annahmen von Zicks Theorie auch eine gegenseitige Beeinflussung von kulturellen Systemen auf gleicher Ebene zu, so beschränkt die dritte Annahme diese Gegenseitigkeit, indem sie Akkulturation auch als Verhandlung von Dominanz und Unterordnung beschreibt. Ein idealtypisches Modell von Individuen bzw. Gruppen, welche das kulturelle System einer etablierten Gruppe zu adaptieren versuchen, sollte nach Zick wenigstens am Beginn des Akkulturationsprozesses angenommen werden. Horizontale und vertikale Differenzierung sind in diesem Zeitraum wesentlich. Das bedeutet, es wird darüber verhandelt, wer sich am Rande beziehungsweise im Inneren eines Systems befindet und wer in der sozialen Hierarchie oben oder unten steht. Zuwanderer(innen) sind häufig zu Beginn an Randpositionen und in der Hierarchie unten positioniert. Vertikale und horizontale Differenzierungen lassen sich in den Interviews nicht nur im Hinblick auf den Ort der Gemeinde innerhalb der österreichischen Gesellschaft, sondern auch innerhalb der Gemeinde selbst beobachten, wie die folgende Abbildung (Abb. 12) verdeutlicht.

Abb. 12: Bespiele von Dominanzverhandlung aus den Interviews

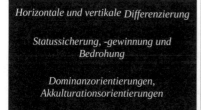

Horizontale und vertikale Differenzierung Statussicherung, -gewinnung und Bedrohung Dominanzorientierungen, Akkulturationsorientierungen	(A) „I go to visit the young Africans [...] in prison [...] Some of the Africans in the church in the beginning where very much against this. [...] Against the prison visiting. Because these were drug dealers generally, as they think. And therefore [...] this was making it bad for other Africans who were here to do a job. And therefore, when they were out then they were classed as these drug dealers." IP5 (05.08.2014)

(B) „Es gab dann ein paar mal Gespräche, so explorative Gespräche, [...] ob das Religionsgesetz eventuell in unserem Sinne liberalisiert werden könnte. Aber, das Gegenteil ist ja passiert [...]." IP4 (16.07.2014)

Beispiel (A) beschreibt eine Situation, in welcher der afrikanische Teil der Gemeinde sich gegen einen Gefängnisbesuchsdienst der Gemeinde Christ Church ausgesprochen hat. Man fürchtete, dass insbesondere afrikanische Gefängnisinsassen für die Reputation der afrikanischen Gemeindemitglieder schädlich seien. Man wollte möglichst keinen Kontakt. Deshalb wurde ein solcher Dienst der Gemeinde als Bedrohung des eigenen Status von hart arbeitenden und rechtschaffenen Afrikaner(inne)n empfunden. Im Hintergrund können vermutlich auch verinnerlichte Vorurteile angesichts anderer Ethnien angenommen werden. Beispiel (B) beschreibt die Erfahrung einer als ungerecht empfundenen fehlenden rechtlichen Anerkennung der anglikanischen Gemeinde in Wien durch die österreichische Gesetzgebung. Hier findet eine Differenzierung von Religionsgemeinschaften statt, die als ungerechtfertigt und marginalisierend empfunden wird.

Die vierte Annahme von Zicks Theorie spricht von einer interkulturellen Balancierung in Akkulturationsprozessen. Integration, Assimilation, Marginalisierung und Segregation können Ausdrucksformen einer solchen Balance sein. Auch eine komplette Abgrenzung kann eine Balance ausdrücken, insofern eine sich abgrenzende Gruppe unter Umständen nicht mehr als bedrohlich erlebt wird. Zick beschreibt Akkulturationsindikatoren, die er in vier Dimensionen zusammenfasst: personal, soziokulturell, soziostrukturell und gesellschaftspolitischideologisch.[161] Ein wichtiger personaler Indikator im österreichischen Kontext auf Makroebene ist für die Mitglieder der anglikanische Gemeinde in Wien sicherlich die Sprachkompetenz. Innerhalb der Interviews lässt sich hier auch eine hohe und vielfältige sprachliche Kompetenz feststellen, die oft (aber nicht immer) auch die Kenntnis der Landessprache umfasst. Innerhalb der Gemeinde (also auf der Mesoebene) ist Englisch auch eine Verkehrssprache, welche Gemeinschaftsbildung innerhalb der multilingualen Gemeinde ermöglicht. Gezeigt wurde auch bereits, dass man einen Zusammenhang zwischen der Bedeutung des Englischen als Weltsprache und der hohen sozialen Stellung der Gemeindemitglieder annehmen kann. Das ermöglicht wohl auch ein gewisses Selbstbewusstsein, welches die Bewahrung der eigenen Traditionen stärkt und Assimilation verhindert. Zwar ist die fehlende rechtliche Anerkennung der anglikanischen Kirche in Österreich für eine volle Partizipation der Gemeinde Christ Church als Gemeinschaft problematisch, auf die soziale Stellung der Gemeindemitglieder hat dies jedoch vermutlich wenig Auswirkungen. Es gibt also einen Unterschied zwischen der Verortung der Gemeinde als Glaubensgemeinschaft in Österreich und der Verortung der einzelnen Individuen (auf der Mikroebene). Im Allgemeinen deuten auf der Ebene der einzelnen Gemeindemitglieder die Indikatoren kaum auf problematische Aspekte hin. Ausnahmen sind Diskriminierungserfahrungen aufgrund der Ethnie, Gefühle mangelnden Angenommenseins auf persönlicher Ebene oder Irritationen im Hinblick auf unterschiedliche Frömmigkeitsformen. Die beschriebenen Erfahrungen der Abgrenzungen des afrikanischen Teils der Gemeinde können auch im Kontext von Ethnie begriffen werden, welche sowohl innerhalb als auch außerhalb der Gemeinde Christ Church eine Rolle spielt. Die Verschärfungen des Fremdenrechts, von denen in den Interviews berichtet wurde, scheinen zumindest die Interviewpartner(innen) kaum zu betreffen, insofern sie internationale Beamte oder Mitarbeiter von internationalen Firmen sind. In den Interviews klingt auch das wachsende Bewusstsein der österreichischen Behörden im Hinblick auf eine pluraler werdenden Bevölkerung an, das sich unter anderem durch die Verfügbarkeit mehrsprachiger Formulare ausdrückt.[162] Auf der Ebene der einzelnen Gemeindemitglieder hat sich also aus der Perspektive der Interviews eine Balance eingestellt, die den einzelnen Mitgliedern sowohl zahlreiche Kontakte zu anderen ethnischen Gruppen in Österreich und innerhalb der Gemeinde ermöglicht, unter gleichzeitiger Bewahrung der eigenen Identitäten. Die fehlende rechtliche Anerkennung als Religionsgemeinschaft verhindert allerdings trotz allgemeiner

---

161 Vgl. ebd. 572 ff.
162 Vgl. IP1 (05.02.2014).

Religionsfreiheit eine volle gesellschaftliche Partizipation der Gemeinde als Religionsgemeinschaft in Österreich. Dies wird in den Interviews auch als mangelnde Möglichkeit der Verortung wahrgenommen.[163]

Die fünfte Annahme der Akkulturationstheorie von Zick stellt fest, dass die Phänomene, die in Akkulturationsprozessen zu beobachten sind (Ausgrenzungserfahrungen, unterschiedliche Lohnniveaus, die Bewertung des britischen Empire durch Kolonisierte etc.) weder nur auf der Mikro-, Meso- oder Markoebene erklärt werden können. Aus diesem Grund hält Zick eine sozialpsychologische Perspektive auf Akkulturation, welche alle drei Ebenen einbezieht, für notwendig.[164] Das bedeutet, dass Akkulturationsphänomene sowohl aus psychologischer als auch aus struktureller Perspektive heraus betrachtet werden müssen.

Anhand der Analyse der Interviews mithilfe der Theorie der akkulturativen Verortung kann festgestellt werden, dass die in den Interviews wahrnehmbaren Akkulturationsprozesse vor allem auf Integration zielen. Das bedeutet eine Aufrechterhaltung der Beziehung zu anderen ethnischen Gruppen bei gleichzeitiger Bewahrung der eigenen kulturellen Identität. Die Theorie der akkulturativen Verortung sagt nichts darüber aus, ob dies ein wünschenswertes Ergebnis ist. Das ist meines Erachtens eine Schwäche dieser Theorie. Vor dem Hintergrund der versöhnenden Mission Gottes können die Ergebnisse aber darüber hinaus gedeutet werden. Versöhnliche, auf freundliche zwischenmenschliche Beziehungen ausgerichtete, Aspekte werden im Hinblick auf die beschriebenen akkulturativen Verortungsprozesse dann sichtbar, wenn sowohl der Identität der anglikanischen Gemeinde beziehungsweise deren Mitgliedern und der Aufrechterhaltung der interkulturellen Kontakte Rechnung getragen wird. Einerseits stärkt der beschriebene anglofone Kontext der Gemeinde das Selbstbewusstsein der Gemeindemitglieder angesichts der eigenen Identität, andererseits fördert das bereits dargestellte Selbstverständnis von Christ Church als internationaler Gemeinde auch die interkulturellen Kontakte. Aspekte der Unversöhntheit innerhalb der Gemeinde sowie zwischen der Gemeinde und dem österreichischen Kontext werden sichtbar angesichts der Verhandlung von Dominanz auf vertikaler und horizontaler Ebene, wenn es z. B. um die rechtliche Anerkennung der anglikanischen Kirche in Österreich geht oder wenn Gemeindemitglieder fürchten, durch andere Migrant(inn)en diskreditiert zu werden. Eine vorsichtige Einschätzung lässt vermuten, dass die Verortung von Gemeindemitgliedern auf der Mikroebene

---

163 Vgl. Kapitel 1.3.3.2.
164 Vgl. Zick: Psychologie der Akkulturation. 579 ff.

großteils unproblematisch ist. Schwierigkeiten tauchen vor allem auf der Meso- und Makroebene auf. Das betrifft genau die Fragen nach der rechtlichen Anerkennung oder der Einbindung der afrikanischen Gruppe in die Gemeinde.

2.3.1.2   Blinde Flecken und Milieuverengung

These: In den Interviews scheint eine Verengung der Gemeinde auf Milieus der Ober- und Mittelschicht durch, welche die Armen als Hauptadressaten des Evangeliums (aus anglikanischer Perspektive), vermutlich kaum in das Gemeindeleben einzubinden vermag.

Milieus als Interpretationshorizonte der Interview sind insofern relevant, als sie Aufschluss über bestimmte Deutungsperspektiven der Gemeinde geben und blinde Flecken sichtbar machen. Der evangelische Theologe Heinzpeter Hempelmann macht sich für die Einbeziehung des Milieukonzeptes[165] im Hinblick auf missionarische Konzepte stark. Für Ihn liegt in der Milieuperspektive die Chance, sensibel zu werden für den Mensch gewordenen Gott und seine Mission. Die Kirche, die teilhat an der Mission Gottes, der sich auf alle Menschen zubewegt, sei ebenfalls aufgerufen, nach allen Menschen zu suchen, vor allen denen, die das kirchliche Leben bereits verlassen hätten. Das bedeute vor allem, dass Kirche milieuüberschreitend sich auf diejenigen zubewegen müsse, die ihr fremd geworden seien. Ein Problem sei insbesondere, dass Kirchengemeinden oft auf bestimmte Milieus beschränkt blieben. Es findet also eine Milieuverengung statt. Hempelmann schlägt die Sinusmilieus als Analysekategorien für die Kirche vor.[166] Im Hinblick auf die anglikanische Gemeinde Christ Church möchte ich hier den vorsichtigen Versuch einer Milieuzuordnung wagen. So kann ein Eindruck von der derzeitigen Situation der Gemeinde gewonnen werden. Grundsätzlich versteht sich die *Diocese in Europe* grob als Angebot für alle Anglikaner(innen) und auch für anglofone Christ(inn)en anderer Denominationen in Kontinentaleuropa.[167] Hier soll es nun

---

165 Die Integral Marktforschung, auf welche sich Hempelmann bezieht, beschreibt die Sinus-Milieus folgendermaßen: „Sinus-Milieus® sind Zielgruppen, die es wirklich gibt – ein Modell, das Menschen nach ihrer Grundhaltung und Lebensweise gruppiert. Die Sinus-Milieus® betrachten die realen Lebenswelten der Menschen, d. h. grundlegende Wertorientierungen und Einstellungen zu Arbeit und Freizeit, zu Familie und Partnerschaft, Konsum und Politik – und stellen diese in einen Kontext mit demografischen Eigenschaften wie Bildung, Beruf oder Einkommen. Dadurch wird der Mensch ganzheitlich wahrgenommen, im Bezugssystem all dessen, was für sein Leben Bedeutung hat." Integral Marktforschung: Sinus. Online unter: http://www.integral.co.at/de/sinus/milieus.php (Abruf: 22.12.2017).

166 Vgl. Hempelmann, Heinzpeter: Gott im Milieu. Wie Sinusstudien der Kirche helfen können, Menschen zu erreichen. Gießen u. a.: Brunnen-Verlag 2012. 13 ff.

167 Vgl. Kapitel 1.1.2.

darum gehen, angesichts der Interviews eine Einschätzung darüber abzugeben, welche Milieus die Gemeinde Christ erreicht beziehungsweise anspricht. Das könnte dann auch ein weiterer Ansatzpunkt für die zu entwickelnden Leitlinien missionarischer Praxis sein. Anders als Hempelmann beziehe ich mich allerdings nicht auf das Sinusmodell für ein bestimmtes Land. Das würde der internationalen und multiethnischen anglikanischen Gemeinde in Wien kaum entsprechen. Vielmehr nutze ich aus Gründen der Übersichtlichkeit als Analysevorlage nur die Sinus-Meta-Mileus für entwickelte Länder der Integral Marktforschung. Dies ist zwar aus zwei Gründen nicht unproblematisch. Erstens schließen diese Meta-Milieus bisher noch kein afrikanisches Land ein und zweitens berücksichtige ich Schwellenländer in meiner Analyse nicht. Das ist bewusst verkürzend, weil gut zwei Drittel der internationalen Mitglieder von Christ Church aus entwickelten Ländern[168] stammen. Das bedeutet aber, dass in der Tat ein großer Teil der in Christ Church vertretenen Länder in den Sinus-Meta-Milieus für entwickelte Länder berücksichtigt ist. Es kann hier nur um eine erste grobe Einschätzung gehen. Eine genaue Milieueinordnung der anglikanischen Gemeinde in Wien könnte allerdings ein spannendes Zukunftsprojekt sein.

Die Integral Marktforschung beschreibt neun Meta-Milieus in entwickelten Märkten. Inkludiert sind EU-, APAC-, LATAM- sowie NAFTA-Länder.[169] Der deutsche Partner der Integral Marktforschung beschreibt in einer interaktiven Grafik diese Meta-Milieus in Englisch. Ich führe diese Beschreibungen hier als stichpunktartige Liste auf:

- *"Established:* Performance and Leadership, status-conscious, exclusive tastes, connoisseurship; distinction & self-assertion; conservative moralities and role patterns

- *Intellectuals:* Open-minded; liberal and pluralistic; searching for self actualization & personal development; post-material goals; cultural and intellectual interests; authentic; academic; work-life-balance

- *Performers:* Self-determination; flexible and socially mobile; looking for an intensive life, which means having success and fun; work hard — live

---

168 Vgl. Kapitel 1.1.1.
169 Vgl. Integral Marktforschung: Sinus Meta-Milieus. Online unter: http://www.integral.co.at/de/sinus/ milieus_int.php (Abruf: 06.12.2016).

exclusive; good qualifications and readiness to perform; multimedia-fascination

- *Digital Avantgarde:* Non-conformist, creative & individualistic; self-realization, freedom & independence, no fixed dogma; mobile socializers, global, pluralistic, "scene" cosmopolitan, digital sovereign

- *Traditionals:* Security and status-quo orientated, rather rigidly sticking to traditional values (e.g. sacrifice, duty, order); modest & honest, down to earth, "we little people", health caring

- *Modern Mainstream:* Looking for harmony & private happiness, family-relatives-friends, comfort and pleasure; striving for social integration and material security, defensive towards changes in society

- *Adaptive Navigators:* Loyal & reliable; flexibility & security driven, achievement-orientated, pragmatic and adaptive, good organized; want to be on the safe side; re-grounding; family & friends

- *Sensation-Orientated:* Looking for fun, thrill & action and entertainment; rather unconventional and rebellious; living for today, here and now; tendency to escape reality; independence, spontaneity, trendy

- *Consumer-Materialists:* Materialistic and consumer hedonistic; striving to keep up, but often socially disadvantaged and uprooted, sometimes precarious; reactive basic orientation, fear and resentments; narrow-minded, solidarity, protection, robustness & toughness"[170]

Die Ergebnisse der Interviews legen angesichts dieser stichpunktartig beschriebenen Meta-Milieus nahe, dass in der anglikanischen Gemeinde in Wien aus der Perspektive der Interviewpartner(inn)en vor allem die Milieus *Established*, *Intellectuals, Traditionals* und *Adaptive Navigators* vorhanden sind. Auf das Milieu der Etablierten weist die Betonung der quasi hochkulturellen Qualität der Musik als Merkmal der Gemeinde in den Interviews hin sowie die Vermutung, dass in der Gemeinde insbesondere sozial und beruflich bessergestellte Mitglieder anzutreffen

---

170 Vgl. SINUS Markt- und Sozialforschung GmbH: SINUS Meta-Milieus weltweit. Online unter: http://www.sinus-institut.de/sinus-loesungen/sinus-meta-milieus-weltweit/ (Abruf: 16.05.2017).

sind. Die Hervorhebung der Offenheit, Diversität und Liberalität lässt auf ein akademisches beziehungsweise intellektuelles Milieu schließen. Andererseits scheinen in den Interviews auch eine hohe Wertschätzung von Tradition und zum Teil fundamentalistische Einstellungen innerhalb der anglikanischen Gemeinde durch. Pflichtgefühl und Orientierung an einfachen christlichen Werten sind gleichfalls Indizien, die auf ein Traditionelles Milieu hindeuten. Die Beschreibung der Gemeinde als „[o]ffen, herzlich, vielfältig und gut organisiert"[171] lässt das pragmatische Milieu der *Adaptive Navigators* durchscheinen. Dafür spricht auch der Bezug zu den Themen Freundschaft und Familie. Christ Church wird beispielsweise als Familie im Gastland gedeutet und Kirche wird erfahren als Ort, wo man Freunde trifft.[172] Ein Hinweis auf dieses Milieu sind auch die Berichte von den beharrlich sich engagierenden Mitgliedern in der Gemeinde.[173] Die Interviews vermitteln den Eindruck, dass die Gemeinde vor allem aus Milieus der Ober- und Mittelschicht besteht.[174]

Ein Ergebnis von Sinus-Kirchenstudien in Deutschland und der Schweiz zeigt, dass Menschen sowohl in der Kirche als auch in der Gesellschaft in voneinander getrennten Lebenswelten leben. Die Fragmentierung von Gesellschaft spiegelt sich auch in den Kirchen.[175] Das ist vermutlich auch eine Erklärung warum die als eher traditionell beschriebenen afrikanischen Mitglieder der Gemeinde derartig stark als separierte Gruppe wahrgenommen werden. Es treffen folglich unterschiedliche Milieus in der anglikanischen Gemeinde aufeinander, welche gemäß unterschiedlicher Regeln funktionieren. Ein weiteres Ergebnis der genannten Sinus-Kirchenstudien war, dass insbesondere der Sonntagsgottesdienst hauptsächlich von Mitgliedern des konservativ-traditionellen Milieus besucht wird.[176] Das ist vermutlich vergleichbar mit der anglikanischen Gemeinde in Wien. Zumindest deutet die Hervorhebung der Liturgie in den Interviews darauf hin.

---

171 IP7 (27.08.2014).
172 Vgl. IP8 (16.10.2014).
173 Vgl. IP3 (25.06.2018).
174 Anzumerken ist, dass dies nur der erste Versuch einer Einschätzung sein kann. Es ist vermutlich auch der Fall, dass die Auswahl der Interviewpartner(innen) nur bestimmte Milieus in der anglikanischen Gemeinde in Wien widerspiegelt. Das kann allerdings auch daran liegen, dass bestimmte andere Milieus einfach nicht wahrgenommen werden, weil die Interviewpartner(innen) die Gemeinde vor allem aus ihrem Milieu heraus wahrnehmen. Die Auswahl der Interviewpartner(innen) vor allem im Anschluss an die Sonntagsgottesdienste hat vermutlich zu einer entsprechenden Repräsentation bestimmter Milieus in den Interviews geführt. Obwohl Vergleichsstudien eine Milieuverengung auch in der anglikanischen Gemeinde wahrscheinlich machen, kann eine Milieuverteilung in Christ Church aus den Interviews heraus deshalb eher nur grob geschätzt werden.
175 Vgl. Hempelmann: Gott im Milieu. 40.
176 Vgl. ebd. 43.

Die Interviews beschreiben einen Eindruck von der Gemeinde aus der vermutlich eingeschränkten Wahrnehmung bestimmter Milieus der Ober- und Mittelschicht. Das kann eine Erklärung dafür sein, dass Armut in der Gemeinde kaum bzw. nicht wahrgenommen wird, beziehungsweise Milieus der Unterschicht vom Angebot der Gemeinde kaum angesprochen werden und eher nicht Teil der Gemeinde sind.[177] Zwar gibt es vielfältige Veranstaltungen in der Gemeinde, die auch soziales Engagement einschließen, wie zum Beispiel den Gefängnisbesuchsdienst, den Secondhandshop oder die Beteiligung an einer Suppenküche.[178] Als expliziter Teil der Gemeinde werden Arme aber in den Interviews nicht wahrgenommen.

Es stellt sich die Frage, ob es in der anglikanischen Gemeinde in Wien wirklich keine Armen gibt oder ob diese als Teil der Gemeinde durch eine milieubedingte Perspektive ausgeblendet werden. Beides wäre angesichts eines Evangeliums, welches sich zuerst an die Armen und Ausgestoßenen richtet, und im Hinblick auf eine versöhnte Gemeinschaft mit Gott[179] zumindest fragwürdig.[180] Müsste man sich doch in beiden Fällen wundern, warum sich ausschließlich eine Gruppe von Menschen versammelt, die eigentlich gar nicht zu den ersten Adressate(inne)n der Botschaft des Evangeliums zählt.[181] Aus anglikanischer Perspektive hat die Mission Gottes vor allem eine ganzheitliche Perspektive: „For Anglicans, indeed the whole Church, the Gospel is not just the proclamation of individual redemption and renewal, but the renewal of society under the Reign of God; the ending of injustice and the restoration of right relationship with God and between human being and between humanity and creation.“[182] Gerade deshalb könnte man fragen, ob dies nicht auch im Hinblick auf eine Gemeinschaft mit den

---

177 Vgl. IP7 (27.08.2014).
178 Vgl. IP1 (05.02.2014); vgl. IP4 (16.07.2014); vgl. IP5 (05.08.2014); vgl. IP6 (14.08.2014); vgl. IP7 (27.08.2014).
179 Vgl. 2 Kor 5, 19.
180 Vgl. Anglican Consultative Council: Lambeth Indaba. Abschn. 28. Der Theologe Rainer Kessler stellt fest, dass das Engagement für die Armen zu den durchgängigen Themen der hebräischen Bibel gehört. Dabei werde weder Armut noch Reichtum verklärt. Kritik wird bei den Propheten insbesondere dann geäußert, wenn Reichtum auf Kosten der Armen erworben wird. Armen zu geben bedeute biblisch vor allem, Gerechtigkeit wiederherzustellen. Vgl. Kessler, Rainer: Armut / Arme (AT). In: WiBiLex. Das wissenschaftliche Bibellexikon im Internet. Online unter: https://www.bibelwissenschaft.de/stichwort/13829/ (Stand: 2006; Abruf: 16.11.2017).
181 Der Neutestamentler N.T. Wright kommentiert Lk 6, 12–26 entsprechend: „Das ist **Gute Nachricht** für all die Menschen, die schon lange keine gute Nachricht mehr gehört haben: Die Armen, die Hungrigen, alle, die weinen, alle, die gehasst werden – sie sollen gesegnet sein! Es ist an sich keine Tugend, arm oder hungrig zu sein. Wenn aber die Ungerechtigkeit regiert, muss die Welt wieder einmal richtig auf die Füße gestellt werden, damit Gottes Gerechtigkeit und sein **Reich** zum Durchbruch kommen können.“ Wright, N. T.: Lukas für heute. Übersetzt von Johann Alberts. Giessen: Brunnen 2016. Auflage 1. 97.
182 Vgl. Anglican Consultative Council: Lambeth Indaba. Abschn. 43.

Armen irgendeinen Ausdruck in der anglikanischen Gemeinde in Wien selbst finden müsste. Diesbezüglich kann hier ein blinder Fleck in den Interviews beziehungsweise in der Gemeinde vermutet werden.

2.3.1.3   Das Evangelium der Armen und staatliche Grenzsicherung

These: Grenzen als unverzichtbarer institutionalisierter Schutz, der die Ordnung sichert, und die Loyalität gegenüber der Migrationsgesetzgebung des Gastlandes werden durch die kirchliche Tradition eines Evangeliums der Armen herausgefordert und in den Interviews als Dilemma wahrgenommen.

Die 2014 geführten Interviews reflektieren auch eine zentrale ethische Frage der gegenwärtigen Migrationsdebatte: Inwieweit sind wohlhabende Staaten verpflichtet Migrant(inn)en aufzunehmen? Die Diskussion hat seit 2015 noch einmal eine größere Aktualität bekommen, auch wenn im Hinblick auf die sogenannte Flüchtlingskrise 2015/2016[183] der Aspekt der Flucht vor Krieg und Gewalt stärker im Zentrum stand und sich mit der Frage der Flucht vor Armut, aber auch dem Aspekt der Wirtschaftsmigration, vermischt hat. Eine interviewte Person schilderte im Hinblick auf Menschen, die aufgrund von Armut fliehen, sehr klar: „These poor Africans dying in the Mediterranean, landing in *Lampedusa* or wherever a[..]nd what can be done. It is not a simple answer. We can not throw over. I would disagree. I would say, we cannot throw open the gates, but how we get these people, these countries, these governments to clean up their own lands."[184] Es wird ein Dilemma geschildert, das insbesondere im Hinweis auf Afrika auch eine Verbindung zum europäischen und britischen Kolonialismus nahe legt. Die Historiker Osterhammel und Jansen sprechen angesichts des Kolonialismus der Jahre 1945– 1960 von einer „zweite[n] koloniale[n] Besetzung Afrikas"[185]. Gerade in dieser Zeit wurden Investitionen getätigt, welche der Entwicklung der jeweiligen Kolonien dienen sollten, um diese auf die Zeit nach der Unabhängigkeit vorzubereiten.[186] Osterhammel und Jansen kommentieren diesbezüglich:

> „Gerade diese späte koloniale Kraftanstrengung trug aber zum Untergang des ganzen Systems bei. Denn die Entwicklungsversprechungen weckten bei vielen Afrikanern Erwartungen, die niemals erfüllt werden konnten, zumal die

---

183   Vgl. Luft, Stefan: Die Flüchtlingskrise. Ursachen. Konflikte. Folgen. München: C.H.Beck 2016. Auflage 2.
184   IP6 (14.08.2014).
185   Osterhammel: Kolonialismus. 43.
186   Vgl. ebd. 45.

wirtschaftliche Bedrängnis der britischen Inseln immer wieder handels- und währungspolitische Entscheidungen zu Lasten (sic!) der Kolonien gerechtfertigt erscheinen ließ. Zugleich hinterließ gerade diese letzte Phase des Entwicklungskolonialismus tiefe Prägungen, die das Ende formaler Kolonialherrschaft überdauerten."[187]

Das bedeutet insbesondere, dass ökonomische und auch staatliche Strukturen weiterbestehen, welche ihren Ursprung in der europäischen Kolonialzeit haben. Der Historiker Wolfgang Reinhard sieht gerade im Hinblick auf instabile afrikanische Staaten vor allem in der Klientel orientierten Politik ehemaliger Kolonien ein Erbe des Kolonialismus, die zu problematischen ökonomischen Situationen geführt habe. Gleichzeitig würden willkürlich begrenzte Nationalstaaten in den ehemaligen Kolonien als Erbe der Kolonisatoren betrachtet, was eine Identifikation der jeweiligen Staatsbürger mit einer gemeinsamen Nation erschwere. Die Folge sei eine stärkere Identifizierung mit der jeweiligen Ethnie, die zu Grenzkonflikten, Rassismus und Völkermord geführt habe.[188] Vor diesem Hintergrund scheinen die in den Interviews genannten Migrationsbewegungen von Afrika nach Europa auch eine Folge europäischer Kolonialzeit zu sein. Dieser Eindruck wird auch verstärkt durch die hohen Zahlen von Geflüchteten aus der ehemaligen italienischen Kolonie Eritrea.[189] Von 2013 auf 2014 gab es diesbezüglich eine Steigerung der Asylanträge in Deutschland um 159 %.[190] In den Interviews wird ein Zusammenhang zwischen der genannten Flüchtlingskrise und einer kolonialen Vergangenheit Europas allerdings nicht explizit reflektiert

Es scheint aber aus der Perspektive der Interviews in der anglikanischen Gemeinde in Wien das Bewusstsein einer ethischen Verpflichtung zur Hilfe für Migrant(inn)en zu geben. Das entspricht auch einer Formulierung der Lambeth-Konferenz 2008, die Migration im Kontext der versöhnenden Mission Gottes betrachtet:

„We affirm that the good news proclaimed in Christ is especially addressed to the poor and to the outcasts, to those on the fringes of our societies and to the dispossessed. In situations where there are immigrants, refugees and displaced persons, the Church often is the first to respond helpfully, but there is need to

---

187 Ebd.
188 Vgl. Reinhard, Wolfgang: Kolonialismus. Kein Platz an der Sonne In: Die Zeit (Hamburg) vom 18.03.2016. Wissen.
189 Vgl. Luft: Die Flüchtlingskrise. 34.
190 Vgl. ebd. 26.

develop better Communion/Partnership networks for more effective ministry to this group. The Church needs to be watchful of the migration policies of governments. The need to welcome immigrants and those in the urban drift was expressed."[191]

Die anglikanischen Bischöfe sind sich darin einig, dass das Evangelium zuerst eine gute Botschaft für die Armen und Ausgegrenzten ist. Das Thema der Migration in der Form von Einwanderung, Flucht und Vertreibung wird ausdrücklich inkludiert. Der Text artikuliert entsprechend auch die Notwendigkeit, die Migrationspolitik der Regierungen aufmerksam zu beobachten. Das Willkommenheißen von Einwanderern und das Bilden von Netzwerken angesichts einer wirkungsvollen Hilfe für Migrant(inn)en wurde von der Konferenz bestärkt. Sowohl auf der Ebene der Interviewpartner(innen) als auch auf globaler Ebene der anglikanischen Kirchengemeinschaft wird also zum helfenden Engagement für Menschen unterwegs ermutigt. Die Sorge um Menschen in Not und das Engagement für die Veränderung ungerechter Strukturen in der Welt gehört aus anglikanischer Perspektive entsprechend wesentlich zu den Kennzeichen von Mission.[192] Migration im Kontext von Mission beziehungsweise dem Plan Gottes zu Begreifen, findet sich beispielsweise auch im römisch-katholischen Dokument *Erga migrantes caritas Christi*:

> „Sie [Migration – Anm. d. Verf.] reizt dazu, den Plan zu entdecken, den Gott mit den Migrationen verwirklicht, auch wenn sie manchmal von offensichtlichen Ungerechtigkeiten verursacht wird. Dadurch, dass die Migrationen die zahlreichen Mitglieder der menschlichen Familie einander näher bringen, sind sie tatsächlich ein Element im Aufbau eines immer umfangreicheren und vielfältigeren Gesellschaftskörpers, gleichsam als eine Fortsetzung jener Begegnung von Völkern und Rassen, die durch die Gabe des Heiligen Geistes an Pfingsten kirchliche Brüderlichkeit wurde."[193]

In der Erklärung zu Mission und Evangelisation des Ökumenischen Rates der Kirchen *Gemeinsam für das Leben* heißt es: „Migration ist zu einem weltweiten, multidirektionalem Phänomen geworden, das die Landkarte des Christentums neu

---

191 Anglican Consultative Council: Lambeth Indaba. Abschn. 28.
192 Gemäß der Five Marks of Mission Vgl. ebd. 13
193 Päpstlicher Rat der Seelsorge für Migranten und Menschen unterwegs: Erga migrantes caritas Christi. Abschn. 12.

gestaltet."[194] Dass Migration im Kontext von Mission reflektiert werden muss, ist dementsprechend eine allgemeine Erkenntnis, die von vielen christlichen Kirchen geteilt wird. Diese Erkenntnis beinhaltet unter anderem, dass die Sorge um Menschen auf der Flucht sowie Migrant(inn)en, Arme und An-den-Rand-Gedrängte den Kern christlicher Botschaft berührt.

Andererseits machen die Interviews auch deutlich, dass Grenzsicherung und das Unterstützen bei der Schaffung guter Lebensverhältnisse in den Ausgangsstaaten von Migration wichtig sind. Gerade der letztgenannte Aspekt weist auch auf den globalen Aspekt der Armut und deren Bekämpfung hin. Der Philosoph Julian Nida-Rümelin benennt aus einer kosmopolitischer Perspektive zwei wesentliche Kriterien einer humanen Migrationspolitik. Zunächst gilt das Prinzip der Nichtschädigung von Menschen in den Herkunftsländern von Migrant(inn)en. Gemeint ist beispielsweise die Problematik der Abwanderung qualifizierter Arbeitskräfte, die sich negativ auf die wirtschaftliche Situation der Herkunftsländer auswirkt. Als zweites Prinzip benennt er die Sozialverträglichkeit von Einwanderung. Die vor allem in westlichen Ländern entstandenen Systeme des sozialen Ausgleichs dürften durch Einwanderung nicht gefährdet werden.[195] Staatliche Grenzen hätten auch in einem kosmopolitischen Blickwinkel eine unverzichtbare Berechtigung. Menschenrechte, wie das der kollektiven Selbstbestimmung, seien nur innerhalb staatlicher Organisation beziehungsweise im Rahmen politischen Institutionen umsetzbar.[196] Es braucht also eine Form politischer Autorität, welche die Ordnung im Sinne des Gemeinwohls aufrechterhält und schützt. Ein Aspekt staatlicher Gewalt, der beispielsweise auch im Römerbrief Erwähnung findet.[197] Der Achtung staatlicher Autorität wird dort ausdrücklich Nachdruck verliehen. Die Achtung der staatlichen Ordnung ist auch in der staatskirchlichen Tradition der Kirche von England verankert. So heißt es ausdrücklich im Artikel 37 der *Thirty-nine Articles of Religion*: „The Queens Majesty hath the chief Power of *England* and other her Dominions, unto whom the chief Government of all Estates of this Realm, whether they be Ecclesiastical or Civil, in all Causes doth appertain, and is not, nor ought to be subject to any Foreign Jurisdiction."[198] Im Katechismus des *Book of Common Prayer* von 1662 wird die Achtung staatlicher Gewalt ebenso betont: „To honour and obey the King, and all that are put in authority under him. To submit my self to

---

194 Ökumenischer Rat der Kirchen: Gemeinsam für das Leben. Abschn. 5.
195 Vgl. Nida-Rümelin, Julian: Über Grenzen denken. Eine Ethik der Migration. Hamburg: edition Körber-Stiftung 2017. Auflage 1. 27.
196 Vgl. ebd. 28 f.
197 Vgl. Röm 13, 1–7
198 Cummings: The Book of Common Prayer. 684.

all my governours, teachers, spiritual pastours and masters."[199] Gleichzeitig sind sich die Bischöfe der Lambeth-Konferenz einig, wie oben gezeigt worden ist, dass die staatliche Gewalt im Hinblick auf Migrationspolitik wachsam beobachtet werden muss und dass die freundliche Aufnahme von Migrant(inn)en eine wichtige Aufgabe ist. Letztendlich sind auch aus der Perspektive der Religionsartikel die staatlichen Stellen Gott gegenüber verantwortlich:

> "Where we attribute to the Queens Majesty the chief Government, by which Titles we understand the minds of some slanderous folks to be offended: we give not to our Princes the ministering either of Gods Word, or of the Sacraments, the which thing the Injunctions also lately set forth by *Elisabeth* our Queen do most plainly testifie: but that only Prerogative which we see to have been given always to all godly Princes in holy Scriptures by God himself, *that is,* that they should rule all Estates and Degrees committed to their charge by God, whether they be Ecclesiastical or Temporal, and restrain with Civil Sword the stubborn and evil doers."[200]

Die anglikanische Position könnte also folgendermaßen umrissen werden: Die Sorge um Migrant(inn)en gehört zum Zentrum der Botschaft des Evangelium, das sich vor allem zuerst an die Armen und Ausgestoßenen richtet. Um der staatlichen Ordnung willen, die dem Schutz aller dient, sind die staatlichen Autoritäten und die Gesetze zu respektieren. Allerdings ist es auch die Aufgabe von Kirche, im gegebenen gesetzlichen Rahmen, aufmerksam zu sein für Bereiche der Politik, wo das Recht der Armen und Ausgestoßenen gebeugt wird und sich für eine der Botschaft des Evangeliums entsprechende Praxis einzusetzen, die auch die globale Dimension einbezieht. Das Dilemma, das in den Interviews anklingt, beschreibt entsprechend also die Spannung zwischen kritischer Distanz aus dem Geist eines Evangeliums für die Armen heraus und der Achtung staatlicher Autorität.[201] Unversöhntheit mit Gott wird entsprechend vor allem dort deutlich wo staatliche Autorität (auch aus einer globalen Perspektive heraus) auf Kosten der Armen und Ausgestoßenen agiert. Allerdings scheinen die in immer noch bestehenden Strukturen kolonialer Vergangenheit begründeten Ursachen gegenwärtiger Migrationsbewegungen in der anglikanischen Migrant(inn)engemeinde Christ Church nicht explizit reflektiert zu

---

199 Ebd. 428.
200 Ebd. 684.
201 Vgl. Apg 5, 29.

werden. Das wäre aber für eine wirksame kirchliche Kritik gegenwärtiger staatlicher Migrationspolitik im Hinblick auf Gerechtigkeit notwendig.

2.3.1.4   Migration und Sesshaftigkeit

These: Die in der Migrant(inn)engemeinde Christ Church wahrnehmbare Spannung zwischen Umherziehen und Sesshaftigkeit spiegelt einen grundsätzlich kultur- und traditionskritischen Aspekt, der in der biblischen Vorstellung des Unterwegsseins und der Fremdheit Gottes begründet ist.

Umherziehen und Ankommen sind zwei Aspekte, welche in den Interviews immer wieder anklingen. Eine interviewte Person spricht explizit von der P*eregrinatio*, der Pilgerschaft, als Wesenszug des Christentums.[202] Der Aspekt des Ankommens scheint insbesondere dann durch, wenn Interviewpartner(innen) von Christ Church als (spiritueller) Heimat oder Familie sprechen.[203] Die Dichotomie zwischen Umherziehen und Sesshaftigkeit findet sich bereits zu Beginn des Christentums, insbesondere angesichts der Jesusbewegung im Bezugsrahmen des entstehenden Christentums. Neben Wandermissionaren war die entstehende Bewegung ebenso von sesshaften Anhänger(inne)n Jesu geprägt, welche die umherziehenden Missionare und Missionarinnen finanziell unterstützten.[204] Sowohl fest an einem Ort zu sein als auch die Wanderschaft (beziehungsweise Migration) gehören dementsprechend zu den spannungsreichen Grundmustern des Christentums. Der in den Interviews genannte Begriff der *Peregrinatio* beziehungsweise der Pilgerschaft wird angesichts der Begriffsgeschichte deutlicher. Zunächst ist in der römischen Antike mit *Peregrinus* ein Ausländer gemeint. Es handelte sich um einen Fremden, zwar mit Gast-, aber nicht mit Bürgerrecht. Vor allem im iroschottischen Mönchtum war insbesondere die religiöse Bedeutung der *Peregrinatio*, verstanden als geistliche Übung der Heimatlosigkeit, prägend. Insbesondere die Vorstellung, sich von weltlichen Bindungen frei zu machen, ist diesbezüglich ein bestimmender Gedanke. Entgegen der gegenwärtigen oft anzutreffenden Vorstellung von Pilgerschaft als religiöser Reise zu einem Ziel ist die monastische Vorstellung viel stärker vom Unterwegssein geprägt, das nicht auf einen Ort zugeht und auch nicht unbedingt mit einer Rückkehr verbunden ist, sondern vor allem Weltentsagung bedeutet und entsprechend bewusst die Fremde sucht. Auch der Gedanke des Missionierens ist

---

202 Vgl. IP7 (27.08.2014).
203 Vgl. Kapitel 1.3.2.2.
204 Vgl. Schnelle, Udo: Die ersten 100 Jahre des Christentums 30–130 n. Chr. Die Entstehungsgeschichte einer Weltreligion. Göttingen; Bristol, CT, USA: UTB GmbH 2016. Auflage 2. 172 f.

damit verknüpft, wenn auch nur als Nebenerscheinung des Wanderns. Pilgern wird verstanden als Fremdsein, welches wie Armsein, mit einer prekären Situation verbunden ist und besonderen Schutz erfordert. Reisende und Fremde werden auch mit Christus identifiziert.[205] Das Leben an sich wird zur Pilgerschaft.[206] Aus biblischer Perspektive nutzt z. B. der Hebräerbrief[207] die alttestamentlichen Fremdheitserfahrungen[208] der Patriarchen, um deutlich zu machen, dass die, welche ihre Heimat eigentlich im Himmel haben, auf Erden Fremde sind.[209] Der Brief steht im Kontext einer Gesamtsituation von Adressaten, bei denen die Gefahr besteht, sich vom christlichen Glauben abzuwenden, vielleicht aufgrund von Verfolgung. Auch die Zuwendung zum im römischen Reich als *religio licita* anerkannten Judentums, als Möglichkeit der Verfolgung zu entgehen, könnte im Hintergrund des Briefes stehen.[210] Dieser gegenwärtigen Situation der Bedrängnis setzt der Brief entgegen, durchzuhalten wie die Patriarchen und den Glauben an das größere Ziel, die endgültige Heimat, vor Augen zu behalten, „die Stadt, die einen festen Grund hat, deren Baumeister und Schöpfer Gott ist".[211] Das ist eine apokalyptische Perspektive, die nicht so sehr in die Zukunft schaut als vielmehr auf die Zeichen des anbrechenden Gottesreiches in der Gegenwart.[212]

Der anglikanische Bischof von Derby, Alastair Redfern, versteht den Hebräerbrief auch als eine Inspiration für Mission:

„Discipleship is a community of different people practising a self denying, self sacrificing, loving, generous faith for the sake of the greater long term project of the kingdom – the heavenly city – and doing this not in a narrow prescriptive way, but through a public liturgy of atonement of Jesus the great High Priest, and consequent actions that evoke the desire for wholeness, completeness and loving service that is true faith […]."[213]

---

205 Vgl. Mt 25, 35.
206 Vgl. Lienau, Detlef: Peregrinatio. Ein Begriff im Wandel. In: Berthold Weckmann (Hg.): Dem Leben entgegen. Kevelaer: Topos plus 2015. 13–16. 13 ff.
207 Vgl. Hebr 11, 13.
208 Vgl. Gen 34, 4.
209 Vgl. O'Brien, Peter T.: The Letter to the Hebrews. Grand Rapids, MI; Nottingham, England: Eerdmans 2010. 13 ff.
210 Vgl. ebd. 9 ff.
211 Vgl. ebd. 419.
212 Vgl. Long, D. Stephen: Hebrews. Belief, a Theological Commentary on the Bible. Westminster: John Knox Press 2011. 198 ff.
213 Redfern, Alastair: Growing the Kingdom. Letters to the Hebrews as a Resource for Mission. Delhi: ISPCK 2010. 95.

Das endgültige Ziel, die himmlische Stadt, findet seinen Ausdruck folglich in der Liturgie (welche die Versöhnung in Jesus Christus feiert) und im diakonischen Dienst. Im Hinblick auf die Interviewergebnisse heißt dies, dass Liturgie und der Dienst an den Menschen in der anglikanischen Gemeinde im Kontext des Unterwegsseins zum endgültigen Ziel verstanden werden kann.

Eine Verwendung biblischer Motive des Fremden und deren christliche Umdeutung bietet auch der erste Petrusbrief. Auch wenn im Kontext des Briefes konkrete Migrations- und Fremdheitserfahrungen der Adressaten stehen könnten, wird Fremdheit und Differenz im Hinblick auf die umgebende Gesellschaft metaphorisch als positives christliches Merkmal gedeutet.[214] Angesichts der Erfahrungen der Interviewpartner(innen) kann die beschriebene Linie entsprechend weitergeführt werden: Das Leben (vor allem auch verstanden als Glaubensweg) ist Migration und möglicherweise mühevolles Unterwegssein zu einem endgültigen Ziel. Eine Interviewpartnerin berichtet in ähnlicher Weise von den ersten Erfahrungen in Wien, wo sie noch bei Freunden übernachten musste, weil ihre Möbel noch nicht da waren. Das hat sie im Hinblick auf die christliche Grunderfahrung der Wanderschaft gedeutet. Das Angewiesensein auf die Güte von Fremden in schwierigen Lebenssituationen gehörte für sie wesentlich zu dieser Erfahrung.[215] Migration erscheint aus der Perspektive der Interviews so als etwas, das zentral zum christlichen Leben dazugehört. Allerdings zeugt das Unbehagen in den Interviews gegenüber dem Begriff Migration auch davon, dass dies in der Migrant(inn)engemeinde Christ Church keine selbstverständliche Erkenntnis ist.

Home beziehungsweise Heimat und Familie sind weitere Begriffe, die in den Interviews häufig genannt worden sind. Sie stehen für die Bedeutung, welche die Gemeinde im Leben der Befragten hat.[216] Hans Joachim Höhn, Professor für systematische Theologie, erklärt zur Begriffsbedeutung: „Aus 'home' wird 'Heimat' und meint fortan ein Mehrfaches: den Stammsitz einer Familie, den Geburtsort eines Menschen, einen festen Wohnsitz, die dauernde Bleibe, der Ort des Ansässigwerdens."[217] Folglich scheint es auch nicht erstaunlich, dass auch der

---

214 Vgl. Sauer, Frank: Das Fremde oder die Fremden. 1 Petr. Fremdsein als Thema der Forschung im Kontext des ersten Petrusbriefes. München: GRIN Verlag GmbH 2014. 16.
215 Vgl. IP7 (27.08.2014).
216 In Bezug auf die in Englisch und Deutsch geführten Interviews ist bemerkenswert, dass die Begriffe *home* und Heimat in einer sprachgeschichtlichen Beziehung zueinander stehen. Im 18. Jahrhundert wurde der Begriff der Heimat über das englische *home* wieder, nach gut 200-jähriger Bedeutungslosigkeit, in der deutschen Sprache wiederbelebt. Vgl. Höhn, Hans-Joachim: Fremde Heimat Kirche. Glauben in der Welt von heute. Freiburg: Verlag Herder 2012. Auflage 1. 25 ff.
217 Matthes, Joachim: Fremde Heimat Kirche. Erkundungsgänge. Gütersloh: Gütersloher Verlagshaus 2000. 25 f.

Begriff der Familie mit dem den Heimat verbunden ist und beide Begriffe auch in den Interviews auftauchen. Die Begriffe der Heimat und der Familie dienen in den Interviews als Beschreibung der religiösen Bedeutung der Gemeinde Christ Church. Das bedeutet, dass diese Begriffe als religiöse Begriffe gebraucht werden. Die Beschreibung der Gemeinde beispielsweise als spiritueller Heimat deutet explizit darauf hin.[218] Höhn beschreibt angesichts des Begriffs Heimat zwei Religionsverständnisse. Ein erste Auffassung begreift Religion als kulturellen Teil einer Gesellschaft, in welchen man hineingeboren wird. Überlieferung, Tradition und Bewahrung des Überlieferten sind wichtige Begriffe dieses Verständnisses. Das ist eine Perspektive des Sesshaftigkeit. Kritik an Tradition und Heimat sind verbunden mit einem zweiten Religionsverständnis, das viel stärker mit der Perspektive des Umherziehens verbunden ist. Das entspricht der oben beschriebenen *Peregrinatio*. Heimat bedeutet in diesem Kontext folglich etwas noch nicht erreichtes, das unter Umständen in der Fremde, im Ausland liegt. Vor allem Judentum, Christentum und Islam seien insbesondere mit der letzten Interpretation von Heimat verbunden. Gott selbst werde hier verstanden als einer, der unterwegs ist. Die Vorstellung vom fremden Gott, der letztlich unfassbar sei und sich nicht auf feste Räume oder Orte festlegen lasse, gehöre zu jenem traditionskritischen Modell von Religion. Die Erzählungen vom Exodus oder von Abraham sind biblische Verweise auf dieses Religionsverständnis.[219] In den Interviews lassen sich beide Modelle von Religion und Heimat entdecken. Der Aspekt der Tradition und der Bewahrung ist allerdings gegenüber dem Aspekt des Umherziehens sehr ausgeprägt vorhanden und taucht vor allem in den beschriebenen Kontexten der Gemeinde als anglofoner Gemeinschaft auf. Britisches Erbe, anglikanische Musiktradition und Liturgie und die Bedeutung der englischen Sprache haben die Interviewpartner(innen) dementsprechend als wichtige Beschreibungen der anglikanischen Gemeinde in Wien benannt. Allerdings wird auch der Ausdruck der spirituellen Heimat verwendet, welcher traditionskritisch genutzt werden kann, nämlich als Ausdruck einer geistlichen Heimat. Die Spannung zwischen einer kulturellen bzw. traditionellen Beheimatung und einer noch nicht erreichten spirituellen Heimat, als Kritik an der kulturellen Beheimatung, kann in Christ Church wohl deshalb deutlich wahrgenommen werden, weil Migration eine durchgängig präsente Realität ist und zum Hinterfragen der eigenen Tradition und zur Reflexion des Kerns christlicher Botschaft herausfordert.[220]

---

218 Vgl. Kapitel 1.3.2.2.
219 Vgl. Matthes: Fremde Heimat Kirche. 27 f.
220 Vgl. IP4 (16.07.2014); vgl. IP6 (14.08.2014); vgl. IP8 (16.10.2014). Vgl. R. Polak: Migration.

Eine Herausforderung durch Migration wäre dementsprechend die Infragestellung vermeintlicher und kulturell bedingter Glaubensgewissheiten. Durch Migration geschieht eine Kritik an den Gottesbildern und sie entlarvt unter Umständen kulturelle Götzenbilder und somit Unversöhntheit mit Gott.[221] Diese kritische Funktion von Migration scheint in den Interviews durch, wenn eine irritierende britische Prägung der Gemeinde benannt wird[222] oder wenn Gäste vom anders ausgeprägten Frömmigkeitsleben in der Gemeinde herausgefordert werden.[223] Der wandernde Gott Israels bleibt unverfügbar. Die Pastoraltheologin Regina Polak bemerkt zur spirituellen Bedeutung von Migration: „Neue Dimensionen Gottes werden erschlossen oder alte neu verstanden. Der Migrant bzw. die Migrantin wird zur Epiphanie Gottes, d. h. in den Fremdheits- und Befremdungserfahrungen, die sich ihm/ihr oder zwischen ihm und den Einheimischen eröffnen, kann aus der Sicht des Glaubens ein Verweis auf Gottes Wirklichkeit erkannt werden."[224] Migration kann also der Gotteserkenntnis dienen, Götzen entlarven und somit Unversöhntheit aufdecken.

2.3.2 Die Gemeinde im Kontext globaler Migrationsphänomene

Ähnlich wie andere Migrant(inn)engemeinden in Europa ist die anglikanische Gemeinde Christ Church keine homogene ethnische und/oder sprachliche Gemeinschaft.[225] In dieser Gemeinschaft gibt es vielfältige Bezüge zum Phänomen globaler Migration. Diese werden nachfolgend dargestellt und im Hinblick auf Versöhnung im Kontext globaler Migration reflektiert.

2.3.2.1 Gegenwärtige Migrationsbewegungen

These: In der anglikanischen Gemeinde in Wien spiegeln sich globale Migrationsphänomene auf lokaler Ebene, inklusive der zum Teil problemorientierten Migrationsdiskurse, die auf Ungerechtigkeit und Unversöhntheit hinweisen.

Migration an sich ist kein neues Phänomen und bereits seit den Anfängen der Menschheit belegbar. Im Kontext der Globalisierung entwickeln sich allerdings neue

---

Flucht und Religion. Praktisch-theologische Beiträge. Band 2. Durchführungen und Konsequenzen. Ostfildern 12017. 221.
221 Vgl. Wright: Paulus für heute. 32 ff.
222 Vgl. IP2 (04.06.2014).
223 Vgl. IP1 (05.02.2014).
224 Polak: Migration. Flucht und Religion. 221.
225 Vgl. Albisser, Judith: Ergebnisse der Studie „Christliche Migrationsgemeinden in der Schweiz". In: Judith Albisser/Arnd Bünker (Hgg.): Kirchen in Bewegung. Christliche Migrationsgemeinden in der Schweiz. St Gallen: Verlag des Schweizerischen Pastoralsoziologischen Instituts SPI 2016. 15–110.

Formen von transnationaler Migration, die auch verbunden sind mit der Zunahme transnationaler Geldbewegungen und Haushaltsstrategien. Transnationale Migrant(inn)en werden zu mobilen Bewohner(inne)n eines globalen Dorfes, welches territoriale Grenzen wirtschaftlich, sozial und politisch überspringt.[226] In Bezug auf eine einheitliche Definition eines/einer Migrant(in) weist die IOM darauf hin, dass es keine einheitliche und international akzeptierte Begriffsbestimmung gibt, nennt aber eine in der UN genutzte Definition:

„At the international level, no universally accepted definition of migrant exists. The term migrant is usually understood to cover all cases where the decision to migrate is taken freely by the individual concerned for reasons of 'personal convenience' and without intervention of an external compelling factor; it therefore applied to persons, and family members, moving to another country or region to better their material or social conditions and improve the prospect for themselves or their family.

The United Nations defines migrant as an individual who has resided in a foreign country for more than one year irrespective of the causes, voluntary or involuntary, and the means, regular or irregular, used to migrate. Under such a definition, those travelling for shorter periods as tourists and businesspersons would not be considered migrants. However, common usage includes certain kinds of shorter-term migrants, such as seasonal farm-workers who travel for short periods to work planting or harvesting farm products."[227]

Auffällig ist das sehr weit gefasste Verständnis von Migration. Definitionen von Migration sind oft pragmatischer Natur und dienen diversen pragmatischen, politischen und rechtlichen Zwecken.[228] Eine fehlende Standardisierung gilt auch für die Forschung im Bereich, welcher Religion im Kontext von Migration untersucht, obwohl Migration und Migrant(in) zwei Kernkonzepte jenes Forschungsbereiches bezeichnen. In missionswissenschaftlichen Stellungnahmen wird oft auf

---

226 Vgl. Pries, Ludger: Globalisierung und Migration. Herausforderungen und Chance einer komplexen Wechselwirkung. In: Heinrich Bedford-Strom u. a. (Hgg.): Globalisierung. Jahrbuch Sozialer Protestantismus. Band 3. Gütersloh: Gütersloher Verlagshaus 2009. Auflage 1. 101–121.
227 International Organization for Migration (IOM): Glossary on migration. 61 f.
228 Der Mediävist Walter Pohl und die Sprachwissenschaftlerin Ruth Wodak reflektieren beispielsweise die Narrative, die hinter Migrationsbegriffen wie *Völkerwanderung* oder *Flüchtlingsströmen* stehen und weisen auf die Gefahr des politischen Missbrauchs dieser Begriffe hin. Vgl. Pohl, Walter/Wodak, Ruth: The Discursive Construction of „Migrants and Migration". In: Michi Messer/Renee Schroeder/Ruth Wodak (Hgg.): Migrations: Interdisciplinary Perspectives. Wien: Springer-Verlag 2012. 205–211.

sozialwissenschaftliche Definitionen zurückgegriffen, die in erster Linie auf einer territorialen Beschreibung von Migration beruhen und häufig eine Zusammenfassung höchst unterschiedlicher Migrationsphänomene darstellen, ohne eine nähere Eingrenzung bzw. differenzierte Beschreibung der Phänomene zu ermöglichen.[229] Für meine Forschung habe ich mich bewusst zunächst einmal auf die sehr weite Definition von Migration der IOM[230] bezogen, um die ohnehin schon kleine Gruppe möglicher Interviewpartner(innen) in der anglikanischen Gemeinde in Wien nicht unnötig einzuschränken. Sehr unterschiedliche Migrationsphänomene wie Flucht, Vertreibung, Entwurzelung und ökonomische Migration sind in diese Definition ebenfalls mit einbegriffen. Ich verstehe unter Migration erst einmal ganz allgemein jede Form von Bewegung von Personen oder Gruppen innerhalb eines Landes und über Landesgrenzen hinweg. Ein großer Vorzug dieser allgemeinen Definition der IOM liegt zumindest in der einheitlichen Verwendung der Begriffe in Bezug auf die Migrationsberichte der IOM, was die Deutung der statistischen Daten erleichtert. Darüber hinaus sind Selbstdefinitionen von Migrant(inn)en interessant, da diese manchmal andere Beschreibungen der eigenen Situation nutzen und nicht selbstverständlicher Weise auf den Begriff der Migration zurückgreifen.[231] Das haben auch die Interviews in der anglikanischen Gemeinde deutlich gezeigt.[232]

Die zunehmende Migration vor allem hinein in die westlichen Gesellschaften ist seit dem Ende des Zweiten Weltkrieges zu einem zunehmend global prägenden Phänomen geworden. Eine wesentliche Ursache der immer größer werdenden Diversität der Gesellschaften in Europa kann in diesen Migrationsbewegungen gesehen werden.[233] Gemäß der IOM hat seit 1990 die Migration in Richtung der nördlichen Staaten um 63 % zugenommen. 3 % der Weltbevölkerung besteht seither nach wie vor ziemlich konstant aus internationalen Migrant(inn)en, was Menschen bezeichnet, die mindestens eine Staatsgrenze überquert haben. Hinzu kommen noch einmal ca. 740 Millionen Binnenmigranten weltweit.

Die Zahl von Menschen, die aufgrund von Flucht und Vertreibung ihre Ursprungsländer verlassen müssen, ist bemerkenswerterweise die höchste seit dem Zweiten Weltkrieg (Stand von 2014).[234] Das UNHCR berichtete von ungefähr

229 Vgl. Frederiks, Martha Th.: Religion, Migration and Identity. A Conceptual and Theoretical Exploration. In: Mission Studies 32. 2015. 181–202. 183–186.
230 Vgl. International Organization for Migration (IOM): Glossary on migration. 62 f.
231 Vgl. Frederiks: Religion, Migration and Identity. 185.
232 Vgl. Kapitel 1.3.4.4.
233 Vgl. Spencer: Christian Mission. 163.
234 Vgl. Rango, Marzia/Laczko, Frank: Global Migration Trends. An overview. International Organization for Migration 2014. Online unter: http://missingmigrants.iom.int/sites/default/files/documents/Global_Migration_Trends_PDF_FinalV

59,5 Millionen Menschen, die 2014 von Zwangsmigration betroffen waren.[235] Das Jahr 2015 brachte noch einmal eine Erhöhung der erzwungenen Migration um 5,8 Millionen Personen. Das heißt, dass 2015 65,3 Millionen Menschen auf der Flucht waren.[236] Migration insgesamt ist demzufolge vor allem seit der zweiten Hälfte des 20. Jahrhunderts ein Phänomen, das weltweit die Gesellschaften auf vielfältige Weise maßgeblich prägt und sie gleichsam zu Migrationsgesellschaften macht. Was diese globale Migration jeweils für ein Land im Speziellen beutet, ist allerdings immer auch im Einzelnen zu betrachten. Beispielsweise befand sich unter den 20 größten globalen Migrationskorridoren 2012 nur eine einzige Bewegung in Richtung eines europäischen Ziellandes, nämlich Deutschland. Die Migrationsbewegungen in Richtung der USA waren in absoluten Zahlen um ein Vielfaches größer.[237] Deutschland war allerdings 2015 das Land mit den meisten neu gestellten Asylanträgen (441.900) weltweit.[238] Der *International Migration Outlook 2016* der Organisation für wirtschaftliche Zusammenarbeit und Entwicklung (OECD) hält fest, dass 2014 Migration in die OECD Länder gestiegen sei. Die Städte seien dabei viel stärker von Immigrant(inn)en geprägt als die ländlichen Gebiete. Das Jahr 2015 sei insbesondere durch eine Verdopplung der Asylanträge (1,65 Millionen) gegenüber den Jahren 2014 und 1992 geprägt gewesen. 25 % der Anträge wurden durch syrische und 16 % durch afghanische Staatsbürger(innen) gestellt. 2011-15 hatten rund 60 % aller Immigrant(innen) in OECD-Länder eine Beschäftigung. Dagegen waren im selben Zeitraum 64,9 % der einheimischen Bevölkerung beschäftigt. Ca. 3 Millionen ausländische Studierende waren 2013 an Universitäten der OECD-Länder eingeschrieben.[239]

Die Zahlen zeigen, dass Migration ein vielfältiges und komplexes Phänomen ist. In den Interviews kann man erkennen, dass Flucht kaum eine Rolle im Hinblick auf Migrationserfahrungen spielt. Von Flucht beziehungsweise erzwungener Migration war, abgesehen von zurückliegenden Familienerfahrungen, beispielsweise

---

H_with%20References.pdf (Abruf: 14.12.2017). 1.
235 Vgl. United Nations High Commissioner for Refugees: World at War. UNHCR Global Trends. Forced Displacement in 2014. UNHCR 2015. 2. Online unter: http://www.unhcr.org/556725e69.pdf (Abruf: 12.12.2017).
236 Vgl. United Nations High Commissioner for Refugees: Global Trends. Forced Displacement in 2015. Genf: UNHCR 2016. Online unter: http://www.unhcr.org/576408cd7.pdf (Abruf: 12.12.2017). 2.
237 Vgl. International Organization for Migration (IOM): World Migration Report 2013.
238 Vgl. United Nations High Commissioner for Refugees: Global Trends. Forced Displacement in 2015. 3.
239 Vgl. OECD: International Migration Outlook 2016. Paris: OECD Publishing 2016. 9 ff. Online unter: http://www.npdata.be/Dok/OESO/Migratierapporten/Migration-2016-8116101e.pdf (Abruf: 12.12.2017).

der Eltern[240], keiner der Gesprächspartner(innen) betroffen. Die Beschreibung der Gemeinde in Kapitel 1 hat gezeigt, dass die Gemeinde vor allem in der zweiten Hälfte des 20. Jahrhunderts internationaler geworden ist, was insgesamt der zunehmenden Migration nach dem Ende des Zweiten Weltkriegs entspricht. In der Gemeinde spiegeln sich also globale Migrationsphänomene, im Hinblick auf Flucht allerdings zum Teil nur indirekt, beispielsweise in der Erfahrung von Eltern. Auffallend in den Interviews ist vor allem das Unbehagen gegenüber dem Begriff der Migration[241], obwohl Migrationserfahrung von Flucht und Vertreibung nicht direkt gemacht worden sind. Hier wirken vielleicht Fluchterfahrungen der vorhergehenden Generationen nach oder es handelt sich um die Auswirkung gesellschaftlicher Diskurse, welche Migration fast nur in ihren problematischen Formen wahrnehmen.[242] Insofern Migration hier primär als Beeinträchtigung wahrgenommen wird, auf welche mit Ausgrenzung und Abgrenzung von Menschen reagiert wird, scheint hier Unversöhntheit durch, die auch Erfahrungen von Ungerechtigkeit im Kontext von Migration vermuten lässt.

2.3.2.2 Migrationsmotive und Migrationsformen

These: Die in den Interviews spürbare Ambivalenz von Gemeindemitgliedern gegenüber der Gastgesellschaft liegt auch darin begründet, dass in der Gemeinde vor allem freiwillige Formen von Migration zu beobachten sind, welche als das Nutzen von Chancen begriffen werden und zunächst oft keinen Daueraufenthalt intendieren.

Um differenzierter zu verstehen, welche Formen und Motive von Migration für die Gruppe der Gesprächspartner(innen) bestimmend war und ist, werde ich einen genaueren Blick auf die Hintergründe und Dimensionen gegenwärtiger Migration werfen. Auch, wenn die Auswahl der Interviewpartner nicht repräsentativ war, ermöglichen die Gespräche durch die Beschreibungen der Interviewpartner doch auch vorsichtige Vermutungen im Hinblick auf die anglikanische Gemeinde insgesamt. Die folgende Abbildung (Abb. 13) zeigt Hintergründe und Dimensionen gegenwärtiger Migration, die Jochen Oltmer, Professor für neueste Geschichte und Mitglied des Vorstandes des Instituts für Migrationsforschung und Interkulturelle Studien (IMIS) der Universität Osnabrück, benennt.

---

240 Vgl. IP7 (27.08.2014).
241 Vgl. IP4 (16.07.2014); vgl. IP7 (27.08.2014).
242 Vgl. Polak: Migration, Flucht und Religion. Band 1. 206.

Abb. 13: Hintergründe und raum-zeitliche Dimensionen von Migration

Erstellt nach Jochen Oltmer[243]

Hintergrund	- Chancen wahrnehmen, Handlungsmacht erschließen (z. B. Arbeits-, Siedlungs- oder Bildungswanderungen)
	- Gewalt (Flucht, Vertreibung, Deportation, politisch und weltanschaulich bedingt oder Folge von Kriegen)
	- Katastrophen (z. B. Abwanderung aufgrund von Natur- und Umweltkatastrophen)
Raum	- intraregional (Nahwanderungen)
	- interregional (mittlere Distanz)
	- grenzüberschreitend (muss keine großen Distanzen umfassen, der Grenzübertritt hat aber in der Regel erhebliche rechtliche Konsequenzen für das Individuum)
	- interkontinental (großen Distanzen, in der Regel mit relativ hohen Kosten verbunden)
Richtung	- unidirektional (Wanderung zu einem Ziel)
	- etappenweise (Zwischenaufenthalte werden eingelegt, vor allem um Geld für die Weiterreise zu verdienen)
	- zirkulär (mehr oder minder regelmäßiger Wechsel zwischen zwei Räumen)
	- Rückwanderung
Dauer des Aufenthalts	- saisonal
	- mehrjährig
	- Arbeitsleben
	- Lebenszeit und intergenerationell

Oltmer macht darauf aufmerksam, dass zumeist nicht alle Bewegungen von Menschen als Migration verstanden werden. Reisen werden gewöhnlicherweise nicht als Migration bezeichnet. Vielmehr benennt dieser Begriff Formen von Mobilität, welche „weitreichende Konsequenzen für die Lebensverläufe der Wandernden haben und aus denen sozialer Wandel resultiert."[244] Zwar werden in den

---

243 Oltmer, Jochen: Globale Migration. Geschichte und Gegenwart. München: Verlag CHBeck 2016. Auflage 2. 15.
244 Ebd. 9.

Interviews unterschiedliche Hintergründe von Migration reflektiert[245], allerdings dominiert unter den Interviewteilnehmer(inne)n der Hintergrund der wahrgenommenen Chancen, den Oltmer benennt. Dies wird in den Interviews auch explizit so benannt.[246] Formen von Gewaltmigration[247] wurden in den Interviews allgemein wahrgenommen, gehören aber nicht zur unmittelbaren persönlichen Erfahrung der Gesprächsteilnehmer(innen).[248] Insbesondere auch die Ergebnisse des Kurzfragebogens belegen, dass zumindest sowohl grenzüberschreitende als auch interkontinentale Dimensionen von Migration eine Rolle in der anglikanischen Gemeinde in Wien spielen.[249] Sowohl unidirektionale[250] und etappenweise[251] Migrationsrichtungen als auch Rückwanderung[252] können in den Interviews wahrgenommen werden. Das schließt nicht aus, dass es in der Gemeinde eventuell auch zirkuläre Migrationsrichtungen gibt. Im Hinblick auf die Dauer des Aufenthalts gab es Interviewpartner(innen), welche wegen eines mehrjährigen Arbeitsaufenthaltes nach Österreich kamen und dann in Österreich geblieben sind. Das bedeutet, dass sich ein geplanter mehrjähriger Aufenthalt hin zu einer Dauerbeschäftigung entwickelt hat oder sich vielleicht auf die gesamte restliche Lebenszeit erstrecken wird.[253] Auch Aufenthalte, die sich bereits auf die nächste Generation erstrecken, kann man in den Interviews entdecken.[254] Christ Church wird aber in den Interviews auch erlebt als eine Gemeinde mit hoher Fluktuation, wo Mitglieder nach mehrjährigen Aufenthalten Österreich wieder verlassen.[255] Saisonale Aufenthalte lassen sich in den Interviews nicht wahrnehmen.

Oltmer fasst, wie in der folgenden Abbildung (Abb. 14) dargestellt, dreizehn Formen von Migration zusammen, die er für wesentlich hält:

---

245 Vgl. Kapitel 1.3.4.6.
246 Vgl. IP7 (27.08.2014).
247 Angesichts der Fluchtbewegungen der Jahre 2014 und 2015 wird aber auch deutlich, dass man nicht immer trennscharf zwischen freiwilliger und unfreiwilliger Migration unterscheiden kann. Menschen auf der Flucht fliehen oft, sowohl vor der unmittelbaren Bedrohung von Leib und Leben als auch vor wirtschaftlicher Not. Vgl. Luft: Die Flüchtlingskrise. 14.
248 Vgl. IP6 (14.08.2014).
249 Vgl. Kapitel 1.3.1.
250 Vgl. IP2 (04.06.2014); vgl. IP3 (25.06.2018); vgl. IP6 (14.08.2014); vgl. IP8 (16.10.2014).
251 Vgl. IP1 (05.02.2014); vgl. IP5 (05.08.2014); vgl. IP7 (27.08.2014).
252 Vgl. IP4 (16.07.2014).
253 Vgl. IP1 (05.02.2014); vgl. IP8 (16.10.2014).
254 Vgl. IP4 (16.07.2014).
255 Vgl. IP4 (16.07.2014).

Abb. 14: Migrationsformen

Erstellt nach Jochen Oltmer[256]

Formen	Merkmale, Teilphänomene und Beispiele
Arbeitswanderung	Migration zur Aufnahme unselbstständiger Erwerbstätigkeit in Gewerbe, Landwirtschaft, Industrie und im Dienstleistungsbereich
Bildungs- und Ausbildungswanderung	Migration zum Erwerb schulischer, akademischer oder beruflicher Qualifikation (Schülerinnen und Schüler, Studierende, Lehrlinge/Auszubildende)
Dienstmädchen-/ Hausarbeiterinnenwanderung	Migration im Feld der haushaltsnahen Dienstleistungen, häufig gekennzeichnet durch relativ enge Bindung an eine Arbeitgeberfamilie, ungeregelte Arbeitszeiten und prekäre Lohnverhältnisse
Entsendung	Grenzüberschreitende, temporäre Entsendung im Rahmen und im Auftrag von Organisationen/Unternehmen: „Expatriates"/„Expats"; Kaufleute und Händlerwanderung zur Etablierung/Aufrechterhaltung von Handlungsfilialen; Migration im Rahmen eines militärischen Apparates (Söldner, Soldaten, Seeleute), von Beamten oder von Missionaren
Gesellenwanderung	Wissens- und Technologietransfer durch Migration im Handwerk, Steuerungsinstrument in gewerblichen Arbeitsmärkten durch Zünfte
Gewaltmigration	Migration, die sich alternativlos aus einer Nötigung zur Abwanderung aus politischen, ethno-nationalen, rassistischen oder religiösen Gründen ergibt (Flucht, Vertreibung, Deportation, Umsiedlung)
Heirats- und Liebeswanderung	Wechsel des geografischen und sozialen Raumes wegen einer Heirat oder einer Liebesbeziehung
Lebensstil-Migration	Migration finanziell weitgehend unabhängiger Personen (nicht selten Senioren) aus vornehmlich kulturellen, klimatischen oder gesundheitlichen Erwägungen
Nomadismus/Migration als Struktur	Permanente oder wiederholte Bewegung zur Nutzung natürlicher, ökonomischer und sozialer Ressourcen durch Viehzüchter, brandrodende Bauern, Gewerbetreibende oder Dienstleister

---

256 Oltmer: Globale Migration. 18 f.

Siedlungswanderung	Migration mit dem Ziel des Erwerbs von Bodenbesitz zur landwirtschaftlichen Bearbeitung
Sklaven- und Menschenhandel	Migration (Deportation) zur Realisierung von Zwangsarbeit, d. h. jeder Art von Arbeit oder Dienstleitung, die von einer Person unter Androhung irgendwelcher Strafen verlangt wird
Wanderarbeit	Arbeitswanderung im Umherziehen, ortlose Wanderarbeitskräfte finden sich vor allem im Baugewerbe (Eisenbahnbau, Kanalbau, andere Großbaustellen)
Wanderhandel	Handelstätigkeit im Umherziehen, meist Klein- und Kleinsthandel, z. B. Hausierer

In der Gruppe der interviewten Gemeindemitglieder sind hauptsächlich Erfahrungen in vier Formen der dargestellten Liste zu beobachten:

1. *Arbeitswanderung:* Diesbezüglich war für einige Interviewpartner die Suche und Aufnahme einer Arbeit und die damit verbundene Perspektiverweiterung klar im Vordergrund. Für andere hat sich die Frage des Bleibens und das Finden eines Jobs erst nach und nach ergeben. [257]

2. *Bildungs- und Ausbildungswanderung:* Ein Interviewpartner studierte gezielt in einem anderen Land. Für einen weiteren Interviewpartner war zwar nicht die Ausbildung der primäre Grund für Migration, allerdings stand das Studium im Kontext des Ortswechsels.[258]

3. *Entsendung:* Die Entsendung im Hinblick auf den diplomatischen Dienst ist ein Thema, das in den Interviews ebenso auftaucht. Angesichts einer internationalen Gemeinde, die ursprünglich im Kontext der britischen Botschaft in Wien errichtet wurde, ist dies auch sehr naheliegend.[259]

4. *Heirats- und Liebeswanderung:* Die Heirat mit einem Partner anderer Nationalität und der Wunsch das Leben so zu gestalten, dass es für beide

---

257 Vgl. IP1 (05.02.2014); vgl. IP7 (27.08.2014); vgl. IP8 (16.10.2014).
258 Vgl. IP3 (25.06.2018); vgl. IP4 (16.07.2014).
259 Vgl. IP4 (16.07.2014); vgl. IP6 (14.08.2014).

Partner auch in ökonomischer Hinsicht funktioniert, ist ebenso ein in den Interviews genannter Grund für Migration.[260]

Der Soziologe Ludger Pries schlägt, wie die folgende Abbildung (Abb. 15) zeigt, ein weiteres anderes Modell einer Typisierung internationaler Migrant(inn)en vor. Sein Modell entwickelt er Anhand von vier Dimensionen der Migration: Verhältnis zur Herkunftsregion, Verhältnis zur Ankunftsregion, Hauptmigrationsgrund und Zeithorizont der Migration.

Abb. 15: Idealtypen internationaler Migrant(inn)en

Erstellt nach Ludger Pries[261]

	Verhältnis zur Herkunftsregion	Verhältnis zur Ankunftsregion	Hauptmigrationsgrund/ -umstand	Zeithorizont für Migration
Emigration / Immigration	Rückbezug / Abschied nehmen	Integration / Neue Heimat	Wirtschaftliche / Sozial-kulturelle	Unbefristet / Langfristig
Rückkehr-migration	Dauerbezug / Identität wahren	Differenz / Gastland	Wirtschaftliche / Politische	Befristet / Kurzfristig
Diaspora-migration	Dauerbezug als "gelobtes Land"	Differenz / Erleidensraum	Relig. / politische, Organisationale	Befristet, kurz- / Mittelfristig
Transmigration	Ambivalent / Gemengelage	Ambivalent / Gemengelage	Wirtschaftliche / Organisationale	Unbestimmt / Sequentiell

Durch die Kombination der Dimensionen erhält er vier Idealtypen internationaler Migrant(innen). Der erste Typus bezeichnet *Emigrant(inn)en bzw. Immigrant(inn)en.* Gemeint sind damit Menschen, die sich dauerhaft von ihrer Ursprungsregion verabschieden, um sich eine neue Heimat zu suchen. Gründe für eine solche Migration sind vor allem wirtschaftliche bzw. sozial-kulturelle Aspekte. *Rückkehr-Migration* bezeichnet einen zweiten Typus von Migrant(inn)en. Diese Gruppe hat

---

260 Vgl. IP2 (04.06.2014); vgl. IP5 (05.08.2014).
261 Pries: Globalisierung und Migration. 112.

aus wirtschaftlichen bzw. politischen Gründen temporär die eigene Herkunftsregion verlassen, um als Gastarbeiter(in) in der Zielregion zu arbeiten. Die Erfahrung der Differenz zum Gastland bleibt bestehen und die eigene Identität sowie der Bezug zur Herkunftsregion bleibt stark, da eine Rückkehr beabsichtigt ist. Der dritte Typus beschreibt *Diaspora-Migrant(inn)en.* Religiöse, politische und organisationale Migrationsgründe stehen hier im Vordergrund. Kirchliche und diplomatische Mitarbeiter(innen) sowie Flucht sind Beispiele dieses Typus. Auch hier ist im Vergleich zum vorangehenden Typus der Zeithorizont der Migration temporär. Das Herkunftsland bleibt im Bewusstsein die eigentliche Heimat. Die Differenzerfahrungen im Zielland bleiben stark. Die Ankunftsregion kann als temporäres Exil wahrgenommen werden. Transmigration umschreibt den vierten Typus. *Transmigrant(inn)en* verhalten sich, sowohl gegenüber der Herkunftsregion als auch gegenüber der Ankunftsregion ambivalent. Ein ständiger nicht unbedingt nur physischer Wechsel ohne bewusste zeitliche Begrenzung zwischen unterschiedlichen Orten wird als normal erlebt. Alltägliches Leben findet nicht nur an einem Ort statt, sondern länderübergreifend und plurilokal. Gründe für eine solche Migration können wirtschaftlicher oder organisationaler Natur sein.[262] Problematisch an diesem Modell erscheint mir, dass Pries Migrationsformen innerhalb eines Typs zusammenfasst, die sehr unterschiedlich sind. So werden beispielsweise Fluchtmigrant(inn)en und diplomatische Mitarbeiter unter dem Typ Diaspora-Migrant(in) zusammengefasst. Das geht meines Erachtens auf Kosten der Trennschärfe. Positiv ist allerdings die Integration der Dimension des Verhältnisses zum Gastland, die so im eher historischen geprägten Modell von Oltmer nicht benannt worden ist. Gerade im Hinblick auf die Beobachtung, dass Christ Church in den Interviews nicht uneingeschränkt als Teil der österreichischen Gesellschaft erlebt wird[263], ist die Einbeziehung des Verhältnisses zum Gastland ein Erkenntnisgewinn. Anhand des Modells von Pries könnte man die Differenzerfahrung zur österreichischen Gesellschaft dadurch erklären, dass ein langfristiger oder unbefristeter Aufenthalt der Interviewpartner(innen) bzw. der Gemeindemitglieder oft nicht ursprünglich intendiert ist. Obwohl es Mitglieder in der Gemeinde gibt, die schon mehrere Jahrzehnte oder in der zweiten Generation in Österreich bzw. Wien leben, scheint trotzdem das Konzept einer sprachlich definierten Gemeinschaft von temporären Mitgliedern handlungsleitend zu sein, welches eine Integration nicht unbedingt intendiert. Das Verhältnis zum Gastland ist entsprechend tendenziell eher von Differenz und Ambivalenz geprägt.

---

262 Vgl. ebd. 112–115.
263 Vgl. IP2 (04.06.2014).

Im Hinblick auf Versöhnung könnte dies einerseits bedeuten, dass kulturelle blinde Flecken in der anglikanischen Gemeinde z. B. im Hinblick auf Gerechtigkeit im Kontext des kolonialen Erbes zunächst nur bedingt wahrgenommen werden, weil das Einlassen auf die Kultur und Sprache des Gastlandes zunächst nicht notwendig erscheint und so der Kontrast fehlt, der Lernprozesse anstößt. Die Gemeinde wäre in diesem Fall so etwas wie eine separierte anglofone Insel in einer fremden Umgebung, was in den Interviews ja auch als Verdacht geäußert wird.[264] Andererseits könnten die in Christ Church beobachteten freiwilligen Formen der Migration auch der selbstbewussten Wahrung der eigenen Identität im Kontakt mit dem Gastland dienen, was Assimilation verhindert,[265] insbesondere wenn sich ein temporär geplanter Aufenthalt zu einem Daueraufenthalt entwickelt.

2.3.2.3 Religionszugehörigkeit und Migration

Einseitigkeit von Migrationsdiskursen

These: Die anglikanische Gemeinde Christ Church hat im Kontext von Migration für die Gemeindemitglieder eine stabilisierende, Komplexität reduzierende und Identität stiftende Funktion. Weil der gegenwärtige Migrationsdiskurs so stark auf Islam und Flucht fixiert ist, wird Christ Church, welche als christliche Gemeinde Teil der globalen Mehrheit der christlichen und freiwilligen Migrant(inn)en ist, kaum mit dem Phänomen Migration verbunden.

Im Kontext meiner Forschungsfrage, die ja auf die anglikanische Gemeinde in Wien als eine christliche Migrant(inn)engemeinde fokussiert, interessiert mich insbesondere auch die Rolle von Religion im Migrationsprozess. Man kann Migration und Religion als Grundbedingungen des Menschseins bezeichnen. Der Prozess der Migration bedeutet immer auch, dass es einen Transport und Austausch religiöser Ideen gab und gibt. In diesem Prozess verändert sich sowohl der bzw. die Migrierende als auch die Aufnahmegesellschaft.[266] Darüber hinaus kommt im Zusammenhang internationaler Migration migrantischen religiösen Gemeinschaften eine Schlüsselfunktion angesichts der Integration von Migrant(inn)en im Zielland zu. Genau das thematisiert ja auch eine Interviewpartnerin im Kontext ihrer Migrationserfahrungen.[267] Am Beispiel der Einwanderungsbewegungen nach

---

264 Vgl. IP7 (27.08.2014).
265 Vgl. Polak: Migration, Flucht und Religion. Band 1. 255 ff.
266 Vgl. Tiefensee, Eberhard/Kraft, Claudia: Religion und Migration. Frömmigkeitsformen und kulturelle Deutungssysteme auf Wanderschaft. Münster: Aschendorff Verlag 2011. 11.
267 Vgl. IP5 (05.08.2014).

Amerika im 19. Jahrhundert kann man lernen, dass diese Gemeinschaften in der Vergangenheit oft die ersten und einzig möglichen Anlaufpunkte für die Migrierenden und wichtige Institutionen zur Integration von Neuankömmlingen waren.[268] Vertraute Rituale in einer oft religiös verschiedenen Umgebung und die gesprochene Muttersprache waren dabei zentrale Elemente. Eine von der Mehrheitsgesellschaft abweichende Religion dient dabei oft auch als ein besonderes Identitätsmerkmal.[269] Eine solche Rolle von Religion wird gegenwärtig allerdings, vor allem im Kontext der Fluchtbewegungen 2015, durchaus ambivalent betrachtet, da Religion im Migrationsprozess zwar Halt und Orientierung bieten kann, andererseits aber auch zu einer immensen Abgrenzung gegenüber der Gesellschaft des Ziellandes führen kann, die dann nicht integrationsfördernd wäre. Der bremer Politikwissenschaftler Stefan Luft bemerkt aber angesichts der Erfahrung aus seiner deutschen Perspektive, dass die soziale Herkunft der Eltern in einem viel stärkeren Maß integrationsfördernd oder -hindernd ist, weil diese den Zugang zu Netzwerken, kulturellen und ökonomischen Gütern präge. Vor allem die Konzentration auf das Bedrohungsszenarium Islam in der öffentlichen Diskussion habe seine Ursache auch in der Erfahrung schrumpfender christlicher Kirchen in Europa.[270] Die Betonung der Wichtigkeit der englischen Sprache und der anglikanischen Musik- und Liturgietradition in den geführten Interviews im Hinblick auf die anglikanische Gemeinde in Wien korreliert mit der beschriebenen Bedeutung von Religion als Halt und Orientierung im Migrationsprozess. Die gegenwärtig zunehmende Migration in Richtung der Städte,[271] auch durch Binnenmigration von den ländlichen Gebieten in die Städte, führt zu einer Veränderung der religiösen Verhältnisse. In den Millionenstädten bieten kleine religiöse Gemeinschaften oft kleine überschaubare Räume an, welche menschlichen Kontakt innerhalb anonymer Städte ermöglichen. In diesem Kontext schrumpfen beispielsweise die etablierten Kirchen einerseits und andererseits wachsen kleine religiöse Gemeinschaften.[272] Zwar muss man Christ Church als Gemeinde der Kirche von England auch zu den etablierten Kirchen, jedenfalls in Großbritannien, rechnen. Allerdings erfüllt die Gemeinde als Minderheit in Österreich für anglofone Migrant(inn)en und Einheimische auf der

---

268 Vgl. Dippel: Geschichte der USA. 13.
269 Vgl. Lehmann, Hartmut: Migration und Religion im Zeitalter der Globalisierung. Band 7. Bausteine zu einer europäischen Religionsgeschichte im Zeitalter der Säkularisierung. Göttingen: Wallstein 2005. 8 f.
270 Vgl. Luft: Die Flüchtlingskrise. 109 f.
271 Der World Migration Report 2015 bestätigt jenen Trend der Urbanisierung. Vgl. International Organization for Migration (IOM): World Migration Report 2015. 187.
272 Vgl. Lehmann: Migration und Religion im Zeitalter der Globalisierung. 10 f.

Suche nach religiösen Alternativen sicher auch die Funktion einer kleinen und überschaubaren Gemeinschaft, die persönlichen Kontakt ermöglicht.

2012 hat das Meinungsforschungsinstitut *Pew Research Center* die Ergebnisse einer Studie zu Religion im Hinblick auf globale Migrationsbewegungen veröffentlicht. Die folgende Abbildung (Abb. 16) verdeutlicht Ergebnisse dieser Studie im Hinblick auf die Religionszugehörigkeit internationaler Migrant(inn)en des Jahres 2010.

Abb. 16: Religionszugehörigkeit internationaler Migrant(inn)en 2010

Erstellt nach den Daten des Pew Research Center (2012)[273]

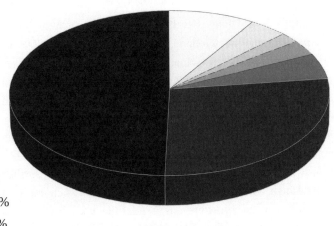

■ christlich 49%

■ muslimisch 27%

■ hinduistisch 5%

▨ buddhistisch 3%

▨ jüdisch 2%

▨ andere Religionsgemeinschaft 4%

□ ohne Bekenntnis 9%

Demnach waren 2010 gut die Hälfte, nämlich 49 %, der internationalen Migrant(inn)en einer christlichen Tradition zuzuordnen. Die zweitgrößte Gruppe waren mit 27 % die Muslime. D. h. zwei Drittel aller Migrant(inn)en waren entweder Christ(inn)en oder Muslime. Alle anderen Religionsgemeinschaften sowie die Gruppe ohne Bekenntnis waren mit einstelligen Prozentsätzen vertreten. Der

---

273 Vgl. ebd. 11.

jüdische Anteil der Migrant(inn)en lag bei 2 %. Interessanterweise aber ist die Gruppe aller derzeit lebenden Juden und Jüdinnen jene mit der größten Migrationserfahrung. 25 % aller Mitglieder dieser Religionsgemeinschaft hatten bereits Migrationserfahrungen. Im Vergleich dazu besaßen nur 5 % aller derzeit lebenden Christ(inn)en Migrationserfahrungen.[274]

In Hinblick auf die Herkunftsländer der Migrant(inn)en kann festgestellt werden, dass der größte Teil der Christ(inn)en weltweit mit ca. 12.300.000 aus Mexiko kam, gefolgt von Russland, mit mehr als 8 Millionen Menschen und der Ukraine, mit ungefähr 5 Millionen Menschen. Die Ursache der Migrationsbewegungen aus den beiden letztgenannten Länder lag wesentlich im Zusammenbruch der ehemaligen Sowjetunion. Der größte Teil der Muslime emigrierte aus den Pälestinensergebieten (ca. 5.680.000) sowie Pakistan, Bangladesch und Indien mit jeweils ungefähr 3 Millionen Menschen. Das bei weitem bevorzugteste Zielland war global 2010 für 74 % aller migrierenden Christ(inn)en die USA. Destination Nummer eins für muslimische Migrant(inn)en war Saudi-Arabien. Allerdings waren auch die europäischen Staaten wichtige Zielländer von Migrationsbewegungen. Bemerkenswert ist, dass in Bezug auf Europa die Zahl der christlichen Immigranten (56 %) die der muslimischen (27 %) bei weitem überstieg.[275] War Europa im 18., 19. und 20. Jahrhundert noch der Ursprung vieler Migrationsbewegungen, so änderte sich dies nach dem zweiten Weltkrieg allmählich. Die rasante Verbesserung der wirtschaftlichen Situation in den 1960er Jahren, vor allem in Großbritannien, Frankreich und Deutschland, zog viele Migrant(inn)en, insbesondere aus Nordafrika und Asien, an. Die Gesamtzahl der Immigrant(inn)en in der EU (47 Millionen) war laut Pew Research Center vergleichbar mit den geschätzten 43 Millionen Immigrant(inn)en in den USA. Vergleichbar mit den USA war 2010 ebenso die Binnenmigration innerhalb der EU nach der Unterzeichnung des Schengenabkommens 1985.[276] Insgesamt lebten in Bezug auf die beiden größten Religionsgruppen in der Europäischen Union 42 % christliche und 39 % muslimische Immigrant(inn)en, ohne Berücksichtigung der Binnenmigration. Die christlichen Migrationsbewegungen nach Europa hatten ihren Ursprung hauptsächlich in Russland, der Ukraine, Albanien, Serbien, Ecuador, Brasilien, Kolumbien, den USA und einigen subsaharischen Staaten in Afrika. In Bezug auf muslimische Migrant(inn)en waren die hauptsächlichen Ursprungsländer

---

274 Vgl. Pew Reserch Center's Forum on Religion & Public Life: Faith on the Move. 11.
275 Vgl. ebd. 14 ff.
276 Vgl. ebd. 53.

die Türkei, Marokko, Algerien und Pakistan.[277] Es muss betont werden, dass es sich hier um eine allgemeine Beschreibung der globalen Bewegungen von Migration handelt, die verschiedene Migrationsphänomene (sowohl Studierende und Gastarbeiter als auch von Flucht betroffene Personen) umfasst. Die Grundlage der Zahlen des *Pew Research Center* ist eine Definition von Migration, die alle Personen einschließt, welche ein Jahr oder länger in einem Land gelebt haben, das nicht ihr Geburtsland ist.[278] Das waren 2010 ca. 214 Millionen Menschen oder ca. 3 % der Weltweltbevölkerung. Von dieser allgemeinen Perspektive von Migration muss der Aspekt der erzwungenen Migration gesondert betrachtet werden. 2015 waren dies mehr als 60 Millionen Personen. Das erklärt den hohen Anteil von Christ(inn)en im Kontext von allgemeinen globalen Migrationsbewegungen im Gegensatz zu dem wahrgenommen hohen Anteil muslimischer Geflüchteter. Der Anteil der muslimischen Geflüchteten an der Gesamtzahl der in den USA 2016 aufgenommenen von Flucht betroffenen Personen betrug beispielsweise 46 %.[279] Gemäß einer Auskunft des Abteilung Asyl und Fremdenwesen des österreichischen Innenministeriums im Dezember 2016 wird in Österreich keine offizielle Statistik der Religionszughörigkeit von geflüchteten Personen geführt, was eine Angabe genauer Zahlen für Österreich unmöglich macht. Aus globaler Perspektive ist die Migrant(inn)engemeinde Christ Church insbesondere im Kontext der 49 % christlicher Migrant(inn)en zu sehen. Das bedeutet, dass die Gemeinde keine Ausnahmeerscheinung ist, sondern Anteil hat an einer großen Gruppe von Christ(inn)en (2010 waren dies 105.670.000 Personen), die aus den verschiedensten Gründen global unterwegs sind. Obwohl Christ Church also zum größten Teil der christlichen Migrant(inn)en weltweit gehört und sich die für religiöse Migrant(inn)engemeinden typischen stabilisierenden und identitätsstiftenden Funktionen beobachten lassen, verstehen sich die Interviewpartner eher nicht als Migrant(inn)en.

In den Interviews scheinen, wie bereits gezeigt wurde, problematische Assoziationen angesichts des Begriffes Migration durch, die auf ungerechte bzw. marginalisierende gesellschaftliche Migrationsdiskurse hinweisen, welche sich auch in der Migrant(inn)engemeinde Christ Church spiegeln. Die gesellschaftliche Unversöhnheit im Hinblick auf Migration, die sich in diesen Diskursen zeigt, ist ebenso in der Migrant(inn)engemeinde Christ Church selbst zu beobachten.

---

277 Vgl. ebd. 55.
278 Vgl. ebd. 13.
279 Vgl. Pew Research Center: Key facts about the world's refugees. Pew Research Center. Online
     unter: http://www.pewresearch.org/fact-tank/2016/10/05/key-facts-about-the-worlds-refugees/
     (Abruf: 20.03.2017).

Irritationen durch Effekte der Globalisierung

These: Das globale Phänomen der Migration bewirkt in der anglikanischen Gemeinde in Wien Irritationen angesichts der unterschiedlichen Bedeutung der anglikanischen Tradition auf globaler und lokaler Ebene, welche sich auch problematisch auf Verhältnis der Gemeinde bzw. von Gemeindemitgliedern zum Gastland auswirken.

Der Prozess zunehmender und intensiver werdender Verknüpfung globaler und lokaler Ebenen und die wechselseitige Abhängigkeit dieser verschiedenen Ebenen wird oft mit Globalisierung bezeichnet. Migration ist ein zentraler Aspekt in Bezug auf das Verständnis dieses Prozesses.[280] Das ist insofern für die Interpretation der Interviewergebnisse im Kontext der anglikanischen Gemeinde interessant, als lokale im Gegensatz zu globalen Perspektiven zu zum Teil unterschiedlichen Wahrnehmungen und Irritationen führen und gleichzeitig eng miteinander verknüpft sind.[281] Ein Beispiel ist die Wahrnehmung der globalen anglikanischen Gemeinschaft, die im Kontext des britischen Empire endstanden ist und weltweit zu den größeren christlichen Zusammenschlüssen gehört. Auf lokaler Ebene ist die anglikanische Gemeinde in Wien eine äußerst kleine Minorität und hat aber gleichzeitig als internationale und multiethnische Gemeinschaft eine globale Perspektive. Die globalen und lokalen Ebenen sind dementsprechend eng miteinander verwoben.[282]

---

280 Vgl. Pries: Globalisierung und Migration. 101.

281 Eine globale Perspektive (insbesondere des Protestantismus) ist gemäß dem systematischen Theologen Friedrich Wilhelm Graf vor allem darüber hinaus unerlässlich, weil eine europäische gegenwärtig nicht mehr ausreicht, um einen umfassenden Überblick angesichts der sich verändernden religiösen Landschaft zu gewinnen: „In eurozentrischen Perspektiven lassen sich das gegenwärtige Christentum und die Vielfalt der Protestantismen aber nur äußerst unzureichend erkennen" Graf, Friedrich Wilhelm: Der Protestantismus. Geschichte und Gegenwart. München: C.H.Beck 2017. Auflage 3. 116.

282 Das Konzept der Globalisierung selbst ist relativ jung und wird erst seit relativ kurzer Zeit intensiv ‚nicht nur in der Politikwissenschaft, Soziologie und Wirtschaftswissenschaft, diskutiert. In den christlichen Kirchen wird die Relevanz dieses Konzept auch in Bezug auf Mission, Ethik und die Bedeutung für das Handeln der Kirche reflektiert. Der protestantische Theologe und Missionswissenschaftler Thorsten Prill nennt drei zu unterscheidende Strömungen von Globalisierungskonzepten: die Hyperglobalisten, die Skeptiker und die Transformalisten. Im Sinn der ersten Strömung wird Globalisierung häufig zunächst als ein hauptsächlich wirtschaftswissenschaftliches Konzept verstanden, bei dem es um die fortschreitende Integration nationaler Volkswirtschaften in eine einzige globale Wirtschaft geht. Insbesondere die Skeptiker weisen allerdings kritisch darauf hin, dass neben der Integration auch Prozesse der Fragmentierung zu beobachten sind. Weitere Kritik kommt vonseiten der Transformalisten, welche darauf aufmerksam machen, dass Globalisierung gegenüber dem wirtschaftlichen Aspekt auch dramatische politische und soziale Veränderung beschreibt. Die zunehmenden globalen Migrationsbewegungen sind, sowohl Folge als auch Ursache dieser tief greifenden globalen wirtschaftlichen, politischen und sozialen Veränderung. Vgl. Prill, Thorsten: Global mission on our doorstep. Forced migration and

Globale Migration führt neben einem weltweiten Austausch von Ideen auch zu einer Neuorientierung in Bezug auf Religion und Spiritualität. Eine Relativierung von Absolutheitsansprüchen ist die Folge. Dies bringt zumindest global allerdings keine zunehmende Säkularisierung mit sich. Im Gegenteil bleibt Religion vor allem für Migrant(inn)en ein wichtiger Aspekt der Komplexitätsreduktion in einer unübersichtlicher werdenden Welt.[283] Mit der prognostizierten Veränderung der weltweiten religiösen Landschaft für das Jahr 2050 im Vergleich mit den Daten des Jahres 2010 bestätigt das *Pew Research Center*, dass eine zunehmende Säkularisierung global nicht wahrscheinlich ist. Zwar werden weltweit, abgesehen vom Christentum und vom Islam, alle anderen größeren Religionsgemeinschaften stagnieren. Das starke Wachstum des Islam (von 23,2 % auf 29,7 %) und das ungefähr gleichbleibende Niveau des Christentums (31,4 %) wird aber dazu führen, dass der Anteil der Menschen ohne Bekenntnis bis 2050 kleiner werden wird (von 16,4 % auf 13,2 %).[284]

Die folgende Abbildung (Abb. 17) fokussiert auf die gegenwärtige globale Situation des Christentums nach einer Studie des *Pew Research Center* aus dem Jahr 2010.[285] Die Forschungseinrichtung unterscheidet vier große christliche Hauptströmungen: orthodoxe, katholische und protestantische Christ(inn)en sowie andere christliche Traditionen.

Zur größten Gruppe der katholischen Kirchen, mit 50,1 %, werden die römisch-katholische Kirche, mit dieser unierte Ostkirchen sowie eine sehr kleine Gruppe von unabhängigen katholischen Kirchen gerechnet. Die protestantischen Kirchen sind mit 36,7 % die nächst größere Gruppe. Diesem Block zugeordnet sind die klassischen Kirchen der europäischen Reformation (lutherische und reformierte Kirchen etc.), Kirchen in anglikanischer Tradition[286] sowie methodistische Kirchen.

---

the future of the church. MV-Wissenschaft. Münster: Verl.-Haus Monsenstein und Vannerdat 2008. 17–24.

283 Vgl. Pries: Globalisierung und Migration. 120 f.

284 Vgl. Pew Reserch Center's Forum on Religion & Public Life: The Future of World Religions. Population Growth Projections, 2010–2050. Why Muslims Are Rising Fastest and the Unaffiliated Are Shrinking as a Share of the World's Population. Washington: Pew Research Center 2015. Online unter: http://assets.pewresearch.org/wp-content/uploads/sites/11/2015/03/PF_15.04.02_ProjectionsFullReport.pdf (Abruf: 12.12.2017). 6.

285 Vgl. Pew Reserch Center's Forum on Religion & Public Life: Global Christianity. A Report on the Size and Distribution of the World's Christian Population. Washington: Pew Research Center 2011. Online unter: http://assets.pewresearch.org/wp-content/uploads/sites/11/2011/12/Christianity-fullreport-web.pdf (Abruf: 12.12.2017).

286 Diese Einteilung bzw. Benennung ist insofern auch nicht ganz unproblematisch, als sich viele Kirchen anglikanischer Tradition betont als katholische Kirchen verstehen. So legt die Church of England großen Wert darauf, dass sie „… part of the One, Holy, Catholic and Apostolic Church, …" ist, auch wenn die europäischen Reformatoren eine wichtige Rolle in ihrer Geschichte und ihrer Theologie gespielt haben. Vgl. Church of England (Hg.): Common Worship. xi.

Abb. 17: Globales Christentum nach Traditionen
Erstellt nach den Daten des Pew Research Center (2011)[287]

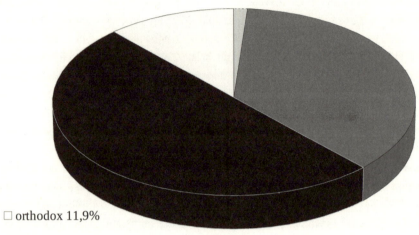

☐ orthodox 11,9%

■ katholisch 50,1%

■ protestantisch 36,7%

▨ andere christliche Traditionen 1,3%

Die drittgrößte Gruppe sind die orthodoxen Kirchen mit weltweit 11,9 %. In dieser Fraktion finden sich einerseits die byzantinisch-orthodoxen Kirchen, als auch die orientalisch-orthodoxen Kirchen. Der kleinste Block besteht mit 1,3 % aus einer Zusammenfassung aller anderen christlichen Traditionen, welcher beispielsweise die Kirche Jesu Christi der Heiligen der letzten Tage (Mormonen), die Zeugen Jehovas, die Christliche Wissenschaft und andere kleinere Gruppen umfasst. Katholische und protestantische Kirchen stellen weltweit demnach fast 87 % aller Christ(inn)en. Ist auch die Gruppe der protestantischen Kirchen kleiner als die der katholischen Kirchen, so spielt sie trotzdem weltweit zahlenmäßig eine bedeutende Fraktion dar. Die anglikanischen Kirchen sind aus dieser globalen Perspektive Teil der zweitgrößten Gruppe protestantischer Kirchen.

---

287 Vgl. Pew Reserch Center's Forum on Religion & Public Life: Global Christianity. 10.

Anders ist die Situation in Europa und in Österreich einzuschätzen. Entgegen dem globalen Trend werden die christlichen Kirchen hier weiter an Mitgliedern verlieren und die Anzahl der Konfessionslosen zunehmen.[288] Das bedeutet, dass das Christentum vor allem außerhalb Europas wächst. Auf lokaler Ebene in Österreich bzw. Wien unterscheidet sich das Verhältnis der christlichen Konfessionen ebenso von der globalen Ebene, was auch im Hinblick auf die wahrgenommene Bedeutung der anglikanischen Gemeinde aus unterschiedlichen Perspektiven erwähnenswert ist. Die Daten der letzten Volkszählung in Österreich zeigten, dass Christ(inn)en katholischer Tradition mit mehr als 90 % innerhalb der christlichen Gemeinschaft im Jahr 2001 bei weitem die Mehrheit stellten. Nachfolgend zeigt die nächste Abbildung (Abb. 18) die damalige innere Verteilung der christlichen Traditionen in Österreich.

Abb. 18: Christliche Traditionen in Österreich

Berechnet nach den Daten der Volkszählung 2001 (Statistik Austria)[289]

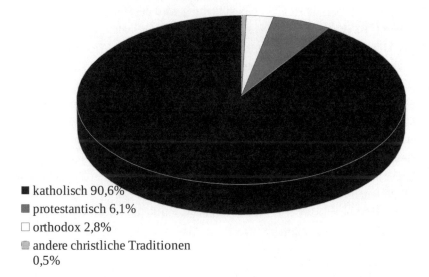

■ katholisch 90,6%
■ protestantisch 6,1%
□ orthodox 2,8%
▨ andere christliche Traditionen 0,5%

---

288   Vgl. Pew Reserch Center's Forum on Religion & Public Life: The Future of World Religions. 147 f.
289   Vgl. Statistik Austria: Bevölkerung 2001 nach Religionsbekenntnis und Staatsangehörigkeit. 2007.
      Online unter: http://ernaehrungsdenkwerkstatt.de/fileadmin/user_upload/EDWText/Abbildungen/
      VLWien/VLW_14_OEsterreich_Auslaendre_Religion.pdf (Abruf: 12.12.2017).

Die Daten sind nach den Angaben der Volkszählung entsprechend der Einteilung des Pew Research Center neu berechnet, sodass sich die Daten besser mit der Studie zur Verteilung des globalen Christentum vergleichen lassen.[290] In Bezug auf die globale zahlenmäßige Größe des Protestantismus fällt auf, dass die protestantischen Kirchen 2001 in Österreich nur ein kleine Minderheit darstellten. Alle nicht-römisch-katholischen Traditionen in Österreich stellten in diesem Jahr weniger als 10 % aller Christ(inn)en.

Das Forschungsprojektes WIREL, welches die Verteilung der Religionen in Wien erforscht, bezeichnet internationale Migration als einen der Hauptmotoren des Bevölkerungswandels in der österreichischen Hauptstadt.[291] Es gibt einen weitgehenden Konsens, dass Religion eine wichtige Dimension sozialer und kultureller Diversität ist. In Österreich wird allerdings seit 2001 die Religionszugehörigkeit durch Volkszählungen nicht mehr erhoben.[292] Das macht die Datengrundlage in Bezug auf Migration und Religion schwierig. Das WIREL-Projekt versucht, den religiösen Wandel in Wien zwischen 1970 und 2011 zu rekonstruieren, indem die Daten für 2002–2011 anhand der Fertilität, Migration und Trends im Kontext der Säkularisierung geschätzt werden. Der Anteil der Christ(inn)en an der wiener Gesamtbevölkerung wird dementsprechend für 2011 mit 56 % geschätzt (Katholiken 43 %, Protestanten 4 %, Orthodoxe 9 %). Muslime sind mit ca. 11 % repräsentiert. Der Anteil der Bekenntnislosen in Wien ist seit 1970 von 10 % auf geschätzt 30 % gewachsen. Dieser Trend unterscheidet sich deutlich vom geschätzten globalen Trend. Darüber hinaus sind insbesondere Muslime und orthodoxe Christ(inn)en diejenigen Gruppen, die seit 1970 wahrnehmbar gewachsen sind.[293] Dies ist vor allem Folge internationaler Migration, sowohl aus den Staaten Osteuropas als auch aus den Staaten der Europäischen Union.[294] Das oben beschriebene Problem der in Österreich seit 2001 nicht mehr erhobenen Religionszugehörigkeit macht auch die Antwort auf die Frage nach der Verteilung der Religionen unter den Migrant(inn)en in Wien bzw. Österreich ungenau. Folgestudien, wie das WIREL Projekt, arbeiten mit Schätzungen und Projektionen. Auch das Statistische Jahrbuch der Stadt Wien 2014 greift auf die Daten der Volkszählung von 2001 zurück.[295]

---

290 Das Pew Research Center greift in Bezug auf die österreichischen Daten in dieser Studie auch auf die Volkszählung von 2001 zurück. Vgl. Pew Reserch Center's Forum on Religion & Public Life: Global Christianity. 113.
291 Vgl. Goujon/Bauer: Religions in Vienna in the Past, Present and Future. 7.
292 Vgl. ebd. 2.
293 Vgl. ebd. 3.
294 Vgl. ebd. 7.
295 Vgl. Magistrat der Stadt Wien: Statistisches Jahrbuch der Stadt Wien 2014. Wien: Magistrat der

Die folgende Abbildung (Abb. 19) stellte die Verteilung der Religionen unter den nicht österreichischen Staatsangehörigen basierend auf den Zahlen von 2001 dar.

Abb. 19: Religionsbekenntnisse in Österreich

(nicht österreichische Staatsangehörige in Österreich)

Berechnet nach den Daten der Volkszählung 2001 (Statistik Austria)[296]

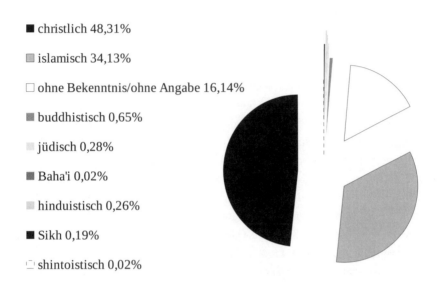

- ■ christlich 48,31%
- ▨ islamisch 34,13%
- ☐ ohne Bekenntnis/ohne Angabe 16,14%
- ■ buddhistisch 0,65%
- ▥ jüdisch 0,28%
- ■ Baha'i 0,02%
- ▥ hinduistisch 0,26%
- ■ Sikh 0,19%
- ☐ shintoistisch 0,02%

Diese Gruppe der nicht österreichischen Staatsangehörigen ist nicht zur Gänze identisch mit der Gruppe der Migrant(inn)en in Österreich, da hier z. B. diejenigen Personen nicht berücksichtigt werden, die zwar einen Migrationshintergrund besitzen, aber eine österreichische Staatsbürgerschaft erworben haben. 2001 waren fast die Hälfte (48,31 %) aller nicht österreichischen Staatsangehörigen Christ(inn)en. Die zweitgrößte Gruppe waren mit 34,13 % die Muslime. Alle anderen Glaubensgemeinschaften machten jeweils weniger als 1 % aus. Kein Bekenntnis hatten, beziehungsweise keine Angabe machten 16,14 %. Auch wenn die Zahlen nicht ohne weiteres, wie oben beschrieben, auf die Migrant(inn)en in Österreich bezogen werden können, so fallen im Vergleich mit den Daten des Pew

---

Stadt Wien 2015. 168.

296 Vgl. Statistik Austria: Bevölkerung 2001 nach Religionsbekenntnis und Staatsangehörigkeit.

Research Centers Ähnlichkeiten in Bezug auf die weltweite Verteilung der Religionen unter internationalen Migrant(inn)en[297] auf.

Es gilt, dass Christ(inn)en ungefähr die Hälfte der beschriebenen Gruppen ausmachen. Ebenso sind jeweils ungefähr ein Drittel der internationalen Migrant(inn)en Muslime. Die übrigen Religionen sind im Vergleich zu Österreich weltweit mit einem leicht höheren Anteil vertreten. Der Anteil der Menschen ohne Bekenntnis ist allerdings in Österreich fast doppelt so hoch wie im globalen Vergleich. Obwohl die aktuelle Datenlage unscharf ist, scheint Religion trotz einer bedeutenden Gruppe von konfessionslosen Personen nach wie vor zahlenmäßig ein wichtiger Faktor im Kontext von Migration zu sein, sowohl weltweit als auch regional. Es wird noch einmal deutlich, dass sich die regionale Verteilung der Religionsgemeinschaften von der globalen Situation stark unterscheiden kann. In Österreich bzw. Wien gilt dies auch für die protestantischen Traditionen, die weltweit ein viel stärkeres Gewicht haben als auf lokaler Ebene in Österreich.

Vor diesem Hintergrund kann auch der in den Interviews geschilderte Wunsch des Pfarrer der Gemeinde, anglikanischer Ekklesiologie in Wien zu mehr Beachtung zu verhelfen, betrachtet werden.[298] Auf globaler Ebene werden solche Themen eventuell diskutiert. Auf lokaler Ebene werden diese Stimmen im ökumenischen Gespräch aus der Perspektive der Interviews zum Teil nicht genommen. Dies kann zum einen an der Minoritätsposition der anglikanischen Gemeinde liegen, was die beschriebene religiöse Verteilung in Österreich nahe legt. Anderseits ist auch denkbar, dass eine durch Migration bedingte zunehmende religiöse Pluralität die Konkurrenz zwischen den verschieden Glaubenstradition erhöht. Auch das wird in den Interviews vermutet.[299] Allerdings erscheint es mir unwahrscheinlich, das die kleine anglikanische Gemeinschaft als Konkurrenz beispielsweise gegenüber der in Österreich vorherrschenden römisch-katholischen Kirche wahrgenommen wird. Die Irritationen durch die empfundene Nichtwahrnehmung der anglikanische Kirche im innerchristlichen Dialog in Wien ist jedenfalls erkennbar und behindert unter Umständen den interkonfessionellen Dialog.

Religion im Kontext postmoderner Pluralität

These: In den Interviews scheint eine postkoloniale Konfliktlinie durch, die zwischen einem postmodernen Religionsbegriff, der Christ Church als Wahlmöglichkeit im

---

297 Vgl. Pew Reserch Center's Forum on Religion & Public Life: Faith on the Move. 11.
298 Vgl. IP4 (16.07.2014).
299 Vgl. ebd.

religiösen Markt begreift, und einem traditionellen Religionsbegriff, der die
anglikanische Tradition als Weitergabe durch die Eltern versteht, verläuft.

Der anglikanische Theologe Spencer versteht Postmoderne vor allem als eine Kritik an der Aufklärung und als eine Dekonstruktion der Meta-Narrative der Moderne, die beispielsweise in den Werken Jacques Derrida, Michel Foucault oder Jean-Francois Lyotards beschrieben werden.[300] Der römisch-katholische Theologe Hans Küng schlägt vor, statt Postmoderne den Begriff der Nach-Moderne zu nutzen, um Verwechslungen mit dem Postmodernismus zu vermeiden. Ihm geht es vor allem um die Beschreibung der Epoche, die mit dem Ende des Zweiten Weltkriegs beginnt. Er bezeichnet diese Epoche auch als nachkolonialistisches und nachimperialistisches Zeitalter, in welchem Europa und das Christentum als Weltzentrum mehr und mehr verschwindet. Die neue Epoche ist polyzentrisch mit verschiedenen Religionen.[301] In diesem Sinne scheint in den Interviews insbesondere die Relativierung des individuellen Verhältnisses zu Gott und zu den Institutionen durch. Die Pluralität der religiösen Landschaft und die dadurch entstehenden individuellen Wahlmöglichkeiten in einer pluralen Gesellschaft sind Themen, die im Begriff des *Church shopping* in einem der Interviews besonders deutlich hervortraten. In jenem Begriff deutet sich ein verändertes Religions- und Kirchenverständnis einer durch Migration geprägten postmodernen Gegenwart an. Jener Interviewpartner berichtete davon, wie er sich verschiedene Kirchen in Österreich angesehen habe und dann eine individuelle Entscheidung für die anglikanische Gemeinde Christ Church getroffen habe.[302] Dieser Bericht beschreibt die bewusste Auswahl aus einem Angebot verschiedener Glaubenstraditionen. Gleichzeitig gibt es aber auch vermeintlich entgegensetzte Schilderungen von Interviewpartner(innen), die vor allem deshalb in die Gemeinde kamen, weil sie in einer anglikanischen Traditionen aufwuchsen und Christ Church die einzige anglikanische Gemeinde in Wien ist.[303] An diesen beiden Beispielen wird deutlich, dass unterschiedliche Vorstellungen im Hinblick auf den Zugang zur Kirchengemeinde bestehen. Im ersten Fall ist es eine individuelle Entscheidung. Im zweiten Fall ist es eine logische Folge aus der Tradition heraus (und eigentlich auch eine Entscheidung). Der renommierte Religionssoziologe Peter L. Berger hat den Begriff der Plausibilitätstrukturen geprägt, der einen Interpretationshinweis für die beschrieben Interviewbeispiele

---

300 Vgl. Spencer: Christian Mission. 163 f.
301 Vgl. Küng, Hans: Das Christentum. Die religiöse Situation unserer Zeit. München: Piper 2012. Auflage 6. 879 ff.
302 Vgl. IP4 (16.07.2014).
303 Vgl. IP5 (05.08.2014); vgl. IP8 (16.10.2014).

liefert: „Pluralismus vervielfältigt seinem Wesen nach die Zahl der Plausibilitätsstrukturen im sozialen Umfeld eines Menschen."[304] Das beschreibt in unserem Fall die durch Pluralismus bedingte Vergrößerung der Wahlmöglichkeiten im Hinblick auf Religion, welche gleichzeitig auch eine Relativierung der jeweiligen Glaubensgemeinschaft bedeutet. Ein Angebot unter vielen zu sein wird in den Interviews auch explizit als Beschreibung der Situation von Christ Church in Wien genannt.[305] Berger postuliert entsprechend, dass nicht die Säkularisierung[306] die größte Herausforderung von Glaubensangeboten ist, sondern die durch (sowohl religiöse als auch nicht religiöse) Konkurrenz bedingte Relativierung der Glaubensgewissheit: „Pluralismus unterminiert die religiöse Gewissheit und eröffnete eine Vielzahl von kognitiven und normativen Wahlmöglichkeiten. Im Großteil der Welt sind diese Wahlmöglichkeiten jedoch auch religiöse."[307] Die Anzahl der Plausibilitätsstrukturen und Wahlmöglichkeiten kann in verschiedenen Regionen unterschiedlich sein.[308] In der anglikanischen Gemeinde treffen, wie die Interviewbeispiele zeigen, Menschen mit modernen und traditionellen Beurteilungskriterien aus unterschiedlichen Weltgegenden aufeinander. Während es für die einen selbstverständlich ist, aus einem breiten religiösen Angebot frei auszuwählen, orientieren sich andere an durch die Tradition vorgegebenen Wegen. Das Zusammentreffen dieser unterschiedlichen Vorstellungen ist wiederum ein Ausdruck von Pluralität, der vermutlich auch zu einer Vervielfältigung von Plausibilitätsstrukturen führen kann. Genau hier wird die Spannung zwischen eher traditionellen und modernen Gesellschaften deutlich. Religion hat in den jeweiligen Gesellschaften einen unterschiedlichen Stellenwert.[309] Dementsprechend sind nicht nur Individuen von erweiterten Wahlmöglichkeiten betroffen, sondern auch die

---

304 Vgl. Berger, Peter L.: Altäre der Moderne. Religion in pluralistischen Gesellschaften. Übersetzt von Ruth Pauli. Frankfurt; New York: Campus Verlag 2015. Auflage 1. 54.

305 Vgl. IP4 (16.07.2014).

306 Der Religionssoziologe Detlef Pollack und der Soziologe Gergely Rosta stehen der Kritik an der Säkularisierungstheorie äußerst kritisch gegenüber. Die statistischen Daten sprechen ihrer Meinung nach eher für die Plausibilität der Säkularisierungstheorie: „Auch wenn Religion und Moderne, wie wir herausarbeiteten, durchaus kompatibel sind und Modernisierung nicht unausweichlich zu Säkularisierung führt, ist die Wahrscheinlichkeit negativer Konsequenzen der Modernisierung auf Religion relativ hoch." Pollack, Detlef/Rosta, Gergely: Religion in der Moderne. Ein internationaler Vergleich. Frankfurt: Campus Verlag 2015. Auflage 1. 484.

307 Berger: Altäre der Moderne. 39.

308 Vgl. ebd. 54.

309 Vgl. Gabriel, Karl: Im Spannungsfeld von Entkirchlichung, individualisierter Religiosität und neuer Sichtbarkeit der Religion. Der gesellschaftliche Ort der Kirchen in der Gegenwartsgesellschaft. In: Martin Reppenhagen/Michael Herbst (Hgg.): Kirche in der Postmoderne. Beiträge zu Evangelisation und Gemeindeentwicklung. Band 6. Neukirchen-Vluyn: Neukirchener 2008. 112–135. 112 f.

Institutionen selbst. Berger hält fest, dass es um einen Wettbewerb geht, der mit ökonomischen Konzepten erklärt werden könne:

„Wenn jedoch Pluralismus und Religionsfreiheit zusammentreffen, entsteht eine besondere Art von Markt, sodass ökonomische Konzepte sehr wohl anwendbar sind. Religionsfreiheit raubt religiösen Institutionen Privilegien, die ihnen ihr vorheriger Monopolstatus gesichert hatte. Stattdessen müssen sie sich dem Wettbewerb stellen, ohne auf Zwang zurückgreifen zu können. Es wird Druck in Richtung einer Kontrolle des Wettbewerbs gegeben, was Zusammenarbeit bis zu einem gewissen Grad zweckmäßig erscheinen lässt."[310]

Religionsfreiheit fungiert in diesem Wettbewerbsmodell quasi als Wettbewerbskontrolle. Es entsteht ein System von verschiedenen Denominationen, für die sich Menschen frei entscheiden können.[311] Dass es in Christ Church ein Bewusstsein genau dafür gibt, zeigt ein Willkommensvideo auf Homepage der Gemeinde, in welchem der Pfarrer explizit Werbung dafür macht, Mitglied von Christ Church zu werden.[312] Auch die in den Interviews beschriebene konfessionelle Offenheit (auch bewusst verstanden als Partikularität) und das Bemühen um friedliche Koexistenz (beispielsweise als bedingte Zusammenarbeit) passt sich gut in das von Berger beschriebene Modell ein. Spannend ist im Hinblick auf das Aufeinandertreffen von traditionellen und modernen Religionsbegriffen, dass dies in den Interviews vor allem im Rahmen eines Konfliktes zwischen dem afrikanischen und europäischen Teil der Gemeinde wahrgenommen wird.[313] Das entspricht den bereits beschriebenen postkolonialen Konfliktlinien und Unversöhntheiten zwischen ehemals Kolonisierten und Kolonisatoren. Das bedeutet, dass die in den Interviews beschriebenen Missverständnisse angesichts religiöser Praxis zwischen dem afrikanischen und europäischen Teil der Gemeinde auch in diesem Fall angesichts der Geschichte des britischen Empire zu reflektieren sind. Auch hier spiegeln sich globale (durch die Kolonialgeschichte bedingte) Konflikte innerhalb der anglikanischen Gemeinschaft auf lokaler Ebene.

---

310 Berger: Altäre der Moderne. 76.
311 Vgl. ebd. 72.
312 Vgl. Christ Church Vienna: Home. Herzlich Willkommen! Welcome! Online unter: http://ccv-web.org/ccv/index.php?option=com_content&view=article&id=26&Itemid=218   (Abruf: 07.04.2021).
313 Vgl. IP4 (16.07.2014).

2.3.3 Christ Church als Seismograf gesellschaftlicher Verhältnisse

These: Die anglikanische Gemeinde in Wien kann als eine Art Seismograf des politischen und sozialen Wandels im Hinblick auf Migration in Österreich verstanden werden, der hinderliche und förderliche Aspekte eines gerechten Zusammenlebens aufzeigt.

Einige der Interviewpartner(innen) leben zum Teil schon Jahrzehnte in Österreich. Deshalb beschreiben die Interviews, sowohl Problematiken, die im Hinblick auf die Gemeinde Christ Church in Österreich kontinuierlich diskutiert werden, als auch Veränderungen angesichts des Zusammenlebens im österreichischen Kontextes.

2.3.3.1 Rechtliche Anerkennung und Religionsfreiheit

Der quantitativen Größe einer Religionsgemeinschaft kommt vor allem dann eine wichtige Rolle in Österreich zu, wenn es um den rechtlichen Rahmen der staatlichen Anerkennung beziehungsweise der Eintragung einer Bekenntnisgemeinschaft geht. Grundsätzlich gibt es seit 1998 zwei Formen der staatlichen Bestätigung einer Glaubensgemeinschaft: eine Eintragung und eine Anerkennung als Glaubensgemeinschaft. Im Bundesgesetz über die Rechtspersönlichkeit von Bekenntnisgemeinschaften von 1998 heißt zur Größe der Gemeinschaft in Bezug auf die Eintragung: "Zusammen mit dem Antrag ist der Nachweis zu erbringen, dass der religiösen Bekenntnisgemeinschaft mindestens 300 Personen mit Wohnsitz in Österreich angehören, [...]"[314] Bei einer weiterführenden Anerkennung muss die Religionsgemeinschaft „über eine Anzahl an Angehörigen von mindestens 2 vT der Bevölkerung Österreichs nach der letzten Volkszählung verfügen".[315] Anerkannte Religionsgemeinschaften erhalten den Status einer Körperschaft öffentlichen Rechts, der bestimmte religiöse, soziale, gesellschaftliche und kulturpolitische Aufgaben umfasst. Eingetragene Religionsgemeinschaften sind keine Körperschaften öffentlichen Rechts, wohl aber Rechtspersönlichkeiten.[316] Darüber hinaus können sich Religionsgemeinschaften (quasi als dritte Möglichkeit), welche weder die Kriterien für eine anerkannte noch eine eingetragene Bekenntnisgemeinschaft

---

314 Bundeskanzleramt der Republik Österreich: Bundesgesetz über die Rechtspersönlichkeit von religiösen Bekenntnisgemeinschaften 1998. Online unter: https://www.ris.bka.gv.at/GeltendeFassung.wxe?Abfrage=Bundesnormen&Gesetzesnummer=10010098 (Abruf: 10.12.2015). §3 Abs. 3.
315 Ebd. § 11 Abs. 3.
316 Vgl. Bundeskanzleramt: Religionen in Österreich. Übersicht der in Österreich anerkannten Glaubensgemeinschaften. Wien 2014. Online unter: http://archiv.bundeskanzleramt.at/DocView.axd?CobId=55998 (Abruf: 11.12.2017). 7 f.

erfüllen, als Verein organisieren.[317] Derzeit gibt es in Österreich sechzehn anerkannte Religionsgemeinschaften und sieben staatlich eingetragene religiöse Bekenntnisgemeinschaften.[318] Informationen zu bestehenden Vereinen, religiös oder säkular, lassen sich über ein Online-Register des österreichischen Bundesministerium für Inneres abfragen.[319] Die rechtliche Anerkennung ist im Hinblick auf die anglikanische Gemeinde in Wien kein neues Thema, sondern lässt sich bereits zur Zeit der Errichtung des anglikanischen Kirchengebäudes in Wien im 19. Jahrhundert wahrnehmen. Die folgende Inschrift auf einer Steintafel, die sich im Eingangsbereich des Kirchengebäudes befindet, gibt diesbezüglich einen Hinweis in Bezug auf die Erbauung des Kirchengebäudes im dritten Wiener Gemeindebezirk:

„This Chapel built by voluntary contribution and in conformity with an Order in Council of His Imperial Majesty Francis Joseph. I. permitting the erection of a place of worship in which divine service shall be conducted according to the rites of the Church of England was opened upon Sunday the 8th July 1877.

The Chapel of which the site is registered as the property of the Right Honourable and Right Reverend the Lord Bishop of London is under the jurisdiction of Her Britannic Majesty's Embassy and is for the use of The British Ambassador and of British Subjects residing at, or visiting Vienna."[320]

Gemäß dieser Widmung gab es eine offizielle Erlaubnis des Kaisers Franz Joseph I. zum Erbau des Kirchengebäudes. Diese Erlaubnis wird als freiwillige Gabe beschrieben. Gewidmet ist das Gebäude den Gottesdiensten der Kirche von England. Als Eigentümer des Grundstückes wird der Bischof von London angegeben. Die britische Botschaft fungiert als Schirmherrin der Kirche. Der Kirchenraum ist dementsprechend bestimmt für die Nutzung durch den britischen Botschafter, ortsansässige britische Staatsbürger sowie für britische Gäste in Wien. Den Hintergrund der Inschrift bilden die Kontroversen zwischen Kaiser Franz Joseph I. und Papst Pius IX. Vor allem die Erklärung der päpstlichen Unfehlbarkeit im Jahr 1870 im Rahmen des ersten vatikanischen Konzils war ein Kristallisationspunkt der

---

317 Vgl. Bundesstelle für Sektenfragen: Rechtliche Grundlagen. Online unter: http://www.bundesstelle-sektenfragen.at/profil/rechtliche-grundlagen/ (Abruf: 10.12.2015).
318 Vgl. Bundeskanzleramt: Religionen in Österreich. 11 ff.
319 Vgl. Bundesministerium für Inneres: zvr.internetanfrage. Online unter: http://zvr.bmi.gv.at/Start (Abruf: 10.12.2015).
320 Brash: By His Grace. 1.

Unstimmigkeiten.[321] Diskussionen unter römischen Katholik(inn)en tangierten eine für die österreichische Monarchie gefährliche Frage der Macht: Soll man mehr dem Papst oder dem Kaiser gehorchen?[322] Die Folge waren die Maigesetze des Jahres 1868[323], welche das Konkordat von 1855 zunächst einschränkten, vor allem in Bezug auf Ehe, Unterricht und die freie Wahl der Konfession. 1874 wurde schließlich das Konkordat per Gesetz gänzlich aufhoben und die Beziehung zu den Religionsgemeinschaften neu geregelt.[324] Es eröffnete sich die grundsätzliche Möglichkeit einer Anerkennung aller bisher nicht anerkannten Religionsgemeinschaften.[325] Allerdings führte eine Bestimmung, nach welcher Geistliche anerkannter Religionsgemeinschaften österreichische Staatsbürger zu sein hatten, dazu, dass die öffentliche Feier anglikanischer Gottesdienste quasi undurchführbar war. Der damalige britische Botschafter in Wien, Sir Andrew Buchanan, suchte nach verschiedenen Lösungen.[326] Da durch das Staatsgrundgesetz von 1867[327] privater Gottesdienst nicht anerkannter Religionsgemeinschaften grundsätzlich möglich war, bemühte man sich zunächst, einen Gottesdienstraum innerhalb der Botschaft einzurichten. Andere Anstrengungen gingen dahin, eine Ausnahmegenehmigung bezüglich der Nationalität des Geistlichen zu erwirken, was jedoch erst einmal erfolglos blieb. 1875 schließlich genehmigte der österreichische Kaiser per Dekret die Errichtung eines anglikanischen Kirchengebäudes, welches der Schirmhaft der britischen Botschaft unterstellt wurde. Von anglikanischer Seite wurde versichert, dass man beabsichtige, niemals irgendwelche finanzielle

---

321 Der Widerstand gegen das 1. Vatikanische Konzil war dann auch der Ausgangspunkt der altkatholischen Bewegung und führte schließlich, auch in Österreich, zur Bildung der altkatholischen Kirche(n). Vgl. Blankenstein, Christian: Altkatholiken in Österreich. Geschichte und Bestandsaufnahme. Wien u. a.: Böhlau 2004. 75 ff.

322 Vgl. Brash: By His Grace. 1 f.

323 Vgl. Bundeskanzleramt der Republik Österreich: Gesetz vom 25. Mai 1868, wodurch die interconfessionellen Verhältnisse der Staatsbürger in den darin angegebenen Beziehungen geregelt werden. Online unter: https://www.ris.bka.gv.at/GeltendeFassung.wxe?Abfrage=Bundesnormen&Gesetzesnummer=10009169 (Abruf: 18.01.2016).

324 Vgl. Österreichische Nationalbibliothek: Gesetz vom 7. Mai 1874, wodurch Bestimmungen zur Regelung der äußeren Rechtsverhältnisse der katholischen Kirche erlassen werden. Online unter: http://alex.onb.ac.at/cgi-content/alex?aid=rgb&datum=1874&size=45&page=131 (Abruf: 18.01.2016).

325 Vgl. Österreichische Nationalbibliothek: Gesetz vom 20. Mai 1874, betreffend die gesetzliche Anerkennung von Religionsgesellschaften. Online unter: http://alex.onb.ac.at/cgi-content/alex?aid=rgb&datum=1874&page=181&size=45 (Abruf: 18.01.2016).

326 Vgl. Brash: By His Grace. 2 f.

327 Vgl. Bundeskanzleramt der Republik Österreich: Staatsgrundgesetz vom 21. December 1867, über die allgemeinen Rechte der Staatsbürger für die im Reichsrathe vertretenen Königreiche und Länder. Online unter: https://www.ris.bka.gv.at/GeltendeFassung.wxe?Abfrage=Bundesnormen&Gesetzesnummer=10000006 (Abruf: 18.01.2016).

Unterstützung des Kaiser in Anspruch zu nehmen.[328] 1877 wurde das Kirchengebäude eröffnet. Die Interviewergebnisse zeigen, dass die dann auch in der darauffolgenden Zeit nicht erfolgte offizielle Anerkennung der Gemeinde Christ Church als Religionsgemeinschaft durchaus gegenwärtig noch reflektiert wird.[329]

Es ist also ein bedeutsames Thema, das auf eine leichte Verstimmung in der Beziehung der Gemeinde im Kontext der österreichischen Gesetzeslage hinweist und letztlich die Frage nach der zivilgesellschaftlichen Partizipation von Migrant(inn)engemeinden in Österreich tangiert.[330] Allerdings scheint man sich in Teilen der Gemeinde Christ Church mit der derzeitigen Situation arrangiert zu haben. Eine Anerkennung ist für einige Gemeindemitglieder nicht unbedingt entscheidend so lange Religionsfreiheit garantiert sei.[331] Auch wenn die Gemeinde die Religionsfreiheit in Österreich positiv im Hinblick auf das gesellschaftliche Zusammenleben bewertet, bleibt zu vermuten, dass das Thema der Anerkennung als Unversöhntheit im Hinblick auf die österreichische Religionsgesetzgebung subtil weiter bestehen wird, weil volle Teilhabe an Gesellschaft verhindert bleibt.

2.3.3.2 Sozialer Wandel und die österreichische Gesellschaft

An zahlreichen Stellen wird in den Interviews auf den sozialen Wandel in Österreich seit den 1960 Jahren bis heute sowie als charakteristisch wahrgenommene Merkmale der österreichischen Gesellschaft Bezug genommen, wie beispielsweise die spezielle Behandlung von bestimmten sozialen Gruppen,[332] die Akzeptanz struktureller Vorgaben[333] oder auch Tendenzen von Fremdenfeindlichkeit.[334] Sozialer Wandel bezeichnet in der Tradition Max Webers vor allem eine Art von Persönlichkeitswandel, der dadurch entsteht, dass es in bestimmten entscheidenden sozialen Gruppen zu einer Veränderung der psychischen Strukturen kommt. Er begreift das Sozialsystem als Handlungssystem.[335] Vor dem Hintergrund der Gesprächspartner, die ihre Migration oder Mobilität insbesondere im Wahrnehmen von Chancen verstehen, verwundert es kaum, dass der Beobachtung der sozialen beziehungsweise gesellschaftlichen Rahmenbedingungen im Gastland besondere Beachtung zukommt. Die in der Gruppe der Interviewten hauptsächlich

---

328 Vgl. Brash: By His Grace. 2 f.
329 Vgl. IP4 (16.07.2014).
330 Vgl. Polak: Migration, Flucht und Religion. Band 1. 268.
331 Vgl. IP8 (16.10.2014).
332 Vgl. IP4 (16.07.2014).
333 Vgl. IP2 (04.06.2014).
334 Vgl. IP8 (16.10.2014).
335 Vgl. Reiterer, Albert F.: Gesellschaft in Österreich. Struktur und Sozialer Wandel im globalen Vergleich. Wien: Facultas 2002. Auflage 3. 197.

anzutreffenden Migrationsformen Arbeitswanderung, Bildungswanderung, Entsendungsmigration und Heirats- beziehungsweise Liebeswanderung sind dementsprechend folgerichtig von der Frage nach der sozialen und politischen Situation sowie der strukturellen Merkmale im Zielland bestimmt.

Der Soziologe Max Haller beschreibt die österreichische Gesellschaft vor allem als eine ständisch-kooperative Gesellschaft, deren Orientierungspunkte auf die Zeit der Habsburgermonarchie zurückgeht. Der Begriff *ständisch* beschreibt vor allem die privilegierte Hervorhebung bestimmter Gruppen in der Gesellschaft. Betraf dies in der Monarchie den Adel, so komme dies in der Gegenwart den Akademiker(inne)n und Beamt(inn)en zugute.[336] Ein Interviewpartner beschreibt diese Gesellschaftsordnung insbesondere in Form einer Erinnerung an die spezielle Behandlung internationaler Beamter.[337] Der Begriff kooperativ beschreibt vor allem die enge Einbindung verschiedener Körperschaften beziehungsweise Verbände (Gewerkschaften, Unternehmerverbände etc.) in die staatliche Politik. Die österreichische Sozialpartnerschaft ist ein Beispiel dafür. Diese Kooperationen haben einerseits ein stabilisierendes Moment, weil Verteilungskämpfe vermieden werden. Andererseits wirken sie sich (in Verbindung mit der Entstehung von Ständestrukturen) verlangsamend auf den sozialen Wandels aus. Das liegt darin begründet, dass die beteiligten Verbände bestimmte Gruppeninteressen vertreten und versuchen, eigene Privilegien zu bewahren. Dementsprechend beschreibt Haller sieben Strukturprinzipien einer ständisch-kooperativen Gesellschaft im Hinblick auf Österreich: Reformen von oben, eine starke Bedeutung des Staates und seiner Bürokratie, eine hierarchisch-ständische Gesellschaftsstruktur, eine herausgehobene Stellung klassen- und schichtspezifischer Verbände und Organisationen, eine starke Regulierung der Wirtschaft, Katholizismus sowie ethnische und kulturelle Vielfalt.[338] Die als Differenz wahrgenommene hohe Akzeptanz struktureller Vorgaben, die ein Interviewpartner beschrieben hat, findet sich in diesen Ordnungsprinzipien wieder.[339] Das Strukturprinzip der ethnischen und kulturellen Vielfalt, welches in der Habsburgermonarchie geprägt wurde, wirkt nach Haller auch möglicherweise in der Gegenwart weiter. Er versucht fünf Effekte zu benennen: Neigung zu Konsens und Kompromiss, Offenheit gegenüber Fremden und Zuwanderern bei gleichzeitiger Fremdenfeindlichkeit, kulturell-wissenschaftliche Kreativität, sowie die Notwendigkeit der Staatsintervention. Fremdenfeindlichkeit und Offenheit scheinen

---

336 Vgl. Haller, Max: Die österreichische Gesellschaft. Sozialstruktur und sozialer Wandel. Frankfurt, Main: Campus Verlag 2008. 51 ff.
337 Vgl. IP4 (16.07.2014).
338 Vgl. Haller: Die österreichische Gesellschaft. 52 ff.
339 Vgl. IP2 (04.06.2014).

Gegensätze zu sein. Faktum sei jedoch, dass Österreich vor allem nach dem Zweiten Weltkrieg sehr viele Immigrant(inn)en aufgenommen habe. Jedoch habe es auch schon in der Monarchie bestimmte Minderheiten gegeben, denen gegenüber man starke Vorbehalte gehabt habe.[340] Das erklärt auch die unterschiedlichen Wahrnehmungen in den Interviews. Da gibt es einerseits die positive Behandlung ausländischer internationaler Beamter ganz im ständischen Sinne und andererseits die Diskriminierung bestimmter Ethnien, welche ebenfalls in den Interviews beschrieben wird.[341]

Neben diesen als typisch wahrgenommenen Merkmalen reflektieren die Interviews auch Veränderung in Österreich. Die Zeit nach dem Staatsvertrag von 1955 war in Österreich vor allem geprägt durch den Wiederaufbau nach dem Zweiten Weltkrieg. Der Historiker Karl Vocelka bemerkt dazu: „Wiederaufbau, Landschaft, Natur, Kultur, Sport, Sozialstaat, Sozialpartnerschaft und Neutralität waren die positiven Schlagworte des neuen Österreich der Zweiten Republik, mit dem sich ein Großteil der Bevölkerung (immerhin rund drei Viertel befürworteten auch eine 'Österreichische Nation') identifizierte."[342] Nach dem Beitritt Österreichs zur UNO 1955 siedelten sich verschiedene internationale Organisation wie die *International Atomic Energy Agency (IAEA)*, die *Organisation of Petroleum Exporting Countries (OPEC)*, die *United Nations Industrial Development Organisation (UNIDO)* und andere an.[343] Für Christ Church in Wien bedeutete dies auch eine Internationalisierung und ein Wachstum der Gemeinde.[344]

Die 1960 Jahre endeten mit dem Ende der großen Koalition zwischen der Österreichischen Volkspartei (ÖVP) und der Sozialdemokratischen Partei Österreichs (SPÖ). Ab 1970 regierte die SPÖ als Minderheitenregierung unter dem Bundeskanzler Bruno Kreisky mit Unterstützung der Freiheitlichen Partei Österreichs (FPÖ). Unter anderem wurden das Sexualstrafrecht sowie Frauen- und Familienrechte reformiert. Kindergeld sowie eine Heiratsprämie wurden eingeführt und die Pensionen erhöht. Demokratische Strukturen wurden in Schulen und Universitäten etabliert. In den 1980er Jahren wurde die wirtschaftliche Situation schwieriger und die SPÖ war in Korruptionsaffären verwickelt, was zu einer Wahlniederlage Kreiskys führte. Unter Fred Sinowatz bildete die SPÖ eine Regierungskoalition mit der FPÖ. 1986 veränderte sich das politische Klima. Mit der Wahl Kurt Waldheims zum Bundespräsidenten wurde dessen Beziehung zum

---

340 Vgl. Haller: Die österreichische Gesellschaft. 61.
341 Vgl. Kapitel 1.3.4.3.
342 Vocelka, Karl: Österreichische Geschichte. München: C.H.Beck 2015. Auflage 4. 17 f.
343 Vgl. ebd. f.
344 Vgl. Kapitel 1.1.1.

Nationalsozialismus diskutiert. Der rechtspopulistische Jörg Haider übernahm die Führung der FPÖ und diese wurde zur zweitstärksten Partei in Österreich. Es fand also ein deutlicher Rechtsruck statt. Mit Zusammenbruch der osteuropäischen Staaten 1989 kamen viele Geflüchtete nach Österreich. Mit den Geflüchteten beginnt eine politische Diskussion im Hinblick auf Abgrenzung, welche die Stimmung gegenüber flüchtenden Menschen verschlechtert. Der Beitritt Österreichs zur EU 1995 und die damit verbundene Aufgabe der Sicherung der EU-Außengrenzen verstärkt diese Tendenz noch einmal. Nach einem erneuten Versuch der großen Koalition zwischen ÖVP und SPÖ entschied sich Wolfgang Schüssel (ÖVP) 2000 mit der nun stark rechtspopulistischen FPÖ zu koalieren. Das löste international und im Ausland intensive Proteste aus. Diese Regierung hatte auch gewichtige Folgen im Hinblick auf das Fremdenrecht und die politische Stimmung gegenüber Migrant(inn)en.[345] Ebenfalls ein markanter Aspekt, den Interviewpartner ansprachen.[346]

Insbesondere Ungleichbehandlung von Menschen und latente Fremdenfeindlichkeit scheinen als Aspekte von Ungerechtigkeit und Anzeichen von Unversöhnheit in den Interviews wahrgenommen worden zu sein.[347] Die Zeit unmittelbar nach dem Ende des Zweiten Weltkrieges wurde allerdings als Zeit des Wachstums, der Öffnung und Internationalisierung wahrgenommen.

2.3.3.3   Die Bundesregierung unter Wolfgang Schüssel (2000–2007)

Die in den Interviews angesprochene österreichische Bundesregierung unter Bundeskanzler Wolfgang Schüssel wurde 2000 angelobt, unter Protest der damals 14 EU-Mitgliedsstaaten.[348] Die damalige EU gab ihrer Besorgnis im Hinblick auf die Regierungsbeteiligung der FPÖ in Form von Sanktionen Ausdruck, die dann allerdings mit einem deutlichen Unwohlsein zurückgezogen wurden. Zu undurchsichtig wurde von den Mitgliedsstaaten der Europäischen Union der Übergang von der nationalsozialistischen Zeit zur zweiten Republik in Österreich empfunden. Nach Anton Pelinka versahen die Sanktionen Österreich mit einem Marker, der das politische Ansehen international deutlich beeinträchtigte. Ursache

---

345 Vgl. Vocelka: Österreichische Geschichte. 118 ff.

346 Vgl. IP3 (25.06.2018).

347 Im Buch Levitikus wird die gute Behandlung von Fremden explizit als Teil des Bundes Gottes mit Israel dargestellt. Aus der Exoduserfahrung heraus sollen Fremde wie Einheimische behandelt werden. Vgl. Lev 19, 33–34. Vgl. Wansbrough, Henry: Der Bibel-Guide. Darmstadt: Konrad Theiss Verlag 2014. Auflage 1. 36.

348 Vgl. Neisser, Heinrich: The Schüssel Years and the European Union. In: Günter Bischof/Fritz Plasser (Hgg.): The Schüssel Era in Austria. Contemprary Austrian Studies. Band 18. Innsbruck: Innsbruck University Press 2010. 183–205. 185 f.

für diese Krise angesichts der Schüssel-Regierung sei vor allem, im Gegensatz zu den anderen westlichen Staaten, ein anderes Verhältnis zum Nationalsozialismus. Dieses sei in Österreich durch eine geringere Abscheu (oder Auseinandersetzung – Anm. d. Verf.) geprägt, was den Erfolg der FPÖ ermöglicht habe.[349] In den Interviews wurde vor allem die Immigrations- und Integrationspolitik dieser Regierung thematisiert und eine Verschlechterung der Situation für Ausländer wahrgenommen. Der Soziologe Max Preglau bestätigt, dass die konservative Regierung unter Schüssel durch ihre politischen Maßnahmen Immigration und auch die soziale Integration von Migrant(inn)en verhindert habe. Vielmehr seien nationalistische, protektionistische und fremdenfeindliche Aspekte in dieser Zeit Teil der österreichischen Politik geworden. Gesetzliche Änderungen der Regierung Schüssel waren verbunden mit einer Verschärfung des Asylgesetzes im Hinblick auf die Antragsstellungsverfahren, Zwangsernährung von Menschen im Hungerstreik, Scheinehen und Menschen, welche Asylwerber im Missbrauch des Asylgesetzes unterstützten. Die Anforderungen für Einwanderer wurden ebenso erhöht. Kenntnisse von Sprache und Kultur sowie die Erhöhung der Wartezeit für eine Einbürgerung von zehn auf zwölf Jahre, als auch die Erschwerung der Bedingungen für binationale Paare waren Aspekte der veränderten Bedingungen für Migrant(inn)en. Die Migrationsgesetzgebung der Schüssel-Regierung wurde allerdings auch von großen Teilen der (sich in der Opposition befindenden) Sozialdemokratischen Partei Österreichs unterstützt.[350]

Vor allem im Hinblick auf die bereits dargelegte zentrale heilsgeschichtliche Bedeutung von Versöhnung und Migration angesichts der Mission Gottes, zeugt die in den Interviews nachwirkende Zeit zwischen 2000 und 2007 von einer enormen Störung des Zusammenlebens von Migrant(inn)en und Einheimischen. Dies wurde in dieser Zeit erschwert, vor allem auch durch ein tendenziell durch Fremdenfeindlichkeit geprägtes gesellschaftliches Klima in Österreich. Als migrantische Gemeinde befindet sich Christ Church diesbezüglich inmitten eines gesellschaftlichen Bereiches in Österreich, der sensibel auf das politische Klima reagiert. Beispielsweise erzählten Interviewpartner davon, dass Partner im Hinblick auf eine Aufenthaltsgenehmigung vom latent fremdenfeindlichen Klima in Österreich zur Zeit der Schüsselregierung betroffen waren.[351] Aus der theologischen Perspektive eines heilsgeschichtlichen Versöhnungsprozesses lassen sich die

---

349 Vgl. Hummer/Pelinka: Österreich unter „EU-Quarantäne". 43 ff.
350 Vgl. Preglau, Max: Schüssel and the welfare State. In: The Schüssel Era in Austria. Contemporary Austrian Studies. Band 18. Innsbruck: Innsbruck UnivPress 2010. 262–281. 274 ff.
351 Vgl. IP3 (25.06.2018).

geschilderten Aspekte als Orte von Versöhnungsbedürftigkeit begreifen. Diese deuten hin auf die Verhinderung von Gemeinschaft zwischen Migrant(inn)en und Zielgesellschaft.

2.4 Missionsparadigmatische Einordnung von Christ Church

These: Die Einstellungen der Interviewpartner(inn)en zum Thema Mission und die Beschreibung der Praxis der Gemeinde lassen Rückschlüsse auf zentrale missionarische Grundeinstellungen zu, welche eine missionsparadigmatische Einordnung der anglikanischen Migrant(inn)engemeinde in Wien im Hinblick auf die versöhnende Mission Gottes ermöglichen.

Das Modell, welches der anglikanische Theologe Stephen Spencer angesichts der geschichtlichen Entwicklung christlicher Mission im Hinblick auf sich verändernde Paradigmen entwickelt hat, wird in dieser Arbeit als Grundlage der missionsparadigmatischen Einordnung genutzt.[352] Spencer konstruiert, im Rückgriff auf Modelle des reformierten Theologen David Bosch[353] und des römisch-katholischen Theologen Hans Küng[354], Missionstypen in der Geschichte des Christentums. Ihn interessiert in erster Linie die Frage, inwieweit bestimmte Paradigmen Einfluss hatten auf christliche Mission beziehungsweise bestimmte Typen von Mission haben entstehen lassen. Dabei versucht er auch römisch-katholische Perspektiven[355] einzuarbeiten, welche im Modell Boschs seiner Meinung nach zu kurz gekommen seien, macht aber deutlich, dass auch sein Standpunkt einseitig sei, da hauptsächlich westlich geprägt.[356] Die sechs Paradigmen von Küng sind das urchristliche apokalyptische Paradigma, das altkirchlich-hellenistische Paradigma, das mittelalterlich-römisch-katholische Paradigma, das reformatorisch-protestantische Paradigma, das aufgeklärt-moderne Paradigma und das zeitgenössisch-ökumenische Paradigma.[357] Spencer bezeichnet das sechste Paradigma von Küng abweichend als postmodern-pluralistisches Paradigma.[358]

Die erste Annahme von Küngs Pardigmenmodell ist, dass es unter Bewahrung des Glauben an Jesus den Christus, Herrn und Retter zeit- und kontextbedingte Paradigmen mit Bezug auf diesen Glaubenskern gegeben habe, welche sich von

---

352 Vgl. Spencer: Christian Mission.
353 Vgl. Bosch: Transforming Mission.
354 Vgl. Küng: Das Christentum.
355 Vgl. Bevans, Stephen B./Schroeder, Roger P.: Constants in Context. A Theology of Mission for Today. Maryknoll, NY: Orbis Books 2004.
356 Vgl. Spencer: Christian Mission. 43 f.
357 Vgl. Küng: Das Christentum.
358 Vgl. Spencer: Christian Mission. 42.

einer Epoche zur nächsten verändert hätten.[359] Hans Küng versteht unter einem Paradigma mit Bezugnahme auf den Wissenschaftsphilosophen Thomas S. Kuhn „eine Gesamtkonstellation von Überzeugungen, Werten, Verfahrensweisen usw., die von den Mitgliedern einer gegebenen Gemeinschaft geteilt werden"[360]. Weiterhin wird angenommen, dass sich die Paradigmen auch in den folgenden Epochen weiter fortgesetzt hätten und auch noch bis in die Gegenwart hinein in unterschiedlichen Teilen des Christentums wahrnehmbar seien.[361] Schließlich wird das Entstehen der Paradigmen begriffen als Übersetzung des christlichen Glaubenskerns in jeweils veränderten sozialen, politischen und kulturellen Kontexten. Einflussreiche Theologen[362] und kirchliche Führungspersonen spielten oft eine entscheidende Rolle bei der Entstehung neuer Paradigmen.[363] Die Abbildung (Abb. 20) stellt die Missionstypen von Spencer im Kontext jener genannten Paradigmen dar, welche nachfolgend näher erläutert werden.

Abb. 20: Paradigmen und Missionstypen
Erstellt in Anlehnung an Hans Küng und Stephen Spencer[364]

Jahrhundert	Paradigma	Missionstyp	Ausdrucksformen bis in die Gegenwart
1. Jh.	**Urchristlich-apokalyptisches Paradigma**	**Apostolische Mission** *die Arche füllen*	*Wiedertäufer, Vatikanum I, Jesusbewegung*
2.-5. Jh.	**Altkirchlich-hellenistisches Paradigma**	**Hellenistisch orthodoxe Mission** *ewige Wahrheit ausstrahlen*	*Orthodoxe Kirchen, Michael Ramsey, Taizé*
6.-15. Jh.	**Mittelalterlich-römisch-katholisches Paradigma**	**Mittelalterlich-katholische Mission** *die Etablierung des Christentums*	*Gregor VII., protestantische bzw. anglikanische Staatskirchen*

---

359 Vgl. ebd. 43.
360 Vgl. Küng: Das Christentum. 88.
361 Vgl. Spencer: Christian Mission. 43.
362 Inwieweit Theologinnen dabei eine entscheidende Rolle gespielt haben wäre eine spannende Forschungsfrage.
363 Vgl. Spencer: Christian Mission. 43.
364 Vgl. ebd. 37–187.

16.-18. Jh.	Reformatorisch-protestantisches Paradigma	**Protestantisch-reformatorische Mission** *die Bekehrung der Seelen*	*Martin Luther, Charles Wesley, Pfingstbewegung*
18.-20. Jh.	Aufgeklärt-modernes Paradigma	**Aufgeklärt-moderne Mission** *das Gottesreich auf Erden bauen*	*Friedrich Hegel, William Temple, Befreiungstheologie*
20.-21. Jh.	Postmodern-pluralistisches Paradigma	**Mission in der Postmoderne** *Hoffnung finden in Gemeinschaften vor Ort*	*Karl Barth, Vincent Donovan, Emerging Churches*

Apostolische Mission

Der Kontext dieses Missionstypus[365] ist die römische Besetzung Palästinas einerseits und anderseits die unmittelbare Naherwartung des Messias und des kommenden Gottesreiches[366] im Rahmen jüdisch-apokalyptischer Erwartung[367] im 1. Jahrhundert n. Chr. Mit der jüdischen Revolte im Jahr 66 n. Chr. und der Katastrophe der Zerstörung des Tempels in Jerusalem durch die römische Besatzungsmacht im Jahre 70 n. Chr. verschwinden großteils die judenchristlichen Gemeinden aus Jerusalem, welches nun durch die Römer in Aelia umbenannt wird.[368] Im Zusammenhang jener apokalyptischen Naherwartung bekommt die Abkehr von Sünden[369] und die Zugehörigkeit zur messianischen Gemeinschaft eine große Bedeutung, weil dies als Notwendigkeit für die Erlösung betrachtet wird. Jesus wird als der Erlöser verkündet, welcher in Vollmacht wiederkommen und das Gottesreich errichten wird. Aufgabe der Jüngerschaft ist folglich die Umkehr und die Vorbereitung auf die Wiederkunft Christi (Parusie). Alles was diese Vorbereitung behindert, muss hinter sich gelassen werden. Die Zugehörigkeit zur Gemeinschaft der Geretteten und der Aufruf an Außenstehende, sich der Gemeinschaft anzuschließen, gehört wesentlich zur Jüngerschaft dazu. Mission bedeutet dementsprechend vor allem, Juden und Heiden[370] dazu einzuladen, durch den Glauben an Christus und durch Buße in die

---

365 Vgl. ebd. 46–63.

366 Vgl. Röm 13, 11–12; vgl. 1 Kor 15, 51–52; vgl. Thess 4, 15–17.

367 Vgl. Dan 11, 40–12, 3.

368 Vgl. MacCulloch, Diarmaid: A History of Christianity. The First Three Thousand Years. Cheltenham: Penguin 2010. 106 f.

369 Vgl. Apg 2, 38–39; vgl. Apg 3, 19–21.

370 Der australische Theologe Michael F. Bird widmete sich in seiner Dissertation der spannenden Frage nach dem Ursprung christlicher Heidenmission und inwieweit diese auf den historischen Jesus zurückzuführen sei. Einerseits lässt sich aus dem eschatologischen Kontext allein seiner Meinung nach eine christliche Heidenmission nicht begründen, anderseits sei das biblische Zeugnis in

messianische Gemeinschaft einzutreten, um ein Teil des Leibes Christi (der Kirche) zu werden. Ziel ist es, möglichst vielen Menschen die vor der Verdammnis rettende Aufnahme in die Arche der Kirche zu ermöglichen.[371] Wichtig ist es auch, darauf hinzuweisen, dass Mission in der Geschichte des frühen Christentums vermutlich nicht als Aufgabe einer Institution Kirche betrachtet wurde, sondern der Zuständigkeitsbereich einzelner Christ(inn)en war.[372] Ausdrucksformen dieses Missionstypus sind nach Spencer beispielsweise die Wiedertäuferbewegungen, die Dokumente des ersten vatikanischen Konzils oder auch die Theologie des methodistischen Theologen Stanely Hauerwas in Amerika.[373] Besonders der Gegensatz von drinnen und draußen angesichts des Heils ist für diesen Missionstypus bezeichnend. In den Interviews konnten solche Perspektiven für Christ Church nicht belegt werden. Im Gegenteil werden Grenzen als sehr durchlässig betrachtet. Offenheit wird sogar als ein besonderes Merkmal anglikanischer Tradition verstanden.[374] Zum Teil werden Vorstellungen eines exklusiven *Gerettet-Seins* sehr kritisch bewertet und abgelehnt.[375]

Hellenistisch-orthodoxe Mission

Mit der Erfahrung der ausbleibenden Parusie Christi bildet sich ein neues Paradigma heraus, welches auch zur Entstehung eines neuen Missionstypus[376] führte. In dieser Zeit des 2.–5. Jahrhundert sind vor allem auch die Auseinandersetzungen mit der platonischen Philosophie, mit Ideen der Gnosis und des Kaufmanns Markion sowie die konfliktbeladene Formulierung des christlichen Glaubensbekenntnisses erwähnenswert.[377] Die Kirche war mittlerweile verstreut in den griechisch sprechenden Städten des römischen Reiches. Das Christentum war dementsprechend vor allem eine von einer städtisch „hellenistischen Mischkultur"[378] geprägte

---

Bezug auf die Einstellung Jesu zu den Heiden ambivalent. Vgl. Bird, Michael F.: Jesus and the Origins of the Gentile Mission. London; New York: Bloomsbury T&T Clark 2007. Auflage 1.

371 Vgl. Spencer: Christian Mission. 63.

372 Vgl. Winkelmann, Friedhelm: Geschichte des frühen Christentums. München: C.H.Beck 2007. Auflage 4. 21.

373 Vgl. Spencer: Christian Mission. 63. Für Hauerwas hat Nachfolge Christi sehr viel mit dem Leben in einer Gegengesellschaft zu tun. In einer nachchristlichen Gesellschaft sei dies um so mehr ein Aspekt christlichen Leben. Die Zeit einer machtvollen Kirche sei vorbei. Er bezeichnet Christen als Fremdbürger. Sein Anliegen ist es, die Kirche von ihren alten Machtfantasien zu befreien. Vgl. Hauerwas, Stanley/Willimon, William H.: Christen sind Fremdbürger. Wie wir wieder werden, was wir sind. Abenteurer der Nachfolge in einer nachchristlichen Gesellschaft. Basel: Fontis – Brunnen 2016. Auflage 1.

374 Vgl. IP4 (16.07.2014).

375 Vgl. ebd.

376 Vgl. Spencer: Christian Mission. 68–86.

377 Vgl. MacCulloch: A History of Christianity. 121 ff.

378 Winkelmann: Geschichte des frühen Christentums. 23.

Religion. Die Mehrheit der Christ(inn)en bestand wohl vor allem aus Handwerkern und Händlern. Ebenso gab es einen größeren Anteil alleinstehender Frauen. Sklaven und die untersten sozialen Schichten haben vermutliche eine eher kleinere Rolle gespielt. Eine ebenso geringe Rolle kann man für die einflussreicheren oberen Schichten annehmen, die durch ein christliches Bekenntnis eher Nachteile gehabt hätten. Das Christentum hatte in dieser Zeit eher keinen das soziale Gefüge der Gesellschaft verändernden Charakter.[379] In diesem Kontext wurde speziell die Erkenntnis Gottes zu einem zentralem eschatologischen Thema. Ewiges Leben und die Erkenntnis Gottes werden synonym verstanden. Die Anschauung Gottes mit Kopf und Herz wird in erster Linie vermittelt durch die Liturgie, die eine Vereinigung mit Gott bzw. eine Vergöttlichung (Theosis) des Menschen ermöglicht. Christologisch wird die Inkarnation des göttlichen Logos betont. Im Leben, Sterben und in der Auferstehung Jesu offenbart sich dieser Logos. Christ(in) sein bedeutet, ein(e) Schüler(in) der göttlichen Weisheit zu werden, die christliche Initiation zu durchlaufen (Katechumenat, Taufe etc.) und in der Feier der Liturgie sein Erwachsenenleben lang hineingenommen zu werden in die Gemeinschaft mit Gott. Folglich bedeutet Mission insbesondere die Feier der Liturgie, durch welche die göttliche Wahrheit in jede Gemeinschaft strahlt und alle Menschen mit Gott vereint werden.[380] Ausdrucksformen eines solchen Missionstypus kann man z. B. in den orthodoxen Kirchen, in der Theologie des anglikanischen Erzbischofs Michael Ramsey oder in der Gemeinschaft von Taizé[381] erkennen, aber auch in der altkatholischen Theologie.[382] In den Interviews hat sich die wichtige Bedeutung der

---

379 Vgl. ebd. 25 ff.

380 Vgl. Spencer: Christian Mission. 85 f. Der evangelische Kirchenhistoriker Martin Wallraff betont die wichtige Rolle, welche die Liturgie in Bezug auf Mission gespielt habe. Der Gottesdienst wurde im vierten und fünften Jahrhundert in Jerusalem bewusst gleichsam medial inszeniert. Licht, Gerüche, Farben etc. wurden gezielt eingesetzt. Wallraff, Martin: Mission und Medien. Bemerkungen zur Ausbreitung des Christentums in der Spätantike. In: Christoph Ernst u. a. (Hgg.): Ecclesiology in Mission Perspective. Contributions to the Seventh Theological Conference within the Framework of the Meissen Process of the Church of England and the Evangelical Church in Germany. Salisbury: Evangelische Verlagsanstalt GmbH 2012. 52–62. 60 f.

381 Gemeint ist vor allem der Rückgriff auf orthodoxe Theologie und Liturgie, die man beispielsweise in den Vorlesungen des anglikanischen Theologen und Erzbischofs Ramsey (1904–1988) wahrnehmen konnte und in der Gemeinschaft von Taize noch entdecken kann. Vgl. Ateliers & Presses de Taizé, Communauté von Taizé: Ikonen und Gebet. Online unter: https://www.taize.fr/de_article290.html (Stand: 14.11.2017; Abruf: 14.11.2017); vgl. Ramsey, Michael: To Believe is to Pray. Readings from Michael Ramsey. Boston, MA: Cowley Publications 1996.

382 Liturgie ist gemäß der altkatholischen Theologin Angela Berlis insbesondere der Ort der Gotteserfahrung, an welchem Volk Gottes sichtbar wird und wo sich die Gegenwart und die kirchlichen Überlieferungen begegnen. Vgl. Berlis, Angela: Das missionarische Potenzial der Liturgie. In: Baschera, Luca/Berlis, Angela/Kunz, Ralph (HG.): Gemeinsames Gebet. Form und Wirkung des Gottesdienstes. Praktische Theologie im reformierten Kontext. Band 9. Theologischer

Gottesdienste in der anglikanischen Gemeinde in Wien als eine der zentralen Elemente herausgestellt. Man sieht sich selbst als eine stark liturgische geprägte Gemeinde und erkennt darin auch das sakramentale Zentrum aller gemeindlichen Aktivitäten.[383] Das sind Belege, die für den hellenistisch-orthodoxen Missionstypus in der Gemeinde Christ Church sprechen.

Mittelalterlich-katholische Mission

Der Aufstieg des Christentums seit der Förderung durch den römischen Kaiser Konstantin und in besonderer Weise die Theologie des Augustinus von Hippo bilden im 6.–15. Jahrhundert den Rahmen für das mittelalterlich-römisch-katholische Paradigma.[384] Vor allem einerseits die Individualisierung und andererseits die Verkirchlichung des Heils in der Theologie des Augustinus sind ein wichtiger Impuls. Das Gottesreich wird eng verbunden bzw. identifiziert mit der Kirche. Durch Teilnahme an der Feier der Sakramente und durch die Ordnungen der Kirche bekommt der Einzelne Zugang zum Reich Gottes. Christus wird als endzeitlicher machtvoller Richter erwartet. Sein Sühnetod am Kreuz hat die Erwählten von Tod und Hölle befreit. Gehorsam gegenüber den weltlichen Machthabern bzw. den Monarch(inn)en[385] und gegenüber der Kirche sowie die Suche nach Erlösung durch die Sakramente, vor allem durch das Bußsakrament, ist Ausdruck der Nachfolge Christi. Mission bedeutet folglich, in der Zusammenarbeit mit den staatlichen Autoritäten so vielen Menschen wie möglich das Heil durch das sakramentale Leben der Kirche zu vermitteln, vor allem durch den Kreislauf von Buße und Vergebung. Ausformungen eines solchen Missionstypus kann man in den Reformen Papst Gregors VII., aber auch in Konzepten der protestantischen Staatskirchen sowie teilweise in der Kirche von England (als anglikanischer Staatskirche) erkennen.[386] Die Verbindung zwischen Kirche und staatlicher Autorität klingt in den Interviews vor allem dann an, wenn über die britische Prägung der Gemeinde reflektiert oder

---

Verlag Zürich 2014. 231-245. 244 f.

383 Vgl. IP1 (05.02.2014); vgl. IP2 (04.06.2014).

384 Vgl. Spencer: Christian Mission. 90–111.

385 In der Kirche von England, als etablierter Staatskirche, findet sich ein solches Verständnis insbesondere ausgedrückt in den 39 Glaubensartikeln: „THE Queens Majesty hath the chief Power in this Realm of *England* and other her Dominions, unto whom the chief Government of all Estates of this Realm, whether they be Ecclesiastical or Civil, in all Causes doth appertain, and is not, nor ought to be subject to any Foreign Jurisdiction." Cummings: The Book of Common Prayer. 684. Ebenso im Katechismus des *Book of Common Prayer* von 1662: „To honour and obey the king, and all that are put in authority under him. To submit my self to all my governours, teachers, spiritual pastours and masters." Ebd. 428.

386 Hans Küng beschreibt die anglikanische Tradition als dritten Weg, der eine Verschmelzung des mittelalterlich-römisch-katholischen und des reformatorisch-protestantischen Paradigmas darstelle. Vgl. Küng: Das Christentum. 674 ff.

beispielsweise Elisabeth I. zitiert wird.[387] Am deutlichsten lässt sich die englische Staatskirche jedoch in den Interviews wahrnehmen, wenn die Gebete für die Queen und die Kranzniederlegung zur Erinnerung an die gefallenen Soldaten am *Remembrance Day* genannt werden.[388] Hier wird deutlich, dass die Kirche von England ein Naheverhältnis zur staatlichen Autorität hat, das sich auch in der anglikanischen Gemeinde in Wien wahrnehmen lässt. Das Einbeziehen von Menschen in die Ordnungen der englischen Staatskirche ist folglich ein wichtiger Aspekt der anglikanischen Gemeinde in Wien, der auf den mittelalterlich-katholischen Missionstypus hindeutet.

Protestantisch-reformatorische Mission

Die Korruption der römischen Kirche, der Humanismus der Renaissance, das Aufblühen des Handels und die Erfindung des Drucks sind Eckpunkte der Zeit des 16.–18. Jahrhunderts, die ein neues Paradigma[389] in der Geschichte des Christentums entstehen lassen. Reformation und Gegenreformation und diverse protestantische Erweckungsbewegungen wie der Pietismus, die Herrnhuter Brüdergemeine oder auch der Methodismus gehören zum Kontext des protestantisch-reformatorischen Paradigmas und prägen nachdrücklich auch die Entwicklung der europäischen Kolonien in Nordamerika.[390] Eschatologisch steht vor allem das individuelle Heil der Seele für die im Glauben gerechtfertigten im Zentrum. Die Gewissheit des Heils wird proklamiert als in der jeweiligen Gegenwart immer wieder erfahrbar. Jesus, das Lamm Gottes, hat durch seinen Opfertod den Weg zum Heil (heraus aus der Gefangenschaft in dieser Welt) eröffnet. Das Lied *And can it be that I should gain,* welches Charles Wesley (1707-1788) nach seinem eigenen Erweckungserlebnis geschrieben hat, ist ein beispielhafter Ausdruck einer solchen Glaubensüberzeugung:

> „Long my imprisoned spirit lay
> fast bound in sin and nature's night;
> thine eye diffused a quickening ray;
> I woke, the dungeon flamed with light;
> my chains fell off, my heart was free,
> I rose, went forth, and followed thee."[391]

---

387 Vgl. IP6 (14.08.2014).
388 Vgl. IP7 (27.08.2014).
389 Vgl. Spencer: Christian Mission. 112–130.
390 Vgl. MacCulloch: A History of Christianity. 551–765.
391 Ruffer, Tim/Harrison, Anne: Ancient and Modern. Hymns and Songs for Refreshing Worship. Norwich: Canterbury Press 2013. Nr. 588.

Infolgedessen bedeutet Nachfolge vor allem, gerechtfertigt zu sein aus Gnade durch Glauben und die Heiligung der Seele durch ein gottgefälliges Leben, auch durch gute Taten als Ausdruck eines lebendigen Glaubens.[392] Botschafter jenes Heils, vor allem durch die Verkündigung des Wortes Gottes, sowie ein Wegweiser zum unsichtbaren Gottesreich zu sein, bedeutet hier Mission. Beispielhafte Ausdrucksformen dieses Missionstypus sind die Theologie von Personen wie Martin Luther oder Charles Wesley, aber auch z. B. Denominationen der Pfingstbewegung[393]. Man könnte vermuten, dass das beschriebene Paradigma bzw. dieser Missionstypus für Christ Church als in einem weiteren Sinn protestantische Gemeinde in Wien bestimmend ist. Dieser Missionstypus wird auch in den Interviews reflektiert.[394] Allerdings legen die Interviews nahe, dass Pietismus, die protestantischen Erweckungsbewegungen sowie die evangelikalen Bewegungen innerhalb des Christentum[395] eher abgelehnt werden.[396] Das lässt eine eher sehr marginale Bedeutung des beschriebenen Missionstypus für Christ Church vermuten, auch wenn es starke individualistische Tendenzen gibt.

Aufgeklärt-moderne Mission

Mit den wissenschaftlichen Entdeckungen im 18.–20. Jahrhundert und der Industrialisierung ändert sich ein weiteres Mal der Bezugsrahmen des Christentums.[397] Rationalismus beziehungsweise eine Betonung der Vernunft einerseits und nationalistischer Romantizismus[398] andererseits prägen das Denken.

---

392 Artikel 12 der stark protestantisch geprägten 39 Glaubensartikel aus dem *Book of Common Prayer*: „ALBEIT that good works, which are the fruits of faith, and follow after Justification, cannot put away ours sins, and endure the severity of Gods judgement, ye are they pleasing and acceptable to God in Christ, and do spring out necessarily of a true and lively faith, insomuch that by them a lively faith may be as evidently known, as a tree discerned by the fruit." Cummings: The Book of Common Prayer. 677.

393 Die Pfingstbewegung hat sich vor allem auch durch missionarische Aktivitäten im Kontext globaler Migrationsbewegungen stark verbreitet und zeichnet sich infolgedessen durch eine hohe Diversität aus. Vgl. Wilkinson, Michael: Global Pentecostal movements. migration, mission, and public religion. Leiden: Brill 2012.

394 Vgl. IP1 (05.02.2014); vgl. IP6 (14.08.2014).

395 Vgl. Holthaus, Stephan: Die Evangelikalen. Fakten und Perspektiven. Lahr/Schwarzwald: Johannis 2007. 28 ff. Die Entstehung der evangelikalen Bewegung wird kontrovers diskutiert. Eine breit akzeptierte Ansicht sieht den Entstehungsort im anglofonen nordatlantischen Bereich in den späten 1730er Jahren. Es gibt allerdings auch Auffassungen, welche den Beginn des Evangelikalismus bereits viel stärker in der Kontinuität mit der Reformationszeit verankert sehen. Vgl. Hutchinson, Mark/Wolffe, John: A short history of global evangelicalism. Cambridge u. a.: Cambridge University Press 2012. Auflage 1. 25 ff.

396 Vgl. IP1 (05.02.2014); vgl. IP4 (16.07.2014); vgl. IP6 (14.08.2014).

397 Vgl. Spencer: Christian Mission. 136–155.

398 Michael Ley beschreibt das Wiederaufgreifen von Ideen der Romantik im 19. Jahrhundert als Gegenbewegung zum Liberalismus. Vor allem Nationalismus, Antikapitalismus und Antijudaismus seien Teil dieser Ideen. Nationalismus und Religion würden zu Hauptthemen des Romantizismus des

Eschatologisch zeichnet das entstehende aufgeklärt-moderne Paradigma aus, dass der Glaube an eine Realisation des Gottesreiches auf Erden im Kontext menschlicher Zivilisation und menschlichen Fortschritts beispielsweise durch die Wissenschaft stark ist, obwohl die Herrschaft Gottes in der Zukunft erwartet wird. Jesus wird ausdrücklich wahrgenommen als Heiler und Lehrer, dessen Aufgabe die Schaffung einer neuen Menschheit war, welche sich in der Gegenwart allmählich zeigt. In der Nachfolge Jesu zu leben heißt demgemäß, über das kommende Gottesreich aufgeklärt und unterrichtet zu sein, um dann an seiner Verwirklichung mitarbeiten zu können. Mission der Kirche ist es vor allem, als Vertreter des Gottesreiches an seiner Erfüllung mittels Engagement in Bildung, Medizin, Kunst usw. zu arbeiten. In den Arbeiten des Philosophen Friedrich Hegel und des anglikanischen Erzbischofs von Canterbury William Tempel finden sich beispielhaft Ausdrucksformen eines aufgeklärt-modernen Missionstypus. Tempel war speziell engagiert im ökumenischen Dialog und in sozialen Brennpunkten seiner Zeit.[399] Die Theologie der Befreiung, die sich besonders mit der Frage nach Gerechtigkeit auseinandersetzt und in diesem Zusammenhang auch marxistische Gesellschaftsanalyse reflektiert, ist ein weiteres Beispiel für diesen Missionstypus. Eine explizite Auseinandersetzung mit dem Thema der Gerechtigkeit im Sinne eines intensiven sozialen Engagement, das explizit dem Aufbau des Gottesreiches auf Erden dient, kann in den Interviews kaum wahrgenommen werden. Beziehungsweise hat es nicht ein solch zentrale Rolle. Es gibt zwar nach außen gerichtetes soziales Engagement in der Gemeinde (beispielsweise die Mitarbeit in einer Suppenküche oder die Gefängnisseelsorge)[400], welches auch in der Interviews benannt wird. Dies aber im Sinnes eines befreiungstheologischen Ansatzes zu deuten, wäre sicher zu weitgehend. Vielmehr hat der Pfarrer der Gemeinde 2014 im Kontext einer Gemeindeversammlung gemahnt, gemeindliches Engagement vor dem Hintergrund der *Five Marks of Mission*, welche auch Gerechtigkeit thematisieren, zu sehen. Es gehe im Hinblick auf die Aktivitäten der Gemeinde nicht nur um Finanzen und Mitgliederzahlen.[401] Dies scheint folglich nicht selbstverständlich gewesen zu sein und spricht gegen den beschrieben Missionstypus als Deutung der empirischen Ergebnisse.

---

19. Jahrhunderts, prägten eine religiös motivierte nationalistische Ablehnung der Moderne und mündeten schließlich im Antisemitismus. Vgl. Ley, Michael: Holocaust als Menschenopfer. Vom Christentum zur politischen Religion des Nationalsozialismus. Münster: LIT 2002. 79 ff.

399 Vgl. Spencer: Christian Mission. 146 ff.

400 Vgl. IP4 (16.07.2014); vgl. IP5 (05.08.2014).

401 Vgl. Sauer, Frank: Gerechtigkeit im Kontext der Mission Gottes. Beiträge der anglikanischen Kirchengemeinde Christ Church in Wien zu einem Zusammenleben in Gerechtigkeit. München: GRIN Verlag GmbH 2015. 22 f.

Mission in der Postmoderne

Die großen Katastrophen der Moderne, namentlich die Shoah, das Massensterben der Weltkriege, der Einsatz der Atombombe, Massenarmut, Unterdrückung und die Zerstörung der Umwelt führten zu einer kritischen Reflexion der Fortschritts- und Vernunftgläubigkeit der Aufklärung.[402] Darüber hinaus war und ist die Konsequenz der enorm gewachsenen Migrationsbewegungen hinein in die westlichen Gesellschaften eine religiöse, kulturelle und sprachliche Pluralisierung der Bevölkerung. Jene großen Desaster der Moderne und die zunehmende Diversität insbesondere der westlichen Gesellschaften sind Kennzeichen der postmodernen Gegenwart. Allerdings ist der Begriff der Postmoderne nicht unumstritten, weil er sich einer eindeutigen Definition zu entziehen scheint.[403] Vielmehr kann man unterschiedliche postmoderne Theorien beschreiben. Jean-Francois Lyotard spricht im Kontext der Postmoderne vom Ende der Großen Erzählungen, weshalb die Postmoderne vor allem durch den Widerstreit gekennzeichnet sei.[404] Jean Baudrillard beschreibt vor allem den Aspekt einer Hinwendung zur Oberfläche und das Verflüchtigen der Wirklichkeit.[405] Jacques Derrida betont die Differenz als Kennzeichen der Postmoderne.[406] Michel Foucault untersucht insbesondere Mechanismen, die das Andere und Fremde produzieren. Der Mensch sei vor allem eine Folge von Machtdiskursen.[407] Man kann folglich vielleicht sagen, dass die Postmoderne den Blick kritisch auf die verdrängten Seiten der Moderne wirft,[408]

---

402 Vgl. Spencer: Christian Mission. 161–182.
403 Ich verwende in meiner Arbeit im Zusammenhang der Paradigmen in Anlehnung an Küng und Spencer (Vgl. Küng: Das Christentum. 879 ff. Vgl. Spencer: Christian Mission. 162 ff.) den Begriff der Postmoderne bzw. Nachmoderne, um den neuen Kontext zu beschreiben, welchen die Zeit seit dem Ende des Zweiten Weltkrieges mit sich bringt. Es wurde darüber diskutiert, ob es sich wirklich um eine vollkommen neue Epoche, im Sinne einer gänzlichen Abwendung von den Ideen der Moderne, handelt oder, ob die Zeit nach dem Zweiten Weltkrieg nicht eigentlich eine Radikalisierung der Moderne darstellte. Dementsprechend wird die Gegenwart auch als Spätmoderne oder zweite Moderne bezeichnet. Der Diskurs um die begriffliche Angemessenheit kann in dieser Arbeit allerdings nicht geführt werden. Vgl. Giddens, Anthony: The Consequences of Modernity. Chichester: Polity Press 1991; vgl. Beck, Ulrich: Risikogesellschaft. Auf dem Weg in eine andere Moderne. Frankfurt am Main: Suhrkamp Verlag 1986. Auflage 1; vgl. Beck, Ulrich/Giddens, Anthony/Lash, Scott: Reflexive Modernization. Politics, Tradition and Aesthetics in the Modern Social Order. Stanford, California: University Press 1994; vgl. Fritzen, Wolfgang: Spätmoderne als entfaltete und reflexive Moderne. Zur Angemessenheit und Füllung einer Zeitansage. In: Praktische Theologie in der Spätmoderne. Herausforderungen und Entdeckungen. Würzburg: Echter 2014. 17–27. Allen Gemeinsam ist allerdings die Wahrnehmung einer veränderten Situation nach dem Zweiten Weltkrieg.
404 Vgl. Behrens, Roger: Postmoderne. Hamburg: CEP Europäische Verlagsanstalt 2014. 29 ff.
405 Vgl. ebd. 34 ff.
406 Vgl. ebd. 38 ff.
407 Vgl. ebd. 43 ff.
408 Vgl. ebd. 6 ff.

ohne allerdings Lösungen anzubieten.[409] Ein Beispiel für die Schattenseiten ist der Abwurf der Atombombe auf Hiroshima, welcher eine Folge der technologischen Entwicklungen der Moderne ist. Gleichzeitig gibt es auch einen Zusammenhang zwischen der Technik und dem Wohlstand in den westlichen Gesellschaften.[410] Im Hinblick auf das Leid, dass die westlichen Kolonialmächte verursacht hatten, gerät auch der Missionsbegriff Mitte des 20. Jahrhunderts zunehmend in die Krise. Vor allem die vermeintliche Identifizierung von Christentum und westlicher Kultur im Zuge europäischer Expansionspolitik wird kritisiert.[411] Die Folge ist eine Abwendung von modernen Machbarkeitsphantasien. Eschatologisch wird im Kontext des postmodernen Paradigmas eine Befreiung und Erlösung der Schöpfung wieder stärker am Ende der Welt erwartet. Gottes Mission bedeutet, seine Schöpfung zu dieser Erlösung zu führen. Die Vorstellung von einer solchen göttlichen Mission entwickelt sich in der zweiten Hälfte des 20. Jahrhunderts.[412] Im Kontext des postmodernen Paradigmas wird angenommen, dass die Zeichen jener Erlösung beziehungsweise des Gottesreiches auch in der Gegenwart wahrgenommen werden können von denen, die aufmerksam sind. Die Mission Gottes, welcher die Welt in Christus erlöst hat, lässt sich in der Heiligen Schrift und den Kulturen vor Ort erkennen. Folgerichtig bedeutet Nachfolge im postmodernen Kontext vor allem Aufmerksamkeit für Gott in der Gegenwart, in der Heiligen Schrift und in der Tradition. Das tägliche Handeln in der Gegenwart soll am Gottesreich ausgerichtet sein. Die Mission der Kirche richtet sich deshalb auf die jeweiligen lokalen Gemeinschaften bzw. Gemeinden aus.[413] Gastfreundschaft, Fürsorge und das prophetische Hinweisen auf das kommende Reich Gottes sind zentral für einen postmodernen Missionstypus. Beispiele dieses Typus sind die Schriften des protestantischen Theologen Karl Barth. Die *Emerging Churches*, als kleine lokale Neugründungen von kirchlichen Gemeinschaften, vor allem im angloamerikanischen aber auch im deutschsprachigen Raum, welche vor Ort Christentum in bewusster Auseinandersetzung mit der Gegenwart lebbar machen

---

409 Vgl. ebd. 90.
410 Vgl. ebd. 75 f.
411 Vgl. Reimer, Johannes: Leben. Rufen. Verändern. Chancen und Herausforderungen gesellschaftstransformativer Evangelisation heute. Marburg: Francke 2013. 160 f.
412 Vgl. Bosch: Mission im Wandel. 457 ff.
413 Der römisch-katholische Theologe Christian Bauer macht darüber hinaus deutlich, dass missionarische Kirche in der Gegenwart über die Grenzen von Kirchengemeinden hinausgehen müsse. Er plädiert für eine Kirche, die nach Außen offen ist, aber gleichzeitig ein klares Zentrum hat, zu dem alle eingeladen sind. Er verwendet in diesem Zusammenhang die Metapher des Lagerfeuers, um welches sich Menschen versammeln. Vgl. Sellmann, Matthias u. a.: Gemeinde ohne Zukunft? Theologische Debatte und praktische Modelle. Freiburg: Verlag Herder 2013. Auflage 2. 349–371.

wollen, sind ebenfalls eine Ausdrucksform postmoderner Mission. Das Willkommenheißen von Fremden ist hier ausdrücklich ein wichtiges Motiv.[414] Weiterhin ist das Missionskonzept des römisch-katholischen Priesters Vincent Donovan in den 1960er Jahren zu erwähnen, der aus der Kultur bzw. Denkweise der Massai heraus versucht hat, christliche Botschaft neu zu formulieren.[415] Pluralität und die Betonung des lokalen Kontextes sind genau diese Themen, welche auch in der Interviews stark betont werden. Die Pluralität und Internationalität von Christ Church als Migrant(inn)engemeinde,[416] die Wichtigkeit des sozialen Gemeindelebens für die Interviewpartner(innen),[417] die Möglichkeit zum Einbringen persönlicher Talente,[418] die Gemeinde als Raum für außeralltägliche Erfahrungen,[419] die in den Interviews als offen erlebte Gemeinde,[420] die Betonung des konkreten Kontextes für Mission,[421] die Beschreibung der Gemeinde als konkretem Lernraum für Nächstenliebe[422] oder das Bemühen um eine friedliche Koexistenz mit den lokalen Kirchen[423] sind Themen, welche dafür sprechen, die anglikanische Gemeinde zu einem wesentlichen Teil dem postmodernen Paradigma beziehungsweise Missionstypus zuzuordnen.

Die vorausgehenden Darstellungen legen nahe, dass die Gemeinde vor allem drei Missionstypen zuzuordnen ist: dem hellenistisch-orthodoxer Missionstypus mit seiner starken liturgischen Prägung, dem mittelalterlich-katholischen Missionstypus mit seiner staatskirchlichen Prägung, und dem postmodernen Missionstypus mit seinem ausgeprägten Bezug zum lokalen Kontext. Der postmoderne beziehungsweise spätmoderne Typus steht angesichts der Interviews allerdings innerhalb dieser drei Ausprägungen deutlich im Vordergrund.[424] In der anglikanischen Gemeinde gibt es zwar Personen mit einem Bezug zum

---

414 Vgl. Gibbs, Eddie/Bolger, Ryan K.: Emerging Churches. Creating Christian Community in Postmodern Cultures. Grand Rapids, MI: Baker Academic 2005.
415 Vgl. Donovan, Vincent J.: Christianity Rediscovered. Maryknoll, N.Y.: Orbis Books 2003.
416 Vgl. IP3 (25.06.2018).
417 Vgl. IP1 (05.02.2014).
418 Vgl. IP6 (14.08.2014).
419 Vgl. IP7 (27.08.2014).
420 Vgl. IP2 (04.06.2014); vgl. IP7 (27.08.2014).
421 Vgl. IP2 (04.06.2014).
422 Vgl. IP3 (25.06.2018).
423 Vgl. IP4 (16.07.2014).
424 Aus anglikanischer Perspektive könnte man diese Zuordnung vielleicht dem Begriff *modern catholic* zuordnen. Der anglikanische Theologe Andrew Atherstone hält Zuordnung wie *evangelical, open evangelical, central, modern catholic* oder *traditional catholic,* die als Charakterisierung anglikanischer Identitäten und Gruppen oft verwendet werden, allerdings für veraltet und wenig hilfreich, da sie oft polemisch verwendet würden. Vgl. Atherstone, Andrew: Identities and Parties. In: Mark D. Chapman/Sathianathan Clarke/Martyn Percy (Hgg.): The Oxford Handbock of Anglican Studies. Oxford: Open University Press 2015. 77–91.

protestantisch-reformatorischen Missionstypus, dies scheint aber eher nicht die Prägung der Gemeinde insgesamt zu sein. Die Betonung des postmodernen Paradigmas in Christ Church kann auch im Hinblick auf eine wiederentdeckte heilsgeschichtliche Bedeutung der Mission insgesamt im Sinne der *Missio Dei* verstanden werden. Wird diese Mission Gottes als Ausgangspunkt verstanden, so sind alle beschriebenen Missionstypen insgesamt dem kulturellen Kontext verbundene Missionen der Vergangenheit und der Gegenwart, die manchmal mehr, manchmal weniger teilhaben an der einen missionarischen Bewegung Gottes, welcher die Welt in Christus mit sich versöhnt hat.[425] Vor dem Hintergrund der Missionsgeschichte im Kontext des britischen Empire und der Feststellung, dass die anglikanische Gemeinde in Wien insbesondere aus ökonomisch gut gestellten Mitglieder der Ober- und Mittelschicht besteht, ist es kaum verwunderlich, dass das apostolische, das protestantische und aufgeklärte Paradigma eher nicht von Bedeutung sind. Sind doch vor allem das apostolische und das protestantische Paradigma mit evangelikalen Bewegungen verbunden, die im 19. Jahrhundert von den oberen hochkirchlich geprägten Schichten der anglikanischen Kirchen beargwöhnt wurden. Das ist ein Muster, das sich in der Gemeinde Christ Church fortsetzt. Ebenso ist das aufgeklärte Paradigma, welches Gerechtigkeit im Hinblick auf die Verwirklichung des Gottesreiches auf Erden thematisiert, für die anglikanische Gemeinde, die vermutlich eher aus Mitgliedern der Ober- und Mittelschicht besteht, weniger zentral. Würde das doch auch die explizite Auseinandersetzung mit den gegenwärtigen problematischen ökonomischen Wirkungen der kolonialen Vergangenheit bedeuten. Zwar wird in den Interviews von sozialem Engagement berichtet, das richtet sich aber eher nach außen, an die anderen. Selbstreflexion im Hinblick auf Gerechtigkeit innerhalb der Gemeinde findet kaum statt, was auch an den nicht vorhandenen oder wahrgenommenen Armen in der Gemeinde deutlich wird. Vor allem hier erscheint ein blinder Fleck, der sich aber mithilfe der kirchlichen Tradition auflösen ließe, die auch auf anglikanischer Seite die Botschaft des Evangeliums als in besonderer Weise an die Armen und die Ausgestoßenen gerichtet versteht.[426]

2.5 Kommunikation der Versöhnung

These: Alles, was in der Migrant(inn)eingemeinde Christ Church passiert (alle Kontexte, Geschichten und Ereignisse) kann theologisch im Kontext einer

---

425 Vgl. Spencer: Christian Mission. 189 f.
426 Vgl. Anglican Consultative Council: Lambeth Indaba. Abschn. 28.

Kommunikation der Versöhnung im Bezugsrahmen anglofoner Kultur in Österreich gedeutet werden kann.

Kommunikation der Versöhnung ist ein von mir konstruierter Begriff, welcher versucht, die Deutungsperspektive aus den Interviews aufzugreifen, indem die Konzepte einer Kommunikation des Evangeliums und der Mission Gottes zusammengeführt werden. Kommunikation der Versöhnung bedeutet nicht, die gesamte Gemeindepraxis als versöhnlich oder gar göttlich legitimiert zu verklären. Im Gegenteil ist Gott der eigentlich versöhnend wirkende. Versöhnung wird eher zum Bewertungskriterium eines gottgemäßen Handelns in der anglikanischen Gemeinde. Der Begriff Kommunikation der Versöhnung kann auch als Beschreibung des Wesens von Mission verstanden werden. Diese Perspektive charakterisiert Mission vor allem als eine Eigenschaft Gottes, nämlich als versöhnendes Handeln, welches im Handeln der anglikanischen Gemeinde in Wien sichtbar werden kann. Die Eckpunkte dieser Theologie der Versöhnung werden im folgenden biblisch und im ökumenischen Kontext eingeordnet und skizziert.

2.5.1 Biblische Perspektiven von Mission: Versöhnung und Migration

These: Versöhnung und Migration sind zwei zentrale Themen, welche die ganze Heilige Schrift des Alten und Neuen Testamentes durchziehen. Diese sind wesentlich zum Verständnis der versöhnenden Missio Dei, auch im Hinblick auf die Migrant(inn)engemeinde Christ Church.

Mission im Kontext der Migrant(inn)engemeinde Christ Church muss auch aus einer biblischen Perspektive heraus gedeutet werden. Vor allem deshalb, weil man an einer biblischen Bezugnahme im Hinblick auf Mission auch aus anglikanischer Perspektive nicht vorbeikommt. Gehört doch die vorrangige Wertschätzung der Heiligen Schrift zu den Fundamenten der anglikanischen Tradition: "We believe the scriptures to be primary and we read them informed by reason and tradition and with regard for our cultural context."[427] Denkmodelle der Gegenwart, die Tradition der Kirche und der kulturelle Kontext sind diesbezüglich wichtige Hilfen und Bezugspunkte beim Lesen der Bibel. Hinzu kommt, dass in der Regel Mission auch aus einer gesamtchristlichen Perspektive biblisch begründet wird. Die verwendeten Schriftstellen sind jedoch zumeist interpretationsbedürftig und häufig nicht unumstritten zwischen Christ(inn)en unterschiedlicher christlicher Traditionen.[428]

---

427 Ebd. Abschn. 100.
428 Vgl. Küster, Volker: Einführung in die interkulturelle Theologie. Mit dreizehn Übersichten.

Mission ist interessanterweise kein ausdrücklich biblischer Begriff. Da sind sich Theolog(inn)en verschiedener Konfessionen einig. Die eher evangelikal einzuordnenden Theologen Moreau, Crown und McGee weisen darauf hin, dass das Wort Mission als Fachbegriff selbst nirgendwo in der Bibel auftaucht.[429] Der protestantische Theologe Volker Küster betont ebenfalls, dass man vor allem in Bezug auf die hebräische Bibel sagen muss, das Mission dort eigentlich kein expliziter Gegenstand ist.[430] Der römisch-katholische Theologe Sievernich merkt in ähnlicher Weise an, dass der Fachausdruck Mission an sich erst durch die Jesuiten geprägt und dann im 17. Jahrhundert katholischerseits offiziell genutzt wurde.[431] Dem gegenüber bekräftigt allerdings der evangelikale Theologe Ott Craig die inhaltliche Relevanz biblischer Fundierung von Mission: „The Bible is from start to finish a missionary book, for it is the story of God himself reaching into human history to reconcile a fallen and rebellious humanity to himself and to re-establish his reign over all creation."[432] Das bedeutet, dass die Bibel als Geschichte der göttlichen Mission zur Wiederherstellung der Gemeinschaft zwischen Gott und der Menschheit gelesen werden kann, auch wenn Mission kein explizit biblischer Begriff ist. Biblische Geschichte ist dementsprechend eine Erzählung von der Versöhnung Gottes mit der Menschheit. Darüber hinaus ist Migration ein wichtiges Thema, das wesentlich Teil dieser biblischen Erzählung von Gott und der Menschheit ist. Der Kern dieser großen Erzählung ist die Geschichte Gottes mit seinem Volk Israel, die das Heil der ganzen Welt einbezieht. Die folgenden Interpretationen zu den biblischen Themen Versöhnung und Migration orientieren sich am im anglikanischen Raum üblichen Kanon, der dem der protestantischen Kirchen entspricht.[433] Dass bedeutet auch, dass die apokryphen beziehungsweise deuterokanonischen Bücher im Folgenden nicht berücksichtigt werden, da diese aus anglikanischer Perspektive zwar gut zu lesen sind, aber nicht zur Formulierung einer Lehrmeinung herangezogen werden: „And the other Books (as *Hierome* saith) the Church doth read for example of life and instruction of manners; but yet doth it not apply them to establish any doctrine".[434]

Göttingen u. a.: Vandenhoeck & Ruprecht 2011. 30.

429 Vgl. Moreau: Introducing world missions. 25.
430 Vgl. Küster: Einführung in die interkulturelle Theologie. 30 f.
431 Vgl. Sievernich, Michael: Die christliche Mission. Geschichte und Gegenwart. Darmstadt: WBG 2009. 38.
432 Vgl. Ott, Craig: Encountering theology of mission. Biblical foundations, historical developments, and contemporary issues. Grand Rapids: Baker Academic 2010. 3.
433 Vgl. Kähler, Christoph: Ein Buch mit sieben Siegeln? Die Bibel verstehen und auslegen. Leipzig: Evangelische Verlagsanstalt 2016. 23 ff.
434 Cummings: The Book of Common Prayer. 675.

2.5.1.1 Versöhnung als Kern der Heilsgeschichte und Mission Gottes

Die bereits beschriebene anglikanische Perspektive auf Mission, wie sie sich im Abschlussdokument der Lambeth-Konferenz 2008 findet, leitet Mission biblisch neben dem Taufauftrag im Matthäusevangelium[435] vor allem aus dem Versöhnungskonzept des Paulus[436] ab. Dieses paulinische Konzept hat gemäß dem Neutestamentler Corneliu Constantineanu sowohl einen autobiografischen als auch einen heilsgeschichtlichen Aspekt, der an die Tradition des Propheten Jesaja anknüpft:

„[A] proper study of the concept of reconciliation in Paul needs to pay attention to several essential factors: Paul's own experience of reconciliation on the Damascus road; the OT story (particularly the Isaianic tradition of restoration, peace and new creation); the traditional Hellenistic paradigm of reconciliation; the paradigm shift that Paul brings to the concept, and the rich symbolism through which Paul expresses this complex concept."[437]

Das Besondere am paulinischen Konzept, das einem Paradigmenwechsel gleichkomme, sei vor allem, mit Verweis auf den Neutestamentler Breytenbach, die Verbindung des jüdischen[438] mit dem hellenistischen Versöhnungsbegriff im Kreuzestod Jesu: "According to Breytenbach, the Jewish religious tradition of atonement and the Hellenistic secular notion of reconciliation were different in origin and belonged to two different semantic fields. However, it was Paul who brought these two notions together and interpreted both in the light of Jesus' death 'for us'."[439] Nicholas Thomas Wright, der ehemalige anglikanische Bischof von

---

435 Vgl. Mt 28, 16–20.
436 Vgl. 2 Kor 5, 17–21.
437 Constantineanu, Corneliu: The social significance of reconciliation in Paul's theology. Narrative readings in Romans. London: T & T Clark 2010. 95.
438 Versöhnung in der Tora: Das Buch Levitikus enthält vor allem Kult- und Opfervorschriften. Vgl. Dorn, Klaus: Basiswissen Bibel. Das Alte Testament. Paderborn: Schöningh 2015. 74. Im Buch Numeri finden sich, sowohl Erzählungen zur Wanderung der Israeliten in der Wüste, diverse Gebote und Weisungen als auch Kultvorschriften. Vgl. ebd. 78. Im Buch Deuteronomium wiederholen sich viele Thematiken (wie beispielsweise Gesetzestexte) der vorangegangenen Bücher. Wichtige Anliegen des Buches sind es gemäß Dorn, eine Erklärung für das Exil Israels zu geben und die einzigartige Beziehung des befreienden Gottes zu Israel zu erinnern. Vgl. ebd. 85. Die Beziehung bzw. die Wiederherstellung der Beziehung zwischen Gott und Israel ist das zentrale Thema. Die gestörte Beziehung zu Gott soll im Opfer wiederhergestellt werden. Vgl. Mommer, Peter: Einführung in das Alte Testament. Gütersloh: Gütersloher Verlagshaus 2015. Auflage 1. 156 ff.
439 Constantineanu: The social significance of reconciliation in Paul's theology. 27. Der amerikanische

Durham und Professor für Neues Testament der Universität St. Andrews in Schottland, beschreibt im Kontext der Versöhnung vor allem den Bund bzw. die Bundestreue Gottes als zentrales Motiv des Paulus. Vor allem 2 Kor 5, 21 („Denn er hat den, der von keiner Sünde wusste, für uns zur Sünde gemacht, auf dass wir in ihm die Gerechtigkeit würden, die vor Gott gilt."[440]) begreift er als Beschreibung des Selbstverständnisses des Paulus und als Wesensbeschreibung des Evangeliums von der Treue Gottes. Die Versöhnung der Welt mit sich selbst im Tod Jesu versteht er als Ausdruck der Bundestreue Gottes zu Israel zum Heil der ganzen Schöpfung. Der Begriff Gerechtigkeit lässt für Wright diesbezüglich die Herstellung der rechten Ordnung durch den Gottesbund anklingen.[441] Versöhnung und Rechtfertigung sind dementsprechend angesichts der Beziehung zwischen Gott und Mensch zwei wichtige Begriffe der Theologie des Paulus. Wright differenziert die Begriffe folgendermaßen:

"Rechtfertigung und Versöhnung sind aber nicht dasselbe. In Röm 5, 1 unterscheidet Paulus sie klar voneinander. Rechtfertigung, wie wir bereits sahen, ist der Akt Gottes, der die neue Lage im Blick auf Gericht, Bund und Eschatologie herbeiführt, und zwar auf der Grundlage dessen, was Gott im Messias erreicht hat. Dieser Akt der Rechtfertigung ermöglicht Gott, als Folge daraus, ein weiteres Problem zu bewältigen, das Paulus bis jetzt noch gar nicht benannt hat, und zwar die derzeitige Beziehung zwischen Gott und Menschen."[442]

Die Rechtfertigung stellt dementsprechend die Gerechtigkeit bzw. die rechte Ordnung wieder her. Auf dieser Grundlage kann folglich die gestörte Beziehung zwischen Gott und Mensch versöhnt werden. Das bedeutet zusammengefasst, „dass in Christus der Gott des Bundes seinem einen-Plan-durch-Israel-für-die-Welt treu geblieben ist".[443] Die zentrale Beziehung Gottes zu Israel[444] ist folgerichtig nicht nur

---

Neutestamentler Porter beschreibt den hellenistischen Versöhnungsbegriff folgendermaßen: „The word-group seems to have been used by Greek writers to describe the exchange of goods or things, and to describe the process by which hostility between parties is eliminated and friendship created." Porter, E. Stanley: Paul's Concept of Reconciliation. Twice More. In: E. Stanley Porter (Hg.): Paul and His Theology. Leiden: Koninklijke Brill NV 2006. 131–152. 132.

440 Vgl. Luther: Die Bibel nach Martin Luthers Übersetzung.
441 Vgl. Wright, N. T.: Rechtfertigung. Gottes Plan und Sicht des Paulus. Münster: Aschendorff Verlag 2015. 144 ff.
442 Ebd. 205.
443 Ebd. 147.
444 Vgl. Ex 20, 2.

zentral zum Verständnis des sogenannten Alten Testaments[445], sondern ebenso zum Verständnis des Neuen Testamentes.

Als zentraler Ausgangspunkt der versöhnenden Heilsgeschichte Gottes können insbesondere die Erzählungen von der Erschaffung der Welt, des Ungehorsams Adams und Evas gegenüber dem Gebot Gottes, der Vertreibung aus dem Paradies, einer Spirale der Gewalt unter den Nachkommen Adams und Evas, von der Flut, die Gott zur Strafe schickt und des Bundes, den Gott mit dem Überlebenden Noah und seiner Familie schließt, verstanden werden:[446]

„Und Gott sagte zu Noah und seinen Söhnen mit ihm: Siehe, ich richte mit euch einen Bund auf und mit euren Nachkommen und mit allem lebendigen Getier bei euch, an Vögeln, an Vieh und an allen Tieren auf Erden bei euch, von allem, was aus der Arche gegangen ist, was für Tiere es sind auf Erden. Und ich richte meinen Bund so mit euch auf, dass hinfort nicht mehr alles Fleisch ausgerottet werden soll durch die Wasser der Sintflut und hinfort keine Sintflut mehr kommen soll, die die Erde verderbe."[447]

Trotz des Neubeginns nach der Flut erzählt das elfte Kapitel der Genesis in der Erzählung vom Turmbau zu Babel erneut von den problematischen Wegen der Menschen und der folgenden Verwirrung der Sprachen.[448] Es geht also um die Frage nach dem Anfang und den Folgen der Abkehr des Menschen von Gott sowie um die Barmherzigkeit Gottes.[449] Moreau, Corwin und McGee[450] betonen, dass Gott die Schöpfung gemäß dem Schöpfungsbericht sehr gut[451] geschaffen habe. Dies entspreche insbesondere auch dem guten Wesen Gottes. Der Mensch sei auf die Verherrlichung Gottes, die liebende und respektvolle Verwaltung der Schöpfung, sowie auf Wachstum und Beziehung hin geschaffen. Von der Schöpfung an gebe Gott sich seiner Schöpfung zu erkennen und trete in Beziehung mit ihr. Adam und Eva hätten jedoch versucht, den Plan Gottes zu umgehen und entschieden sich gegen

---

445 Vgl. Mommer: Einführung in das Alte Testament. 148.
446 Gen 1–11. Vgl. Geoghegan, Jeffrey/Homan, Michael: The Bible for Dummies. Wiley 2003. 25.
447 Gen 9, 8–11. Vgl. Luther: Die Bibel nach Martin Luthers Übersetzung.
448 Vgl. Geoghegan/Homan: The Bible for Dummies. 25. Man muss unterscheiden zwischen dem Zeitschema, welches in der Geschichte entwickelt wird und der Zeit, in welcher der Erzähler die Geschichte erzählt. Zweiteres bedeutet für die Schöpfungsgeschichten vermutlich die Zeit während beziehungsweise nach dem Exil Israels. Geschichten aus der konkreten Umwelt werden neu erzählt und dienen auch der theologischen Abgrenzung gegenüber einem religiösen Umfeld, welches in den Gestirnen Götter erkennt. Vgl. Dorn: Basiswissen Bibel. Das Alte Testament. 54.
449 Vgl. Wansbrough: Der Bibel-Guide. 18.
450 Vgl. Moreau: Introducing world missions. 28 f.
451 Vgl. Gen 1, 31.

Gott für das Angebot der Schlange[452] und verweigerten ihrem Schöpfer die Achtung. Das tragische Ergebnis dieser Entscheidung, und zwar nicht nur für das Individuum, sondern auch im gesellschaftlichen Kontext, sei Gewalt, Mord und Totschlag sowie Zerstörung[453]. Die Erzählung vom Turmbau zu Babel[454] verdeutliche eine solche von Gott abgewandte Ausrichtung des Lebens. Das Wesen der Geschichte vom Sündenfall sei jedoch ein Gott, der nach den Menschen sucht und hofft, dass sie sich für ihn entscheiden. Dies ist dann gleichsam eine missionarische Bewegung Gottes auf die Menschen zu, welche auf die Wiederherstellung der gestörten Beziehung d. h. auf Versöhnung zielt.[455] Nach Peter Mommer, einem evangelischen Alttestamentler, ist die Gott-Mensch-Beziehung elementar für das biblische Denken. Dabei ist Gott immer der, welcher ohne Vorbedingung zuerst handelt. Der freiwillige Gehorsam des Menschen gegenüber Gott folgt danach.[456]

2.5.1.2   Sündenfall, Erbsünde und Versöhnung

An dieser Stelle sei im Zusammenhang mit der Erzählung vom Fall der Menschen auch auf das Thema der Erbsünde (peccatum originale) hingewiesen. Es ist ein Thema der christlichen Tradition, welches vor allem angesichts des zweiten und der folgenden Kapitel des Buch Genesis anklingt. Vor allem Röm 5, 12 ist in der christlichen Tradition häufig zur Deutung der ersten Kapitel des Buches Genesis herangezogen worden: „Deshalb, wie durch *einen* Menschen die Sünde in die Welt gekommen ist und der Tod durch die Sünde, so ist der Tod zu allen Menschen durchgedrungen, weil sie alle gesündigt haben."[457] Der Neutestamentler Michael Theobald weist aber darauf hin, dass man Röm 5, 12 nicht so einfach zur Deutung der Sündenfallerzählung und Verweis auf die Erbsündenlehre heranziehen könne, da die Stelle im Römerbrief vielmehr von der früh-jüdischen Wirkungsgeschichte zu Genesis 2 f. abhänge und der zeitliche Abstand zwischen der Erbsündenlehre und beiden Texten sehr groß sei. Jüdische Quellen deuteten Genesis 2 f. eher als eine

---

452 Vgl. Gen 3.
453 Vgl. Gen 4–6.
454 Vgl. Gen 11.
455 Vgl. Moreau: Introducing world missions. 28 f. Moreau, Crown und McGee sind dem konservativ evangelikalen Christentum in den USA zuzurechnen. Für Sie bedeutet die Ausrichtung des Menschen auf Beziehung vor allem eine Orientierung an der Familie. Innerhalb der anglikanischen Kirchengemeinschaft sind, sowohl evangelikal und charismatisch geprägte Richtungen als auch sehr liberale Bewegungen gegenwärtig. Eher liberal gesinnte anglikanische Kirchen (wie die Episcopal Church) würden die Verantwortung gegenüber Gott weniger familienzentriert beschreiben als: „to love, to create, to reason, and to live in harmony with creation and with God." C. Publishing: Book of Common Prayer 1979. 845.
456 Vgl. Mommer: Einführung in das Alte Testament. 153 ff.
457 Vgl. Luther: Die Bibel nach Martin Luthers Übersetzung.

grundsätzliche Anlage zum Bösen im Menschen und nicht als eine durch Adam bewirkte sündige Verfassung, auch wenn der Mensch für seine Taten verantwortlich sei.[458] Der renommierte anglikanische Neutestamentler N. T. Wright macht darauf aufmerksam, dass der Römerbrief an dieser Stelle die grobe Skizze eines großen Gesamtbildes entwerfe. Dieses Gesamtbild drehe sich um Gott, der die Menschheit durch einen Akt der Gnade und aus eigener Initiative durch den Menschen Jesus in einem Transformationsprozess wieder in die rechte Ordnung einfügt, welche die alte Ordnung bei weitem übertrifft.[459]

Die Erbsündenlehre war ein Schlüsselthema der Kontroversen des 16. Jahrhunderts, welche die Erlösung betreffen und die sich auch in der Formulierung des anglikanischen Bekenntnisses, in den 39 Glaubensartikeln, niedergeschlagen haben. In den Artikeln 9–19 lässt sich deutlich das Erbe der Reformation erkennen.[460] Im Artikel 9 heißt es zur Erbsünde:

„Original Sin standeth not in the following of *Adam*, (as the *Pelagians* do vainly talk;) but it is the fault and corruption of the Nature of every man, that naturally is ingendered of the offspring of *Adam*; whereby man is very far gone from original righteousness, and is of his own nature inclined to evil, so that the flesh lusteth always contrary to the spirit; and therefore in every person born into this world, it deserveth God's wrath and damnation."[461]

Die menschliche Natur wird hier grundsätzlich als dem Bösen bzw. der Sünde verhaftet betrachtet. Daraus resultiert, dass der Mensch aus sich heraus, ohne göttliche Gnade überhaupt nicht fähig zu guten Werken ist.[462] Im Katechismus der Episkopalkirche, einer Mitgliedskirche der anglikanischen Kirchengemeinschaft, wird der Kontext der Erbsünde im 20. Jahrhundert weniger scharf formuliert: „From

---

458 Vgl. Theobald, Michael: Erbsünde, Erbsündenlehre. In: Kasper, Walter; Baumgartner, Konrad u. a.: Lexikon für Theologie und Kirche. Band 3. Freiburg; Basel; Rom; Wien: Herder 1995. Auflage 3. 743. In eine ähnliche Richtung geht vermutlich auch die Deutung der Rabiner Joanthan A. Romain und Walter Homolka im Hinblick auf die Frage nach Leid und Schuld in der Welt aus der Perspektive des progressiven Judentums: „Die Ursache liegt jedoch nicht bei Gott, sondern im Wesen der Welt, die gefährlicher und unberechenbarer ist, als wir das wahrhaben wollen." Romain, Jonathan A./Homolka, Walter: Progressives Judentum. Leben und Lehre. München: Knesebeck 1999. 47.
459 Vgl. Wright: Paulus für heute. 118 ff.
460 Ein großer Teil des Inhalts der 39 Glaubensartikel insgesamt könne allerdings gemäß dem anglikanischen Theologen Mark Chapman nicht als kontrovers betrachtet werden. Es ginge vielmehr, abgesehen von den genannten Themen, um eine Zusammenfassung christlicher Orthodoxie aus westlicher Perspektive. Vgl. Chapman: Anglican Theology. 67 ff.
461 Cummings: The Book of Common Prayer. 676.
462 Vgl. ebd.

the beginning, human beings have misused their freedom and made wrong choices."[463] Die 39 Glaubensartikel betonen stärker den Aspekt der grundsätzlichen Anlage zum Bösen, der Katechismus der Episkopalkirche mehr die Verantwortung des Menschen. Der Mensch ist dementsprechend, sowohl auf die Zuwendung Gottes angewiesen als auch gleichzeitig zur Verantwortung gerufen. Versöhnung beschreibt also entsprechend den Kern der Heilsgeschichte, die auf Wiederherstellung der bereits seit der Schöpfung gestörten Beziehung der Menschen zu Gott zielt. Um jene Versöhnung ist Gott von Anfang an bemüht. Die anglikanische Gemeinde Christ Church in Wien ist als christliche Gemeinde eingebunden in diese versöhnende Heilsgeschichte Gottes mit seinem Volk Israel, weil diese durch Gott in Christus auf Versöhnung der ganzen Schöpfung ausgerichtet ist. Sie kann sich mit Paulus quasi als eine Botschafterin der Versöhnung verstehen.[464] Das entspricht auch der Feststellung der Lambeth-Konferenz von 2008: „The Church exists as an instrument for that mission. There is Church because there is mission, and not vice versa. To participate in mission is to participate in the movement of God's love toward people, since God is the fountain of sending love."[465]

2.5.1.3 Migration und die Heilsgeschichte der Versöhnung

Bereits im Buch Genesis wird in den Erzählungen rund um die Stammväter Israels und Abraham deutlich, dass Migration eine wichtige Rolle in der Heilsgeschichte Gottes mit der Menschheit spielt.[466] Es wird davon berichtet, dass Gott Abraham auffordert seine Heimat zum Wohl der ganzen Menschheit zu verlassen, um zum Stammvater eines großen Volkes in einem verheißenen Land zu werden:

> „Und der Herr sprach zu Abram: Geh aus deinem Vaterland und von deiner Verwandtschaft und aus deines Vaters Hause in ein Land, das ich dir zeigen will. Und ich will dich zum großen Volk machen und will dich segnen und dir einen großen Namen machen, und du sollst ein Segen sein. Ich will segnen, die dich segnen, und verfluchen, die dich verfluchen; und in dir sollen gesegnet werden alle Geschlechter auf Erden."[467]

---

463 Church Publishing: Book of Common Prayer. New York, NY: Church Publishing Incorporated 1979. 845.
464 Vgl. 2 Kor 5, 20.
465 Anglican Consultative Council: Lambeth Indaba. Abschn. 22.
466 Vgl. Gen 12–50. Vgl. *Geoghegan/Homan:* The Bible for Dummies. 26.
467 Gen 12, 1–3. Vgl. Luther: Die Bibel nach Martin Luthers Übersetzung.

Nach Moreau, Corwin und McGee handelt Gott, um in Abraham die Gottesherrschaft, die sich in der Schöpfung offenbart hat und die Adam und Eva verworfen haben, wieder herzustellen. Die Nachkommen Abrahams seien als Volk in besonderer Weise von Gott berufen zum Segen für die ganze Menschheit. Das Motiv von der Berufung Abrahams und dem Segen Gottes werde dann im Buch Genesis weiter ausgearbeitet, insbesondere in den Erzählungen von Isaak und Jakob[468] sowie Joseph[469], durch dessen Treue und Weisheit das berufene Volk den Schutz Gottes genieße.[470] Die Geschichte der Patriarchen ist eine Migrationsgeschichte. Abraham wird zum Migrant im Hinblick auf das Heil aller Völker. Sarita Gallagher, Professorin für Religion an der Fox University in Newberg in Oregon, beschreibt dies folgendermaßen: „Abraham's identity as a migrant was intrinsically bound to the outpouring of God's blessing to the nations."[471] Migration wird so zum Instrument der missionarischen Bewegung Gottes auf die Menschen zu.

Im Buch Exodus setzt sich das Thema der Migration fort. Der Mosaische Bund, der vor allem in den Zehn Geboten seine Gestalt gefunden hat, sowie der Auszug der Israeliten aus der Sklaverei in Ägypten, sind zentrale Themen der Bücher Exodus, Levitikus, Numeri und Deuteronomium. Der Beginn des Buch Exodus knüpft inhaltlich an die Josefsgeschichte[472] an. Nach dem Tod Josefs, so berichtet die Erzählung, mit der Machtübernahme durch einen neuen Pharao, erinnert man sich in Ägypten nicht mehr an die Taten Josefs. Die fremden Israeliten sind so zahlreich geworden, dass man sich vor Ihnen fürchtet. Als Folge werden sie zu Zwangsarbeit verpflichtet und unterdrückt. Moses wird von Gott gesandt, um sie aus dieser Situation zu befreien. Da sich der Pharao zunächst weigert, die Israeliten frei zu lassen, wird Ägypten mit Plagen heimgesucht, die schließlich zur Freiheit der Israeliten führen. Nach dem Auszug stiftet Gott am Berg Sinai einen Bund der Israel als Volk konstituiert. Die Einhaltung der damit verbunden Gebote wird eng mit dem Wohlergehen des Volkes Israel verbunden: „Werdet ihr nun meiner Stimme gehorchen und meinen Bund halten, so sollt ihr mein Eigentum sein vor allen Völkern; denn die ganze Erde ist mein. Und ihr sollt mir ein Königreich von Priestern und ein heiliges Volk sein."[473] Nach Moreau, Corwin und McGee führe Gott sein Volk aus Ägypten in das Land, von dem aus sie ein Segen für die ganze

---

468 Vgl. Gen 26–36.
469 Vgl. Gen 37–50.
470 Vgl. Moreau: Introducing world missions. 31 ff.
471 Gallagher, Sarita D.: Abraham on the Move. In: vanThanh Nguyen/John M. Prior (Hgg.): God's People on the Move. Eugene, Oregon: Wipf & Stock Publishers 2014. 3–17. 17.
472 Vgl. Gen 37–50.
473 Ex 19, 5. Vgl. Luther: Die Bibel nach Martin Luthers Übersetzung.

Menschheit sein sollen. Die Rettung aus Ägypten werde zur identitätsstiftenden Erfahrung.[474] Der britische Bibelwissenschaftler Henry Wansbrough betont die besondere Bedeutung, welche die Formierung des Volkes Israels aus einer Gruppe von Sklaven heraus im Buch Exodus hat: „Unter Moses Führung, entmutigt und als Leibeigene ohne Hoffnung in einem mächtigen, gut organisierten und feindlichen Land, entwickelte sich aus einem Haufen entlaufener Sklaven ein geschlossenes Volk mit einer Verfassung, einem Beschützer und einer Bestimmung."[475] Die Auszugserzählung legt nahe, dass Migration ein Teil der Beziehungsgeschichte bzw. der Heilsgeschichte Gottes mit seiner Schöpfung ist. Themen wie Identität, Befreiung und Verbesserung der Lebensumstände[476] sind damit verbunden. Die Exodusgeschichte ist eine Erzählung von Gottes Beziehung zu einem Volk von Migrant(inn)en. Gott selbst ist ein wandernder Gott, der mit seinem Volk unterwegs ist, dort gegenwärtig ist und sein Volk beschützt[477] und auch dem Fremden zugewandt ist.[478] Migration als Auszug und Flucht vor Unterdrückung wird im Kontext der Exodusgeschichte also unter anderem als Befreiung verstanden.

Im Buch Rut wird Migration insofern thematisiert als es um die Bedeutung der Migrantin bzw. der Fremden namens Rut für die Heilsgeschichte geht. Das Buch handelt von der Nichtisraelitin Rut, die aus Zuneigung zu ihrer israelitischen Schwiegermutter beim Volk und Gott Israels bleibt. Sie gehört so als Fremde zu den Vorfahren Davids.[479] Die Ablehnung insbesondere von Fremdenfeindlichkeit, vor allem in der nachexilischen Zeit, scheint ein wichtiges Motiv des Buches Rut zu sein.[480] Rut wird als Fremde dargestellt, die eingebunden ist in die Geschichte Gottes mit seinem Volk.

Inwieweit ein negativ besetzter Begriff von Migration als Eroberung durch fremde Völker eine Rolle spielt, wenn die durch den Bund geregelte Beziehung Gottes zu seinem Volk verletzt wird, ist ein Thema im Richterbuch. Das Buch der Richter beginnt seine Erzählung mit dem Tod Josuas.[481] Berichtet wird eine wechselhafte Geschichte, in welcher die Israeliten immer wieder gegen die Weisungen Gottes verstoßen, indem sie sich verbotener religiöser Praktiken der Nachbarn bedienen und beginnen, auch andere Götter zu verehren. Reue und der Ruf nach Hilfe führen dabei immer wieder zur Sendung von Richtern, die helfen, die

---

474 Vgl. Moreau: Introducing world missions. 32 ff.
475 Wansbrough: Der Bibel-Guide. 26.
476 Vgl. Ex 3, 8.
477 Vgl. Ex 13, 17–22.
478 Vgl. Lev 19, 34.
479 Vgl. Dorn: Basiswissen Bibel. Das Alte Testament. 110.
480 Vgl. Wansbrough: Der Bibel-Guide. 60.
481 Vgl. Ri 1.

Israeliten gegen Feinde zu verteidigen und eine Zeit des Friedens einzuleiten.[482] Die Unterdrückung durch Nachbarvölker wird im Richterbuch insbesondere als Strafe Gottes für die zu enge Verbindung Israels zu den Nachbarn und vor allem deren Göttern verstanden. Das herausragende Verhältnis, das Gott mit Israel hat, steht im Zentrum der Erzählungen.[483] Im ersten Buch der Könige gipfelt die gestörte Beziehung des Volkes Gottes sogar im Exil und in der Deportation der Eliten Israels. Dieses Buch erzählt vom Zerfall des geeinten Königreiches nach dem Tod Salomos.[484] Das geeinte Reich teilt sich in ein Süd- und ein Nordreich. Das Südreich führt die dynastische Linie Davids weiter. Die Bücher der Könige und das zweite Buch der Chronik berichten von einer bewegten Zeit dynastischer Wechsel im Nordreich, die in der Eroberung des Nordreiches durch die Assyrer endet.[485] Die Bevölkerung wird durch die Assyrer ausgetauscht. Später geht auch das Südreich mit der Eroberung durch die Babylonier unter.[486] Wichtige gesellschaftliche Personen werden deportiert. Damit beginnt die Zeit des Exils.[487] Die Trennung der Königsdynastien des Nordreichs von der einzig legitimen Linie Davids und die Entwicklung eigener kultischer Formen erscheint in der Darstellung als zwingender Grund des Untergangs. Auch für das Südreich führt eine Abwendung der Könige von Gott, ausgenommen die dem Beispiel Davids entsprechenden Könige Hiskija und Josija, folgerichtig zur Katastrophe des Exils. Die Eroberung durch fremde Völker wird als Strafe für die Abwendung von Gott erfahren.[488] Moreau, Corwin und McGee deuten die Königszeit insgesamt als eine sich immer wiederholende wechselhafte Geschichte der Abwendung von und Zuwendung zu Gott.[489] Wansbrough fasst für die Königsbücher zusammen: „Die zwei Bücher der Könige beschließen das Deuteronomische Geschichtswerk, das zeigen sollte, dass Treue zum Bund Erfolg, Untreue heilsame Bestrafung bringt."[490]

Die Erzählungen der Bücher Esra, Nehemia, Daniel und Ester kreisen um Migration als Exilserfahrungen[491] der Deportierten, nämlich Fremde in einem

---

482 Vgl. Geoghegan/Homan: The Bible for Dummies. 27.
483 Vgl. Dorn: Basiswissen Bibel. Das Alte Testament. 106.
484 Vgl. 1 Kön 12.
485 Vgl. 2 Kön 17.
486 Vgl. 2 Kön 25, 8–26; vgl. 2 Chr 36, 17–21.
487 Vgl. Geoghegan/Homan: The Bible for Dummies. 27 f.
488 Vgl. Dorn: Basiswissen Bibel. Das Alte Testament. 136.
489 Vgl. Moreau: Introducing world missions. 34 ff.
490 Wansbrough: Der Bibel-Guide. 72. Angedeutet ist die Annahme, dass die Bücher Deuteronomium bis vielleicht zum zweiten Buch der Könige als redaktionell bearbeitetes Werk zusammengehörten. Das deuteronomistische Geschichtswerk stelle eine Verarbeitung der Exilserfahrung dar. Martin Noth war ein wichtiger Vertreter dieser Annahme. Vgl. Dorn: Basiswissen Bibel. Das Alte Testament. 88 ff.
491 Zerstörung Jerusalems und Exilszeit: 587–538 v. Chr. Vgl. Mommer: Einführung in das Alte

fremden Land zu sein, sowie um die Frage nach dem kulturellen Überleben. Assimilation stellt die größte Gefahr für das kulturelle Überleben dar.[492] Als die Perser die Rückkehr in das gelobte Land ermöglichen, kehrt nur ein Teil der Exilgemeinde zurück. Viele Exilierte entscheiden sich, im Gastland zu bleiben. Die Heimkehrer bauen den Tempel in Jerusalem unter Esra und Nehemia wieder auf und erneuern den Mosaischen Bund.[493] Die Bücher Esra und Nehemia erzählen, wie bereits angedeutet, vom Wiederaufbau des Tempels in Jerusalem und der kommunalen Ordnung. Eine Beteiligung des ehemaligen Nordreiches an der Wiederrichtung wird abgelehnt. Mischehen zwischen Juden und Nichtjuden müssen geschieden werden. Abgrenzung und Rückbezug zur eigenen Tradition sind wichtige Themen dieser Bücher.[494] Diese Themen weisen auch hin auf kulturelle Differenzen zwischen Heimkehrern und denjenigen, welche diese im Land antreffen.[495] Wie die Treue zum Gott Israels im Angesicht einer religiös differenten Umgebung gehalten werden kann, scheint eine Wichtige Frage der Exilszeit zu sein. Aus der Treue zum Gott Israels heraus ist Assimilation keine Option. Die Identität als Gottesvolk muss bewahrt werden. Allerdings führt auch eine totale Abkapselung, wie bzw. im Hinblick auf die erzwungenen Scheidungen, zu großen Problemen. Im Buch Rut zeigt sich ja ein ganz anderes Modell, welches das Fremde als Teil der göttlichen Heilgeschichte begreift. Vielleicht ist das auch bewusst als Gegenmodell zu verstehen.[496] Vertreibung, Flucht und das Eindringen fremder Völker klingen als negative und strafende Aspekte von Migration in den Erzählungen an. Aber auch diese Aspekte werden als Teil der Heilsgeschichte Gottes mit seinem Volk dargestellt. Vertreibung und Flucht als dramatische Migrationserfahrungen sind in den Erzählungen mit schwierigen Lernprozessen verbunden, zielen aber letztendlich auf eine Wiederherstellung der zerbrochenen Gemeinschaft zwischen Israel und Gott.

Migration im Hinblick auf die Erneuerung des Gottesvolkes und das Heil Gottes für alle Menschen scheint auch in den Prophetenbüchern durch. Die Propheten klagen insbesondere Ungerechtigkeit als Ausdruck der Verletzung des Gottesbundes an. Jeremia und Ezechiel wirken zur Zeit des Exils.[497] Im Jesajabuch wird die Vision vom Berg Zion entwickelt, zu dem alle Völker migrieren.[498] So

---

Testament. 164.
492 Vgl. Geoghegan/Homan: The Bible for Dummies. 181 f.
493 Vgl. ebd. 28.
494 Vgl. Dorn: Basiswissen Bibel. Das Alte Testament. 157 f.
495 Vgl. Wansbrough: Der Bibel-Guide. 95.
496 Vgl. Dorn: Basiswissen Bibel. Das Alte Testament. 157.
497 Vgl. ebd. 218 f.
498 Vgl. Jes 2.

bekommt das Heil eine über Israel hinausgehende Bedeutung. Der Gott Israels ist auch der Herrscher und Lenker fremder Völker.[499] Im Buch Jeremia wird der Abfall vom Gott Israels angeklagt. Dabei geht es nicht nur um die Verehrung fremder Götter, sondern auch um die Vernachlässigung der Armen. Jeremia kritisiert die Politik des Königs und sieht die Zerstörung Jerusalems kommen.[500] Im Buch Ezechiel wird der Erwartung des Exilendes, der Hoffnung auf einen neuen Herrscher in der Linie Davids[501] und der Wiedervereinigung des Süd- und Nordreiches mit einem erneuerten Gottesvolk Ausdruck verliehen.[502] Im Zwölfprophetenbuch (Hos, Joel, Am, Obd, Jona, Mi, Nah, Hab, Zef, Hag, Sach, Mal) sind vor allem Gerechtigkeit, das Benennen des Auseinanderklaffens der Schere zwischen Arm und Reich, die Anklage von Unterdrückung und Ausbeutung der Armen sowie Benachteiligten, das Unterscheiden von Gerechten und Ungerechten, Umkehr, eine endzeitliche messianische Heilszeit, die Wallfahrt der Völker zum Gott Israels und die Wiederrichtung der Dynastie Davids wichtige Themen.[503] Moreau, Corwin und McGee deuten die Prophetenbücher im Kontext der Exilserfahrung folgendermaßen: So wie Adam und Eva aus dem Paradies ausgewiesen worden seien, so werde nun das Gottesvolk aus dem verheißenen Land ins Exil verschleppt. Es sei aber nicht nur eine Erfahrung als Gottesgericht für den gebrochenen Bund, sondern es gäbe auch Grund zur Hoffnung auf ein zukünftiges Zeitalter des Friedens durch einen kommenden Messias. Die Propheten des Exils sowie die späteren Propheten verkündeten die baldige universale Sammlung aller Völker in Jerusalem, die Schließung eines neuen Bundes und die Wiederherstellung der Heiligkeit Gottes.[504]

In den Evangelien klingen zentrale heilsgeschichtliche Migrationserfahrungen beispielsweise im Kontext der Deutung des Todes Jesu an. In der kirchlichen Tradition ist das sogenannte letzte Abendmahl in der Nacht vor Jesu Tod verbunden mit der Erneuerung des Bundes und steht im Bezugsrahmen des jüdischen Pessach-Festes, das an die Befreiung (bzw. die Migrationserfahrungen) der Israeliten aus Ägypten erinnert.[505] Die allgemein so bezeichneten Einsetzungsworte[506] im Kontext

---

499 Vgl. Dorn: Basiswissen Bibel. Das Alte Testament. 234.
500 Vgl. ebd. 241.
501 Vgl. Ez 34, 23–34; vgl. Ez 37, 24.
502 Vgl. Dorn: Basiswissen Bibel. Das Alte Testament. 253.
503 Vgl. ebd. 261 ff.
504 Vgl. Moreau: Introducing world missions. 37 ff.
505 Vgl. Geoghegan/Homan: The Bible for Dummies. 288 ff.
506 Offenbar sind Mahlzeiten ein wichtiger Aspekt der frühen Jesusbewegung gewesen. Ob die Einsetzungsworte auf den historischen Jesus zurückzuführen oder Teil einer Pessach-Feier gewesen sind, ist umstritten. Sie gehen aber vermutlich auf eine sehr alte Tradition zurück. Ebenso umstritten ist, welchen Stellenwert die Einsetzungsworte in den Mahlfeiern der frühen Bewegung hatten, auch wenn die Versionen des Matthäus- und Lukasevangeliums für eine liturgische Verwendung sprechen.

dieses Mahles tauchen in leicht unterschiedlichen Versionen in den synoptischen Evangelien[507] und im ersten Korintherbrief[508] auf.[509] Am Beispiel des Markusevangeliums lässt sich zeigen wie die Texte einen Bezug zu alttestamentlichen Themen herstellen und diese zur Deutung der Figur Jesus nutzen:

> „Und als sie aßen, nahm er das Brot, dankte und brach's und gab's ihnen und sprach: Nehmet; das ist mein Leib. Und er nahm den Kelch, dankte und gab ihnen den; und sie tranken alle daraus. Und er sprach zu ihnen: Das ist mein Blut des Bundes, das für viele vergossen wird. Wahrlich, ich sage euch, dass ich nicht mehr trinken werde vom Gewächs des Weinstocks bis an den Tag, an dem ich aufs Neue davon trinke im Reich Gottes.“[510]

Vor allem die Stichworte *mein Blut des Bundes*, *neuer Bund* und *für viele* lassen alttestamentliche Themen anklingen. Der Neutestamentler Marl L. Strauss sieht in seinem exegetischen Kommentar zum Markusevangelium im Blut des Bundes einen Widerhall des Bundesschluss am Sinai: „Da nahm Mose das Blut und besprengte das Volk damit und sprach: Seht, das ist das Blut des Bundes, den der Herr mit euch geschlossen hat aufgrund aller dieser Worte.“[511] Anklänge vermutet er auch an das Thema des neuen Bundes im Jeremiabuch[512], die Sprache des versöhnenden Opfers im Buch Exodus[513] und das Thema des leidenden Gottesknechtes im Jesajabuch.[514] Jesus erscheint so als das eine Opfer zur Versöhnung für alle. Er besiegelt mit seinem Blut den neuen Bund.[515] Man kann also folgern, dass die Migrationserfahrungen der Israeliten im Kontext der Einsetzungsworte für die Deutung des Todes Jesu wieder fruchtbar gemacht werden. Entsprechend kann der Tod Jesu als Erneuerung des Bundes verstanden werden, welcher die Gemeinschaft Gottes mit seinem Volk Israel wiederherstellt. Die Auferstehung kann verstanden

---

Vgl. Standhartinger, Angela: „Dies ist mein Leib.“ Zu Kontext und Entstehung der Einsetzungsworte. In: Wolfgang Weiß (Hg.): Der eine Gott und das gemeinschaftliche Mahl. Inklusion und Exklusion biblischer Vorstellungen von Mahl und Gemeinschaft im Kontext antiker Festkultur. Biblisch-Theologische Studien. Neukirchen: Neukirchner 2011. 122–157.

507   Vgl. Mt 26, 26–29; vgl. Mk 14, 22–25; vgl. Lk 22, 15–20.
508   Vgl. 1 Kor 11, 23–25.
509   Vgl. Strauss, Mark L.: Mark. Grand Rapids, MI: Zondervan Exegetical Commentary on the New Testament 2014. 623 f.
510   Mk 14, 22–25. Vgl. Luther: Die Bibel nach Martin Luthers Übersetzung.
511   Ex 24, 8. Vgl. ebd.
512   Vgl. Jer 31, 31–34.
513   Vgl. Ex 26, 6.
514   Vgl. Jes 53, 11–12.
515   Vgl. Strauss: Mark. 625.

werden als die Bestätigung des Sieges über Sünde und Tod sowie eines zukünftigen ewigen Gottesreiches, indem Frieden und Gerechtigkeit herrschten.[516]

Nach Moreau, Corwin und McGee haben die Evangelien den Anspruch, mit ihrer je eigenen Darstellung des Lebens Jesu eine Antwort auf die Hoffnungen zu geben, welche durch die Propheten genährt worden sind. Dieser Jesus wurde gesandt, um die Welt, welche aus einer gestörten Beziehung zu Gott heraus voll ist von Leid, wieder mit Gott zu versöhnen.[517] Auch das Motiv der Sendung lässt sich verstehen im Kontext einer migratorischen Bewegung Gottes (als Mission Dei) auf die Menschen zu, die sich in der Sendung der Jünger(innen) fortsetzt.[518] Alle Evangelien beinhalten Motive der Sendung Jesu und der darauffolgenden Sendung seiner Jünger(innen). Der Neutestamentler Jacobus Kok spricht diesbezüglich von einer horizontalen und vertikalen Ebene, welche man in Bezug auf die Rede von religiöser Aussendung im gesamten Neuen Testament differenzieren kann.[519] Die Vertikale Ebene meint eben jene Sendung des Sohnes durch Gott.[520] Die horizontale Ebene bezeichnet jene bevollmächtigte Sendung der Jünger durch Jesus.[521]

---

516 Vgl. Geoghegan/Homan: The Bible for Dummies. 29 f.

517 Vgl. Moreau: Introducing world missions. 40 ff.

518 Angesichts des sogenannten Missionsauftrages im Matthäusevangelium (Vgl. Mt 28, 19–20) als Sendungsauftrag Jesu ist bemerkenswert, dass diese Textstelle kirchlicherseits vor 1792 nicht allgemein zur Begründung christlicher Mission verwendet wurde (Vgl. Moreau: Introducing world missions. 43). Vielmehr verstanden vor allem die Reformatoren diese Stelle insbesondere auf die zwölf Apostel bezogen und weniger auf die Christen insgesamt. Der britische Missionar William Carey war 1792 mit seiner Publikation An Enquiry into the Obligations of Christians to Use Means for Conversion of the Heathens (Vgl. Carey, Carey William/Carey, William: An Enquiry Into the Obligations of Christians to Use Means for the Conversion of the Heathens. Champaign, IL: Book Jungle 2007.) sehr einflussreich in Bezug auf die Verwendung von Mt 28 zur Begründung von Mission. Er gilt als einer der Väter der heutigen (protestantischen) Missionsgesellschaften. Vgl. Moreau: Introducing world missions, 43. Kritik am Gebrauch von Mt 28 zur Begründung von Mission sei gemäß dem evangelischen Theologen Theo Sundermeier angebracht, wenn dieser Text als Inthronisationstext verstanden würde, der Machtausübung und die Erweiterung eines Herrschaftsgebietes legitimierte. Im Gegenteil könne dieser Text nur im Gesamtkontext des Matthäusevangelium verstanden werden (vor allem im Zusammenhang mit dem sogenannten Heilandsruf – Vgl. Mt 11, 25–30) und sei eine Einladung an alle, welche an den Rändern der Gesellschaft lebten. Vgl. Sundermeier, Theo: Mission. Geschenk der Freiheit. Bausteine für eine Theologie der Mission. Frankfurt am Main: Lembeck 2005. Auflage 1. 15. Es geht folglich ausdrücklich um eine Hinwendung und Heilung prekärer Bereiche von Gesellschaft, was letztlich auch eine Wiederherstellung von zerbrochener Gemeinschaft innerhalb fragmentierten Gesellschaft bedeutet.

519 Vgl. Kok, Jacobus (Kobus): Aussendung / Mission / Apostel. In: WiBiLex. Das wissenschaftliche Bibellexikon im Internet. Online unter: https://www.bibelwissenschaft.de/stichwort/49951/ (Abruf: 13.10.2015).

520 Vgl. Joh 3, 17. 28.

521 Vgl. Mt 10, 5–6. Im Neuen Testament werden gemäß Kok die Begriffe ἀποστέλλω (apostello) und πέμπω (pempo) für eine Aussendung im religiösen Sinn gebraucht. Zwar gäbe es in der Vergangenheit eine Diskussion um die unterschiedlichen Akzente der beiden Wendungen, jedoch müsse man wohl von einer synonymen Verwendung, jedenfalls bei Lukas, ausgehen. Beide Sendungsebenen seien verknüpft durch die Idee der Stellvertretung. So wie der Sohn als

Das Buch der Offenbarung des Johannes schließlich reflektiert Migration anhand der Verfolgungserfahrungen von Christen im römischen Reich. Es entwirft angesichts der Märtyrer eine Vision vom Reich Gottes, das die Königreiche dieser Welt überwindet. Das Paradies und ewiges Lebens wird den Gläubigen wieder zugänglich sein.[522] Die Offenbarung des Johannes ist eine apokalyptische Schrift, die vor allem den bedrängten Christ(inn)en Mut machen will, standhaft zu bleiben, weil das Ende nicht mehr weit ist und dann alle Gott entgegengesetzten Mächte besiegt sein werden. Vor allem der Kaiserkult des römischen Reiches wird mit den widergöttlichen Mächten in Verbindung gebracht.[523] Moreau, Crown und McGee deuten die Offenbarung des Johannes als eine Vorrauschau auf die zukünftige Vollendung des Gottesreiches bzw. die wiederhergestellte Gemeinschaft der ganzen Menschheit mit Gott.[524]

Wenn sich die anglikanische Gemeinde in Wien mit Paulus als Botschafterin der Versöhnung[525] verstehen kann und wenn Migration als wichtiger Teil der Heilsgeschichte aufgefasst wird, dann lassen sich die Erfahrungen der Migrant(inn)engemeinde vor diesem Hintergrund deuten. Ihre Migrationserfahrung haben entsprechend heilsgeschichtliche Relevanz. Sie sind Teil der Zuwendung Gottes zu den Menschen, welche auf Gerechtigkeit und Versöhnung zielt. Die anglikanische Gemeinschaft kann ihre Migrationserfahrungen als etwas begreifen, dass (manchmal schwierige) Lernräume für Einheimische und Migrant(inn)en in Österreich eröffnet und die Beziehung zu Gott und den Mitmenschen beeinflusst, d. h. Grundlage für Gerechtigkeit und Versöhnung schaffen kann. Negative Migrationserfahrungen der Gemeinde, eine Nichtwahrnehmung der Armen, problematische Nachwirkungen der kolonialen Vergangenheit können als Hinweis auf Bereiche der Unversöhntheit mit Gott verstanden werden, also Bereiche wo Menschen sich von Gott abgewendet haben. Als christliche Gemeinde von Migrant(inn)en sind die Mitglieder der anglikanischen Gemeinde auch Fremde, die sich auf den Gott Israels beziehen, der das Fremde zum Teil seiner Geschichte mit Israel gemacht hat. Die anglikanische Gemeinde kann sich vor diesem Hintergrund

---

Stellvertreter des Vaters verstanden würde, würden auch die Jünger, sowohl als Stellvertreter des Sohnes als auch des Vaters verstanden. Kok stellt zwischen dem jüdischen Konzept des שליח (schaliach) und dem des Apostels eine hohe Übereinstimmung fest. Es ginge in beiden Fällen um die Sendung eines bevollmächtigten bzw. legitimen Stellvertreters. Der Legitimität bzw. dem Vertrauen auf die Vollmacht des Gesandten käme dabei gegenüber der Botschaft eine betonte Rolle zu. Vgl. Kok: Aussendung / Mission / Apostel.

522 Vgl. Geoghegan/Homan: The Bible for Dummies. 30.
523 Vgl. Dorn, Klaus: Basiswissen Bibel. Das Neue Testament. Paderborn: Ferdinand Schöningh 2016. 232.
524 Vgl. Offb 7, 9.
525 Vgl. 2 Kor 5, 20.

als Zeichen der Gemeinschaft zwischen Gott und seiner ganzen Schöpfung verstehen, ohne die exklusive Beziehung zwischen Gott und seinem Volk Israel zu leugnen. Die Internationalität, Diversität und vor allem die Migrationserfahrungen der Gemeinde Christ Church, welche in den Interviews an zahlreichen Stellen besonders benannt werden, können mit Jesaja[526] im Kontext der Sammlung der Völker vor dem Gott Israels gedeutet werden. Als christliche Gemeinde bzw. Gemeinschaft von Jünger(inne)n Jesu steht Christ Church ganz im Auftrag des neuen Bundes und jener versöhnenden Sendung Jesu, auch wenn sie dieser Sendung vermutlich nicht immer gerecht wird. In der durch die Interviewpartner(innen) hochgeschätzten Feier der Eucharistie und im betonten Engagement für Gemeinschaft verdichtet sich die Versöhnung, die Wiederherstellung der Gemeinschaft zwischen Gott und seiner Schöpfung. Pluralität, Offenheit gegenüber anderen Glaubenstraditionen oder das Verständnis eines Dienstes am Menschen als Gottesdienst können als Zeichen der versöhnenden Mission Gottes verstanden werden, die auf Wiederherstellung von Gerechtigkeit und Gemeinschaft zielt.

2.5.2 Ökumenische Perspektiven

These: Mission bezeichnet zuerst das Handeln Gottes und danach das Handeln der Menschen als Teilhabe an der Göttlichen Mission. Evangelisation und Einsatz für Gerechtigkeit sind diesbezüglich zwei untrennbare Aspekte von Mission.

Das 20. Jahrhundert ist geprägt durch einen Wandel des Missionsverständnis im innerchristlichen Dialog. Die erste Weltmissionskonferenz 1910 in Edinburgh, die oft als Beginn der ökumenischen Bewegung bezeichnet wird, obwohl weder römisch-katholische noch orthodoxe Teilnehmer(innen) eingeladen waren, blieb noch hauptsächlich einer territorialen Perspektive einer Christianisierung von nicht christlichen Weltgegenden verbunden. Eine Bewusstseinsänderung vollzog sich allmählich. Die Weltmissionskonferenz in Jerusalem 1938 öffnete den Blick auch für soziale Aspekte von Mission. Entkolonialisierung, Säkularisierung und das Verbot westlicher Mission in China führten 1952 auf der ökumenischen Konferenz in Willingen dazu, dass man sich mit dem Sinn von Mission überhaupt auseinandersetzte.[527] Allein die Frage, aus welcher Motivation heraus man eigentlich andere Menschen von seinem eigenen Glauben überzeugen will, kann als äußerst problematisch empfunden werden[528]. Der Missionswissenschaftler David Bosch

---

526 Vgl. Jes 2, 1–5.
527 Vgl. Bünker: Missionarisch Kirche sein? 115 ff.
528 Vgl. Polak, Regina: Mission in Europa? Auftrag. Herausforderung. Risiko. Innsbruck: Tyrolia-Verlag 2012. 16.

beschreibt im Hinblick auf ein territoriales Verständnis von Mission das gegenwärtige Problem, christliche oder nicht christliche Gebiete auf der Erde zu identifizieren. Die Welt ist, auch bedingt durch Migration, gerade in den westlichen Ländern religiös sehr viel pluraler geworden. Gerade das macht besonders einen territorial geprägten Missionsbegriff schwierig und unhaltbar.[529] Der Missionsbegriff befindet sich auch deshalb laut Bosch in einer Krise.[530]

Im Hinblick auf eine Reflexion des Missionsbegriffes ist es aus anglikanischer Perspektive wichtig, die verschiedenen innerchristlichen Perspektiven in die eigenen Überlegungen einzubeziehen. Das begründet sich vor allem darin, dass die anglikanische Tradition sich als ein vollgültiger Teil der einen Kirche versteht, ohne den Anspruch zu erheben, die einzig gültige Stimme der Kirche zu sein.[531] Die Konsequenz einer solchen Haltung ist folgerichtig, dass der Dialog mit Theologien anderer christlicher Traditionen selbstverständlich zur anglikanischen Identität gehört. Genau aus diesem Grund können in dieser Arbeit die verschiedenen innerchristlichen Blickwinkel auf Mission nicht umgangen werden. Im Folgenden wähle ich im Hinblick auf die empirischen Ergebnisse vier Arten von Perspektiven:

- Anglikanische Perspektiven beschreiben vor allem den dieser Arbeit zugrunde liegenden Blickwickel.

- Römisch-katholische Perspektiven stellen vor allem das religiöse Umfeld dar, in welchem sich die anglikanische Gemeinde in Wien bewegt.

- Die Perspektiven des ökumenischen Rates der Kirchen beschreiben einen gemeinsamen globalen Blickwinkel orthodoxer, anglikanischer, baptistischer, lutherischer, methodistischer, reformierter, unierter sowie unabhängiger christlicher Traditionen. Im Hinblick auf Mission sind die römisch-katholische Kirche, Pfingstkirchen und evangelikale Kirchen in den Dialog einbezogen.

---

529 Das Dekret über die Missionstätigkeit der Kirche (Ad Gentes) des zweiten vatikanischen Konzils hält zwar einerseits an einem traditionellen Missionsverständnis fest, wenn es davon spricht, zur Völkerwelt gesandt zu sein, andererseits findet man ebenso den Bezug zu einem umfassenden Plan Gottes für das Heil der Menschen, der eine rein geografische Auffassung von Mission durchbricht. Vgl. Rahner, Karl/Vorgrimler, Herbert: Kleines Konzilskompendium. Sämtliche Texte des Zweiten Vatikanums. Freiburg: Herder 2008. Auflage 6. Kap. XV.
530 Vgl. Bosch: Mission im Wandel. 1 ff.
531 Vgl. Avis: The identity of Anglicanism. 64 ff.

- Evangelikale Perspektiven beschreiben den Blickwinkel einer konfessionsübergreifenden christlichen Bewegung, die auch für die Kirchen anglikanischer Tradition relevant ist und insbesondere auch in den Interviews benannt wird.

Anglikanische Perspektiven

Eine innerhalb der anglikanischen Kirchengemeinschaft weitestgehend akzeptierte Beschreibung des Missionsverständnisses sind die *Five Marks of Mission*. Formuliert wurden diese 1984 und 1990 auf der sechsten (ACC-6) und achten Tagung (ACC-8) des *Anglican Consultative Council*, einer alle zwei oder drei Jahre stattfindenden Versammlung von Geistlichen und Laien, die dem Austausch der verschiedenen Kirchenprovinzen der anglikanischen Gemeinschaft dient.[532] Die *Five Marks of Mission* beschreiben fünf Kennzeichen von Mission in einem ganzheitlichen (holistischen) Model, welches sowohl Evangelisierung als auch den Einsatz für Gerechtigkeit und die Bewahrung der Schöpfung integriert. Mission bedeutet dementsprechend:

„To proclaim the Good News of the Kingdom

To teach, baptise and nurture new believers

To respond to human need by loving service

To transform unjust structures of society, to challenge violence of every kind and pursue peace and reconciliation

To strive to safeguard the integrity of creation, and sustain and renew the life of the earth"[533]

Weitere wichtige Quellen für anglikanische Perspektiven des Missionsbegriffes sind die Lambeth-Konferenzen, eine Versammlung aller anglikanischen Bischöfe. Auf

---

532 Vgl.   A.C.   Office: Anglican   Communion.   ACC.   Online   unter: http://www.anglicancommunion.org/structures/instruments-of-communion/acc.aspx   (Abruf: 29.11.2016). ACC-6 tagte 1984 in Badagry, Nigeria. Auf der Tagesordnung standen folgende Themen: Mission und Dienst; Dogmatik und pastorale Fragen; ökumenische Beziehungen; sowie Christentum und soziale Ordnung. Vgl. Office, Anglican Communion: ACC-6. Online unter: http://www.anglicancommunion.org/structures/instruments-of-communion/acc/acc-6.aspx   (Abruf: 29.11.2016); ACC-8 tagte 1990 in Wales. Die Themen dieser Tagung waren: Spiritualität und Gerechtigkeit;   Mission,   Kultur   und   menschliche   Entwicklung;   Evangelisierung   und Kommunikation; Einheit und Schöpfung; sowie Identität und Autorität in der anglikanischen Gemeinschaft.   Vgl.   Office, Anglican Communion: ACC-8.   Online   unter: http://www.anglicancommunion.org/structures/instruments-of-communion/acc/acc-8.aspx   (Abruf: 29.11.2016).

533 Anglican Consultative Council: Marks of Mission.

der Lambeth-Konferenz von 1998 verabschiedeten die Bischöfe der anglikanischen Kirchengemeinschaft die folgende Erklärung zu den theologischen Grundlagen der Mission:

„This Conference:
a. believing that all our mission springs from the action and self-revelation of God in Jesus Christ and that without this foundation, we can give no form or content to our proclamation and can expect no transforming effect from it.
b. resolves to:
i. reaffirm our faith in the doctrines of the Nicene Creed as the basis of what is to be believed, lived and proclaimed by the churches of the Anglican Communion;
ii. accept the imperative character of our call to mission and evangelism as grounded in the very nature of the God who is revealed to us."[534]

Die Konferenz benennt als Ursache und Fundament von Mission das Handeln und die Selbstoffenbarung Gottes in Jesus Christus. Ohne diese Grundlage habe das missionarische Handeln der Kirche keine Gestalt, keinen Inhalt und auch keine transformierende Wirkung. Aus dem Handeln Gottes leitet sich auch der Auftrag zur Mission und zur Evangelisierung ab. Dies entspricht auch der Perspektive der *Five Marks of Mission*, die zunächst auch in den ersten beiden *Marks* (Kennzeichen) die Verkündigung und die Eingliederung von Menschen in den christlichen Glauben thematisieren. Die letzten drei Kennzeichen weiten den Blick dann auf die weitere Mission und thematisieren unter anderem Gerechtigkeit und die Bewahrung der Schöpfung.

Das Abschlussdokument der Lambeth-Konferenz 2008 nimmt noch einmal die dargestellten Ideen auf und fasst in kurzen drei Abschnitten den Konsens der anglikanischen Bischöfe in Bezug auf das Missionsverständnis weiter konkretisierend zusammen:

„21. In Christ Jesus, God has revealed himself as the self-giving Lord of Creation, full of compassion and mercy. That same Son who was sent by the Father into the world, in turn sent forth his disciples, instructing them to proclaim the good news, making disciples and baptising them in the name of the

---

534 Vgl. Anglican Consultative Council: The Lambeth Conference. Resolutions Archive from 1998. 15.

Father and of the Son and of the Holy Spirit.[535] For God was in Christ reconciling the world to himself.[536] It is therefore God's mission in which we share.

22. Mission belongs to God and we are called to engage in this mission so that God's will of salvation for all may be fulfilled. In this sense, mission is not primarily an activity of the church, but an attribute of God. The Church exists as an instrument for that mission. There is church because there is mission, and not vice versa. To participate in mission is to participate in the movement of God's love toward people, since God is the fountain of sending love.

23. As Anglicans, we value the 'five marks of mission', which begin with the preaching of the Gospel and the call to personal conversion, but which embrace the whole of life: we would wish to see increased emphasis on ecumenism, peace-making and global mutuality as integral parts of God's mission. Mission is a rich and diverse pattern faithful to the proclamation of the Reign of God in Christ Jesus; a proclamation which touches all areas of life."[537]

Diese Erklärung verdeutlicht, dass die Selbstmitteilung des barmherzigen und gnädigen Gottes, der die Schöpfung wieder mit sich versöhnt hat, Grund und Inhalt der Mission ist. So wie der Vater den Sohn gesandt hat, sind die Jünger(innen) durch den Sohn gesandt und haben Teil an der versöhnenden Mission Gottes. Nicht das missionarische Handeln der Kirche steht im Vordergrund, sondern das Handeln Gottes, der das Heil für alle (im Sinne der *Five Marks of Mission* bedeutet dies die ganze Schöpfung) will.

Mission bedeutet aus anglikanischer Perspektive folglich das Einbezogen-sein in die liebende Zuwendung Gottes zu den Menschen. Die Kirche ist ein Werkzeug dieser liebenden Zuwendung. Dieses ganzheitliche Verständnis von Mission schließt das globale Engagement für die Einheit der Christen, für Frieden und Verständigung sowie die Verkündigung des Evangeliums ein. Das ist zugleich Erkennungskriterium und Anspruch der Mission Gottes. Daraus folgt, dass Mission aus anglikanischer Sicht nicht etwas ist, das die Kirche nach Belieben tun oder lassen kann. Es gehört im Gegenteil vielmehr zu ihrem Wesen. Der anglikanische Bischof Michael Doe beschreibt Mission in seinem Buch zur Geschichte anglikanischer Mission

---

535 Vgl. Mt 28, 19.
536 Vgl. 2 Kor 5, 19.
537 Anglican Consultative Council: Lambeth Indaba. Abschn. 21–23.

dementsprechend als „lifeblood of the Church"[538]. Das bedeutet, dass in der Gemeinde Christ Church das versöhnende Handeln Gottes durchscheint, wenn der zwischenmenschliche Umgang die liebende Zuwendung Gottes reflektiert. Gleichzeitig wird aus dieser Perspektive auch die Skepsis gegenüber verschiedenen Formen aggressiven missionarischen Handelns und die Bedeutung der Gemeinschaftsbildung in den Interviews verständlich. Gott wird hier als der erste Handelnde verstanden.

Römisch-katholische Perspektiven

Papst Franziskus stellte 2013 zu Beginn seines Pontifikates in seinem apostolischen Schreiben *Evangelii Gaudium (EG)* missionarische Aspekte im Sinne „einer neuen Etappe der Evangelisierung"[539] ins Zentrum seiner Ausführungen. Die Verkündigung des Evangeliums in der Gegenwart ist das zentrale Thema dieses Schreibens. Dort heißt es unter anderem auch:

> „Obwohl dieser Auftrag uns einen großherzigen Einsatz abverlangt, wäre es ein Irrtum, ihn als heldenhafte persönliche Aufgabe anzusehen, da es vor allem *sein* Werk ist, jenseits von dem, was wir herausfinden und verstehen können. Jesus ist 'der allererste und größte Künder des Evangeliums'. In jeglicher Form von Evangelisierung liegt der Vorrang immer bei Gott, der uns zur Mitarbeit mit ihm gerufen und uns mit der Kraft seines Geistes angespornt hat. Die wahre Neuheit ist die, welche Gott selber geheimnisvoll hervorbringen will, die er eingibt, die er erweckt, die er auf tausenderlei Weise lenkt und begleitet. Im ganzen Leben der Kirche muss man immer deutlich machen, dass die Initiative bei Gott liegt, dass 'er uns zuerst geliebt' hat (*1 Joh* 4, 19) und dass es 'nur Gott [ist], der wachsen lässt' (*1 Kor* 3, 7). Diese Überzeugung erlaubt uns, inmitten einer so anspruchsvollen und herausfordernden Aufgabe, die unser Leben ganz und gar vereinnahmt, die Freude zu bewahren. Sie verlangt von uns alles, aber zugleich bietet sie uns alles."[540]

Ähnlich wie angesichts der anglikanischen Perspektiven beschrieben betont auch Franziskus das Handeln Gottes gegenüber dem menschlichen Handeln. Bischöfe, Priester, Diakone, Personen des geweihten Lebens und Laien („wir") seien als Mitarbeiter(innen) am Werk Gottes gerufen und vom Heiligen Geist angetrieben.

---

538 Vgl. Doe: Saving Power. ix.
539 Vgl. Franziskus: Die Freude des Evangeliums. Abschn. 1.
540 Vgl. ebd. Abschn. 12.

Dass Bewusstsein, dass Gott der erste Handelnde ist, sei vor allem eine Hilfe gegen Verbitterung und Mutlosigkeit in der Verkündigung des Evangeliums.

Die Initiative und den Vorrang Gottes im Hinblick auf Mission betonen auch die Dokumente des zweiten vatikanischen Konzils. Im Dekret über die Missionstätigkeit der Kirche *Ad Gentes (AG)* heißt es 1965 diesbezüglich:

„Die pilgernde Kirche ist ihrem Wesen nach 'missionarisch' (d. h. als Gesandte unterwegs), da sie selbst ihren Ursprung aus der Sendung des Sohnes und der Sendung des Heiligen Geistes herleitet gemäß dem Plan Gottes des Vaters.

Dieser Plan entspringt der 'quellhaften Liebe', dem Liebeswollen Gottes des Vaters. Er, der ursprungslose Ursprung, aus dem der Sohn gezeugt wird und der Heilige Geist durch den Sohn hervorgeht, hat uns in seiner übergroßen Barmherzigkeit und Güte aus freien Stücken geschaffen und überdies gnadenweise gerufen, Gemeinschaft zu haben mit ihm in Leben und Herrlichkeit. Er hat die göttliche Güte freigebig ausgegossen und gießt sie immerfort aus, so daß (sic!) er, der Schöpfer von allem, endlich 'alles in allem' (1 *Kor* 15, 28) sein wird, indem er zugleich seine Herrlichkeit und unsere Seligkeit bewirkt. Es hat aber Gott gefallen, die Menschen nicht bloß als einzelne, ohne jede gegenseitige Verbindung, zur Teilhabe an seinem Leben zu rufen, sondern sie zu einem Volk zu bilden, in dem seine Kinder, die verstreut waren, in eins versammelt werden sollen."[541]

Missionarisches Handeln der Kirche sei immer wieder zurückgebunden an den Plan des liebenden Gottes, der auf Gemeinschaft mit Gott und ein Leben in Fülle ziele. Diese Gemeinschaft beziehe sich nicht nur auf den Einzelnen, sondern beabsichtige auch die Einheit der Menschheit.

Zur Verkündigung des Evangeliums in der Gegenwart hat sich ebenso bereits Papst Paul VI. In seinem apostolischen Schreiben von 1975 *Evangelii Nuntiandi (EN)* geäußert. Die Erneuerung der Menschheit beschreibt er als zentralen Aspekt der Evangelisation:

„Evangelisieren besagt für die Kirche, die Frohbotschaft in alle Bereiche der Menschheit zu tragen und sie durch deren Einfluß (sic!) von innen her umzuwandeln und die Menschheit selbst zu erneuern: 'Seht, ich mache alles neu!'. Es gibt aber keine neue Menschheit, wenn es nicht zuerst neue Menschen

---

541 Paul VI.: AD GENTES. Abschn. 2.

gibt durch die Erneuerung aus der Taufe und ein Leben nach dem Evangelium. Das Ziel der Evangelisierung ist also die innere Umwandlung. Wenn man es mit einem Wort ausdrücken müßte (sic!), so wäre es wohl am richtigsten zu sagen: die Kirche evangelisiert, wenn sie sich bemüht, durch die göttliche Kraft der Botschaft, die sie verkündet, zugleich das persönliche und kollektive Bewußtsein (sic!) der Menschen, die Tätigkeit, in der sie sich engagieren, ihr konkretes Leben und jeweiliges Milieu umzuwandeln."[542]

Die Erneuerung der Menschheit beginnt im Inneren des einzelnen Menschen, der aus der Taufe heraus und in einem evangeliumsgemäßen Leben seine konkrete Umwelt verwandelt. Evangelisierung bedeutet also die Transformation der Welt angesichts des Evangeliums.

Mission kann auch im Kontext von Geschichte als Heilgeschichte gedeutet werden. Der Päpstliche Rat für den Interreligiösen Dialog merkte in dieser Beziehung im Dokument *Dialog und Verkündigung (DV)* an:

„In der Tat entwickelten die frühen Kirchenväter schon so etwas wie eine Theologie der Geschichte. Geschichte wird zur Heilsgeschichte, insofern sich Gott durch sie stetig offenbart und mit den Menschen ins Gespräch tritt. Dieser Prozeß göttlicher Offenbarung und Kommunikation erreicht seinen Höhepunkt in der Menschwerdung des Gottessohnes in Jesus Christus. Deshalb unterscheidet Irenäus vier 'Bundesschlüsse' Gottes mit den Menschen: in Adam, in Noah, in Mose und in Jesus Christus. Derselbe Gedanke der Väterzeit, dessen Bedeutung nicht zu unterschätzen ist, vollendet sich, so kann man sagen, in Augustinus, der in seinem Spätwerk die universale Gegenwart und den Einfluß (sic!) des Geheimnisses Christi sogar vor der Menschwerdung hervorhob. In Erfüllung seines Heilsplans erreichte Gott in seinem Sohn die ganze Menschheit. Auf diese Weise gab es in gewissem Sinne das Christentum schon 'mit dem Beginn der Menschheit'."[543]

Die Deutung der Geschichte als einer Heilgeschichte für alle Menschen sei bereits bei den Kirchenvätern anzutreffen. Kennzeichen dieser Heilgeschichte sei ein sich (auch gegenwärtig) fortsetzender Offenbarungs- und Kommunikationsprozess

---

542 Paul VI.: EVANGELII NUNTIANDI. Abschn. 18.
543 Vgl. Katholische Kirche, Consilium pro Dialogo inter Religiones: Dialog und Verkündigung. Überlegungen und Orientierungen zum interreligiösen Dialog und zur Verkündigung des Evangeliums Jesu Christi. 19. Mai 1991. Bonn: Sekretariat der Deutschen Bischofskonferenz 1991. Abschn. 25.

zwischen Gott und den Menschen, der vor allem in Jesus Christus seinen Angelpunkt habe. DV benennt im Hinblick auf Dialog im Kontext von Mission insbesondere karitative Tätigkeiten als Ausdruck missionarischen Handels, welche auf das Reich Gottes verweisen.[544]

Allerdings hat die Geschichte der Mission oft alles andere als den Eindruck einer Heilsgeschichte vermittelt. Der römisch-katholische Theologe Michael Sievernich fragt deshalb, ob man den Begriff der Mission überhaupt noch nutzen kann im Hinblick auf eine christliche Geschichte, die zum Teil verbunden war mit Gewalt und Zwangsbekehrungen?[545] Der römisch-katholische Theologe Arndt Bünker merkt an, dass man sogar unter Studierenden der Theologie regelmäßig eine große Ablehnung vor allem missionarischer Praxis findet, die immer wieder mit Zwangsbekehrungen assoziiert wird.[546] Die Dokumente des zweiten Vatikanischen Konzils sprechen sich deutlich gegen jede Form eines Zwangs zum Glauben aus. In der Erklärung *Dignitatis Humanae (DH)* heißt es 1965 dazu:

„Es ist ein Hauptbestandteil der katholischen Lehre, in Gottes Wort enthalten und von den Vätern ständig verkündet, daß (sic!) der Mensch freiwillig durch seinen Glauben Gott antworten soll, daß (sic!) dementsprechend niemand gegen seinen Willen zur Annahme des Glaubens gezwungen werden darf. Denn der Glaubensakt ist seiner Natur nach ein freier Akt, da der Mensch, von seinem Erlöser Christus losgekauft und zur Annahme an Sohnes statt durch Jesus Christus berufen, dem sich offenbarenden Gott nicht anhangen könnte, wenn er nicht, indem der Vater ihn zieht, Gott einen vernunftgemäßen und freien Glaubensgehorsam leisten würde. Es entspricht also völlig der Wesensart des Glaubens, daß (sic!) in religiösen Dingen jede Art von Zwang von seiten (sic!) der Menschen ausgeschlossen ist. Und deshalb trägt der Grundsatz der Religionsfreiheit nicht wenig bei zur Begünstigung solcher Verhältnisse, unter denen die Menschen ungehindert die Einladung zum christlichen Glauben vernehmen, ihn freiwillig annehmen und in ihrer ganzen Lebensführung tatkräftig bekennen können."[547]

---

544 Vgl. Spendel, Stephanie: Dialog u. Mission. In: Walter Kasper (Hg.): Lexikon für Theologie und Kirche. Band 3. Freiburg im Breisgau: Herder 1995. Auflage 3. 195.
545 Der römisch-katholische Theologe Michael Sievernich stellt fest, dass es in Bezug auf Zwang und Gewalt im Kontext von Mission kein einheitliches historisches Bild gibt. Glaubwürdiges Glaubenszeugnis von Christ(inn)en und gewalttätige Methoden der Mission sind gleichermaßen zu finden in der Geschichte des Christentums. Vgl. Sievernich: Die christliche Mission. 219 ff.
546 Vgl. Bünker: Welche Mission(en)? 32.
547 Vgl. Paul VI.: DIGNITATIS HUMANAE. Abschn. 10.

Demnach ist eine freie Glaubensentscheidung fundamental aus der Perspektive der katholischen Lehre. Religionsfreiheit wird deshalb als ein wichtiges Gut geschätzt. Vor allem im Dialog mit anderen Religion ist dies und der Respekt vor dem Glauben anderer eine wichtige Grundlage des Gesprächs. Die Erklärung *Nostra Aetate (NA)* von 1965 spricht von der Wahrheit in anderen Religionen:

> „Die katholische Kirche lehnt nichts von alledem ab, was in diesen Religionen wahr und heilig ist. Mit aufrichtigem Ernst betrachtet sie jene Handlungs- und Lebensweisen, jene Vorschriften und Lehren, die zwar in manchem von dem abweichen, was sie selber für wahr hält und lehrt, doch nicht selten einen Strahl jener Wahrheit erkennen lassen, die alle Menschen erleuchtet."[548]

Es wird hier betont, dass man Wahrheit auch in anderen Religionen erkenne, auch wenn diese vom eigenen Glauben verschieden sei. Man könne sogar manchmal dort etwas entdecken, was man selbst für wahr halte. Man muss Gott zugestehen, dass er auch in den anderen Religion wirkt. Papst Johannes Paul II. beschreibt dies 1990 in der Enzyklika *Redemptoris Missio (RM)* als das Wehen und Gebet des Geistes, welches in allen Menschen gegenwärtig ist:

> „So leitet uns der Geist, der 'weht, wo er will' (*Joh* 3, 8), der 'in der Welt wirkte, noch bevor Christus verherrlicht wurde', der 'das Universum, alles umfassend, erfüllt und jede Stimme kennt' (*Weish* 1, 7), dazu an, unseren Blick zu erweitern, um so sein zu jeder Zeit und an jedem Ort vorhandenes Wirken in Betracht zu ziehen. Es ist ein Aufruf, den ich selbst wiederholt gemacht habe und der mich bei den Begegnungen mit den verschiedensten Völkern geleitet hat. Das Verhältnis der Kirche zu anderen Religionen ist bestimmt von einem doppelten Respekt: 'dem Respekt vor dem Menschen bei seiner Suche nach Antworten auf die tiefsten Fragen des Lebens und vom Respekt vor dem Handeln des Geistes im Menschen'. Die Begegnung zwischen den Religionen in Assisi wollte unmißverständlich (sic!) meine Überzeugung bekräftigen, daß (sic!) 'jedes authentische Gebet vom Heiligen Geist geweckt ist, der auf geheimnisvolle Weise im Herzen jedes Menschen gegenwärtig ist'."[549]

---

548 Vgl. Paul VI.: NOSTRA AETATE. Abschn. 2.
549 Vgl. Johannes Paul II., Papst: REDEMPTORIS MISSIO. Über die fortdauernde Gültigkeit des missionarischen Auftrages. Online unter: http://w2.vatican.va/content/john-paul-ii/de/encyclicals/documents/hf_jp-ii_enc_07121990_redemptoris-missio.html (Abruf: 23.03.2016). Abschn. 9.

Die genannten Beispiele zeigen, dass aus römisch-katholischer Perspektive auch das Handeln Gottes im Hinblick auf Mission und vor allem auf Evangelisierung betont wird. Es wird sogar als Entlastung des Menschen angesichts einer manchmal überfordernden Aufgabe zur Verkündigung des Evangeliums gesehen. Die Kirche ist missionarisch, weil sie an den Plan Gottes zurückgebunden ist. Insgesamt ist die Verkündigung als ein von Gott initiierter Offenbarungs- und Kommunikationsprozess zwischen Gott und den Menschen zu verstehen, der auf die Erneuerung der Menschheit und ein Leben in Fülle zielt. Geschichte wird als Heilsgeschichte verstanden. Das Wirken des Gottesgeistes lässt sich über die Grenzen der Kirche hinweg wahrnehmen und erkennen. Aus dieser römisch-katholischen Perspektive ließe sich die Praxis der anglikanischen Gemeinde im Kontext des Kommunikationsprozesses zwischen Gott und den Menschen deuten und als ein Ort, an welchem auch der Geist Gottes wirkt.

Perspektiven des Ökumenischen Rates der Kirchen

Der ökumenische Rat der Kirchen (engl. World Council of Churches – WCC) ist eine Gemeinschaft von Kirchen, die sich für eine sichtbare Einheit der einen Kirche und eucharistische Gemeinschaft engagieren. Die Mitgliedskirchen kommen aus mehr als 110 verschiedenen Ländern. Dementsprechend repräsentiert der Ökumenische Rat mehr als 500 Millionen Christ(inn)en weltweit. Die 348 Mitgliedskirchen vertreten orthodoxe, anglikanische, baptistische, lutherische, methodistische, reformierte, unierte sowie unabhängige christliche Traditionen.[550] Seit der Weltmissionskonferenz in Edinburgh 1910 gehört das Thema Mission zu den wichtigen Grundthemen der ökumenischen Bewegung. Die Kommission für Weltmission und Evangelisation (engl. Commission on World Mission and Evangelism – CWME), zu der auch die römisch-katholische Kirche, evangelikale, und Pfingstkirchen gehören, tagt gewöhnlich alle 18 Monate.[551] Die CWME arbeitete seit 2006 an einer neuen gemeinsamen Missionserklärung, deren Entwurf unter dem Titel *Gemeinsam für das Leben: Mission und Evangelisation in sich wandelnden Kontexten* 2012 auf der Tagung des Zentralausschusses des ökumenischen Rates der Kirchen in Kreta einstimmig angenommen wurde. Der Titel verrät bereits, dass es um eine Neubestimmung des Missionsbegriffes in der

---

550 Vgl. World Council of Churches: What is the World Council of Churches? Online unter: https://www.oikoumene.org/en/about-us (Stand: 2016; Abruf: 06.12.2016); vgl. World Council of Churches: WCC member churches. Online unter: World Council of Churches, https://www.oikoumene.org/en/member-churches (Abruf: 06.12.2016).

551 Vgl. World Council of Churches: Commission on World Mission and Evangelism. Online unter: http://www.oikoumene.org/en/what-we-do/cwme?set_language=en (Abruf: 06.12.2016).

Gegenwart geht. Die Erklärung betont, dass Gott Initiator und Quelle der Mission ist. Es ist seine Mission, die den ganzen Kosmos einschließt. Gott selbst ist in seiner Schöpfung tätig, um sich für das Leben einzusetzen. Weltweite Migration, Mission von den Rändern her, Anfragen an eine globale Wirtschaft, Gerechtigkeit, Diversität als Herausforderung für die Kirchen und die Überwindung von Spaltungen sind zentrale Themen, die zur Reflexion des Missionsbegriffes herangezogen werden.[552] Zusammenfassend heißt es am Ende der gemeinsamen Erklärung:

> „Wir sind Diener des dreieinigen Gottes, der uns mit der Mission beauftragt hat, der ganzen Menschheit und Schöpfung, insbesondere den Unterdrückten und Leidenden, die sich nach einem Leben in Fülle sehnen, die gute Nachricht zu verkünden. Mission – als gemeinsames Zeugnis von Christus – ist eine Einladung zum Festmahl im Reich Gottes (Lukas 14, 15). Die Mission der Kirche ist es, das Festmahl vorzubereiten und alle Menschen zum Fest des Lebens einzuladen. Das Fest ist eine Feier der Schöpfung und der Fruchtbarkeit, die aus der Liebe Gottes, Quelle des Lebens in Fülle, überströmend hervorgeht. Es ist Zeichen der Befreiung und Versöhnung der ganzen Schöpfung, die das Ziel der Mission ist."[553]

Im Zentrum steht hier vor allem die Rolle der Kirche im Kontext der Mission Gottes. Der Auftrag zu Mission ist auch hier an Gott zurückgebunden. Der Kernauftrag besteht in der Verkündigung des Evangeliums, welches grundsätzlich an die ganze Schöpfung adressiert ist. Allerdings liegt ein ganz besonderer Fokus auf den Unterdrückten und Leidenden. Im missionarischen Handeln der Kirche, vor allem im Fest, verdeutlicht sich das Ziel der Mission, die zuerst Gottes Mission ist: die Befreiung und Versöhnung des ganzen Kosmos. Dieser Mission fühlt sich die Erklärung der CWME verpflichtet und formuliert abschließend dementsprechend: „In Demut und Hoffnung verpflichten wir uns zur Mission Gottes, der alles neu schafft und alles versöhnt. Und wir beten: 'Gott des Lebens, weise uns den Weg zu Gerechtigkeit und Frieden!'"[554]

Vor allem vor dem Hintergrund der geschilderten Perspektive des Festes, beziehungsweise des Festmahles als Zeichen der durch Gott gewirkten Befreiung und Versöhnung des ganzen Kosmos, kann die besondere Betonung der Liturgie in den Interviews interpretiert werden. Die Liturgie wird in der Gemeinde Christ

---

552 Vgl. Ökumenischer Rat der Kirchen: Gemeinsam für das Leben.
553 Ebd. Abschn. 101.
554 Ebd. Abschn. 112.

Church als wesentlich empfunden. Das Gemeindeleben bzw. alle Aktivitäten bündeln sich im Verständnis einiger Interviewpartner in der eucharistischen Feier.[555] Aus der Perspektive eines besonderen Fokus auf die Unterdrückten und Leidenden heraus muss gefragt werden, inwiefern dieser wichtige Aspekt der Mission Gottes in der anglikanischen Gemeinde einen Ausdruck findet. Die in den Interviews genannten Aktivitäten, wie der Gefängnisbesuchsdienst oder der Shop, können als Ausdruck dieses Aspektes von Mission verstanden werden.

Evangelikale Perspektiven

A. Scott Moreau, Gary R. Crowin und Gay B. McGee sind die Autoren einer Einführung zur Mission aus einer evangelikalen, US-amerikanischen und konservativen Perspektive.[556] Das in den USA beheimatete Meinungsforschungsinstitut *Pew Research Center* beschreibt Evangelikalismus als eine weltweite innerchristliche Bewegung, neben anderen wie z. B. der charismatischen und Pfingstbewegung.[557] Im Bericht zur Größe und Verteilung des Christentums von 2011 bestimmt das Institut evangelikale Christ(inn)en folgendermaßen: „Evangelicals are Christians who believe in the centrality of the conversion or 'born-again' experience in receiving salvation; believe in the authority of the Bible as God's revelation to humanity; and have strong commitment to evangelism or sharing the Christian message."[558] Konversion, Bibeltreue und Evangelisierung sind also grob die wichtigsten Stichworte im Hinblick auf den Evangelikalismus. Dementsprechend wird im Hinblick auf Mission vor allem der Aspekt der Evangelisierung stark betont. Moreau, Crowin und McGee weisen darauf hin, dass aus evangelikaler Perspektive Missionsverständnisse der Großkirchen oft als zu allgemein empfunden werden: „Many evangelicals rightly note that the term has become so broadly defined in mainline discussions that everything the church has done is now seen as mission – which means, in effect, that nothing is truly mission."[559] Nach evangelikalem Verständnis ist die Eingliederung von Menschen in die Kirche eine zentraler Aspekt von Mission. Moreau, Crowin und McGee charakterisieren Mission angesichts eines Auftrages der Kirche:

> „The mission of the church is that it be used by God (1) to witness to people about the reconciliation offered in Christ; (2) to invite people to worship their

---

555 Vgl. IP2 (04.06.2014).
556 Vgl. Moreau: Introducing world missions.
557 Vgl. Pew Reserch Center's Forum on Religion & Public Life: Global Christianity. 95 f.
558 Ebd. 96.
559 Moreau: Introducing world missions. 72.

creator by leading them to Christ; (3) to incorporate those led to Christ into local church contexts; and (4) to teach them, as people reconciled to God, to obey all that Christ commanded in being salt and light of the world. All four components are necessary and integral to the mission of the church."[560]

Wie sich das Handeln Gottes zum Handeln der Menschen verhält, welches Ziel und welchen Inhalt Mission hat sind die Hauptaspekte, die allen geschilderten christlichen Perspektiven gemeinsam sind. Die Schwerpunktsetzung und die Betonung der jeweiligen Aspekte unterscheiden sich zum Teil. Dabei steht im Überblick auf das gesamte beschriebene ökumenische Spektrum tendenziell die Hervorhebung einer auf Christus zentrierten Evangelisation auf der einen Seite und eine allgemein die Gerechtigkeit betonende, besonders den Unterdrückten und Leidenden gewidmete, Mission Gottes auf der anderen Seite. Der meines Erachtens berechtigten evangelikalen Kritik an einem zu weitgefassten Missionsverständnis, welches kaum noch spezifisch christlich ist, muss aber auch der Hinweis auf eine Gerechtigkeit vergessende Evangelisierung hinzugefügt werden. Dass der Ausgangspunkt missionarischen Handels der Kirche in der Gegenwart im Handeln Gottes liegt, ist ein gemeinsamer ökumenischer Fixpunkt, von welchem her die Interviewergebnisse auch im Hinblick auf Gerechtigkeit und Evangelisierung gedeutet werden können. Vor diesem Hintergrund erscheint Christ Church einerseits als eine plurale Gemeinschaft, in welcher unterschiedlichste Menschen in die Gemeinde eingegliedert werden. Migrant(inn)en unterschiedlicher kultureller Herkünfte sind eingebunden in ein reichhaltiges sowie gottesdienstliches geprägtes Gemeinschaftsleben, das in den Kontext des Evangeliums eingebettet ist. Das kann angesichts der liebenden Zuwendung Gottes als Bild für die Einheit der Menschheit, als festlicher Hinweis auf die durch Gott gewirkte Versöhnung sowie als Hinführung von Menschen zu einer lebendigen Gottesbeziehung in Christus interpretiert werden. Anderseits bleibt die herausfordernde Perspektive eines Evangeliums, das sich zuerst an die Unterdrückten und Leidenden wendet, in der anglikanischen Gemeinde in Wien bestehen, einer Gemeinschaft aus sozial und ökonomisch besser gestellten Mitgliedern.

2.5.3 Skizze einer Theologie der Kommunikation der Versöhnung

Migration als wichtiger Aspekt der versöhnenden Heilsgeschichte Gottes mit seinem Volk Israel, der Vorrang des göttlichen Handelns, die Teilhabe der Menschen an der

---

560 Tennent, Timothy C.: Invitation to world missions. A trinitarian missiology for the twenty-first century. Grand Rapids, MI: Kregel Publications 2010. 88.

göttlichen Mission sowie die Deutungen der Interviews als Kommunikation des Evangeliums und Mission Gottes wird nun auf den Begriff einer Kommunikation der Versöhnung zugespitzt. Konkret können nun angesichts einer Theologie der Kommunikation der Versöhnung im Hinblick auf die anglikanische Gemeinde Christ Church in Wien folgende konzeptionelle Eckpunkte beschrieben werden:

(a) *Versöhnung bedeutet insbesondere Wiederherstellung von Gemeinschaft zwischen Gott und seiner Schöpfung, nachdem Gerechtigkeit hergestellt ist. Diese Versöhnung verdeutlicht sich wesentlich in der gerechten Beziehung der Menschen untereinander und zur ganzen Schöpfung.*

Gemeinschaft und Offenheit für andere sind zentrale Begriffe in den Interviews in Bezug auf die anglikanische Gemeinde in Wien. Die bestehende Gemeinschaft in der Gemeinde wird geschätzt und es wird aber auch auf Verbesserungsmöglichkeiten hingewiesen, wenn Gruppen oder Menschen sich distanzieren oder separiert werden. Das Einbinden von Menschen in die Gemeinschaft der anglikanischen Gemeinde in Wien, mit ihren Fähigkeiten und Talenten, lässt sich entsprechend als Thema in den Interviews wahrnehmen. Insbesondere die sonntägliche Eucharistiefeier wird in den Interviews als zentraler Ort begriffen, an welchem sich alle Aktivitäten und die Gemeinschaft der Gemeinde bündeln. Das bedeutet auch, dass alle Aktivitäten von Christ Church von dieser zentralen Feier ihren Maßstab erhalten, der dem Zusammenleben Orientierung gibt und Korrekturen im Hinblick auf Gerechtigkeit bzw. auch Umkehr ermöglichen kann.

(b) *Gerechtigkeit bezeichnet das Handeln zur Wiederherstellung der Ordnung im Hinblick auf das Gemeinwohl. Das bezieht sich sowohl auf das göttliche Handeln als auch auf den Aufruf an die Menschen zur gerechten Gestaltung der Welt. Ungerechtigkeit ist entsprechend ein Hinweis auf Unversöhntheit mit Gott.*

Wahrnehmung der Armen in der anglikanischen Gemeinde, die Frage nach der rechtlichen Anerkennung der Gemeinde, eine separierte afrikanische Gruppe, Auswirkungen der europäischen und britischen Kolonialgeschichte sind Themen der Interviews, die einen Bezug zur Frage nach einem gerechten Handeln haben. Sie sind entsprechend auch Bereiche, an denen sich Versöhnung mit Gott messen lassen muss.

(c) *Kommunikation der Versöhnung bezeichnet zunächst die Initiative Gottes,*
der die Schöpfung mit sich in Christus versöhnt hat. Gott ist der erste
Handelnde. Der Mensch ist aufgerufen das versöhnende Handeln Gottes in
der Welt wahrzunehmen, dass sich insbesondere auch in der
Wiederherstellung von Gerechtigkeit zeigt.

In den Interviews gibt es ein Bewusstsein, dass Gott der erste Handelnde ist.
Insbesondere in der Liturgie, die für die anglikanische Gemeinde in den Interviews
als zentral erscheint, drückt sich dieses Handeln Gottes zentral aus. Die sonntägliche
Eucharistiefeier ist ein wesentlicher Ort, wo die Versöhnung Gottes mit der Welt in
Christus als Handeln Gottes an den Menschen ihren Ausdruck findet. Vor diesem
Hintergrund kann Ungerechtigkeit und Versöhnungsbedürftigkeit wahrgenommen
und gedeutet werden.

(d) *Kommunikation der Versöhnung im Kontext anglofoner Kultur heißt auch,*
dass sich Versöhnung oder auch der Mangel an versöhnter Gemeinschaft
mit Gott im ganz konkreten gerechten oder ungerechten anglofonen
Kontext ausdrückt, der vom britischen Empire und der kolonialen
Vergangenheit Europas geprägt ist.

Die englische Sprache und deren Kontext sind hier zunächst einmal ganz allgemein
der konkrete Bezugspunkt der Gemeinde Christ Church. In diesem Kontext zeigen
sich, vor allem im Hinblick auf die koloniale Vergangenheit, Bereiche der
Unversöhntheit mit Gott und den Menschen, welche beispielsweise in
gegenwärtigen ökonomischen Strukturen oder im Verhältnis der verschiedenen
ethnischen Gruppen in der Gemeinde nachwirkt.

(e) *Kommunikation der Versöhnung angesichts von Migration in Österreich*
bedeutet auch, dass sich Unversöhntheit und versöhnte Gemeinschaft mit
Gott angesichts von Gerechtigkeit und Ungerechtigkeit im Kontext von
Migration ausdrückt.

Die Migrationserfahrungen der Interviewpartner geben Zeugnis von fruchtbaren
Kooperationen auf lokaler Ebene, aber auch von Ausgrenzungen und Differenzen.
Ungerechtigkeit und Versöhnungsbedürftigkeit kann sowohl im Zusammenleben von

Migrant(inn)en und Einheimischen in Österreich als auch innerhalb der Gemeinde selbst wahrgenommen werden.

(f) *Kommunikation der Versöhnung bedeutet auch Teilhabe an der versöhnenden Mission Gottes, insbesondere auch durch die Identifizierung von Versöhnung/Unversöhntheit und Gerechtigkeit/Ungerechtigkeit in der Welt. Das schließt einen Auftrag zum versöhnenden Handeln ein. Engagement für Gerechtigkeit ist ein Merkmal der Teilhabe am versöhnenden Handeln Gottes.*

Die Aktivitäten der Gemeinde (der Bazar, der Secondhandshop, die unterstützten Hilfsprojekte, Kirchenausflüge, der Kirchenkaffee) sind Ausdrucksformen jener Teilhabe an der Mission Gottes und des Bemühens um die Beseitigung von Barrieren bzw. Ungerechtigkeiten, die Menschen voneinander und von Gott trennen. Das Engagement für Gerechtigkeit ermöglicht Versöhnung, auch wenn dies in der Gemeinde nicht immer explizit so formuliert wird.[561]

(g) *Kommunikation der Versöhnung beschreibt auch Information beziehungsweise Verkündigung angesichts des versöhnenden Handelns Gottes.*

Bibelrunden, Predigten, Öffentlichkeitsarbeit, der Pfarrbrief und die Liturgie sind Beispiele solcher Formen von Kommunikation der Versöhnung in der anglikanischen Gemeinde in Wien. Kommunikation der Versöhnung beschreibt also, sowohl göttliches Handeln als auch den Auftrag an die Menschen. Es beinhaltet sowohl den Einsatz für Gerechtigkeit als auch Evangelisation.

2.6 Zusammenfassende Interpretation

Kommunikation der Versöhnung als Deutung der Praxis der Gemeinde

Kommunikation der Versöhnung beschreibt das Handeln Gottes, in welches die Gemeinde Christ Church als Teil der universalen Kirche im konkreten Kontext von Migration und anglofoner Kultur eingebunden ist. Kommunikation der Versöhnung beschreibt auch die Praxis der Gemeinde Christ Church im Hinblick auf Mission

---

561 Vgl. Sauer: Gerechtigkeit im Kontext der Mission Gottes. 18 ff.

und ist zugleich normativer und herausfordernder Auftrag, dem die Gemeinde nicht immer gerecht wird. Sie ist diesbezüglich zur Umkehr gerufen. Wenn Menschen den Weg in die anglikanische Gemeinde finden, Gerechtigkeit sichtbar wird, oder wenn die Gemeinschaft von Menschen unterschiedlicher kultureller Hintergründe insbesondere im Gottesdienst deutlich wird, kann dies entsprechend als Geschenk des versöhnenden Gottes verstanden werden.

Missionarische Prägung der Gemeinde Christ Church

Die Betonung der Liturgie, die staatskirchliche Prägung, der herausgehobene Bezug zum lokalen Kontext sowie die Gewichtung von Gemeinschaft in der Gemeinde Christ Church sind Ausdruck eines hellenistisch-orthodoxen, eines mittelalterlich-katholischen sowie eines postmodernen Paradigmas beziehungsweise Missionstypus, welche die Praxis und das Verständnis von Mission in der Gemeinde prägen.

Koloniales Erbe im Kontext versöhnender Mission

Das britische und koloniale Erbe und die damit verbundene englische Sprache als derzeitige Weltsprache ist in den Interviews und für die anglikanische Gemeinde in Wien ein wichtiger identitätsstiftender Referenzrahmen, besonders auch für den afrikanischen Teil der Gemeinde. Die in den Interviews durchscheinende tendenzielle Separierung zwischen dem afrikanischen und europäischen Teil der Gemeinde, die Sensibilität gegenüber dem Englischen als Fremdsprache und die soziale und ökonomische Besserstellung und freiwillige Migration der Mitglieder von Christ hängen wesentlich mit dem beschriebenen postkolonialem Referenzrahmen zusammen, der vor allem auch durch diverse Machtdifferenzen geprägt ist. Eng verbunden mit der europäischen Kolonialgeschichte, in welcher anglikanische Tradition und britisches Weltreich in einer engen Beziehung zueinander standen, ist die Ambivalenz der Interviewpartner(innen) gegenüber dem Missionsbegriff. Das Muster der Ablehnung evangelikal geprägter anglikanischer Mission, die vor allen die Eigenständigkeit der neu entstehenden Kirchen in den Kolonien förderte, durch ökonomisch besser gestellte, hochkirchlich und staatskirchlich geprägte gesellschaftliche Schichten im 19. Jahrhundert korreliert mit den Ergebnissen der Interviews, die eine starke Ablehnung evangelikal geprägter Mission durch ökonomische besser gestellte Milieus zeigen. Dieses Muster scheint auch in der Gegenwart noch aktuell zu sein. Offenheit gegenüber anderen christlichen Traditionen, das Bemühen um gute tragfähige Beziehungen zu den einheimischen Kirchen und die Ablehnung jeder Form von Proselytismus ist nicht nur das Merkmal einer Migrant(inn)engemeinde, sondern findet sich auch bereits als Grundhaltung anglikanischer Tradition in der Kolonialzeit. An die ökumenische Offenheit als koloniales Erbe kann die anglikanische Gemeinde in Wien positiv anknüpfen. Im Hinblick auf Versöhnung bietet die koloniale Vergangenheit aus der Perspektive der Interviews Chancen und Herausforderungen für die Gemeinde Christ Church. Die englische Sprache und Kultur wirkt z. B. diesbezüglich, sowohl gemeinschaftsfördernd als auch -hindernd. Die ethnische und internationale Vielfalt in Christ Church führt zu einem teilweise konflikthaften Aufeinandertreffen moderner und traditioneller Gesellschaftsmodelle. Das korreliert mit den postkolonialen Konfliktlinien der anglikanischen Gemeinschaft. Die Wahrnehmung und Hinwendung zu den Armen und Unterdrückten als erste Adressaten des Evangeliums ist vor dem Hintergrund des in der Gemeinde wahrnehmbare kolonialen Erbes eine herausfordernde Aufgabe.

Migration im Kontext versöhnender Mission

In der anglofon, britisch, international und multiethnisch geprägten Migrant(inn)engemeinschaft Christ Church spiegeln sich globale Migrationsphänomene. Die Mitglieder der Gemeinde sind global angesichts der Religionszugehörigkeit Teil der größten Gruppe christlicher Migrant(innen). Trotzdem wird die Selbstbezeichnung Migrant(in) unter den Interviewpartner(inne)n als unangenehm empfunden, was mit der Wahrnehmung problematischer Formen von Migration insbesondere auch im gesellschaftlichen Diskurs zusammenhängt. Wie andere Migrant(inn)engemeinden vermutlich auch ist die anglikanische Gemeinde entsprechend quasi ein Seismograf des gesellschaftlichen Klimas in Österreich, der vor allem auf Ungerechtigkeiten im Kontext von Migration reagiert. Die Interviews lassen sich aus einer sozialwissenschaftlichen Perspektive im Kontext akkulturativer Verortung verstehen, als Prozess, in dem die Gemeinde beziehungsweise deren Mitglieder versuchen, ihren Ort im kulturellen Kontext Österreichs zu finden. Aus der Perspektive der Kommunikation der Versöhnung können Akkulturationsprozesse gemessen werden im Hinblick auf die Förderung von Integration, die Thematisierung von Gerechtigkeit im Kontext von Migration und die Förderung des Zusammenlebens von Migrant(inn)en und Einheimischen. Die Analyse der Interviews zeigt, dass hier vor allem ein Versöhnungsbedarf auf der Meso- und Makroebene besteht. In der Darstellung von Christ Church im Kontext von Migration als Heimat oder spirituelle Heimat lässt sich die Spannung zwischen einem traditionsorientierten und einem traditionskritischen Religionsverständnis erkennen. Die anglikanische Gemeinde ist dementsprechend einerseits kulturelle Heimat in der Fremde, eine überschaubare Gemeinschaft in einer komplexen Welt und zum Teil auch exotischer Anlaufpunkt für Außenstehende, welche an anglofoner Kultur interessiert sind. Andererseits gibt es auch theologische Deutungen, die Migration als Weltentsagung und Leben in der Fremde interpretieren, die christliches Leben als Wanderung zu einer endgültigen Heimat verstehen oder welche die Gemeinde als spirituelle Heimat deuten. Das biblische Bild des wandernden Gottes wirkt diesbezüglich als Kritik an sesshaften Formen des Christentums bzw. an der Gefahr einer Identifizierung bestimmter kultureller Ausprägungen von Kirche mit dem Christentum.

Anglikanische Gemeinde im Kontext der Heilsgeschichte Israels

Der Kern der biblischen Erzählungen ist die Geschichte von der Treue Gottes zu seinem Volk Israel, welche auch universal bedeutsam für das Heil der ganzen Welt ist. Die Versöhnung Gottes mit der Welt in Christus ist ein Zeichen der Treue Gottes zu seinem Volk Israel zur Erlösung der ganzen Welt.[562] Die anglikanische Gemeinde in Wien kann sich als christliche und migrantische Gemeinschaft in die Vision von der Völkerwallfahrt zum Zion[563] in die Heilsgeschichte des versöhnenden Gottes mit Israel eingebunden fühlen.

---

562 Vgl. Wright: Rechtfertigung. 144 ff.
563 Vgl. Jes 2.

3 Mögliche missionarische Optionen für Christ Church

Mögliche praxisrelevante missionarische Leitlinien für die konkrete Gemeinde Christ Church zu entwickeln beziehungsweise missionarische Optionen zu überdenken ist das Ziel des dritten Kapitels. Der aus den Interviews konstruierte Begriff einer Kommunikation der Versöhnung im Kontext anglofoner Kultur in Österreich ist diesbezüglich zentral. Mein Anliegen ist, insbesondere als Grundlage für eine eventuelle Praxis der Gemeinde, mögliche normative Orientierungspunkte zu benennen. Die Basis dafür sind insbesondere die Ergebnisse der beiden vorausgegangen Kapitel. Im Sinne eines multiperspektivischen Dialog fließen auch hier nochmals, sowohl theologische als auch nicht theologische Wissensgebiete ein, um die zwei zentralen Begriffe Versöhnung und Kommunikation angesichts der konkreten Situation der anglikanischen Gemeinde durchzubuchstabieren.

3.1 Versöhnung

3.1.1 Versöhnte Gemeinschaft als göttliche Initiative und Auftrag

In den Interviews gibt es ein Bewusstsein dafür, dass Mission, sowohl im Kontext der Initiative Gottes zu verstehen ist als auch als Auftrag. „Basically I think it's God's mission"[1] und „I think mission is what we are called to do"[2] äußerte eine interviewte Person diesbezüglich. Die *Missio Dei*, die Mission Gottes, welche auf die Versöhnung Gottes und mit dem ganzen Kosmos in Jesus Christus ausgerichtet ist (d. h. zwischen Gott und Mensch, Gott und Schöpfung, Mensch und Mensch, Mensch und Schöpfung), ist dementsprechend und folgerichtig der Ausgangspunkt missionarischer Optionen für die anglikanische Gemeinde in Wien. Der anglikanische Bischof Michael Doe beschreibt diese Mission als ganzheitliches (engl. *Holistic Mission*), alle Lebensbereiche umfassendes, Handeln Gottes, das sich im Handeln der Menschen spiegeln kann.[3] Versöhnung als Kern dieser Mission hat also auch eine ganz konkret weltliche Dimension und bezieht sich auch auf alle Lebensbereiche, in denen Ungerechtigkeiten wahrgenommen werden können. Der in den gegenwärtigen Versöhnungsprozess in der anglikanischen Gemeinschaft eingebundene Phil Groves bemerkt dazu: „In this world in which we live, societies construct barriers that separate us from one another. We live behind walls of languages, culture, economics, personality, age and gender. The destruction of these

---

1   IP1 (05.02.2014).
2   Ebd.
3   Vgl. M. Doe: Saving Power. 86.

barriers enable us to form friendship and to live as a community of diversity while retaining our distinct identities in the body of Christ."[4] Die anglikanischen *Five Marks of Mission*[5], die sowohl Evangelisierung und den Einsatz für Gerechtigkeit als auch das Engagement für die Bewahrung der Schöpfung einschließen, sind der *Holistic Mission* verpflichtet. Das bedeutet gemäß der anglikanischen Lambeth-Konferenz 2018: „[T]he ending of injustice and the restoration of right relationship with God and between human beings and between humanity and creation."[6] Die Mission der Kirche beziehungsweise ihrer Mitglieder beschreibt den Auftrag, die in Christus gewirkte Versöhnung im Sinne einer Wiederherstellung und Erneuerung von Gemeinschaft weiterzutragen. So versteht es beispielsweise das Book of Common Prayer der Episkopalkirche, einer Mitgliedskirche der anglikanischen Gemeinschaft: „The mission of the church is to restore all people to unity with God and each other in Christ."[7] Im Bericht der *Mission-Shaped-Church*-Arbeitsgruppe heißt es 2004: „The mission of God as redeemer, through Christ, in the Spirit, is to restore and reconcile the fallen creation."[8] Aus anglikanischer Perspektive sind alle Mitglieder der Kirche dazu berufen an der Mission Gottes Anteil zu nehmen und Versöhnung zu leben.[9] Der protestantische Theologe Reimer bezeichnet den Dienst der Versöhnung gar als Kernkompetenz christlicher Gemeinde. Sie soll eine Botschafterin der Versöhnung sein. Gerade in multikulturellen Kontexten sieht er insbesondere in gelebter Versöhnung den Ansatzpunkt von missionarischer Gemeindepraxis.[10] Reimer schlägt dementsprechend praktisch vor, dass sich Gemeinden in multikulturellen Kontexten in der Gemeinwesenmediation engagieren könnten: „Ich schlage daher vor, Gemeinwesenarbeit als bedeutende Kategorie des multikulturellen Gemeindebaus zu begreifen und zu betreiben. Im Rahmen eines solchen Konzeptes kann die Gemeinde ihrem Auftrag, Botschafterin der Versöhnung zu sein, gerecht werden. So kann sie die wichtigsten Dimensionen ihres Seins in der Welt leben."[11] Eine Möglichkeit für Church Church wäre z. B. entsprechend eine kategoriale Gemeinwesenarbeit, die sich im Aufbau sozialer Netzwerke für Migrant(inn)en engagiert, Lösungen für migrantische Probleme im österreichischen Kontext entwickelt und sich ganz allgemein um eine „Verbesserung der

---

4   Groves: Living Reconciliation. 10 f.
5   Vgl. Kapitel 2.5.2.
6   Anglican Consultative Council: Lambeth Indaba. Abschn. 43.
7   C. Publishing: Book of Common Prayer 1979. 855.
8   Vgl. Williams: Mission-Shaped Church. 85.
9   Vgl. Groves: Living Reconciliation. 5 ff.
10   Vgl. Reimer, Johannes: Multikultureller Gemeindebau. Versöhnung leben. Marburg an der Lahn: Francke 2011. 166 ff.
11   Ebd. 169.

Lebensumstände"[12] bemüht. Weiterhin bezeichnet Reimer Gemeinde selbst als Möglichkeit, Versöhnung beispielhaft im Sinne einer Mission *ad intra* zu leben: „In ihr herrscht Frieden, weil sie vom Friedefürst geleitet wird. Sie lässt sich nicht von den einzelnen Konfliktparteien vereinnahmen, sondern ergreift konsequent die Position Gottes, der auf der Seite des Schwachen und des Benachteiligten steht."[13] Deutlich wird, dass Versöhnung quasi als soteriologischer Begriff verstanden werden kann, welcher die vollkommene Heilung und Wiederherstellung der gestörten Beziehung zwischen Gott und seiner Schöpfung bezeichnet, welche unter anderem auch in der Heilung der Beziehungen der Menschen untereinander ihren Ausdruck findet.[14] Versöhnte Gemeinschaft im Sinne einer wiederhergestellten Gemeinschaft bietet sich folglich als Kernbegriff für ein mögliches Verständnis und eine mögliche Praxis von Mission in der anglikanische Gemeinde in Wien an. Dabei ist Mission zuerst einmal das, was Gott tut und von dort abgeleitet, was der Auftrag für die Kirche ist. Das ist auch eine Erkenntnis, die Doe als wichtigste Erkenntnis des jüngeren Diskurses zu Mission hervorhebt: „As we've seen, resent thinking about mission has been greatly helped by the recognition that it is first and foremost what God is doing, the *Missio Dei*, rather than an activity of the Church, seeking to promote a particular product, mainly for the sake of its own self-replication."[15] Ausgehend von diesem Begriff versöhnter Gemeinschaft, die insbesondere auch Gerechtigkeit einschließt, möchte ich nachfolgend versuchen zu beschreiben, was dies für die Formulierung von Leitlinien für die anglikanische Gemeinde Wien im Hinblick auf anglofone Kultur, auf den österreichischen Kontext, im Kontext globaler Migration sowie angesichts der in der Gemeinde lokalisierten Missionsparadigmen bedeuten könnte.

3.1.2 Versöhnte Gemeinschaft im Kontext anglofoner Kultur

Das britische und koloniale Erbe sowie die damit verbundene Weltsprache Englisch als identitätsstiftender Referenzrahmen trat in den Interviews deutlich als

---

12 Ebd. 176.
13 Ebd. 169.
14 Der römisch-katholische Theologe Berhard Knorn stellt fest, dass die protestantische und die römisch-katholische Perspektive sehr unterschiedlich sind. Während Versöhnung in der protestantischen Theologie oft als soteriologisch zentral verstanden werden wird, spielt sie in der römisch-katholischen Theologie eine eher untergeordnete Rolle. Vgl. Knorn SJ, Bernhard: Versöhnung und Kirche. Theologische Ansätze zur Realisierung des Friedens mit Gott in der Welt. Münster: Aschendorff 2016. 65 ff. Knorn fragt auch nach dem Verhältnis von göttlichem und menschlichem Handeln im Hinblick auf Versöhnung. Er versteht Versöhnung mit Gott vor allem als ein Geschenk aus Gnade. In menschlicher durch den Geist gewirkte Versöhnung kann das gnadenhafte Geschenk sichtbar werden. Vgl. ebd. 319 ff.
15 Doe: Saving Power. 85.

bedeutender Kontext der anglikanischen Gemeinde in Wien hervor. Kapitel 2 hat diesbezüglich bereits gemeinschaftsfördernde und -hemmende Folgen herausgearbeitet. Es wurde beschrieben, dass die Gemeinde trotz ihrer internationalen und ethnischen Diversität auf eine gemeinsame Verkehrssprache (*lingua franca*) zurückgreifen kann, dass es einen gemeinsamen identitätsstiftenden anglikanischen Rahmen gibt und dass friedliche Kontakte zu den lokalen Kirchen gepflegt werden. Diese Aspekte sind unter anderem auch Folge britischer Kolonialgeschichte. Ebenso wurde aber auch gezeigt, dass der Status der englischen Sprache mit ökonomischer Macht zu tun hat und das Einlassen auf die Sprache des Gastlandes erschweren kann. Unterschiedlichkeiten und Missverständnisse zwischen dem afrikanischen und dem europäischen Teil der Gemeinde, die Wahrnehmung der Gemeinde als elitärem Klub, eine gewisse Milieuverengung der Gemeinde im Hinblick auf den ökonomischen Status der Gemeinde sowie ein Unbehagen gegenüber dem Missionsbegriff sind ebenfalls Folgen kolonialer Geschichte, die zum Teil als gemeinschaftshindernd erlebt werden und auch den Blick auf die Armen als wesentliche Ansprechpartner(innen) der Evangeliums erschwert. Im Zentrum dieses Erbes, insbesondere auch im Hinblick auf die gegenwärtigen Verstimmungen innerhalb der anglikanischen Gemeinschaft, steht die Frage nach der Bewahrung von Macht. Doe bemerkt angesichts eines solchen Musters:

„There is a real tension between the claims which Christians can make and what a writer like Foucault would call the 'diversity of reality', in which any claim to be 'normal' is a sign of power. That doesn't mean, as some ultra-liberal Christians might claim that anything which has been 'received' from the past no longer matters, or that everyone is now free to do their own thing, but the attention to 'discourse' should at least make us aware of how people conserve their power by ignoring or excluding the other. Our colonial past should teach us that."[16]

Ausgrenzung und Nicht-Wahrnehmung sind dementsprechend auch kolonial geprägte Mechanismen, die dazu dienen, Macht zu sichern. Das weist meines Erachtens auf ein postkoloniales Thema hin, sowohl angesichts der Spannungen in der anglikanischen Gemeinschaft als auch innerhalb der Gemeinde Christ Church. Die postkoloniale Frage der Gegenwart im Hinblick auf die anglikanische Tradition ist gemäß Doe:

---

16 Ebd. 82 f.

„[W]hich tradition, whose tradition, and what about those who now want to critique the dominant Church of England tradition from the point of view of those who were once colonized by it, and from the standpoint of the poor and neglected of today who continue to be at the receiving end of old and new imperial powers? Out of that question comes the postcolonial reading of Scripture, and all kinds of liberation theologies, including those with strong feminist component. We have seen how the presenting issue of homosexuality has been part of all this."[17]

Das Hinterfragen des kolonialen Erbes führt folglich vor allem auch zu einer Infragestellung anglikanischer Identität. In den Interviews hat sich gezeigt, dass die Identität der anglikanischen Gemeinde in Wien sehr stark über die Liturgie und die englische Musiktradition definiert wird. Aber auch dieser Identitätsmarker wird beispielsweise angesichts des *Book of Common Prayer* in anderen Teilen der anglikanischen Gemeinschaft als koloniales Erbe kritisch hinterfragt.[18] Was heißt es also im Kontext des anglofonen Erbes als anglikanische Gemeinde in Wien, an der versöhnenden Mission Gottes Anteil zu haben? Diese Frage zielt auf die gegenwärtige Reflexion des kolonialen Erbes, welche angesichts der zahlreichen Bezüge zur Geschichte des britischen *Empire* in den Interviews für die anglikanische Gemeinde als äußerst zentral erscheint. Das wäre zunächst einmal eine missionarische Aufgabe für die Gemeinde, die sich nach innen richtet und versucht die eigenen Strukturen und Wahrnehmungen im Hinblick auf die koloniale Vergangenheit zu hinterfragen und blinde Flecke zu entdecken. Der Missionswissenschaftler Christopher Duraisingh beschreibt eine Bandbreite von christlichen Missionsansätzen, welche von Aufzwingen, Inkulturation, Übersetzung bis hin zu Diversität und Dialog reichen. Einer kolonialen Hegemonie der Macht, welche ausgrenzt und assimiliert, setzt Duraisingh vor allem Diversität und Dialog als missionarische Begriffe entgegen. Mission in einem solchen Sinne wäre als Prozess auf dem Weg zu einer versöhnten Verschiedenheit, entsprechend kontextuell, multikulturell, inklusiv, polyzentrisch und im Dialog fähig, koloniale Bilder zu hinterfragen.[19] Die Interviewpartner(innen) verstehen die anglikanische Gemeinde ganz wesentlich als multikulturelle, multiethnische und internationale Gemeinschaft.[20] Die Interviews beschreiben auch die Entwicklung einer Gemeinde

---

17   Ebd. 80 f.
18   Vgl. ebd. 79 f.
19   Vgl. ebd. 78.
20   Vgl. Kapitel 1.3.2.1.

von einer hauptsächlich britischen hin zu einer mehr internationalen und diversen Gemeinschaft.[21] Eine Herausforderung beziehungsweise eine mögliche missionarische Leitlinie der anglikanischen Gemeinde, die auch in den Interviews formuliert worden ist, ist das Bemühen um Gemeinschaft und Identität einer von Diversität geprägten Gemeinde Christ Church.[22] Die englische Sprache und Kultur ist diesbezüglich einerseits ein verbindendes Element, anderseits aber auch trennendes Element vor allem dort wo es mit der Bewahrung von Macht verbunden ist. Mission, welche einer versöhnten Gemeinschaft im anglofonen Kontext dient, ist vor allem um die Beseitigung von Macht erhaltenden Mechanismen der Ausgrenzung und Nichtbeachtung bemüht, die als Teil des kolonialen Erbes auch in der anglikanischen Gemeinde in Wien vorhanden sind.[23] Das bezieht sich auch auf die Herausforderung, welche sich aus der Spannung ökonomischer Macht und einem Evangelium für die Armen und Ausgegrenzten ergibt.[24] Die Sorge um Ausgegrenzte taucht in den Interviews auf, wenn beispielsweise vom Gefangenenbesuchsdienst und anderen Aktivitäten der Gemeinde erzählt wird.[25] Zusammen *mit* den Armen und Ausgegrenzten Kirche zu sein, könnte folglich eine weitere ganzheitliche missionarische Leitlinien sein, die auch dem Anspruch der *Five Marks of Mission* („to respond to human need by loving service; to seek to transform unjust structures of society"[26]) entspricht. Dazu bedarf es auch einer Schärfung der Wahrnehmung für Armut oder das Fehlen der Armen in der Gemeinde Christ Church selbst.

3.1.3   Versöhnte Gemeinschaft im österreichischen Kontext

Das Verhältnis der Gemeinde als ganzer sowie das Verhältnis einzelner Gemeindemitglieder zum österreichischen Kontext war ebenso ein wesentlicher Aspekt der Interviews. Gemeint ist der Umgang der Migrant(inn)engemeinde Church mit dem einheimischen Kontext in Österreich. Insofern es hier um Beziehung geht, muss der österreichische Kontext angesichts eines möglichen ganzheitlichen Verständnisses von Mission in der anglikanischen Gemeinde in Wien, welches auf Gerechtigkeit und versöhnte Gemeinschaft zielt, reflektiert werden. Auch diesbezüglich beschreiben die Interviews Aspekte bereits bestehender Gemeinschaft, sowie für Gemeinschaft möglicherweise problematische Aspekte. Insbesondere vor dem Hintergrund der Theorie akkulturativer Verortung von

---

21   Vgl. Kapitel 1.3.2.1
22   Vgl. Kapitel 1.3.5.6.
23   Vgl. Kapitel 1.3.3.3; vgl. Kapitel 1.3.5.6.
24   Vgl. Anglican Consultative Council: Lambeth Indaba. Abschn. 28.
25   Vgl. Kapitel 1.3.7.3.
26   Anglican Consultative Council: Lambeth Indaba. 13.

Andreas Zick lässt sich das gut beschreiben.[27] Deutet man die Interviews im Sinne von Akkulturationsprozessen, dann wird deutlich, dass auf der Mikroebene Integration unproblematisch ist. Dem wirkt zum Teil ein oft nicht beabsichtigter Daueraufenthalt durch die Gemeindemitglieder in Wien entgegen und führt zu einem Abstand gegenüber österreichischer Gesellschaft. Problematische Aspekte der Meso- und Makroebene, wie die beispielsweise fehlende rechtliche Anerkennung, wirken eher hindernd im Hinblick auf Gemeinschaft zwischen der Migrant(inn)engemeinschaft Christ Church und dem österreichischen Kontext. Die Gemeinde fängt als anglofone Gemeinschaft das Bedürfnis nach kultureller Heimat auf. Das erfüllt eine stabilisierende Funktion im Prozess der Migration. Diese Funktion von Migrant(inn)engemeinden klingt auch in den Interviews an.[28] Gleichzeitig ist die anglofone Gemeinschaft Christ Church auch eine Anlaufstelle für interessierte Außenstehende, was sicher auch gemeinschaftsfördernd wirken kann, weil es unter anderem Möglichkeiten des Kontaktes zu Einheimischen ermöglicht. Aus der theologischen Perspektive einer versöhnten Gemeinschaft kann gefragt werden, inwieweit sich die versöhnende Mission Gottes, verstanden als eine ganzheitliche Mission, in Akkulturationsprozessen zeigt. D. h. wo zeigt sich Gemeinschaft, die sowohl freundliche zwischenmenschliche Beziehungen als auch die Identität des jeweils anderen fördert. In den Akkulturationsprozessen, die in den Interviews wahrgenommen werden können, zeigt sich, dass Integration tendenziell eine wichtige Rolle spielt. Die Interviews lassen die Spannung zwischen der Bewahrung eigener Identität und dem intensiven Kontakt zu anderen kulturellen Kontexten erahnen, sowohl innerhalb der Gemeinde als auch im Kontakt mit dem österreichischen Kontext. Dies lässt sich im Kontext des Modells von John Berry als den Versuch der Integration begreifen oder als Versuch von Gemeinschaftsbildung ohne die Leugnung von Differenz. Das korreliert auch mit dem, was der Therapeut Konrad Stauss angesichts eines trinitarisch geprägten Beziehungsbegriffes in seiner therapeutischen Versöhnungsarbeit beschreibt:

„Bindung ist die gemeinsame Bezogenheit unter der Wahrung der Differenz. Diese Fähigkeit zur Bindung hat ihren Ursprung in der Bindung an Gott, genauer in der Bindung, die Gott den Menschen als Beziehung anbietet und aufrechterhält. In diesem Bindungsangebot Gottes an den Menschen zeigt sich

---

27 Vgl. Kapitel 2.3.1.1.
28 Vgl. Kapitel 1.3.2.5.

das Geheimnis des Seins: die liebevolle Bezogenheit unter Wahrung der Differenz."[29]

Die Erkenntnis von Stauss besagt also, dass versöhnte Gemeinschaft, Unterschiede nicht auflöst, sondern versöhnt, sowohl im Hinblick auf Gott als auch zwischen Menschen. Das kann auch eine hilfreiche Inspiration im Kontext des Engagements einer Migrant(inn)engemeinde sein. Einheit in Verschiedenheit ist dementsprechend ähnlich wie im Hinblick auf den anglofonen Kontext ein möglicher missionarischer Leitbegriff für die anglikanische Gemeinde in Wien im Hinblick auf den österreichischen Kontext. Christliche Mission, die einer versöhnten Gemeinschaft im Hinblick auf den österreichischen Kontext dient, ist folglich um die Kontaktaufnahme in die unterschiedlichen kulturellen Kontexte hinein bemüht ohne die Differenz oder die eigene Identität zu leugnen. Gerade hier könnte auch der Vorschlag Reimer genutzt werden, sich an der Gestaltung von Gesellschaft im Hinblick auf Migration als multikulturelle Gemeinde aktiv zu beteiligen.[30] Er betont, dass der kirchliche Ansatzpunkt einer solchen Gesellschaftstransformation das Engagement für Arme und Benachteiligte ist. Die Kirchen haben vor allem die Aufgabe, die unterschiedlichen Akteure miteinander in Kontakt zu bringen, um geeignete Lösungen zu entwickeln. Als Migrant(inn)engemeinde ist Christ Church in Österreich dabei selbst auch Akteur im Hinblick auf ein gerechtes und versöhntes Zusammenleben von Migrant(inn)en und Einheimischen.[31]

3.1.4 Versöhnte Gemeinschaft im Kontext globaler Migration

Die Bedeutung globaler Migration und deren Deutung im Hinblick auf versöhnte Gemeinschaft kristallisiert sich in den Interviews in den Aspekten einer Verantwortung für migrierende Menschen, einer Teilhabe der Interviewpartner(innen) beziehungsweise Gemeindemitglieder an globalen Migrationsphänomenen und der heilsgeschichtlichen Bedeutung von Migration. Eine interviewte Person strich als wichtige Aufgabe der Kirchen im Hinblick auf Migration heraus, Sorge zu tragen für die Nöte von ankommenden Migrant(inn)en und vielleicht gemeinsam Möglichkeiten innerhalb der Rahmenbedingungen des Landes zu entwickeln und vor allem jedem und jeder mit Respekt zu begegnen.[32] Als missionarische Leitlinie könnte dies aus der Perspektive einer versöhnten

---

29 Stauss, Konrad: Die heilende Kraft der Vergebung. die sieben Phasen spirituell-therapeutischer Vergebungs- und Versöhnungsarbeit. München: Kösel 2012. Auflage 2. 51.
30 Vgl. Reimer: Multikultureller Gemeindebau, 172 ff.
31 Vgl. ebd. 179.
32 Vgl. IP8 (16.10.2014).

Gemeinschaft vor allem einen respektvollen und ehrlichen Umgang mit neu ankommenden Migrant(inn)en auf der zwischenmenschlichen Ebene bedeuten, der auch begrenzte Möglichkeiten aufzeigen darf. Diese Leitlinie könnte gerade deshalb wichtig sein, weil die Ergebnisse der Interviews zeigen, dass die Mitglieder der Gemeinde selbst Teil globaler Migrationsprozesse sind, in welchen die anglikanische Gemeinde eine wichtige Funktion als kulturelle, soziale und spirituelle Heimat in der Fremde spielt und wo unterschiedliche Gesellschaftsmodelle verschiedener Weltregionen aufeinandertreffen.[33] Das heißt es geht um die Verantwortung der Gemeinde Christ Church für Migrant(inn)en, weil man selbst Teil dieses Erfahrungshorizontes ist. Diesbezüglich kann sich die Gemeinde im Hinblick auf missionarische Optionen vor allem auch auf das biblische Buch Exodus zurückbeziehen: „Einen Fremdling sollst Du nicht bedrängen; denn ihr wisst um der Fremdlinge Herz, weil ihr auch Fremdlinge in Ägyptenland gewesen seid."[34] Im Matthäusevangelium ist die Sorge um die Fremden gleichsam eschatologisches Richtkriterium: „Ich bin Fremder gewesen und ihr habt mich aufgenommen."[35] Nicht ohne Zufall ist die Sorge um Migrant(inn)en im Abschlussbericht der anglikanischen Lambeth-Konferenz 2008 Teil des Abschnittes zu Mission und Evangelisation.[36] Diese Arbeit hat gezeigt, wie stark Migration als Thema in die biblischen Texte eingewoben ist und im Kontext einer heilsgeschichtlichen Mission Gottes gesehen werden kann, die um die versöhnte Beziehung Gottes mit seinem Volk Israel kreist und letztendlich das Wohl der ganzen Welt einschließt. Das doppelte Fremdsein der anglikanischen Gemeinde als Christ(inn)en und konkrete Migrant(inn)en im Hinblick auf die Heilsgeschichte Gottes mit Israel könnte vor allem auch bedeuten, in besonderer Weise sensibel gegenüber der besonderen Treue Gottes zu Israel zu sein. Missionarische Optionen einer christlichen Migrant(inn)engemeinde sind dementsprechend im Kontext der Geschichte Gottes mit seinem Volk Israel zu deuten. Im Abschlussbericht der Lambeth-Konferenz heißt es im Hinblick auf die jüdisch-christlichen Beziehungen: „We honour the special relationship we have, as Christians, with the Jewish community."[37] Und: „We renew our commitment to on-going dialogue and genuine friendship with the Jewish people."[38] Angesichts ihrer Migrationserfahrungen und ihres multikulturellen Kontextes könnte sich die Gemeinde Christ Church in Anlehnung an Reimer

---

33 Vgl. Kapitel 2.3.2.
34 Vgl. M. Luther: Die Bibel nach Martin Luthers Übersetzung.
35 Vgl. ebd.
36 Vgl. Anglican Consultative Council: Lambeth Indaba. Abschn. 28.
37 Ebd. 91.
38 Ebd.

beispielsweise als „Institut der Versöhnung in der Gesellschaft"[39] verstehen. Hier kann die Gemeinde, sowohl an ihre eigenen Migrationserfahrungen anknüpfen als auch an die Deutungsperspektive der biblischen Migrationsgeschichten, die wesentlicher Teil der Geschichte Gottes mit seinem Volk Israel sind. Gesellschaftliches Engagement der Gemeinde Christ Church, welches sich für eine Verbesserung der Lebensbedingungen von Migrant(inn)en auch im globalen Kontext einsetzt, könnte die Folge einer wahrgenommenen Verantwortung sein. Das gilt umso mehr als es auch einen Zusammenhang von Migration und kolonialer Vergangenheit gibt.

3.1.5 Versöhnte Gemeinschaft angesichts der Missionsparadigmen

Die drei in der anglikanische Gemeinde in Wien identifizierten Missionstypen (nämlich hellenistisch-orthodoxer, mittelalterlich-katholischer und postmoderner Missionstypus) beschreiben zunächst einmal Ausdrucksformen von Mission, in denen in ganz spezifischer Weise Teilhabe verwirklicht wird an dem, was Gott in Christus in der Welt gewirkt hat, nämlich die Versöhnung der Welt in Christus.[40] Spencer macht in seiner Beschreibung der an Küng angelehnten Missionstypen deutlich, das keiner dieser Typen besser oder schlechter sei. Es gehe vielmehr darum, die Schwächen und Stärken der jeweiligen Ausdrucksform von Mission auszuloten, vor allem angesichts des Lebens Jesu. Das bedeutet aus einer christlichen Perspektive, dass ein wesentlicher missionarischer Orientierungspunkt das Handeln Jesu ist. Gründe für das Auftreten eines bestimmten Typus lägen vor allem auch im konkreten Kontext begründet.[41] Die Frage wäre also an dieser Stelle, was missionarische Optionen im konkreten Kontext der anglikanischen Gemeinde in Wien bedeuten könnten.

Mission im Kontext des hellenistisch-orthodoxen Paradigmas beschreibt Spencer als „To celebrate the liturgy of the Church so that the whole community might see and know the divine light and love of eternal knowledge."[42] Mission im Hinblick auf versöhnte Gemeinschaft könnte für die anglikanische Gemeinde folglich bedeuten, große Sorgfalt auf die Feier der Gottesdienste, insbesondere der Eucharistie, sowie der Sakramente zu legen, weil hier die Vereinigung (Theosis) beziehungsweise die Gemeinschaft von Gott und Mensch gegenwärtig wird. Ein Interviewpartner bemerkte diesbezüglich: „But, it's always sacramental, it's always

---

39   Reimer: Multikultureller Gemeindebau. 167.
40   Vgl. 2 Kor 5, 17–21.
41   Vgl. Spencer: Christian Mission. 2007. 189 ff.
42   Ebd. 86.

kind of grounded in the sacraments, and in creating community around, traditionally what is church."[43]

Mission im Hinblick auf das katholisch-mittelalterliche Paradigma definiert Spencer als „[t]o work with the state to bring as many people as possible into the sacramental life of the church so that they can participate in the penitential cycle and receive salvation."[44] Anders als die Benennung des Paradigmas vermuten lässt, scheint hier auch das Modell der anglikanischen Staatskirche durch. Die Verantwortlichkeit des britischen Staates für die Kirche tritt hier im Kontext von Mission deutlich hervor. Loyalität gegenüber den Ordnungen der Kirche von England als britischer Staatskirche könnte dementsprechend ebenso zu den Leitlinien für die anglikanische Gemeinde in Wien gehören wie auch ein Wachstum der Gemeinde im Hinblick auf die Anzahl der Mitglieder. Letzteres ist ein Bemühen, das auch in den Interviews artikuliert wurde.[45] Das könnte vor allem bedeuten, diejenigen Anglikaner(innen) und Anglofonen in Österreich beziehungsweise in Wien zu erreichen, die bisher noch keinen Kontakt zur anglikanischen Gemeinde in Wien hatten. Für diese Gruppe fühlt man sich ja in besonderer Weise zuständig, sowohl aus der Perspektive der Interviews[46] als auch angesichts des Selbstverständnisses der *Diocese in Europe*.[47]

Der postmoderne Missionstypus schließlich wird durch Spencer charakterisiert als „To be a locally rooted community of hospitality and care, prophetically pointing to the coming of the kingdom."[48] Das ist ein Aspekt der, wie gezeigt worden ist, in den Interviews ausgesprochen deutlich beschrieben wird: die Bedeutung der anglikanischen Gemeinde in Wien, die Offenheit der Gemeinde, die Bedeutung des sozialen Gemeindelebens oder auch die Gemeinde als Ort außeralltäglicher Erfahrungen.[49] Missionarische Optionen für die Gemeinde Christ Church könnten sich so vor allem an den Bedingungen des lokalen Kontextes orientieren. Die Gemeinde könnte verstanden werden als ein für alle offener und einladender Raum, in welchem Gerechtigkeit in versöhnter Gemeinschaft modellhaft gelebt und im hier und jetzt der Gemeinde auf das Reich Gottes verwiesen wird.

Die beschriebenen Leitlinien im Hinblick auf Mission sind als Versuch zu verstehen, der Mission Gottes am Beispiel Jesu im konkreten Kontext der

---

43 IP2 (04.06.2014).
44 Spencer: Christian Mission. 107.
45 Vgl. IP2 (04.06.2014).
46 Vgl. Kapitel 1.3.5.2.
47 Vgl. Kapitel 1.1.2
48 Spencer: Christian Mission. 182.
49 Vgl. Kapitel 2.4.

anglikanischen Gemeinde in Wien in der Gegenwart Ausdruck zu verleihen. Sie sind weder eine allgemeingültige Form von Mission, noch sind sie in der Gemeinde Christ Church für alle Zeit gültig. Die Art und Weise wie die Gemeinde an der Mission Gottes Anteil hat, gilt es immer wieder neu zu hinterfragen oder wie es der Report der Inter-Anglican Theological and Doctrinal Commission ausdrückt: „the mind of God has constantly to be discerned afresh, not only in every age, but in each and every context."[50]

3.2 Kommunikation

3.2.1 Kommunikation und Wahrnehmung von versöhnter Gemeinschaft

Die Erkenntnis, dass Mission zuerst einmal die Initiative Gottes ist und das Handeln Gottes bezeichnet, findet sich nicht nur in der Interviews[51], sondern wird auch, wie gezeigt worden ist, ökumenisch geteilt.[52] Kommunikation der Versöhnung bezeichnet dementsprechend zuerst einmal die Selbstmitteilung Gottes, welcher die ganze Welt in Christus mit sich versöhnt hat.[53] Der Angelpunkt, an dem ich im Hinblick auf Mission ansetze, ist also zuerst einmal die Frage nach dem Handeln Gottes und dessen Wahrnehmung angesichts des konkreten lokalen Kontextes: Wo geschieht bereits Versöhnung in dieser Welt? Eine missionarische Leitlinie für die anglikanische Gemeinde Christ Church könnte diesbezüglich folgendermaßen beschrieben werden: Mission bezeichnet zunächst einmal das Handeln Gottes, das es im Hier und Jetzt wahrzunehmen gilt. Die dynamische Beziehung zwischen Scripture, Tradition und Reason ist die typisch anglikanische Beschreibung der Methode der Wahrnehmung göttlicher Absicht angesichts der Nachfolge Christi in der jeweiligen Zeit. Die Heilige Schrift ist diesbezüglich die erste Quelle, durch die Gott zur Kirche spricht. Diese ist allerdings im Lichte der lebendigen Tradition der Kirche und des Denkens des jeweiligen kulturellen Kontextes zu interpretieren. Die Wahrnehmung der Botschaft von der Versöhnung (als ein zentraler Aspekt der Mission Gottes[54]) ist der erste Schritt einer Teilhabe an der Kommunikation der Versöhnung im lokalen Kontext, die ihren Ursprung in Gott hat. Angesichts einer

---

50 The Secretary General of the Anglican Consultative Council (Hg.): The Virginia Report. 16.
51 Vgl. Kapitel 1.3.7.2.
52 Vgl. Kapitel 2.5.2
53 Vgl. Kapitel 2.1.3
54 Im Kontext der Konflikte innerhalb der anglikanischen Kirchengemeinschaft während der letzten Jahrzehnte betonen auch die anglikanischen Theologen Groves und Jones die zentrale Bedeutung von Versöhnung angesichts der christlichen Botschaft: „Reconciliation is not an aspect of Christian Living, for a few enthusiasts – it is the gospel." Groves: Living Reconciliation. 9. Und: „The story of the bible is the story of reconciliation." Ebd.

missionarischen Leitlinie für die anglikanische Gemeinde in Wien könnte dies bedeuten, vor allem sensibel zu sein für die Anzeichen versöhnter Gemeinschaft oder der Bedürftigkeit nach Versöhnung im konkreten multikulturellen und von Migration geprägten Kontext der Gemeinde. Der Missionswissenschaftler Titus Pressler beschreibt das Wesen von Versöhnung im Kontext der Mission Gottes als „a healing of relationship that builds community."[55] Wahrnehmung von versöhnendem Handeln Gottes könnte folglich bedeuten, aufmerksam zu sein für Prozesse wo Gemeinschaft entsteht und verwundete Beziehungen zu heilen beginnen oder der Heilung bedürfen. Das könnte beispielsweise auch ein erster Schritt sein, die einseitige Verengung des gesellschaftlichen Diskurses auf problematische Formen von Migration aufzubrechen, der sich auch in der anglikanischen Gemeinde spiegelt. Vor allem auch das Wahrnehmen von zivilgesellschaftlichen Initiativen, die bereits ihren Beitrag zu einem gerechten Zusammenleben leisten, könnte dementsprechend geschärft werden. Die anglikanischen Theologen Groves und Jones benennen als Orientierungspunkte im Hinblick auf Versöhnung beispielsweise die Selbstverpflichtungen im Rahmen des Engagements um Versöhnung der Kathedrale von Coventry nach dem Zweiten Weltkrieg: „healing the wounds of history; learning to live with difference and celebrate diversity; building a culture of peace."[56] In den Interviews sind zahlreiche Aspekte des konkreten Kontextes der Gemeinde Christ Church angesprochen worden, die entsprechend angesichts der versöhnenden Mission Gottes innerhalb der Gemeinde reflektiert werden könnten:

- Heilung von Wunden angesichts kolonialer Bezugspunkte
- Bedeutung von Sprache und sprachlicher Vielfalt
- Zusammenleben innerhalb der multikulturellen Gemeinde
- Akkulturative Verortung im österreichischen Kontext
- Religionsfreiheit
- Rechtliche Anerkennung der anglikanischen Gemeinde in Wien
- Kontakte zu den lokalen Kirchen
- Gemeinschaftsbildende Initiativen außerhalb der anglikanischen Gemeinde
- Heilsgeschichtliche Bedeutung der konkreten Migrationserfahrungen
- Fremdheitserfahrungen vor allem im Hinblick auf die Beziehungen zwischen Juden und Christen
- Kirche als Gemeinschaft *mit* den Armen

---

55 Pressler: Going Global With God. 79.
56 Groves: Living Reconciliation. 9.

- Ökonomischer Status der anglikanischen Gemeinde in Wien
- Bedeutung der Liturgie in Christ Church

Die leitende Frage der Reflexionen könnte sein: Wo lässt sich in diesen konkreten Bezugspunkten versöhnendes Handeln Gottes und Versöhnungsbedürftigkeit innerhalb der Gemeinde und in der österreichischen Gesellschaft wahrnehmen und in welcher Weise ist die Gemeinde zur Teilhabe an der Mission Gottes aufgefordert?

3.2.2 Kommunikation als Teilhabe an der Selbstmitteilung Gottes

Kommunikation der Versöhnung beschreibt nicht nur das Handeln Gottes, sondern ist gleichzeitig auch Auftrag[57] angesichts der Nachfolge Jesu.[58] Der Theologe Reinhard Kähler fragt: „Was können wir dafür, dass Gottes gute Botschaft ankommt?"[59] In der Beantwortung dieser Frage macht er den Begriff der Kommunikation stark, der vor allem mit wechselseitiger Verständigung von Kommunikationspartner(inne)n zu tun hat. Die Bedingungen des Verstehens und der Kontext der Kommunikationspartner(innen) sind Teil des Kommunikationsprozesses. Kommunikation ist dementsprechend ein dialogischer Begriff, der voraussetzt, den Verstehenshorizont des anderen zu begreifen. Es geht also nicht nur um die einseitige Mitteilung eines Inhaltes, sondern auch um eine Verständigung hinsichtlich der Bedeutung des Inhaltes.[60] Kommunikation der Versöhnung beschreibt folglich nicht nur eine inhaltliche Botschaft über das versöhnende Handeln Gottes, sondern drückt gleichzeitig auch einen Prozess der Verständigung aus, die den Kontext der Kommunikationspartner(innen) miteinbezieht. Gerade im Kontext einer multikulturellen und anglofonen Gemeinschaft wie Christ Church gewinnt dies angesichts der Erzählungen über kulturelle Missverständnisse innerhalb und außerhalb der Gemeinde, das Aufeinandertreffen unterschiedlicher Gesellschaftsmodelle sowie postkoloniale Themen in den Interviews an Bedeutung. Das Bedürfnis nach mehr Aufmerksamkeit in der anglikanischen Gemeinde im Hinblick auf interkulturelle Kommunikation wurde von einer interviewten Person explizit geäußert.[61] Die im Bereich Kommunikation renommierten Psychologen Dagmar Kumbier und Friedemann Schulz von Thun machen darauf aufmerksam, dass zum Teil sehr unterschiedliche

---

57 Vgl. Kapitel 2.5.3.
58 Vgl. 2 Kor 5, 20.
59 Kähler, Reinhard: Was können wir dafür, dass Gottes gute Botschaft ankommt? In: Michael Böhme u. a. (Hgg.): Mission als Dialog. Zur Kommunikation des Evangeliums heute. Leipzig: Evangelische Verlagsanstalt 2003, 207–233. 207.
60 Vgl. ebd. 209 ff.
61 Vgl. IP8 (16.10.2014).

Kontexte aufeinandertreffen, wenn Menschen miteinander in Kontakt treten. Das ist bereits innerhalb desselben Kulturraumes der Fall, aber angesichts unterschiedlicher kultureller Kontexte um so mehr. Die Ursache dafür liege vor allem in unterschiedlichen Graden von Kommunalität, d. h. kultureller Gemeinsamkeit. Im Hinblick auf die Interviews lässt sich festhalten: Die Gesprächspartner(innen) berichteten von interkulturellen Erfahrungen und interkultureller Konfrontation, die sie im Kontext ihrer Migrationserfahrungen oder im Hinblick auf die anglikanische Gemeinde in Wien gemacht haben. Diese Erfahrungen haben interkulturelle Lernprozesse in Gang gesetzt. Ergebnisse dieser Lernprozesse waren Horizonterweiterungen und Änderungen des eigenen Selbstverständnisses. Sensibilität für unterschiedliche Formen von Religion, Sprachen und Ländern, die Vorstellung vom Dienst an den Menschen als Gottesdienst oder ganz allgemein der Rückbezug auf die Lehre Jesu sind unter anderem Ergebnisse solcher Lernprozesse, welche die Interviewten benannt haben.

Die praktischen Theolog(inn)en Regina Polak und Martin Jäggle schlagen im Hinblick auf ihre Forschungen zu Religion im Kontext von Migration vor, die Vision von Kirche als Lerngemeinschaft insbesondere angesichts eines Zusammenlebens in Vielfalt zu entwickeln: „Die Vision vom Reich Gottes möchten wir konkretisieren in der Vision von der Kirche als Lerngemeinschaft. Eine Synagoge wird von den Juden auch 'Schul' genannt, weil sie ein Ort des ständigen Lernens ist. Warum sagt man das eigentlich nicht von der Kirche?"[62] Dass Migration und die Migrant(inn)engemeinde Christ Church besondere Möglichkeiten für interkulturelles Lernen und das Erlernen christlicher Werte bieten, ist auch eine implizite These und Interpretation aus den Interviews.[63] Die erste Frage wäre dementsprechend, was für ein Raum oder Kontext angesichts der anglikanischen Gemeinde beschrieben werden kann, in welchem interkulturelles[64] Lernen stattfindet. Im Hinblick auf die anglikanischen Gemeinde in Wien gibt es mindestens zwei verschiedene Dimension: eine äußere und eine innere. Zunächst einmal wurden in den Interviews Differenzerfahrungen von Gemeindemitgliedern in Bezug zur österreichischen beziehungsweise wiener

---

62 Polak, Regina: Migration, Flucht und Religion. Praktisch-theologische Beiträge. Band 2. Durchführungen und Konsequenzen. Ostfildern: Matthias-Grünewald 2017. Auflage 1. 34.

63 Vgl. IP3 (25.06.2018); vgl. IP4 (16.07.2014); vgl. IP5 (05.08.2014); vgl. IP6 (14.08.2014); vgl. IP7 (27.08.2014); vgl. IP8 (16.10.2014).

64 In verschiedenen Ansätzen der interkulturellen Pädagogik wird Religion zum Teil als Teil von Kultur betrachtet und anderseits gibt es ebenso Ansätze die Kultur und Religion scharf trennen. Vgl. Schambeck, Mirjam: Interreligiöse Kompetenz. Basiswissen für Studium, Ausbildung und Beruf. Göttingen; Bristol: UTB GmbH 2013. Auflage 1. 30. In dieser Arbeit betrachte ich Religion eher als Teil der Kultur, wenn auch als einen besonderen Teil. Sowohl im Kontext der anglikanischen Gemeinde in als auch in im österreichischen Umfeld erscheinen Kultur und Religion bzw. Religionszugehörigkeit als eng miteinander verbunden.

Gesellschaft beschrieben. Es geht also um Kontakt von Menschen in der Gemeinde mit der Kultur des Gastlandes. Zweitens wurde in den Interviews von Missverständnissen zwischen Menschen unterschiedlicher kultureller Herkünfte innerhalb der Gemeinde berichtet. Die Gemeinde selbst ist, wie bereits beschrieben, multiethnisch und international mit einer deutlichen britischen Prägung. Christ Church ist also ein Ort wo unterschiedliche Kulturen zusammentreffen. Dies kann man allerdings nicht ausschließlich als einen intrakonfessionellen Dialog zwischen den verschiedenen anglikanischen Mitgliedkirchen beschreiben, da man entsprechend der Selbstbeschreibung der *Diocese in Europe* für alle anglofonen Christ(inn)en zuständig fühlt. Das können auch englischsprachige Österreicher(innen) sein. Für gut die Hälfte der Gemeinde ist, wie dargelegt wurde, Englisch nicht die Muttersprache. Die These von Christ Church als Raum interkulturellen Lernens und Lernraum für christliche Werte meint vermutlich erst einmal den inneren Bereich der Gemeinde, auch wenn man Innen und Außen nicht scharf voneinander abgrenzen kann, da ja auch innerhalb der Gemeinde eine Auseinandersetzung mit österreichischer Kultur stattfindet, beispielsweise durch österreichische Gemeindemitglieder oder Partner(innen). Eine konfessionelle Eigenart der anglikanischen Tradition ist darüber hinaus auch, dass sie in sich protestantische, katholische und aufklärerische Elemente vereint.[65] Dies hat dementsprechend auch Anklänge eines interkonfessionellen Dialogs verschiedener christlicher Traditionen. Es geht also um einen komplexen Lernraum, der insbesondere interkulturelle und interkonfessionelle Aspekte enthält. Zwar gibt es auch interreligiöse Aspekte, die insbesondere in einem Interviews anklingen,[66] welche meines Erachtens in der Gemeinde allerdings nicht zentral sind. Kulturelle und konfessionelle Differenz und die entsprechenden Spannungen hingegen sind wichtige Themen, die in den Interviews immer wieder thematisiert werden. Die Migrant(inn)engemeinde Christ Church als Lernraum ist folglich meines Erachtens vor allem als ein offener Ort zu verstehen, an welchem Menschen verschiedener kultureller und zum Teil konfessioneller Hintergründe aufeinander treffen, deren verbindende Elemente eine Vorliebe für die anglikanische Tradition und die Fähigkeit zur Kommunikation mithilfe der englischen Sprache sind. Das Zusammentreffen und die Erfahrung kultureller Unterschiede ist gemäß den im interkulturellen Bereich arbeitenden und forschenden Autoren Alexander Thomas, Stefan Kammhuber und Stefan Schmid im Kontext ihres Rahmenkonzeptes interkultureller Kompetenz der Ausgangspunkt eines Lernprozesses, dessen

---

65 Vgl. Kapitel 1.1.3.
66 Vgl. IP4 (16.07.2014).

Ergebnis Interkulturelle Kompetenz sein kann. Horizonterweiterung und die Veränderung bzw. Erweiterung des eigenen Selbstkonzeptes kann ein Ertrag dieses interkulturellen Lernprozesses sein.[67] Ganz ähnlich beschreiben dies auch Polak und Jäggle im Hinblick auf das was in Kirche als katholischer d. h. als universaler Gemeinschaft, die sich als Lernraum auch im Kontext von Migration versteht, gelernt werden könnte:

„Und *was* könnte gelernt werden? Lähmend wirkt die Enge der Verhältnisse, die Enge des Lebenshorizonts, die Enge der Weltsicht und der Weltanschauung, die Enge der Normalität. Aus Enge wird Angst, nicht nur etymologisch. In einer Kirche, soweit sie katholisch ist, kann der Ausbruch aus der Enge und Angst in die weite Welt der Kinder Gottes gelernt werden, in die Weite des Reiches Gottes, das allen Menschen zugesagt ist. Kirche ist jener Ort, an dem Menschen mit allen damit verbundenen Schwierigkeiten lernen, Einheit in Vielfalt zu leben."[68]

Der Politikwissenschaftler Wolf Rainer Leenen bietet eine über Thomas, Kammhuber und Schmidt hinausgehende ausführliche Liste von interkulturellen Kompetenzen, welche er in personale, soziale, allgemein-kulturelle und spezifisch-kulturelle Kompetenzen unterteilt. Dort finden sich auch Kompetenzen, von denen in den Interviews berichtet wird: Sprachkompetenz, interkulturelle Vorerfahrungen, Diskriminierungswissen, Vertrautheit mit Mechanismen der interkulturellen Kommunikation, Differenzierte Selbstwahrnehmung und andere.[69]

Interkulturelle Prozesse haben auch Auswirkungen auf die Identität der beteiligten Personen. Sie können zu hybriden Identitäten führen. Deshalb umschreibt die Religionspädagogin Miriam Schambeck den Kern gegenwärtiger interkultureller Lernkonzepte vor allem mit der Frage „wie man mit der Spannung von eigenem und Fremden umgeht angesichts einer Welt, in der sich Eigenes und Fremdes immer mehr vermischen, in der ursprünglich Fremdes und Fernes aufgrund von Migrationsbewegungen zur Nachbarschaftskultur wird."[70] Differenz und Identität sind dementsprechend essenzielle Themen interkulturellen Lernens der durch

---

67 Vgl. Thomas, Alexander/Kammhuber, Stefan/Schmid, Stefan: Interkulturelle Kompetenz und Akkulturation. In: U. Fuhrer/H.-H. Uslucan (Hgg.): Familie, Akkulturation und Erziehung. Migration zwischen Eigen- und Fremdkultur. Stuttgart: Kohlhammer 2005. 187–205. 189 f.
68 Polak: Migration, Flucht und Religion. Band 2. 35 f.
69 Vgl. Leenen, Wolf Rainer: Interkulturelle Kompetenzen. Theoretische Grundlagen. In: Wolf Rainer Leenen/Harald Grosch/Andreas Groß (Hgg.): Bausteine zur interkulturellen Qualifizierung der Polizei. Münster: Waxmann 2005. 63–100.
70 Vgl. Schambeck: Interreligiöse Kompetenz. 29 f.

Migration geprägten postmodernen Gegenwart, die entsprechend auch in den Interviews wahrnehmbar sind.[71] Die Analyse von interkultureller Kommunikation auf implizite Botschaften oder auch auf unterschiedliche Werthaltungen der Kommunikationsteilnehmer kann Missverständnisse aufdecken helfen und Verständigung ermöglichen.[72] Als wichtiges Ziel ihrer Arbeit beschreiben Kumbier und Schulz von Thun diesbezüglich, „für diesen Prozess der Begegnung von 'Welten' ein Bewusstsein zu schaffen und auf dieser Grundlage kompetente Umgangsformen zu schaffen."[73]

Ganz ähnlich beschreibt auch der Theologe Reimer eine wichtige Aufgabe im Hinblick auf christliche Gemeinden in einem multikulturellen Kontext: „Menschen verschiedener Kulturen und Religionen, die sich auf engem Lebensraum wiederfinden, müssen lernen, miteinander auszukommen."[74] Kulturelle Vielfältigkeit ist nach Reimer, sowohl ein konfliktträchtiger Bereich als auch genau aus diesem Grund ein Raum, der zur Versöhnung aufruft und die Chance zur Bildung einer neuen gemeinsamen Identität für Gemeinschaften in einem solchen Kontext bietet.[75] Genau aus diesem Grund hält er gerade die Botschaft von der Versöhnung für einen zentralen Ansatzpunkt christlicher Gemeinschaft in einem multikulturellen Kontext.[76] Interkulturelle Kommunikation kann dementsprechend zu einem Werkzeug der Versöhnung werden, insofern sie auf die Bildung von versöhnter Gemeinschaft zielt. Teilhabe an der versöhnenden Mission Gottes im internationalen, multiethnischen und migrantischen Kontext der anglikanischen Gemeinde in Wien könnte also bedeuten, interkulturelle Kommunikation im Hinblick auf gegenseitige Verständigung nutzbar zu machen. Das bedeutet insbesondere auch, ein Bewusstsein für unterschiedliche kulturelle Kontexte herzustellen, sei es innerhalb der Gemeinde als auch im Kontakt mit österreichischer Gesellschaft.

Kommunikation der Versöhnung als Teilhabe an der Selbstmitteilung Gottes könnte für die Gemeinde Christ Church bedeuten, versöhnte Gemeinschaft im multikulturellen Kontext in Österreich in Wort und Tat durchscheinen zu. Deutlich wird, dass Kommunikation der Versöhnung im Kontext der anglikanischen

---

71 Vgl. Kapitel 1.3.4.3; vgl. Kapitel 1.3.3.3.
72 Vgl. Kumbier, Dagmar/Schulz von Thun: Interkulturelle Kommunikation aus kommunikationspsychologischer Perspektive. In: Kumbier, Dagmar/Schulz von Thun (Hgg.): Interkulturelle Kommunikation: Methoden, Modelle, Beispiele. Reinbeck bei Hamburg: Rowohlt Verlag GmbH 2009. 9–27. Auflage 3. 9 ff.
73 Ebd.
74 Reimer: Multikultureller Gemeindebau. 157.
75 Vgl. ebd. 161 f.
76 Vgl. ebd. 166.

Gemeinde in Wien nicht nur einfach bedeutet, mit Worten von dem zu erzählen, was Gott in Christus getan hat. Kommunikation der Versöhnung verdeutlicht sich auch in der Lebensweise von Gemeindemitgliedern beziehungsweise im Leben der Gemeinde. Dazu gehört folgerichtig auch eine kritische Reflexion der eigenen Lebensweise und die Frage, ob diese der Kernbotschaft des Evangeliums entspricht und wo um der Gerechtigkeit und der Versöhnung willen Umkehr erforderlich ist. Wichtige Kernpunkte für ein Nachdenken über Gerechtigkeit und Versöhnung sind für die Gemeinde hier, als Ergebnis der Interviews, insbesondere Aspekte der kolonialen Vergangenheit und des Evangeliums für die Armen und Ausgegrenzten.

3.3 Zusammengefasste Leitlinien einer möglichen Praxis

Kommunikation der Versöhnung als möglicher missionarischer Leitbegriff für die anglikanische Gemeinde in Wien beschreibt zunächst einmal das Handeln Gottes, dass es im Hier und jetzt der Gegenwart wahrzunehmen gilt. Mission bezeichnet dementsprechend zuallererst das Handeln Gottes. In einem zweiten Schritt beschreibt es den Auftrag zur Teilhabe an der versöhnenden Mission Gottes als Nachfolge Jesu im konkreten lokalen Kontext. Versöhnung meint diesbezüglich die vollkommene Heilung und Herstellung von Gemeinschaft zwischen Gott und seiner Schöpfung, welche aus der Perspektive einer ganzheitlichen Mission in von Gerechtigkeit geprägten zwischenmenschlichen Beziehungen und im respektvollen Verhältnis der Menschen zur Schöpfung durchscheint. Im konkreten lokalen Kontext der multikulturellen, anglofonen und anglikanischen Migrant(inn)gemeinde Christ Church, könnte Kommunikation der Versöhnung im Hinblick auf missionarische Leitlinien und Optionen entsprechend folgendes bedeuten:

Im Kontext anglofoner Kultur

- sensibel sein für Zeichen versöhnter Gemeinschaft im konkreten lokalen Kontext in und außerhalb der Gemeinde Christ Church, die von Migration und postkolonialen Themen geprägt ist,

- Bewusstsein schaffen und sich für die Beseitigung von kolonial bedingten Macht erhaltenden Mechanismen der Ausgrenzung und Nichtbeachtung engagieren,

- und sich als Gemeinde mit ökonomisch gut gestellten Mitglieder der Herausforderung stellen, gemeinsam *mit* den Armen und Ausgegrenzten Kirche zu sein.

Im österreichischen Kontext

- als Gemeinde modellhaft um ein freundliches zwischenmenschliches Zusammenleben bemüht sein, welches Unterschiedlichkeit wertschätzt, vor allem aus der Erfahrung einer von Diversität geprägten anglikanischen Gemeinde in Wien heraus (Versöhnung bedeutet dementsprechend Gemeinschaft in Gerechtigkeit und Verschiedenheit),

- Kontaktaufnahmen fördern zu Menschen unterschiedlicher kultureller Hintergründe in und außerhalb von Christ Church, ohne die Leugnung von Differenz und Identität,

- Bewusstsein für die Unterschiedlichkeit kultureller Kontexte, sowohl innerhalb als auch außerhalb der anglikanischen Gemeinde ermöglichen,

- um Förderung einer auf Verständigung zielenden interkulturellen Kommunikation bemühen, sowohl zwischen den Mitgliedern der Gemeinde Christ Church als auch im Kontakt mit der österreichischen Gesellschaft,

- und Christ Church als Lernraum interkultureller Kompetenzen fördern.

Im Kontext globaler Migration

- aus den eigenen Migrations- und Fremdheitserfahrungen heraus sensibel sein für die Heilsgeschichte Gottes mit seinem Volk Israel zum Heil der ganzen Welt, welche Gott an der Seite der Migrant(inn)en und Fremden stehend sieht,

- und aus den biblischen Migrationserzählungen heraus und vor dem Hintergrund der eigenen Migrationserfahrungen Anlaufstelle für Migrant(inn)en sein und respektvollen Umgang mit Migrant(inn)en pflegen, der auch Grenzen aufzeigen darf.

Im Kontext eines hellenistisch-orthodoxen, mittelalterlich-katholischen und postmodernen Missionsparadigmas

- um Sorgfalt im Hinblick auf die spezifische gottesdienstliche Tradition in Christ Church bemühen, weil in Ihr versöhnte Gemeinschaft in Christus gegenwärtig wird,

- als Teil der englischen Staatskirche loyal sein gegenüber den Ordnungen der Kirche und des Staates und sich insbesondere um alle Anglikaner(innen) und Anglofone in Österreich beziehungsweise in Wien zu bemühen und sie zur Teilnahme am Leben der Kirche beziehungsweise der Gemeinde einzuladen,

- und Christ Church als offenen und einladenden Raum gestalten, in welchem Gerechtigkeit und versöhnte Gemeinschaft beispielhaft gelebt wird.

4   Konklusion und Ausblick

Am Ende dieser Arbeit werde ich Argumentationsstruktur dieser Studie resümierend grob nachzeichnen. Es werden die wesentlichen Ergebnisse festgehalten und der Versuch einer Antwort auf die eingangs gestellte Forschungsfrage gewagt. Dabei steht ein mögliches Verständnis und eine mögliche Praxis von Mission aus der Perspektive der anglikanischen Gemeinde Christ Church in Wien im Kontext einer globalisierten Migrationsgesellschaft im Zentrum. Darüber hinaus wird am Schluss auch die Frage nach der weiteren Verwendung der Ergebnisse thematisiert und ein Vorschlag für die Entwicklung einer konkreten missionarischen Gemeindestrategie gemacht.

4.1   Resümee und Rückblick auf die Forschungsfrage

In einem ersten Schritt habe ich im **Kapitel 1** zur Beantwortung der Forschungsfrage im Sinne der praktisch-theologischen Interpretation von Richard R. Osmer an den konkreten Erlebnissen, Ereignissen und Geschichten angesetzt, von denen Mitglieder der anglikanischen Gemeinde in Wien im Hinblick auf Migration und Mission erzählen konnten. Ziel war vor allem eine Beschreibung der gegenwärtigen Situation der Migrant(inn)engemeinde Christ Church im Hinblick auf Migrationserfahrungen und Einstellungen zu Mission aus der Perspektive der interviewten Personen.

Aus dieser Perspektive erscheint die anglikanische Gemeinde derzeit vor allem als eine multiethnische, internationale und anglofone Gemeinschaft von Migrant(innen) mit einer wahrnehmbaren britischen Prägung, die sich aus mehrheitlich sozial und ökonomisch bessergestellten Personen zusammensetzt. Jene Prägung beziehungsweise die anglofone Kultur wird als wichtiger Teil der Identität beschrieben.

Vor allem freiwillige Formen von Migration, die verstanden werden als das Wahrnehmen von Chancen, tauchen angesichts der anglikanischen Gemeinde im Blickfeld der Interviews auf. Die Interviewpartner(innen) verstehen Migration als einen Bereich, wo interkulturelles Lernen stattfindet, christliche Haltungen erlernt werden können und Identität geformt wird. Für viele Gemeindemitglieder ist Christ Church aus der Perspektive der Interviews eine spirituelle und ganz konkret verstandene Heimat in der Fremde und eine Anlaufstelle für Migrant(inn)en, in welcher die Pflege des religiösen und sozialen Lebens eine wichtige Rolle spielt.

Migration wird in den Interviews aber auch als Symbol für das Leben selbst, nämlich als Wanderschaft gedeutet. Im Hinblick auf Christ Church als christliche Migrant(inn)engemeinde bemerkten einige Interviewpartner(innen) die Spannung, einerseits als christliche Gemeinde zur Hilfe für Bedürftige aufgerufen zu sein und andererseits als Gemeinschaft von Migrant(inn)en Respekt gegenüber der Gesetzgebung des Gastlandes zu zeigen. Insbesondere durch Interviewpartner(innen), die schon lange Zeit in Österreich leben, wird deutlich, dass Veränderungen im Gastland, gerade im Hinblick auf Migration, in Christ Church wahrgenommen wurden. Der Umgang von Einheimischen und Migrant(inn)en mit Migrant(inn)en in Österreich wurde reflektiert und Irritationen benannt. Interviewte Personen erzählten zum Teil von Erfahrungen positiv oder negativ erlebter unterschiedlicher Behandlung, sei es als Beamte mit Diplomatenstatus oder angesichts von Sprache oder ethnischer Zugehörigkeit. Migration wird in den Interviews verbunden mit Erfahrungen von religiöser, kultureller und sprachlicher Differenz, sowohl innerhalb der multiethnischen Gemeinde Christ Church als auch angesichts der österreichischen Gesellschaft. Als wichtiger Teil der religiösen anglikanischen Tradition der Gemeinde wird diesbezüglich insbesondere die Offenheit gegenüber Christ(inn)en anderer Traditionen sowie die spezifisch liturgische und musikalische Prägung begriffen.

Die Verständnisse von Mission, welche in den Interviews genannt werden sind sehr unterschiedlich. Einig ist man sich vor allem darin, dass jede Form eines aggressiven Anwerbens von Menschen im Zusammenhang von Mission abzulehnen ist. Allerdings stechen insbesondere zwei implizite Definitionen von Mission heraus, die alles was in der Gemeinde passiert angesichts einer Kommunikation des Evangeliums im Kontext englischer Sprache und Kultur sowie im Hinblick auf die versöhnende Mission Gottes (*Missio Dei*) interpretieren.

Kapitel 2 beinhaltet den zweiten Schritt einer multiperspektivischen Interpretation der Interviewergebnisse. Ausgangspunkt dieser Interpretation war vor allem die Selbstdeutung der Praxis der Gemeinde durch einige Interviewpartner(innen) im Kontext einer Kommunikation des Evangeliums und der versöhnenden Mission Gottes. Ausgehend von diesen Deutungen wurde Versöhnung vor allem als Wiederherstellung der Gemeinschaft mit Gott beschrieben. Erkennungszeichen dieser Versöhnung ist insbesondere auch Gerechtigkeit im Hinblick auf zwischenmenschliche Beziehungen und den Umgang mit der Schöpfung. Vor diesem Hintergrund wurden Aspekte der Gerechtigkeit/Ungerechtigkeit und Versöhnung/Unversöhntheit im konkreten Kontext der anglikanischen Migrant(inn)engemeinde Christ Church identifiziert.

Insbesondere Gerechtigkeit und Ungerechtigkeit in Bezug auf das Erbe des britischen *Empire* wurden als wichtige Aspekte und Anfrage im Hinblick auf Versöhnung aufgespürt. Als internationale und multiethnische Gemeinschaft von Migrant(inn)en bildet die Gemeinde einen Ausschnitt globaler Migrationsbewegungen ab, der hauptsächlich freiwillige Formen von Migration beinhaltet. Globale Migration bedeutet im Hinblick auf die Gemeinde Christ Church auch das Aufeinandertreffen moderner und traditioneller Gesellschaftsmodelle, welches insbesondere mit den gegenwärtigen postkolonialen Konfliktlinien korreliert. Im Hinblick auf Migration kann die Gemeinde als Seismograf des gesellschaftlichen Klimas begriffen werden. Vor allem die Erzählungen von den Veränderungen in Österreich deuten darauf hin, dass sich insbesondere die österreichische migrationspolitische Situation und eine Verengung des gesellschaftlichen Diskurses auf problematische Formen von Migration in der Gemeinde spiegeln. Die kirchliche Tradition eines Evangeliums, deren Hauptadressaten die Armen und Ausgestoßenen sind, wird in den Interviews z. B. im Konflikt zwischen dem Anspruch, bedürftigen Menschen auf der Flucht zu helfen und dem Respekt vor stattlichen Gesetzen des Gastlandes deutlich. Auch nicht reflektierte koloniale Bezüge europäischer und britischer Geschichte der anglikanischen Gemeinde führen zu blinden Flecken angesichts der Armen als erste Adressaten des Evangeliums. Die Peregrinatio als Kritik an kulturellen Ausformungen des Christentums klingt in den Interviews an und kann auch als eine durch Migrationserfahrungen aufgeworfene Anfrage verstanden werden, welche die kulturelle Prägung der Gemeinde hinterfragt. Insbesondere die Betonung der Liturgie, der britischen Prägung sowie der sozialen Bedeutung der Gemeinde vor Ort wurde diesbezüglich als Hinweis verstanden, der eine missionstypologische Einordnung der Gemeinde im Hinblick auf einen hellenistisch-orthodoxen, einen mittelalterlich-katholischen und einen postmodernen Missionstypus ermöglichte. Gezeigt wurde, dass die Versöhnung Gottes mit der Welt in Christus als ein Ausdruck der Treue Gottes zu seinem Volk Israel zur Erlösung der ganzen Welt verstanden werden kann. Als christliche und migrantische Gemeinde kann sich die anglikanische Migrant(inn)engemeinde diesbezüglich als Teil der versöhnenden Heilsgeschichte Gottes begreifen, insbesondere auch im Hinblick auf die Vision der Völkerwallfahrt.[1] Aus in den Interviews enthaltenen impliziten Interpretationen heraus wurde der Begriff einer Kommunikation der Versöhnung konstruiert, welcher sich wesentlich auf die Versöhnung Gottes mit der Welt in Christus bezieht[2], nämlich

---

1   Vgl. Jes 2.
2   Vgl. 2 Kor 5, 17–21.

sowohl als Geschenk als auch als Auftrag zur Versöhnung, sowohl nach innen als auch nach außen. Die anglikanische Gemeinde in Wien kann folglich im Hinblick auf Migration gedeutet werden als ein Ort, an dem Gottes versöhnendes Handeln wahrnehmbar ist und gleichzeitig auch als Gemeinde, die durch den Auftrag zur Gerechtigkeit und Versöhnung immer wieder herausgefordert wird und zur Umkehr gerufen ist.

In **Kapitel 3** wurde versucht, angesichts der Interpretation der Interviewergebnisse mögliche normative Leitlinien eines Verständnisses und einer Praxis von Mission für die anglikanische Gemeinde in Wien zu bestimmen. Ziel war entsprechend eine an den lokalen Kontext der Gemeinde angepasste missionarische Perspektive, welche gleichzeitig globale Aspekte im Hinblick auf Mission und Migration, auch im ökumenischen Dialog, mitbedenkt. Die Kommunikation der Versöhnung ist diesbezüglich der zentrale missionarische Leitbegriff, welchen ich für die konkrete lokale Situation der Gemeinde Christ Church in Wien vorschlage. Mission bezeichnet entsprechend zuerst das Handeln Gottes, welches auf die vollkommene Heilung der Beziehung zu Gott und auf versöhnte Gemeinschaft zwischen Gott und seiner Schöpfung zielt sowie auch die Versöhnung im Hinblick auf die zwischenmenschliche Ebene einbezieht. Das missionarische Handeln der Menschen, vor allem auch der Kirche, beginnt aus dieser Perspektive zuerst mit der Aufmerksamkeit für das Beziehung heilende Handeln Gottes in der Welt und bezeichnet danach auch das Engagement der Menschen für Gerechtigkeit und Versöhnung. Der konkrete Kontext jener Aufmerksamkeit für das versöhnende Handeln Gottes ist im Hinblick auf Christ Church vor allem die von postkolonialen Themen geprägte Gemeinde selbst sowie der österreichische Bezugsrahmen. Versöhnte Gemeinschaft als missionarischer Leitbegriff im Kontext anglofoner Kultur könnte für die anglikanische Gemeinde in Wien vor allem bedeuten, sensibel zu sein für die eigene koloniale Vergangenheit. Diese Vergangenheit zeigt sich in ihren Auswirkungen z. B. in Mechanismen machterhaltender Ausgrenzung und Nichtbeachtung, welche beispielsweise angesichts der Hervorhebung britischer Kultur und angesichts separierter Gruppen in der Gemeinde, sowie in ökonomischer Macht zum Teil noch präsent sind. Ein Bewusstsein für jene Mechanismen zu wecken und eine Kirche aller, der Armen und der Reichen, zu sein, könnte diesbezüglich eine normative Herausforderung für Christ Church sein. Versöhnte Gemeinschaft im Hinblick auf den österreichischen Kontext als missionarische Leitlinie schließt sich an das vorausgehend Gesagte an und könnte bedeuten, kulturelle Unterschiedlichkeit wahrzunehmen, interkulturelle Kontakte zu ermöglichen und interkulturelle Kommunikation innerhalb und außerhalb der

Gemeinde zu fördern, welche auf Verständigung zielt, ohne die eigene Identität zu leugnen. Insbesondere aus den eigenen Migrationserfahrungen der Mitglieder der Migrant(inn)engemeinde Christ Church heraus wurde eine missionarische Richtschnur formuliert. Respektvoller Umgang mit Migrant(inn)en bei gleichzeitiger Achtung der Migrationsgesetzgebung des Gastlandes, Wahrnehmung von Diversität, Förderung von Einheit in Vielfalt und Entwicklung der Gemeinde als Lernraum für interkulturelle Kompetenzen sowie Sensibilität für die zentrale heilsgeschichtliche Bedeutung der Geschichte Gottes mit Israel wurden als mögliche Eckpunkte versöhnter Gemeinschaft im Hinblick auf globale Migration für die anglikanische Gemeinde in Wien beschrieben. Die in Christ Church anhand des Modells von Spencer identifizierten Missionstypen legten zusätzlich Orientierungspunkte missionarischer Optionen nahe. Die Liturgie als Vergegenwärtigung versöhnter Gemeinschaft, die Loyalität gegenüber den Ordnungen der Kirche von England und des Staates, das Bemühen um das Erreichen von Anglikaner(innen) und Anglofonen in Österreich, die Gemeinde als offener und einladender Raum sowie als Ort beispielhaft gelebter Gerechtigkeit, versöhnter Gemeinschaft und Hinweis auf das Gottesreich sind entsprechende Grundsätze, welche sich aus den in der Gemeinde festgestellten Missionsparadigmen ableiten ließen.

Eine mögliche missionarische Praxis, die sich insbesondere an der versöhnenden Mission Gottes orientiert, knüpft vor allem an den konkreten Kontext der Gemeinde an, welcher durch anglofone Kultur und Migration geprägt ist. Der anglikanische Bischof Desmond Tutu benennt aus seiner bereits beschriebenen südafrikanischen Versöhnungserfahrung nach dem Ende der Apartheid einen vierfachen Pfad der Vergebung. Dieser könnte ein Beispiel für eine grobe Orientierung einer versöhnenden und heilenden Praxis der anglikanischen Migrant(inn)engemeinde Christ Church sein:

(1) Die Geschichte erzählen

(2) Die Verletzung beim Namen nennen

(3) Vergeben (Menschlichkeit des anderen anerkennen)

(4) Die Beziehung erneuern oder beenden[3]

Konkret könnte dies zunächst heißen, dass die Gemeinde Christ Church den Geschichten im Kontext von Migration oder der kolonialen Vergangenheit Raum gibt. In diesem Raum könnten dann auch Verletzungen angesprochen werden, z. B.

---

3   Vgl. Tutu/Tutu: Das Buch des Vergebens. 49 ff.

im Kontext anglofoner Kultur oder angesichts der fehlenden Religionsfreiheit. Es ginge also zuerst (angesichts einer versöhnenden Gemeindepraxis) um die Wahrnehmung von Versöhnungsbedürftigkeit und Verletzungen innerhalb und außerhalb der Gemeinde und dann um die Frage nach Vergebung und eventueller Wiederherstellung von Beziehung. Dementsprechend könnte auch der beschriebene Vorschlag des Theologen Reimer in Kapitel 3.1.4 verstanden werden, der ein gesellschaftliches Engagement im weiteren Umfeld der Gemeinde als Institut der Versöhnung vorschlägt, welches das Gemeinwohl aller im Blick hat.

4.2 Entwicklung einer Praxisstrategie versöhnender Mission

Die Entwicklung von konkreten Handlungsstrategien im von mir genutzten Model der praktisch-theologischen Interpretation von Osmer wäre der nächste wichtige Schritt in die Praxis, der aber aus Gründen des Umfangs nicht mehr Teil dieser Arbeit sein kann, sondern mögliche Aufgabe der anglikanischen Gemeinde in Wien bleibt. Diesbezüglich wäre eine mögliche Leitfrage: Wie könnte eine konkrete missionarische Praxis im Hinblick auf die Interpretation der Interviewergebnisse und die erarbeiteten Leitlinien aussehen?

Quasi als Ausblick auf die eventuelle Bearbeitung einer zukünftigen konkreten missionarischen Praxis der Gemeinde möchte ich auf den *Zyklus gesellschaftsrelevanter Gemeindearbeit*[4] hinweisen, den der Missionswissenschaftler Johannes Reimer beschreibt und der sich am Gedanken der Gemeinwesenarbeit orientiert sowie eine Form von Gesellschaftsgestaltung ist. Gemeinwesenarbeit hat eine vermittelnde Funktion, indem sie Menschen vernetzt und aktiviert, gemeinsamen den jeweiligen Sozialraum positiv zu verändern, Lebenssituationen von Menschen zu verbessern und Konflikte zu beheben. Auch in Sozialräumen, die stark von Migration geprägt sind, wird eine solch vermittelnde Gemeinwesenarbeit eingesetzt. Aus diesem Grund sei sie sehr gut geeignet als Modell einer multikulturellen Gemeindearbeit.[5] Gemeinwesenarbeit vermittelt im übrigen gerade auf der Meso- und Makroebene zwischen den Bewohnern von Lebensräumen und den politischen sowie gesellschaftlichen Institutionen. Zwei Ebenen, auf denen aus der Perspektive der anglikanischen Gemeinde besonderer Handlungsbedarf besteht.[6] Reimers theologischer Ansatzpunkt für eine missionarische Praxis von Gemeinde ist die Botschaft von der Versöhnung[7], welche er als Kernkompetenz christlicher

---

4   Vgl. Reimer: Multikultureller Gemeindebau. 185.
5   Vgl. ebd. 172 ff.
6   Vgl. Kapitel 2.3.1.1.
7   Vgl. 2 Kor 5, 18–21.

Gemeinde bezeichnet.[8] Ich habe versucht, jenen von Reimer beschriebenen Zyklus gesellschaftsrelevanter Arbeit (als Vorschlag für Weiterentwicklung einer konkreten Gemeindepraxis) in der folgenden Abbildung (Abb. 21) auf den Kontext der anglikanische Gemeinde in Wien hin anzupassen.

Abb. 21: Zyklus gesellschaftsrelevanter Gemeindearbeit und Christ Church
Adaptiertes Schema nach Johannes Reimer[9]

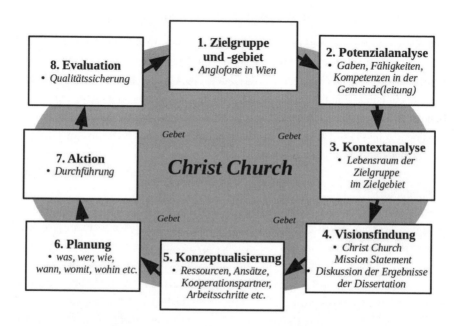

Der erste Schritt einer gesellschaftsrelevanten Arbeit wäre dementsprechend die Frage nach dem Ort. Die anglikanische Gemeinde ist weniger eine territoriale Gemeinde, sondern vielmehr im Selbstverständnis der *Diocese in Europe* ein Angebot für Anglikaner(innen) und Anglofonen.[10] Das bedeutet, dass die Praxis der Gemeinde vermutlich wohl vor allem eine kategoriale Gemeindearbeit[11] beinhalten müsste. In einem zweiten Schritt ginge es darum, Kompetenzen und Fähigkeiten

---

8   Vgl. Reimer: Multikultureller Gemeindebau. 166.
9   Vgl. ebd. 185.
10   Vgl. Kapitel 1.1.2.
11   Vgl. Reimer: Multikultureller Gemeindebau. 183 f.

innerhalb der Gemeinde zu evaluieren. Im Rahmen der letzten *Stewardship Campaign 2017*, einer Aktion zur Finanzierung und Aktivierung der Gemeinde, gab es hier bereits Ansätze, Gemeindemitglieder auch mit ihren Talenten in die Gemeinde einzubinden.[12] Der nächste Schritt würde bedeuten, den Kontext der Zielgruppe, in diesem Fall anglofoner Menschen in Wien, zu analysieren. Eine Umfrage des Kirchenvorstandes hatte bereits 2013 die Situation der Gemeindemitglieder evaluiert.[13] Wichtig wäre aber darüber hinaus für die Zukunft, eine Vorstellung von der Situation anglofoner Menschen in Wien zu bekommen, die noch keinen Kontakt mit Christ Church hatten. Wenn sich Christ Church als Angebot für Anglikaner(innen) und englischsprachige Menschen versteht, ist das grundlegend. Erster Anknüpfungspunkt könnte hier der Adventsbazar der Gemeinde sein, der gemäß einiger Interviewpartner auch Menschen erreicht, welche sonst keinen Bezug zu Christ Church haben.[14] Kontextanalyse könnte auch bedeuten, sowohl aufmerksam zu sein für die Bedürfnisse und Konflikte im Lebensraum der Zielgruppe als auch für Menschen die sich bereits für die Verbesserung von Lebensbedingungen engagieren. In einem vierten Schritt ginge es um eine Formulierung einer Vision für die anglikanische Gemeinde in Wien. Auch hierfür gibt es bereits Vorarbeiten in der Gemeinde, zum Beispiel in der Form eines Mission Statements:

„Christ Church, the Anglican/Episcopal Church in Vienna, seeks to be a welcoming and caring church, providing a spiritual home for all generations that respects diversity and invites people from every walk of life to worship God, to grow as Christians in faith and understanding as well as to participate in God's mission to the world.

Led by God's grace, we aim to:

- Inspire our community to live and work to God's praise and glory;
- Provide for the worship needs of our community through a range of services and ministries;
- Reach out to younger generations in ways that affirm the relevance of the Christian faith for today;

---

12 Vgl. Stanners, Elizabeth/Sauer, Frank: Stewardship Campaign 2017. In: CROSSWAYS News Views Christ Church Vienna Anglican/Episcopal Church Austria 94. 2017. 7. Online unter: http://ccv-web.org/media/crossways-2017-02.pdf (Abruf: 12.12.2017).
13 Vgl. Stanners: Who are we. 13.
14 Vgl. IP1 (05.02.2014).

- Engage with one another through the shared experience of worship, education and social events;
- Share and meet with those in need, donating ten per cent of our income to charity;
- Serve God through service to others."[15]

Ergänzt werden müsste hier sicher noch die Frage der Selbstreflexion der Gemeinde im Hinblick auf Gerechtigkeit und Versöhnung innerhalb der eigenen Gemeinschaft. Eine solche Perspektive fehlt meines Erachtens im *Mission Statement*. Darüber hinaus sind auch die Ergebnisse der vorliegenden Arbeit ein Angebot, sich mit einer missionarischen Vision von Christ Church auseinanderzusetzen bzw. diese Weiterzuentwickeln. Die Konzeptualisierung wäre der fünfte Schritt, der die vorausgegangenen Schritte in einem Gesamtkonzept zusammenfasst. Wichtig wäre auch, Partner in der gemeinsamen versöhnenden Mission im österreichischen Kontext zu identifizieren und einzubeziehen.[16] In den Interviews werden diesbezüglich auch Beispiele für Anknüpfungsmöglichkeiten genannt, wie beispielsweise Kontakte zu anderen Migrant(inn)engemeinden und den lokalen Kirchen.[17] Die nächsten beiden Schritte würden die konkrete Planung der Aktivitäten und die Durchführung beinhalten. Den Abschluss würde eine Evaluation bilden, welche der Qualitätssicherung dient und neuen Aktionen im Sinne eines erneut beginnenden Zyklus vorausgeht. Der beschriebene Zyklus systematisiert quasi viele Aspekte, die in der Gemeinde bereits vorhanden sind und könnte dementsprechend als Vorlage für die Entwicklung einer Handlungsstrategie dienen. Angesichts der Planung muss allerdings aus der Perspektive einer Kommunikation der Versöhnung betont werden, dass die Konzeptualisierung einer gesellschaftsrelevanten Gemeindearbeit der Versuch ist, die Teilhabe an der Mission konkret werden zu lassen, unter der Bedingung, dass Gott der Eigentümer seiner Mission ist. Aus diesem Grund ist meines Erachtens eine Rückbindung im Gebet, wie sie sich beispielsweise auch in den liturgischen Texten der Church of England ausdrückt[18], unerlässlich.

Schließlich ist diese Arbeit aber nicht nur eine Arbeit über die Migrant(inn)engemeinde Christ Church, sondern weist gerade auch angesichts der Themen anglofoner Kultur und Migration darüber hinaus. Dies wird vor allem in der

---

15 Vgl. Christ Church Vienna: Our Mission. Christ Church Vienna, Austria. Online unter: http://www.christchurchvienna.at/?q=our-mission (Abruf: 31.07.2015).
16 Vgl. Reimer: Multikultureller Gemeindebau. 194 f.
17 Vgl. Kapitel 1.3.3.5.
18 Vgl. Church of England (Hg.): Common Worship. 54 ff.

Begründung einer **Theologie der Kommunikation der Versöhnung** deutlich, die das Herzstück dieser Arbeit ist:

- Aus biblischer Perspektive ist Migration ein zentraler Aspekt der versöhnenden Heilsgeschichte Gottes mit seinem Volk Israel für das Heil der ganzen Welt ist. Vor diesem Hintergrund sind auch die gegenwärtigen globalen Migrationsphänomene zu deuten. Sie können als heilsrelevanter Teil der versöhnenden Mission Gottes verstanden werden.

- Engagement für Gerechtigkeit und Versöhnung sind wesentlich für die Kommunikation der Versöhnung und begründen sich im Handeln Gottes. Gerade für die Gegenwart, die immer noch mit den ökonomischen Nachwirkungen der europäischen Kolonialzeit ringt, sind Gerechtigkeit und Versöhnung höchst aktuell.

- Kommunikation der Versöhnung betont ebenso, dass Evangelisation und Einsatz für Gerechtigkeit untrennbare Bestandteile eines christlichen Missionsverständnisses sind.

- Mission bezeichnet als Kommunikation, die von Gott ausgeht, darüber hinaus, sowohl das Engagement für Versöhnung in der Welt als auch die Anfrage zur Selbstreflexion und Umkehr. Gemeint ist ein umfassender Dialog, durch welchen Gott die Menschen bzw. die ganze Schöpfung einbezieht.

- Kommunikation der Versöhnung bietet sich nicht nur als Deutung für die Interviews der anglikanischen Gemeinde an, sondern wird hier auch ganz allgemein als Beschreibung eines gegenwärtigen Missionsverständnisses vorgeschlagen, welches den Auftrag zur gerechten Gestaltung der Welt und zur Versöhnung ernst nimmt, der in der versöhnenden Mission Gottes begründet ist.

Aus der Geschichte des europäischen Kolonialismus heraus sind in dieser Perspektive vor allem europäische Christ(inn)en aufgefordert, verengte gesellschaftliche Migrationsdiskurse oder ungerechte ökonomische Strukturen zu hinterfragen und sich mit den Armen und Ausgegrenzten für das Wohl aller einzusetzen.

Abkürzungsverzeichnis

1 Chr	Das erste Buch der Chronik
1 Joh	Der erste Brief des Johannes
1 Kön	Das erste Buch der Könige
1 Kor	Der erste Brief des Paulus an die Korinther
1 Petr	Der erste Brief des Petrus
1 Sam	Das erste Buch Samuel
1 Thess	Der erste Brief des Paulus an die Thessalonicher
1 Tim	Der erste Brief des Paulus an Timotheus
2 Chr	Das zweite Buch der Chronik
2 Joh	Der zweite Brief des Johannes
2 Kön	Das zweite Buch der Könige
2 Kor	Der zweite Brief des Paulus an die Korinther
2 Petr	Der zweite Brief des Petrus
2 Sam	Das zweite Buch Samuel
2 Thess	Der zweite Brief des Paulus an die Thessalonicher
2 Tim	Der zweite Brief des Paulus an Timotheus
3 Joh	Der dritte Brief des Johannes
Abb.	Abbildung
Abschn.	Abschnitt
A.C.	Anglican Communion
AG	Ad gentes (Dekret über die Missionstätigkeit der Kirche)
Am	Der Prophet Amos
Anm. d. Verf.	Anmerkung des Verfassers
APAC	Asiatisch-Pazifischer Wirtschaftsraum
Apg	Die Apostelgeschichte
ASB	The Book of Alternative Services 1980
Aufl.	Auflage
BCP 1662	The Book of Common Prayer 1662

bzw.	beziehungsweise
ca.	circa
CMS	Church Missionary Society
CWME	Commission on World Mission and Evangelism
	(Kommission für Weltmission und Evangelisation)
CT	Connecticut
Dan	Das Buch Daniel
DH	Dignitatis humanæ (Erklärung über die Religionsfreiheit)
d. h.	das heißt
dt.	deutsch
Dtn	Das fünfte Buch Mose (Deuteronomium)
DV	Päpstlicher Rat für den Interreligiösen Dialog
	Kongregation für die Evangelisierung der Völker,
	Dialog und Verkündigung (1991)
ebd.	ebenda
EKD	Evangelische Kirche in Deutschland
EMCC	Päpstlicher Rat der Seelsorge für die Migranten und Menschen
	unterwegs, Instruktion Erga migrantes caritas Christi
EN	Paul VI., Apostolisches Mahnschreiben Evangelii nuntiandi (1975)
engl.	englisch
Eph	Der Brief des Paulus an die Epheser
Esra	Das Buch Esra
Est	Das Buch Ester
etc.	et cetera
EU	Europäische Union
Ex	Das zweite Buch Mose (Exodus)
Ez	Der Prophet Hesekiel (Ezechiel)
f.	und folgende Seite
ff.	und folgende Seiten

FPÖ	Freiheitliche Partei Österreichs
GAFCON	Global Anglican Future Conference
Gal	Der Brief des Paulus an die Galater
Gen	Das erste Buch Mose (Genesis)
Hebr	Der Brief an die Hebräer
Hg. / Hgg.	Herausgeber(in) / Herausgeber
Hld	Das Hohelied Salomos
Hos	Der Prophet Hosea
IAEA	International Atomic Energy Agency (dt. IAEO – Internationale Atomenergie Organisation)
Ijob	Das Buch Hiob (Ijob)
IL	Illinois
IMIS	Instituts für Migrationsforschung und Interkulturelle Studien
IOM	International Organization for Migration
IP1	Interviewpartner 1
IP2	Interviewpartner 2
IP3	Interviewpartner 3
IP4	Interviewpartner 4
IP5	Interviewpartner 5
IP6	Interviewpartner 6
IP7	Interviewpartner 7
IP8	Interviewpartner 8
Jak	Der Brief des Jakobus
Jer	Der Prophet Jeremia
Jes	Der Prophet Jesaja
Joël	Der Prophet Joel
Joh	Das Evangelium nach Johannes
Jona	Der Prophet Jona
Jos	Das Buch Josua

Jud	Der Brief des Judas
KAICIID	King Abdullah bin Abdulaziz International Centre for Interreligious and Intercultural Dialogue
Klgl	Die Klagelieder Jeremias
Koh	Der Prediger Salomo (Kohelet)
Kol	Der Brief des Paulus an die Kolosser
LATAM	Raum lateinamerikanischer Länder
Lev	Das dritte Buch Mose (Levitikus)
Lk	Das Evangelium nach Lukas
MA	Massachusetts
Mal	Der Prophet Maleachi
Mi	Der Prophet Micha
MI	Michigan
Mk	Das Evangelium nach Markus
Mt	Das Evangelium nach Matthäus
n. Chr	nach Christus
NA	Nostra ætate (Erklärung über das Verhältnis der Kirche zu den nicht christlichen Religionen)
NAFTA	North American Free Trade Agreement
Neh	Das Buch Nehemia
NIFCON	Network for Inter Faith Concerns
Num	Das vierte Buch Mose (Numeri)
NY	New York
Obd	Der Prophet Obadja
OECD	Organisation for Economic Co-operation and Development
ÖVP	Österreichische Volkspartei
Offb	Die Offenbarung des Johannes
OPEC	Organisation of Petroleum Exporting Countries
PA	Pennsylvania

Phil	Der Brief des Paulus an die Philipper
Phlm	Der Brief des Paulus an Philemon
Ps	Die Psalmen
RRC	Race Relation Circle
RH	Johannes Paul II., Enzyklika Redemptor hominis (1979)
Ri	Das Buch der Richter
RM	Johannes Paul II., Enzyklika Redemptoris Missio (1990)
Röm	Der Brief des Paulus an die Römer
Rut	Das Buch Rut
Sach	Der Prophet Sacharja
sic!	so lautet die Quelle
SPCK	Society for Promoting Christian Knowledge
SPÖ	Sozialdemokratische Partei Österreichs
Spr	Die Sprüche Salomos (Proverbia/Sprichwörter)
Tit	Der Brief des Paulus an Titus
übers.	übersetzt
UK	United Kingdom
UNHCR	United Nations High Commissioner for Refugees
UNIDO	United Nations Industrial Development Organisation
USA	United States of America
USPG	United Society for the Propagation of the Gospel
usw.	und so weiter
Verl.	Verlag
vgl.	vergleiche
WCC	World Council of Churches (Ökumenischer Rat der Kirchen)
Weish	Die Weisheit Salomos
WIREL	Wiener Religion (Forschungsprojekt zur Entwicklung der Religionsgemeinschaften in Wien)

z. B.	zum Beispiel
Zef	Der Prophet Zefanja

Bibliografie

Primärliteratur / Quellen

Anglican Consultative Council: Document   Library.   Online   unter:
        http://www.anglicancommunion.org/resources/document-library.aspx
        (Abruf: 22.03.2016).

————:   Ecumenical   Dialogues.   Online   unter:
        http://www.anglicancommunion.org/relationships/ecumenical-
        dialogues.aspx (Abruf: 25.02.2016).

————:   Interfaith   Dialogues.   Online   unter:
        http://www.anglicancommunion.org/relationships/interfaith-dialogues.aspx
        (Abruf: 11.12.2017).

————: Lambeth Indaba. Capturing Conversations and Reflections from the
        Lambeth Conference 2008. Equipping Bishops for Mission and
        Strengthening Anglican Identity. 2008. Online unter:
        http://www.anglicancommunion.org/media/72554/reflections_document_-
        final-.pdf (Stand 2017; Abruf: 11.12.2017).

————:   Marks   of   Mission.   Online   unter:
        https://www.anglicancommunion.org/mission/marks-of-mission.aspx
        (Abruf: 07.04.2021).

————: The Anglican Communion Covenant. Anglican Communion Office 2009.
        Online   unter:
        http://www.anglicancommunion.org/media/99905/The_Anglican_Covenant
        .pdf (Abruf: 11.12.2017).

————: The Lambeth Conference. Resolutions Archive from 1888. 2005. Online
        unter: http://www.anglicancommunion.org/media/127722/1888.pdf (Abruf:
        11.12.2017).

————: The Lambeth Conference. Resolutions Archive from 1998. 2005. Online
        unter: http://www.anglicancommunion.org/media/76650/1998.pdf (Abruf:
        11.12.2017).

Archbishops' Council: Common   Worship.   Online   unter:
        https://www.churchofengland.org/prayer-worship/worship/texts.aspx
        (Abruf: 27.09.2016).

Brash, Barbara: By His Grace. The History and Life of Christ Church Vienna 1887–1977. The Council of Christ Church Vienna 1978.

Bundeskanzleramt: Religionen in Österreich. Übersicht der in Österreich anerkannten Glaubensgemeinschaften. Wien: Bundespressedienst 2014. Online unter: http://archiv.bundeskanzleramt.at/DocView.axd?CobId=55998 (Abruf: 11.12.2017).

Bundeskanzleramt der Republik Österreich: Bundesgesetz über die Rechtspersönlichkeit von religiösen Bekenntnisgemeinschaften 1998. Online unter: https://www.ris.bka.gv.at/GeltendeFassung.wxe?Abfrage=Bundesnormen&Gesetzesnummer=10010098 (Abruf: 10.12.2015).

—————: Gesetz vom 25. Mai 1868, wodurch die interconfessionellen Verhältnisse der Staatsbürger in den darin angegebenen Beziehungen geregelt werden. Online unter: https://www.ris.bka.gv.at/GeltendeFassung.wxe?Abfrage=Bundesnormen&Gesetzesnummer=10009169 (Abruf: 18.01.2016).

—————: Staatsgrundgesetz vom 21. December 1867, über die allgemeinen Rechte der Staatsbürger für die im Reichsrathe vertretenen Königreiche und Länder. Online unter: https://www.ris.bka.gv.at/GeltendeFassung.wxe?Abfrage=Bundesnormen&Gesetzesnummer=10000006 (Abruf: 18.01.2016).

Bundesministerium für Inneres: zvr.internetanfrage. Online unter: http://zvr.bmi.gv.at/Start (Abruf: 10.12.2015).

Bundesstelle für Sektenfragen: Rechtliche Grundlagen. Online unter: Online unter: http://www.bundesstelle-sektenfragen.at/profil/rechtliche-grundlagen/ (Abruf: 10.12.2015).

Christ Church Vienna: About Christ Church. Christ Church Vienna, Austria. Online unter: http://www.christchurchvienna.at/?q=about-christ-church-vienna-austria (Abruf: 19.01.2016).

—————: Home. Herzlich Willkommen! Welcome! Online unter: http://ccv-web.org/ccv/index.php?option=com_content&view=article&id=26&Itemid=218 (Abruf: 07.04.2021).

—————: Our Mission. Christ Church Vienna, Austria. Online unter: http://www.christchurchvienna.at/?q=our-mission (Abruf: 31.07.2015).

275

————: The Six O'Clock Service. Online unter: http://ccv-web.org/ccv/index.php?option=com_content&view=article&id=76&Itemid=317 (Abruf: 07.04.2021).

Church Mission Society: Church Mission Society. Who? Online unter: The call in action. http://churchmissionsociety.org/church-mission-society-big-picture (Abruf: 21.02.2017).

Church Mission Society: Who we are. Online unter: http://www.churchmissionsociety.org/who-we-are (Abruf: 25.08.2016).

Church of England (Hg.): Common Worship Main Volume. London: Church House Publishing 2000.

———— (Hg.): The Alternative Service Book 1980. Services authorized for use in the Church of England in conjunction with The Book of Common Prayer. Together with the Liturgical Psalter. Oxford: Oxford University Press 1980. 1. Auflage.

Church Publishing: Book of Common Prayer. New York, NY: Church Publishing Incorporated 1979.

Cummings, Brian: The Book of Common Prayer. The Texts of 1549, 1559, and 1662. New York: Oxford University Press 2011.

Die Evangelische Kirche in Deutschland (EKD): Die Meißener Gemeinsame Festellung. Auf dem Weg zu sichtbarer Einheit. Eine Gemeinsame Festellung. Online unter: https://www.ekd.de/die-meissener-erklaerung-23807.html (Abruf: 12.04.2021).

Diocese in Europe: Our History. On Anglican Churches in Europe. Online unter: http://europe.anglican.org/who-we-are/our-history (Abruf: 29.02.2016).

————: Church Locations. Online unter: http://europe.anglican.org/where-we-are/church-locations (Abruf: 01.03.2016).

————: Diocesan Handbook. Constitution of the Diocese in Europe 1995. Online unter: http://europe.anglican.org/diocesan-handbook/constitution-of-the-diocese-in-europe-1995 (Abruf: 08.03.2016).

————: Diocesan Handbook. The Anglican Diocese in Europe. Online unter: https://europe.anglican.org/diocesan-policies-and-guidelines/the-anglican-diocese-in-europe (Abruf: 07.04.2021).

Franziskus, Papst: Die Freude des Evangeliums. Das Apostolische Schreiben „Evangelii gaudium" über die Verkündigung des Evangeliums in der Welt von heute. Die Programmschrift zur Kirchenreform. Freiburg im Breisgau; Wien u. a.: Herder 2013.

Fresh Expressions: About us. Changing church for a changing world. Online unter: https://www.freshexpressions.org.uk/about (Abruf: 09.03.2016).

GREENBELT FESTIVALS: USPG. Online unter: http://www.greenbelt.org.uk/organisations/us-uspg/ (Abruf: 29.12.2017).

Groves, Phil: Anglican Communion and Homosexuality. The Official Study Guide to Enable Listening and Dialogue. London: Spck 2008.

————: Living Reconciliation. London: Spck 2014.

Integral Marktforschung: Sinus. Online unter: http://www.integral.co.at/de/sinus/milieus.php (Abruf: 22.12.2017).

Integral Marktforschung: Sinus Meta-Milieus. Online unter: http://www.integral.co.at/de/sinus/milieus_int.php (Abruf: 06.12.2016).

International Organization for Migration (IOM): Glossary on migration. International Migration Law. Band 25. Geneva: International Organization for Migration 2011. Auflage 2. Online unter: http://www.corteidh.or.cr/sitios/Observaciones/11/Anexo5.pdf (Abruf: 12.12.2017).

———— (Hg.): World Migration Report 2010. The Future of Migration. Building Capacities for Change. Genf: International Organization for Migration (IOM) 2010. Online unter: https://publications.iom.int/system/files/pdf/wmr_2010_english.pdf (Abruf: 12.12.2017).

————: World Migration Report 2013. Migrant Well-Being and Development. Genf: International Organization for Migration 2013. Online unter: https://publications.iom.int/system/files/pdf/wmr2013_en.pdf (Abruf: 12.12.2017).

————: World Migration Report 2015. Migrants and Cities. New Partnerships to Manage Mobility. Geneva: International Organization for Migration 2015. Online unter: http://publications.iom.int/system/files/wmr2015_en.pdf (Abruf: 12.12.2017).

Johannes Paul II., Papst: REDEMPTORIS MISSIO. Über die fortdauernde Gültigkeit des missionarischen Auftrages. Online unter: http://w2.vatican.va/content/john-paul-ii/de/encyclicals/documents/hf_jp-ii_enc_07121990_redemptoris-missio.html (Abruf: 23.03.2016).

Katholische Kirche, Consilium pro Dialogo inter Religiones: Dialog und Verkündigung. Überlegungen und Orientierungen zum interreligiösen Dialog und zur Verkündigung des Evangeliums Jesu Christi. 19. Mai 1991. Bonn: Sekretariat der Deutschen Bischofskonferenz 1991.

Luther, Martin: Die Bibel nach Martin Luthers Übersetzung. Lutherbibel revidiert 2017. Standardausgabe. Mit Apokryphen. Stuttgart: Deutsche Bibelgesellschaft 2016.

Magistrat der Stadt Wien: Daten und Fakten. Wiener Bevölkerung nach Migrationshintergrund. Online unter: https://www.wien.gv.at/menschen/integration/grundlagen/daten.html (Abruf: 08.02.2017).

————: Statistisches Jahrbuch der Stadt Wien 2014. Wien: Magistrat der Stadt Wien 2015.

Office, Anglican Communion: ACC-6. Online unter: http://www.anglicancommunion.org/structures/instruments-of-communion/acc/acc-6.aspx (Abruf: 29.11.2016).

————: ACC-8. Online unter: http://www.anglicancommunion.org/structures/instruments-of-communion/acc/acc-8.aspx (Abruf: 29.11.2016).

————: Anglican Communion. ACC. Online unter: http://www.anglicancommunion.org/structures/instruments-of-communion/acc.aspx (Abruf: 29.11.2016).

Ökumenischer Rat der Kirchen: Gemeinsam für das Leben. Mission und Evangelisation in sich wandelnden Kontexten. Online unter: https://www.oikoumene.org/de/resources/documents/together-towards-life-mission-and-evangelism-in-changing-landscapes (Abruf: 07.04.2021).

OECD: International Migration Outlook 2016. Paris: OECD Publishing 2016. Online unter: http://www.npdata.be/Dok/OESO/Migratierapporten/Migration-2016-8116101e.pdf (Abruf: 12.12.2017).

Österreichische ationalbibliothek: Gesetz vom 7. Mai 1874, wodurch Bestimmungen zur Regelung der äußeren Rechtsverhältnisse der katholischen Kirche erlassen werden. Online unter: http://alex.onb.ac.at/cgi-content/alex? aid=rgb&datum=1874&size=45&page=131 (Abruf: 18.01.2016).

————: Gesetz vom 20. Mai 1874, betreffend die gesetzliche Anerkennung von Religionsgesellschaften. Online unter: ALEX Historische Rechts- und Gesetzestexte Online unter: http://alex.onb.ac.at/cgi-content/alex? aid=rgb&datum=1874&page=181&size=45 (Abruf: 18.01.2016).

Päpstlicher Rat der Seelsorge für die Migranten und Menschen unterwegs: Instruktion Erga migrantes caritas Christi. Online unter: http://www.vatican.va/roman_curia/pontifical_councils/migrants/document s/rc_pc_migrants_doc_20040514_erga-migrantes-caritas-christi_ge.html (Abruf 11.12.2017).

Paul VI., Papst: Apostolisches Schreiben EVANGELII NUNTIANDI seiner Heiligkeit Papst Paul VI. an den Episkopat, den Klerus und an alle Gläubigen der katholischen Kirche über die Evangelisierung in der Welt von heute. Online unter: http://w2.vatican.va/content/paul-vi/de/apost_exhortations/documents/hf_p-vi_exh_19751208_evangelii-nuntiandi.html (Abruf: 23.03.2016).

————: Dekret über die Missionstätigkeit der Kirche AD GENTES. Online unter: http://www.vatican.va/archive/hist_councils/ii_vatican_council/documents/ vat-ii_decree_19651207_ad-gentes_ge.html (Abruf: 23.03.2016).

————: Erklärung DIGNITATIS HUMANAE über die Religionsfreiheit. Das Recht der Person und der Gemeinschaft auf gesellschaftliche und bürgerliche Freiheit in religiösen Belangen. Online unter: http://www.vatican.va/archive/hist_councils/ii_vatican_council/documents/ vat-ii_decl_19651207_dignitatis-humanae_ge.html (Abruf: 23.03.2016).

————: Erklärung NOSTRA AETATE über das Verhältnis der Kirche zu den nicht christlichen Religionen. Online unter: http://www.vatican.va/archive/hist_councils/ii_vatican_council/documents/ vat-ii_decl_19651028_nostra-aetate_ge.html (Abruf: 23.03.2016).

Pew Research Center: Global Anglicanism at a Crossroads. Online unter: http://www.pewforum.org/2008/06/19/global-anglicanism-at-a-crossroads/ (Abruf: 29.02.2016).

————: Key facts about the world's refugees. Pew Research Center. Online unter: http://www.pewresearch.org/fact-tank/2016/10/05/key-facts-about-the-worlds-refugees/ (Abruf: 20.03.2017).

Pew Reserch Center's Forum on Religion & Public Life: Faith on the Move. The Religious Affiliation of International Migrants. Washington DC: Pew Research Center 2012. Online unter: https://www.pewforum.org/wp-content/uploads/sites/7/2012/03/Faithonthemove.pdf (Abruf: 07.04.2021).

————: Global Christianity. A Report on the Size and Distribution of the World's Christian Population. Washington: Pew Research Center 2011. Online unter: http://assets.pewresearch.org/wp-content/uploads/sites/11/2011/12/Christianity-fullreport-web.pdf (Abruf: 12.12.2017).

————: The Future of World Religions. Population Growth Projections, 2010–2050. Why Muslims Are Rising Fastest and the Unaffiliated Are Shrinking as a Share of the World's Population. Washington: Pew Research Center 2015. Online   unter: http://assets.pewresearch.org/wp-content/uploads/sites/11/2015/03/PF_15.04.02_ProjectionsFullReport.pdf (Abruf: 12.12.2017).

Rahner, Karl/Vorgrimler, Herbert: Kleines Konzilskompendium. Sämtliche Texte des Zweiten Vatikanums. Freiburg: Herder 2008. Auflage 6.

Ramsey, Michael: To Believe is to Pray. Readings from Michael Ramsey. Boston, MA: Cowley Publications 1996.

Rango, Marzia/Laczko, Frank: Global Migration Trends. An overview. International Organization for Migration 2014. Online unter: http://missingmigrants.iom.int/sites/default/files/documents/Global_Migration_Trends_PDF_FinalVH_with%20References.pdf (Abruf: 14.12.2017).

SINUS Markt- und Sozialforschung GmbH: SINUS Meta-Milieus weltweit. Online unter: http://www.sinus-institut.de/sinus-loesungen/sinus-meta-milieus-weltweit/ (Abruf: 16.05.2017).

SPCK – Society for Promoting Christian Knowledge: About SPCK. Online unter: http://spckpublishing.co.uk/about-spck/ (Abruf: 21.02.2017).

Stanners, Elizabeth: Who are we. In: CROSSWAYS. News and views from Christ Church Vienna the Anglican/Episcopal Church in Austria. 74. 2013. 13. Online   unter: https://pt-ktf.univie.ac.at/fileadmin/user_upload/i_pt_ktf/201311_crossways.pdf (Abruf: 07.04.2021).

Stanners, Elizabeth/Sauer, Frank: Stewardship   Campaign
    2017Stanners, Elizabeth/Sauer, Frank:. In: CROSSWAYS News and views
    from Christ Church Vienna the Anglican/Episcopal Church in Austria 94.
    2017. 7. Online unter: http://ccv-web.org/media/crossways-2017-02.pdf
    (Abruf: 12.12.2017).

Statistik Austria: Bevölkerung   2001   nach   Religionsbekenntnis   und
    Staatsangehörigkeit.   Statistik   Austria   2007.   Online   unter:
    http://ernaehrungsdenkwerkstatt.de/fileadmin/user_upload/EDWText/Abbil
    dungen/VLWien/VLW_14_OEsterreich_Auslaendre_Religion.pdf   (Abruf:
    12.12.2017).

——— (Hg.): Migration & Integration. Zahlen. Daten. Indikatoren 2015. Wien:
    Statistik Austria 2015.

The Commonwealth: About us. Online unter: http://thecommonwealth.org/about-us
    (Abruf: 10.04.2016).

The Secretary General of the Anglican Consultative Council (Hg.): The Virginia
    Report. The Report of the Inter-Anglican Theological and Doctrinal
    Commission. Anglican Consultative Council 1997. Online unter:
    http://www.anglicancommunion.org/media/150889/report-1.pdf   (Abruf:
    12.12.2017).

United Nations High Commissioner for Refugees: Global Trends. Forced
    Displacement in 2015. Genf: UNHCR 2016. Online unter:
    http://www.unhcr.org/576408cd7.pdf (Abruf: 12.12.2017).

———: World at War. UNHCR Global Trends. Forced Displacement in 2014.
    UNHCR 2015. Online unter: http://www.unhcr.org/556725e69.pdf (Abruf:
    12.12.2017).

USPG: Find about about USPG. Online unter: http://www.uspg.org.uk/about/
    (Abruf: 25.08.2016).

USPG: USPG works with churches in the Anglican Communion to live out the good
    news   among   those   whose   need   is   greatest.   Online   unter:
    http://www.uspg.org.uk/about/aboutuspg/ (Abruf: 29.12.2017)

Williams, Rowan: Mission-Shaped Church. London: Church House Publishing
    2004.

World Council of Churches: Commission on World Mission and Evangelism. Online unter: http://www.oikoumene.org/en/what-we-do/cwme?set_language=en (Abruf: 06.12.2016).

────: WCC member churches. Online unter: https://www.oikoumene.org/en/member-churches (Abruf: 06.12.2016).

────: What is the World Council of Churches? Online unter: https://www.oikoumene.org/en/about-us (Abruf: 06.12.2016).

Sekundärliteratur

Aigner, Petra: Von der Assimilationtheorie zur Pluralismustheorie. Nathan Glazer und Daniel P. Moynihan: „Beyond the Melting Pot: The Negroes, Puerto Ricans, Jews, Italian, and Irish of New York City". In: Julia Reuter/Paul Mecheril (Hgg.): Schlüsselwerke der Migrationsforschung. Pionierstudien und Referenztheorien. Wiesbaden: Springer VS 2015. 149–166.

Albisser, Judith: Ergebnisse der Studie „Christliche Migrationsgemeinden in der Schweiz". In: Judith Albisser/Arnd Bünker (Hgg.): Kirchen in Bewegung. Christliche Migrationsgemeinden in der Schweiz. St Gallen: Verlag des Schweizerischen Pastoralsoziologischen Instituts SPI 2016. 15–110.

Ateliers & Presses de Taizé, Communauté von Taizé: Ikonen und Gebet. Taizé. Online unter: https://www.taize.fr/de_article290.html (Abruf: 14.11.2017).

Atherstone, Andrew: Identities and Parties. In: Mark D. CHAPMAN/Sathianathan Clarke/Martyn Percy (Hgg.): The Oxford Handbock of Anglican Studies. Oxford: Open University Press 2015. 77–91.

Avis, Paul D. L: The Identity of Anglicanism. Essentials of Anglican Ecclesiology. London; New York: T & T Clark 2007.

Babka, Anna/Posselt, Gerald/Bhabha, Homi K.: Über kulturelle Hybridität. Übertragung und Übersetzung. Übersetzt von Kathrina Menke. Wien: Turia und Kant 2012.

Baumann-Neuhaus, Eva: „... in meiner Sprache ..." Von Grenzen und Brücken zwischen christlichen (Migrations-)Gemeinschaften. In: Judith Albisser (Hg.): Kirchen in Bewegung. Christliche Migrationsgemeinden in der Schweiz. St. Gallen: Verlag des Schweizerischen Pastoralsoziologischen Instituts SPI 2016. 141–151.

Baxter, Peter: Biafra. The Nigerian Civil War. 1967–1970. Solihull, West Midlands, England: Helion & Company Limited; Pinetown, South Africa: South Publishers 2014.

Beck, Ulrich: Risikogesellschaft. Auf dem Weg in eine andere Moderne. Frankfurt am Main: Suhrkamp Verlag 1986. Auflage 1.

Beck, Ulrich/Giddens, Anthony/Lash, Scott: Reflexive Modernization. Politics, Tradition and Aesthetics in the Modern Social Order. Stanford, California: University Press 1994.

Behrens, Roger: Postmoderne. Hamburg: CEP Europäische Verlagsanstalt 2014.

Berger, Peter L.: Altäre der Moderne. Religion in pluralistischen Gesellschaften. Übersetzt von Ruth Pauli. Frankfurt; New York: Campus Verlag 2015. Auflage 1.

Berlis, Angela: Das missionarische Potenzial der Liturgie. In: Baschera, Luca/Berlis, Angela/Kunz, Ralph (Hg.): Gemeinsames Gebet. Form und Wirkung des Gottesdienstes. Praktische Theologie im reformierten Kontext. Band 9. Theologischer Verlag Zürich 2014. 231-245.

Bevans, Stephen B./Schroeder, Roger P.: Constants in Context. A Theology of Mission for Today. Maryknoll, NY: Orbis Books 2004.

Bhabha, Homi K./Bronfen, Elisabeth: Die Verortung der Kultur. Deutsche Übersetzung von Michael Schiffmann und Jürgen Freudl. Mit einem Vorwort von Elisabeth Bronfen. Übersetzt von Jürgen Freudl und Michael Schiffmann. Tübingen: Stauffenburg 2000.

Bird, Michael F.: Jesus and the Origins of the Gentile Mission. London; New York: Bloomsbury T&T Clark 2007. Auflage 1.

Blankenstein, Christian: Altkatholiken in Österreich. Geschichte und Bestandsaufnahme. Wien u. a.: Böhlau 2004.

Bosch, David J.: Mission im Wandel. Paradigmenwechsel in der Missionstheologie. Giessen; Basel: Brunnen 2012. Auflage 1.

————: Transforming Mission. Paradigm Shifts in Theology of Mission. Maryknoll, NY: Orbis Books 1991. Neuauflage.

Bringmann, Klaus: Römische Geschichte. Von den Anfängen bis zur Spätantike. München: C.H.Beck 2008. Auflage 10.

Brown, Sally A.: Hermeneutical Theory. In: Miller-McLemore, Bonnie J. (Hg.) u. a.: The Wiley Blackwell Companion to Practical Theology. The Wiley-Blackwell Companions to Religion. Chichester, West Sussex, UK; Malden, MA: John Wiley & Sons 2014. 112–122.

Bünker, Arnd: Missionarisch Kirche sein? eine missionswissenschaftliche Analyse von Konzepten zur Sendung der Kirche in Deutschland. Münster: Verl.-Haus Monsenstein und Vannerdat 2010.

————: Welche Mission(en)? Welche Missionswissensschaft(en)? In: Martin Stowasser/Franz Helm (Hgg.): Mission im Kontext Europas. Interdisziplinäre Beiträge zu einem zeitgemäßen Missionsverständnis. Wiener Forum für Theologie. Band 3. Göttingen: V&R Unipress 2011. 32–55.

Cameron, Gregory K.: Locating the Anglican Communion in the History of Anglicanism. In: Ian S. Markham u. a. (Hgg.): The Wiley-Blackwell Companion to the Anglican Communion. The Wiley-Blackwell Companions to Religion. Chichester: John Wiley & Sons 2013. 3–14.

Carey, Carey William/Carey, William: An Enquiry Into the Obligations of Christians to Use Means for the Conversion of the Heathens. Champaign, IL: Book Jungle 2007.

Chapman, Mark: Anglican Theology. London; New York; Bloomsbury: T&T Clark 2012. Auflage 1.

Constantineanu, Corneliu: The social significance of reconciliation in Paul's theology. Narrative readings in Romans. London: T & T Clark 2010.

Crystal, David: English as a Global Language. Second Edition. Cambridge, UK; New York: Cambridge University Press 2012. Auflage 2.

Darwin, John: Das unvollendete Weltreich. Frankfurt am Main: Campus Verlag GmbH 2013.

Dippel, Horst: Geschichte der USA. München: C.H.Beck 2015. Auflage 10.

Doe, Michael: Saving Power. The Mission of God and the Anglican Communion. London: Spck 2011.

Donovan, Vincent J.: Christianity Rediscovered. Maryknoll, N.Y.: Orbis Books 2003.

Dorn, Klaus: Basiswissen Bibel. Das Alte Testament. Paderborn: Schöningh 2015.

————: Basiswissen Bibel. Das Neue Testament. Paderborn: Ferdinand Schöningh 2016.

Ebach, Jürgen: Versöhnung. Biblische Erinnerungen und Intuitionen. In: Evangelische Theologie 74. 2014. 337–349.

Flick, Uwe: Qualitative Sozialforschung. Eine Einführung. Reinbeck bei Hamburg: rororo 2007. Auflage 5.

Frederiks, Martha Th.: Religion, Migration and Identity. A Conceptual and Theoretical Exploration. In: Mission Studies 32. 2015. 181–202.

Fritzen, Wolfgang: Spätmoderne als entfaltete und reflexive Moderne. Zur Angemessenheit und Füllung einer Zeitansage. In: Praktische Theologie in der Spätmoderne. Herausforderungen und Entdeckungen. Würzburg: Echter 2014. 17–27.

Gabriel, Karl: Im Spannungsfeld von Entkirchlichung, individualisierter Religiosität und neuer Sichtbarkeit der Religion. Der gesellschaftliche Ort der Kirchen in der Gegenwartsgesellschaft. In: Martin Reppenhagen/Michael Herbst (Hgg.): Kirche in der Postmoderne. Beiträge zu Evangelisation und Gemeindeentwicklung. Band 6. Neukirchen-Vluyn: Neukirchener 2008. 112–135.

Gallagher, Sarita D.: Abraham on the Move. In: vanThanh Nguyen/John M. Prior (Hgg.): God's People on the Move. Eugene, Oregon: Wipf & Stock Publishers 2014. 3–17.

Geoghegan, Jeffrey/Homan, Michael: The Bible for Dummies. Wiley 2003.

Gibbs, Eddie/Bolger, Ryan K.: Emerging Churches. Creating Christian Community in Postmodern Cultures. Grand Rapids, MI: Baker Academic 2005.

Giddens, Anthony: The Consequences of Modernity. Chichester: Polity Press 1991.

Goujon, Anne/Bauer, Ramon: Religions in Vienna in the Past, Present and Future. Key Findings from the WIREL Project. Wien: Vienna Institute of Demography 2015.

Graf, Friedrich Wilhelm: Der Protestantismus. Geschichte und Gegenwart. München: C.H.Beck 2017. Auflage 3.

Grandy, Andreas: Die Weisheit der Gottesherrschaft. Eine Untersuchung zur jesuanischen Synthese von traditioneller und apokalyptischer Weisheit. Göttingen: Vandenhoeck & Ruprecht 2012. Auflage 1.

Grau, Marion: Rethinking Mission in the Postcolony. Salvation, Society and Subversion. London; New York: T & T Clark International 2011.

Habermas, Jürgen: Theorie des kommunikativen Handelns. 2 Bände. Frankfurt am Main: Suhrkamp Verlag 2011. Auflage 8.

Haller, Max: Die österreichische Gesellschaft. Sozialstruktur und sozialer Wandel. Frankfurt, Main: Campus Verlag 2008.

Hauerwas, Stanley/Willimon, William H.: Christen sind Fremdbürger. Wie wir wieder werden, was wir sind. Abenteurer der Nachfolge in einer nachchristlichen Gesellschaft. Basel: Fontis – Brunnen 2016. Auflage 1.

Hempelmann, Heinzpeter: Gott im Milieu. Wie Sinusstudien der Kirche helfen können, Menschen zu erreichen. Gießen u. a.: Brunnen-Verlag 2012.

Hofreiter, Christian: Citykirche Wien. Predigten aus einer neu entstehenden anglikanischen Kirche in Wien. 2021. Online unter: https://anchor.fm/citykirche (Aufruf: 14.05.2021).

Höhn, Hans-Joachim: Fremde Heimat Kirche. Glauben in der Welt von heute. Freiburg: Verlag Herder 2012. Auflage 1.

Holthaus, Stephan: Die Evangelikalen. Fakten und Perspektiven. Lahr/Schwarzwald: Johannis 2007.

Hummer, Waldemar/Pelinka, Anton: Österreich unter „EU-Quarantäne". Die „Maßnahmen der 14" gegen die österreichische Bundesregierung aus politikwissenschaftlicher und juristischer Sicht. Chronologie. Kommentar. Dokumentation. Wien: Linde 2002.

Hutchinson, Mark/Wolffe, John: A short history of global evangelicalism. Cambridge u. a.: Cambridge University Press 2012. Auflage 1.

Huyssteen, J. Wentzel Van: The Shaping of Rationality. Toward Interdisciplinarity in Theology and Science. Grand Rapids, MI: William B Eerdmans Publishing Co 1999.

Jackson, Ashley: The British Empire. A Very Short Introduction. Oxford: Oxford University Press 2013. Auflage 1.

Kähler, Christoph: Ein Buch mit sieben Siegeln? Die Bibel verstehen und auslegen. Leipzig: Evangelische Verlagsanstalt 2016.

Kähler, Reinhard: Was können wir dafür, dass Gottes gute Botschaft ankommt? In: Michael Böhme u. a. (Hgg.): Mission als Dialog. Zur Kommunikation des Evangeliums heute. Leipzig: Evangelische Verlagsanstalt 2003, 207–233.

Theobald, Michael: Erbsünde, Erbsündenlehre. In: Kasper, Walter; Baumgartner, Konrad u. a.: Lexikon für Theologie und Kirche. Band 3. Freiburg; Basel; Rom; Wien: Herder 1995. Auflage 3. 743.

Kaye, Bruce Norman: An introduction to world Anglicanism. Cambridge, England; New York: Cambridge University Press 2008.

Kessler, Rainer: Armut / Arme (AT). In: WiBiLex. Das wissenschaftliche Bibellexikon im Internet. Online unter: https://www.bibelwissenschaft.de/stichwort/13829/ (Stand: 2006; Abruf: 16.11.2017).

Knorn SJ, Bernhard: Versöhnung und Kirche. Theologische Ansätze zur Realisierung des Friedens mit Gott in der Welt. Münster: Aschendorff 2016.

Kok, Jacobus (Kobus): Aussendung / Mission / Apostel. In: WiBiLex. Das wissenschaftliche Bibellexikon im Internet. Online unter: https://www.bibelwissenschaft.de/stichwort/49951/ (Abruf: 13.10.2015).

Kumbier, Dagmar/Schulz von Thun: Interkulturelle Kommunikation aus kommunikationspsychologischer Perspektive. In: Kumbier, Dagmar/Schulz von Thun (Hgg.): Interkulturelle Kommunikation: Methoden, Modelle, Beispiele. Reinbeck bei Hamburg: Rowohlt Verlag GmbH 2009. 9–27. Auflage 3.

Küng, Hans: Das Christentum. Die religiöse Situation unserer Zeit. München: Piper 2012. Auflage 6.

Küster, Volker: Einführung in die interkulturelle Theologie. Mit dreizehn Übersichten. Göttingen u. a.: Vandenhoeck & Ruprecht 2011.

Leenen, Wolf Rainer: Interkulturelle Kompetenzen. Theoretische Grundlagen. In: Wolf Rainer Leenen/Harald Grosch/Andreas Groß (Hgg.): Bausteine zur interkulturellen Qualifizierung der Polizei. Münster: Waxmann 2005. 63–100.

Lehmann, Hartmut: Migration und Religion im Zeitalter der Globalisierung. Band 7. Bausteine zu einer europäischen Religionsgeschichte im Zeitalter der Säkularisierung. Göttingen: Wallstein 2005.

Ley, Michael: Holocaust als Menschenopfer. Vom Christentum zur politischen Religion des Nationalsozialismus. Münster: LIT 2002.

Lienau, Detlef: Peregrinatio. Ein Begriff im Wandel. In: Berthold Weckmann (Hg.): Dem Leben entgegen. Kevelaer: Topos plus 2015. 13–16.

Long, D. Stephen: Hebrews. Belief, a Theological Commentary on the Bible. Westminster: John Knox Press 2011.

Lück, Wolfgang: Die Zukunft der Kirche. Evangelische Gemeinden im 21. Jahrhundert. Darmstadt: WBG 2006.

Luft, Stefan: Die Flüchtlingskrise. Ursachen. Konflikte. Folgen. München: C.H.Beck 2016. Auflage 2.

MacCulloch, Diarmaid: A History of Christianity. The First Three Thousand Years. Cheltenham: Penguin 2010.

Matthes, Joachim: Fremde Heimat Kirche. Erkundungsgänge. Gütersloh: Gütersloher Verlagshaus 2000.

Mette, Norbert: Einführung in die katholische Praktische Theologie. Darmstadt: Wissenschaftliche Buchgesellschaft 2005. Auflage 1.

————: Gerechtigkeit. Online unter: https://www.bibelwissenschaft.de/stichwort/100209/ (Abruf: 15.11.2017).

Mhogolo, Dodfrey Mdimi: Human Sexuality in the Anglican Communion. In: Ian S. Markham u. a. (Hgg.): The Wiley-Blackwell Companion to the Anglican Communion. The Wiley-Blackwell Companions to Religion. Chichester: John Wiley & Sons 2013. 627–642.

Mommer, Peter: Einführung in das Alte Testament. Gütersloh: Gütersloher Verlagshaus 2015. Auflage 1.

Moreau, A. Scott: Introducing world missions. A biblical, historical, and practical survey. Grand Rapids, MI: Baker Academic 2004.

Nazir-Ali, Michael: The Anglican Communion and Ecumenical Relations. In: Ian S. Markham u. a. (Hgg.): The Wiley-Blackwell Companion to the Anglican Communion. The Wiley_Blackwell Companions to Religion. Chichester: John Wiley & Sons 2013. 569–584.

Neidhardt, W. Jim/Loder, James E.: The Knight's Move. The Relational Logic of the Spirit in Theology and Science. Colorado Springs: Helmers & Howard Pub 1992.

Neisser, Heinrich: The Schüssel Years and the European Union. In: Günter Bischof/ Fritz Plasser (Hgg.): The Schüssel Era in Austria. Contemprary Austrian Studies. Band 18. Innsbruck: Innsbruck University Press 2010. 183–205.

Nida-Rümelin, Julian: Über Grenzen denken. Eine Ethik der Migration. Hamburg: edition Körber-Stiftung 2017. Auflage 1.

O'Brien, Peter T.: The Letter to the Hebrews. Grand Rapids, MI; Nottingham, England: Eerdmans 2010.

Oltmer, Jochen: Globale Migration. Geschichte und Gegenwart. München: Verlag CHBeck 2016. Auflage 2.

Osmer, Richard Robert: Practical theology. An introduction. Grand Rapids, MI: William B. Eerdmans Pub. Co. 2008.

Osterhammel, Jürgen: Kolonialismus. Geschichte. Formen. Folgen. München: 2012. Auflage 7.

Ott, Craig: Encountering theology of mission. Biblical foundations, historical developments, and contemporary issues. Grand Rapids: Baker Academic 2010.

Paas, Steven: Mission from Anywhere to Europe. Americans, Africans, and Australians coming to Amsterdam. In: Mission Studies. Band 32. Ausgabe 1. 2015. 4–31.

Petzoldt, Matthias: Christlicher Wahrheitsanspruch im Missionsauftrag und im Dialog der Religionen. In: Michael Böhme u. a. (Hgg.): Mission im Dialog. Zur Kommunikation des Evangeliums heute. Leipzig: Evangelische Verlagsanstalt GmbH 2013. 61–89.

Pohl, Walter/Wodak, Ruth: The Discursive Construction of „Migrants and Migration". In: Michi Messer/Renee Schroeder/Ruth Wodak (Hgg.): Migrations: Interdisciplinary Perspectives. Wien: Springer-Verlag 2012. 205–211.

Polak, Regina: Migration, Flucht und Religion. Praktisch-theologische Beiträge. Band 1. Grundlagen. Ostfildern: Matthias-Grünewald 2017. Auflage 1.

————: Migration, Flucht und Religion. Praktisch-theologische Beiträge. Band 2. Durchführungen und Konsequenzen. Ostfildern: Matthias-Grünewald 2017. Auflage 1.

————: Mission im Kontext gesellschaftlicher Transformation. Blitzlichter einer pastoralen Kairologie. In: Martin Stowasser/Franz Helm (Hgg.): Mission im Kontext Europas. Wiener Forum für Theologie. Band 3. Göttingen: V & R Unipress 2011. 93–112.

————: Mission in Europa? Auftrag. Herausforderung. Risiko. Innsbruck: Tyrolia-Verlag 2012.

Pollack, Detlef/Rosta, Gergely: Religion in der Moderne. Ein internationaler Vergleich. Frankfurt: Campus Verlag 2015. Auflage 1.

Porter, E. Stanley: Paul's Concept of Reconciliation. Twice More. In: E. Stanley Porter (Hg.): Paul and His Theology. Leiden: Koninklijke Brill NV 2006. 131–152.

Preglau, Max: Schüssel and the welfare State. In: The Schüssel Era in Austria. Contemporary Austrian Studies. Band 18. Innsbruck: Innsbruck UnivPress 2010. 262–281.

Presler, Titus: The History of Mission in the Anglican Communion. In: The Wiley-Blackwell Companion to the Anglican Communion. The Wiley-Blackwell Companions to Religion. Chichester, West Sussex, UK; Malden, MA: John Wiley & Sons 2013. 15–32.

Presler, Titus Leonard: Going Global With God. Reconciling Mission in a World of Difference. Harrisburg, PA; New York, NY: Morehouse Publishing 2010. Auflage 1.

Prichard, Robert W.: The Lambeth Conferences. In: Ian S. Markham u. a. (Hgg.): The Wiley-Blackwell Companion to the Anglican Communion. The Wiley-Blackwell Companions to Religion. Chichester: John Wiley & Sons 2013. 91–104.

Pries, Ludger: Globalisierung und Migration. Herausforderungen und Chance einer komplexen Wechselwirkung. In: Heinrich Bedford-Strom u. a. (Hgg.): Globalisierung. Jahrbuch Sozialer Protestantismus. Band 3. Gütersloh: Gütersloher Verlagshaus 2009. Auflage 1. 101–121.

Prill, Thorsten: Global mission on our doorstep. Forced migration and the future of the church. MV-Wissenschaft. Münster: Verl.-Haus Monsenstein und Vannerdat 2008.

Redfern, Alastair: Growing the Kingdom. Letters to the Hebrews as a Resource for Mission. Delhi: ISPCK 2010.

Reimer, Johannes: Leben. Rufen. Verändern. Chancen und Herausforderungen gesellschaftstransformativer Evangelisation heute. Marburg: Francke 2013.

————: Multikultureller Gemeindebau. Versöhnung leben. Marburg an der Lahn: Francke 2011.

Reinhard, Wolfgang: Die Unterwerfung der Welt. Globalgeschichte der europäischen Expansion 1415–2015. München: C.H.Beck 2016. Auflage 2.

————: Kolonialismus. Kein Platz an der Sonne In: Die Zeit (Hamburg) vom 18.03.2016. Wissen.

Reiterer, Albert F.: Gesellschaft in Österreich. Struktur und Sozialer Wandel im globalen Vergleich. Wien: Facultas 2002. Auflage 3.

Romain, Jonathan A./Homolka, Walter: Progressives Judentum. Leben und Lehre. München: Knesebeck 1999.

Ruffer, Tim/Harrison, Anne: Ancient and Modern. Hymns and Songs for Refreshing Worship. Norwich: Canterbury Press 2013.

Sanneh, Lamin: Encountering the West. Christianity and the Global Cultural Process. The African Dimension. Maryknoll, NY: Orbis Books 1993.

Sauer, Frank: Das Fremde oder die Fremden. 1 Petr. Fremdsein als Thema der Forschung im Kontext des ersten Petrusbriefes. München: GRIN Verlag GmbH 2014.

————: Gerechtigkeit im Kontext der Mission Gottes. Beiträge der anglikanischen Kirchengemeinde Christ Church in Wien zu einem Zusammenleben in Gerechtigkeit. München: GRIN Verlag GmbH 2015.

————: Mission, Migration, and Christ Church in Vienna. Forms of Mission in a Multi-ethnic and International Anglican Church in Vienna. In: Danielson, Robert A./Selvidge, William L.: Third Wave Missions/Migrations. Working Papers of The American Society Of Missiology. Volume 2. Wilmore, KY: First Fruits Press 2016. 91–115.

Schambeck, Mirjam: Interreligiöse Kompetenz. Basiswissen für Studium, Ausbildung und Beruf. Göttingen; Bristol: UTB GmbH 2013. Auflage 1.

Schmidt-Leukel, Perry: Gott ohne Grenzen. Eine christliche und pluralistische Theologie der Religionen. Gütersloh: Gütersloher Verlagshaus 2013.

Schnelle, Udo: Die ersten 100 Jahre des Christentums 30–130 n. Chr. Die Entstehungsgeschichte einer Weltreligion. Göttingen; Bristol, CT, USA: UTB GmbH 2016. Auflage 2.

Schröder, Hans-Christoph: Englische Geschichte. München: C.H.Beck 2010. Auflage 6.

Sellmann, Matthias u. a.: Gemeinde ohne Zukunft? Theologische Debatte und praktische Modelle. Freiburg: Verlag Herder 2013. Auflage 2.

Sievernich, Michael: Die christliche Mission. Geschichte und Gegenwart. Darmstadt: WBG 2009.

Spencer, Stephen: SCM Studyguide. Anglicanism. London: SCM Press 2010.

————: SCM Studyguide. Christian Mission. London: SCM Press 2007.

Spendel, Stephanie: Dialog u. Mission. In: Walter Kasper (Hg.): Lexikon für Theologie und Kirche. Band 3. Freiburg im Breisgau: Herder 1995. Auflage 3. 195.

Standhartinger, Angela: „Dies ist mein Leib." Zu Kontext und Entstehung der Einsetzungsworte. In: Wolfgang Weiß (Hg.): Der eine Gott und das gemeinschaftliche Mahl. Inklusion und Exklusion biblischer Vorstellungen von Mahl und Gemeinschaft im Kontext antiker Festkultur. Biblisch-Theologische Studien. Neukirchen: Neukirchner 2011. 122–157.

Stauss, Konrad: Die heilende Kraft der Vergebung. die sieben Phasen spirituell-therapeutischer Vergebungs- und Versöhnungsarbeit. München: Kösel 2012. Auflage 2.

Strauss, Mark L.: Mark. Grand Rapids, MI: Zondervan Exegetical Commentary on the New Testament 2014.

Sundermeier, Theo: Mission. Geschenk der Freiheit. Bausteine für eine Theologie der Mission. Frankfurt am Main: Lembeck 2005. Auflage 1.

Tennent, Timothy C.: Invitation to world missions. A trinitarian missiology for the twenty-first century. Grand Rapids, MI: Kregel Publications 2010.

Thomas, Alexander/Kammhuber, Stefan/Schmid, Stefan: Interkulturelle Kompetenz und Akkulturation. In: U. Fuhrer/H.-H. Uslucan (Hgg.): Familie, Akkulturation und Erziehung. Migration zwischen Eigen- und Fremdkultur. Stuttgart: Kohlhammer 2005. 187–205.

Tiefensee, Eberhard/Kraft, Claudia: Religion und Migration. Frömmigkeitsformen und kulturelle Deutungssysteme auf Wanderschaft. Münster: Aschendorff Verlag 2011.

Tillich, Paul: Systematic Theology. Band 1. London: SCM Press 2012.

Tutu, Desmond/Tutu, Mpho: Das Buch des Vergebens. Vier Schritte zu mehr Menschlichkeit. Übersetzt von Thomas Görden. Berlin: Ullstein 2015. Neuausgabe. 1. Auflage.

Verein Wiener Orgelkonzerte: Herzlich Willkommen auf der Homepage der Wiener Orgelkonzerte! Online unter: http://www.wiener-orgelkonzerte.at/ (Abruf: 24.08.2016).

Vocelka, Karl: Österreichische Geschichte. München: C.H.Beck 2015. Auflage 4.

292

Volf, Miroslav: Von der Ausgrenzung zur Umarmung. Versöhnendes Handeln als Ausdruck christlicher Identität. Übersetzt von Peter Aschoff. Marburg an der Lahn: Francke-Buchhandlung 2012. Auflage 1.

Wallraff, Martin: Mission und Medien. Bemerkungen zur Ausbreitung des Christentums in der Spätantike. In: Christoph Ernst u. a. (Hgg.): Ecclesiology in Mission Perspective. Contributions to the Seventh Theological Conference within the Framework of the Meissen Process of the Church of England and the Evangelical Church in Germany. Salisbury: Evangelische Verlagsanstalt GmbH 2012. 52–62.

Wansbrough, Henry: Der Bibel-Guide. Darmstadt: Konrad Theiss Verlag 2014. Auflage 1.

Ward, Kevin: Mission in the Anglican Communion. In: Mark D. Chapman/Sathianathan Clarke/Martyn Percy (Hgg.): The Oxford Handbock of Anglican Studies. Oxford: Oxford University Press 2015. 60–76.

Wilkinson, Michael: Global Pentecostal movements. migration, mission, and public religion. Leiden: Brill 2012.

Winkelmann, Friedhelm: Geschichte des frühen Christentums. München: C.H.Beck 2007. Auflage 4.

Wright, J. Robert: The Book of Common Prayer. In: Ian S. Markham u. a. (Hgg.): The Wiley-Blackwell Companion to the Anglican Communion. The Wiley-Blackwell Companions to Religion. Chichester, West Sussex, UK; Malden, MA: John Wiley & Sons 2013. 81–90.

Wright, N. T.: Paulus für heute. Der Römerbrief. Band 1. Giessen: Brunnen Verlag 2014. Auflage 1.

————: Rechtfertigung. Gottes Plan und Sicht des Paulus. Münster: Aschendorff Verlag 2015.

————: Lukas für heute. Übersetzt von Johann Alberts. Giessen: Brunnen 2016. Auflage 1.

Zick, Andreas: Psychologie Der Akkulturation. Neufassung eines Forschungsbereiches. Wiesbaden: VS Verlag für Sozialwissenschaften 2009.

Anhang

Im Anhang finden sich zunächst die für die Interviews genutzten Gesprächsunterlagen, jeweils in einer deutschen und einer englischen Version. Es handelt sich um die Rohversionen der Unterlagen, ohne Kopf- und Fußzeilen. Die Emailadresse und Telefonnummer der Kontaktdaten in der Einverständniserklärung wurde nachfolgend für diese Publikation entfernt und durch eckige Klammern markiert.

Einverständniserklärung

Deutsche Version

Einverständniserklärung

Vollständiger Titel des Projektes
Mission, Migration und die anglikanische Kirchgemeinschaft in Wien Verständnis und Praxis von Mission aus der Perspektive der anglikanischen Kirchengemeinde *Christ Church* in Wien im Kontext einer globalisierten Migrationsgesellschaft.

Name, Position und Kontaktadresse des/der Forschenden	
Frank G. C. Sauer, M. A. Universitätsassistent (prae doc)	**Katholisch-Theologische Fakultät** Institut für Praktische Theologie 1010 Wien, Schenkenstraße 8–10 [...]

Vereinbarung
(1) Ich, der Unterzeichnende/die Unterzeichnende erkläre, dass ich freiwillig an dieser Studie teilnehme. (2) Ich wurde durch den/die Forschende(n) vollständig über die Art und das Ziel der Studie informiert. Ebenso wurde ich darüber informiert, was ich tun soll. Mir wurde die Möglichkeit gegeben, Fragen zur Studie zu stellen. Die gegebenen Informationen habe ich verstanden. (3) Ich habe verstanden, dass alle personenbezogen Daten streng vertraulich behandelt werden.

(4) Ich habe verstanden, dass ich jederzeit von der Teilnahme an der Studie, ohne Angabe von Gründen und ohne Nachteil, zurücktreten kann.

(5) Ich habe verstanden, dass jede dem/der Forschenden mitgeteilte Information für Veröffentlichungen der Ergebnisse der Studie in schriftlicher Form oder in mündlichen Präsentationen genutzt werden kann.

(6) Ich bin einverstanden, dass jedes Einzelinterview bzw. jede Gruppendiskussion aufgezeichnet (Audio/Video) werden kann.

Name des/der Teilnehmenden   Datum   Unterschrift
(BLOCKBUCHSTABEN)

Name des/der Forschenden   Datum   Unterschrift
(BLOCKBUCHSTABEN)

Englische Version

Informed Consent Form

Full title of project

Mission, migration, and the Anglican Communion in Vienna.

Understanding and practice of mission
from the perspective of the Anglican parish 'Christ Church' in Vienna
in the context of a globalized migration society.

Name, position and contact of researcher

Frank G. C. Sauer, M. A. University Assistant (prae doc)	**Faculty of Catholic Theology** Department of Practical Theology 1010 Vienna, Schenkenstraße 8-10 [...]

Agreement

(1) I, the undersigned, voluntarily agree to take part in this study.

(2) I have been given a full explanation by the researcher of the nature and purpose of the study, and of what I will be expected to do. I have been given the opportunity to ask questions on the study and I have understood the information given as a result.

(3)   I understand that all personal data relating to participants is held and processed in the strictest confidence. I agree that I will not seek to restrict the use of the results of the study on the understanding that my anonymity is preserved.

(4)   I understand that I am free to withdraw from the study at any time without needing to justify my decision and without prejudice.

(5)   I understand that any information shared with the researcher may be used in the final products of the research, including written and oral presentations.

(6)   I agree that any individual or group interview may be audio/video recorded.

Kurzfragebogen

Deutsche Version

Kurzfragebogen

A. Informationen zum Interview
Datum des Interviews: ...
Ort des Interviews: ...
Dauer des Interviews: ...
Befrager(in): ...

B. Informationen zum/zur Befragten
1. Geschlecht des/der Befragten
Männlich: ☐
Weiblich: ☐

2. Alter des/der Befragten

3. Geburtsland
Vereinigtes Königreich: ☐
Anderes europäisches Land: ...
Afrika: ...
Asien: ...
Nordamerika: ...
Südamerika: ...
Australien / Neuseeland: ...

4. Aktueller Wohnort

5. Ethnie (bitte ankreuzen)

Weiß

Britisch: ☐

Kontinentaleuropa: ☐

Anderer weißer Hintergrund: ...

Ethnisch gemischt

Weiß und afrokaribisch: ☐

Weiß und schwarzafrikanisch: ☐

Weiß und asiatisch: ☐

Anderer ethnisch gemischter Hintergrund: ...

Asiatisch

Indisch: ☐

Pakistanisch: ☐

Bengalisch: ☐

Anderer asiatischer Hintergrund: ...

Schwarz

Karibisch: ☐

Afrikanisch: ☐

Anderer schwarzer Hintergrund: ...

Chinesisch

Chinesisch: ☐

Anderer Hintergrund: ...

6. Muttersprache

7. Sprachkenntnisse (bitte ankreuzen)

	☐ Grundkenntnisse ☐ gut ☐ sehr gut ☐ fließend ☐ verhandlungsfähig
	☐ Grundkenntnisse ☐ gut ☐ sehr gut ☐ fließend ☐ verhandlungsfähig
	☐ Grundkenntnisse ☐ gut ☐ sehr gut ☐ fließend ☐ verhandlungsfähig
	☐ Grundkenntnisse ☐ gut ☐ sehr gut ☐ fließend ☐ verhandlungsfähig
	☐ Grundkenntnisse ☐ gut ☐ sehr gut ☐ fließend ☐ verhandlungsfähig

8. Beschäftigung/Beruf des/der Befragten

9. Familienstand (bitte ankreuzen)

Ledig: ☐

Lebensgemeinschaft: ☐

Verheiratet: ☐

Getrennt: ☐

Geschieden: ☐

Verwitwet: ☐

Eingetragene Partnerschaft: ☐

Eingetragene Partnerschaft aufgehoben: ☐

Lebenspartner verstorben: ☐

Familienstatus unbekannt: ☐

10. Kinder (bitte ankreuzen)

Ja: ☐

Nein: ☐

Anzahl der Kinder: ...

Alter der Kinder: ...

Geschlecht der Kinder: ...

11. Konfession/Herkunftskirche (bitte ankreuzen)

Anglikanische Kirchengemeinschaft:

Anglikanische Kirche von Aoteroa, Neuseeland & Polynesien ☐

Anglikanische Kirche von Australien ☐

Kirche von Bangladesch ☐

Anglikanische Episkopalkirche Brasiliens ☐

Anglikanische Kirche von Burundi ☐

Anglikanische Kirche von Kanada ☐

Kirche der zentralafrikanischen Provinz ☐

Anglikanische Kirche von Zentralamerika ☐

Kirchenprovinz Kongo der anglikanischen Kirche ☐

Kirche von England ☐

298

Anglikanische Kirche von Hong Kong	☐
Anglikanische Kirchenprovinz des Indischen Ozeans	☐
Kirche von Irland	☐
Anglikanische Kirchengemeinschaft in Japan	☐
Episkopalkirche in Jerusalem und im Nahen Osten	☐
Anglikanische Kirche von Kenia	☐
Anglikanische Kirche von Korea	☐
Anglikanische Kirche von Melanesien	☐
Anglikanische Kirche von Mexiko	☐
Kirche der Provinz von Myanmar	☐
Kirche von Nigeria (Anglikanische Kirchengemeinschaft)	☐
Kirche von Nordindien	☐
Kirche von Pakistan	☐
Anglikanische Kirche von Papua-Neuguinea	☐
Episkopalkirche der Philippinen	☐
Anglikanische Kirchenprovinz von Ruanda	☐
Schottische Episkopalkirche	☐
Kirche der Provinz von Südostasien	☐
Kirche von Südindien	☐
Anglikanische Kirche des südlichen Afrika	☐
Anglikanische Kirche vom Südkegel Amerikas	☐
Episkopalkirche des Sudan	☐
Anglikanische Kirche von Tansania	☐
Kirche der Provinz von Uganda	☐
Episkopalkirche	☐
Kirche in Wales	☐
Kirche der Provinz von Westafrika	☐
Kirche der Provinz der westindischen Inseln	☐

Kirche von Sri Lanka	☐
Episkopalkirche von Kuba	☐
Bermuda	☐
Lusitanische Kirche von Portugal	☐
Reformierte Episkopalkirche Spaniens	☐
Falklandinseln	

IN VOLLER KIRCHENGEMEINSCHAFT (TEILWEISE REGIONALE VEREINBARUNGEN):

Altkatholische Kirche in Österreich	☐
Alt-Katholische Kirche in Deutschland	☐
Christkatholische Kirche der Schweiz	☐
Alt-Katholische Mission in Frankreich	☐
Unabhängige Philippinische Kirche	☐
Polnisch-Katholische Kirche	☐
Mar Thoma Kirche	☐
Alt-Katholische Kirche der Niederlande	☐
Altkatholiken in Südtirol	☐
Alt-Katholische Kirche von Tschechien	☐
Evangelisch-lutherische Kirche von Estland	☐
Evangelisch-lutherische Kirche von Finnland	☐
Isländische Staatskirche	☐
Evangelisch-lutherische Kirche von Litauen	☐
Kirche von Norwegen	☐
Kirche von Schweden	☐
Kirche von Dänemark	☐
Evangelisch-lutherische Kirche von Kanada	☐
Evangelisch-lutherische Kirche von Amerika	☐
Herrnhuter Brüdergemeine in Nordamerika	☐

NICHT IN KIRCHENGEMEINSCHAFT (BITTE GENAUER ANGEBEN): ...

12. Kirchenstand	
	Laie: ☐
	Kleriker(in): ☐

Englische Version

Short Questionnaire

A. Information about the interview

Date of the interview:	...
Location of the interview:	...
Duration of the interview:	...
Interviewer:	...

B. Information about the interviewee

1. Gender of the interviewee

Male:	☐
Female:	☐

2. Age of the interviewee:

3. Country of birth

UK:	☐
Other European country:	...
Africa:	...
Asia:	...
North America:	...
South America:	...
Australia / New Zealand:	...

4. Current location

5. Ethnic group (please initial box)	
White	
	British: ☐
	Continental European: ☐
	Any other White background: ...
Mixed	
	White and Black Caribbean: ☐
	White and Black African: ☐
	White and Asian: ☐
	Any other Mixed background: ...
Asian	
	Indian: ☐
	Pakistani: ☐
	Bangladeshi: ☐
	Any other Asian background: ...
Black	
	Caribbean: ☐
	African: ☐
	Any other Black background: ...
Chinese	
	Chinese: ☐
	Any other: ...

6. Mother tongue

7. Knowledge of other languages (please initial box)
☐ basics ☐ good knowledge ☐ very good knowledge ☐ fluent ☐ business fluent
☐ basics ☐ good knowledge ☐ very good knowledge ☐ fluent ☐ business fluent
☐ basics ☐ good knowledge ☐ very good knowledge ☐ fluent ☐ business fluent
☐ basics ☐ good knowledge ☐ very good knowledge ☐ fluent ☐ business fluent
☐ basics ☐ good knowledge ☐ very good knowledge ☐ fluent ☐ business fluent

8. Occupation / profession of the interviewee

9. Marital status (please initial box)	
Single:	☐
Domestic partnership:	☐
Married:	☐
Separated:	☐
Divorced:	☐
Widowed:	☐
Civil partnership:	☐
Repealed civil partnership:	☐
Deceased life partner:	☐
Marital status unknown:	☐

10. Children (please initial box)	
Yes:	☐
No:	☐
Number of Children:	...
Age of children:	...
Gender of children:	...

12. Church-state	
Laity:	☐
Clergy:	☐

Leitfragebogen

Deutsche Version (vgl. Seite 37)

Englische Version

Interview Schedule

INTRODUCTION

1. Can you tell me briefly about yourself, please?
2. Since when are you in Vienna/Austria?
3. Do you remember the first few weeks in Vienna/Austria? How did you experience this time in regard to the Austrian society?

MIGRATION

4.   What comes spontaneously to your mind when you hear the word *migration*?
5.   How would you describe your own experience with migration?
6.   What reasons for migration can you give from the perspective of your own experience?

ANGLICAN COMMUNION IN VIENNA

7.   What comes spontaneously to your mind when you think about *Christ Church*?
8.   What role does *Christ Church* play for you?
9.   What church activities are important for your life personally and why?
10.   What was your motivation to look especially for an Anglican church in Vienna?
11.   In what situation did you particularly experience the need for an Anglican church in Vienna?

MIGRATION AND THE ANGLICAN COMMUNION IN VIENNA

12.   What challenges did you meet as a member of *Christ Church* in Vienna/Austria?
13.   What is your experience with Christians from other denominations in Vienna?
14.   In which circumstances did you notice differences between you and other Christians in Vienna?
15.   In which situations did you as a member of *Christ Church* benefit from the people in Vienna?
16.   What would people from outside say about *Christ Church*? What would be their impression?

MISSION

17.   What comes on impulse to your mind when you hear the word *mission*?
18.   How would you picture your experience with mission?

MISSION AND THE ANGLICAN COMMUNION IN VIENNA

19.   What specific activities in *Christ Church* would you qualify as successful or inefficient missionary activities?
20.   For which group of people in Vienna is Christ Church there in your judgement?
21.   What are the needs of this group in you opinion?
22.   Could you please mention three special gifts and talents that Christ Church could offer the people in Vienna?

MISSION AND MIGRATION

23.   How does your own experience with migration affect your life as a Christian?
24.   How would you define *mission*?

CLOSING

25.   What issues I have not asked for would you like to add?

THANK YOU, FOR YOUR TIME! THANK YOU, FOR PARTICIPATING!